河南省"十四五"普通高等教育规划教材

国际市场营销学

第 2 版

主　编　朱雪芹　丁　华　李　冰

副主编　杨小红　李丰威

参　编　刘元元　徐　琴　刘素丹　郭卫萍

主　审　成爱武

机械工业出版社

本书遵循市场营销的基本原理，根据国际市场的特点，全面、系统地阐述了国际市场营销活动及其策略和方法。主要内容包括国际市场营销概论、国际市场营销环境、国际市场信息系统与营销调研、国际市场细分与定位、国际市场进入方式、国际产品、国际市场定价策略、国际市场分销渠道策略、国际市场促销策略、国际市场营销管理以及国际市场网络营销等。

本书可作为普通高等院校经济管理类相关专业的教材，也可作为从事国际市场营销活动人员的参考书。

图书在版编目（CIP）数据

国际市场营销学/朱雪芹，丁华，李冰主编. —2 版. —北京：机械工业出版社，2023.4（2024.9 重印）

河南省"十四五"普通高等教育规划教材

ISBN 978-7-111-72744-6

Ⅰ.①国… Ⅱ.①朱… ②丁… ③李… Ⅲ.①国际营销–高等学校–教材 Ⅳ.①F740.2

中国国家版本馆 CIP 数据核字（2023）第 040039 号

机械工业出版社（北京市百万庄大街 22 号 邮政编码 100037）

策划编辑：曹俊玲 责任编辑：曹俊玲 何 洋
责任校对：张昕妍 于伟蓉 封面设计：张 静
责任印制：张 博

中煤（北京）印务有限公司印刷

2024 年 9 月第 2 版第 3 次印刷

184mm×260mm·21 印张·519 千字

标准书号：ISBN 978-7-111-72744-6

定价：63.80 元

电话服务 网络服务

客服电话：010-88361066 机 工 官 网：www.cmpbook.com
010-88379833 机 工 官 博：weibo.com/cmp1952
010-68326294 金 书 网：www.golden-book.com

封底无防伪标均为盗版 机工教育服务网：www.cmpedu.com

经济的全球化使商品、服务、信息和生产要素跨国界流动的速度不断加快，规模不断增大，需要通过国际分工，在世界市场范围内提高资源配置的效率，从而使各国经济的相互依赖程度日益加深，跨国公司的作用日益加强。随着信息与交通、通信科技的飞速发展，国与国之间的经济交流与合作越发密切。合作才能带来双赢，才能保持经济持续繁荣发展。但是，跨国公司在从事国际营销的过程中，发现世界各国在经济、文化、政治和法律等方面存在巨大差异，加上逆全球化思潮和全球经济失序状态不断持续所引发的负面效应，在许多场合，只有采用与国内营销不同的营销理论与技巧，才能适应各国不同的营销环境。与此同时，国际市场营销学迅猛发展，进入20世纪80年代以来，西方商学院普遍开设了此课。

习近平总书记在党的十九大报告中指出，"构建人类命运共同体""要同舟共济，促进贸易和投资自由化便利化，推动经济全球化朝着更加开放、包容、普惠、平衡、共赢的方向发展"。这种包容、普惠的全球化观念与"人类命运共同体"理念是我国在构建国际经济新秩序方面的理论和实践创新，是国际法治价值追求的中国表达，也是新时代我国为国际经济法治发展做出的卓越贡献。党的二十大报告提出，到本世纪中叶把我国建成富强民主文明和谐美丽的社会主义现代化强国；到2035年，我国发展的总体目标是：经济实力、科技实力、综合国力大幅跃升，人均国内生产总值迈上新的大台阶，达到中等发达国家水平；要坚持以推动高质量发展为主题，把实施扩大内需战略同深化供给侧结构性改革有机结合起来，增强国内大循环内生动力和可靠性，提升国际循环质量和水平，加快建设现代化经济体系，着力提高全要素生产率，着力提升产业链供应链韧性和安全水平；坚持对外开放的基本国策，坚定奉行互利共赢的开放战略，不断以中国新发展为世界提供新机遇，推动建设开放型世界经济，更好惠及各国人民。"出入相友，守望相助"，目前，我国已与"一带一路"沿线60多个国家和地区建立起六大经济走廊，行经中亚、北亚、西亚、印度洋沿岸和地中海沿岸等地区。越来越多的企业将得到对外经营的机会，从而真正形成千军万马的"大经贸"格局。旧的出口贸易观念，即"只关心货物出手，不关心最终用户"，已不适应形势的需要，企业必须抛弃旧观念，树立国际市场营销观念，即"关心市场、中间商、最终用户及其他利益人，与他们一道共同发展"。企业要想在国际市场营销观念下选用和团结好中间商、共同发展，就需掌握国际市场营销理论与技巧。

当今世界正以势不可挡的态势朝着全球一体化、企业生存数字化、商业竞争国际化方向发展，以互联网、知识经济、商业技术为代表，以满足消费者需求为核心的"互联网+"时代已经到来，全球市场变成了大超市，产生了新的游戏规则：规则一，经济全球化；规则二，打破国内传统管理的思维模式，用创新和进取精神推动企业发展。这一切表明，只有掌握国际市场营销理论与技能，才能抓住全球化带来的机遇，在全球竞争中掌握主动权。

互联网正成为对国际市场营销感兴趣的小型企业的利润来源。联邦快递公司对雇员在100人以下的企业中的75位出口经理进行了调查。调查发现，75%以上的经理预计在今后5年内会更多地使用互联网开展业务，特别是更积极地寻求国际营销。2020年世界人口数量达到77.53亿人。截至2020年5月31日，全球互联网用户数量已达到46.48亿人，约占世界人口数量的60%。2000年—2020年，世界互联网用户数量增长了近12倍。互联网世界统计数据显示，截至2020年一季度，中国、印度、美国互联网用户数量排名前三。其中，中国互联网用户数量为9.04亿人，互联网渗透率为64.5%；印度互联网用户数量为5.6亿人，互联网渗透率为40.9%；美国互联网用户数量为3.13亿人，互联网渗透率为94.7%。根据我国商务部的数据统计，2020年前5个月，跨境电商零售出口逆势增长，同比增长12%。产品品类方面，在因疫情居家生活、远程办公等新场景驱动下，高品质的防疫物资、生活必需品，以及家居、厨房用品、个护健康、室内运动、宠物和园艺等产品需求不断上升。经过激烈的市场竞争和洗礼，在电商、搜索、社交、游戏、文学、旅游、安全等众多领域涌现出了一批具有一定规模的互联网企业。但互联网只是一种可供选择的渠道，一种使业务效率更高、效果更好的手段，并不能取代走南闯北、身临其境的人员营销。更不能取代营销的"四千精神"，即走千山万水、说千言万语、串千家万户、吃千辛万苦。

国际市场营销学是在营销理论与实务基础上发展起来的一门学科，是营销学的一个分支，也可以说是一门高级营销学。它运用了营销学的理论和概念，研究企业从事国际市场营销中的特殊问题，指导企业跨越国境开拓国际市场，寻求更多的机会与更大的挑战。

本书以全球化、共享、创新为视角，对第1版进行了深度修订。本书共12章内容，从国际市场营销概论、营销环境、信息系统与营销调研、国际市场细分与定位、国际市场进入方式、国际产品、定价策略、分销渠道策略、促销策略、营销管理、网络营销等方面，全面论述了企业应树立的国际市场营销观念以及跨国经营的策略与技巧。本书的主要特点如下：

（1）提出了在经济全球化背景下，企业国际市场营销的新特点，如国际市场营销观念、国际市场营销环境、竞争战略和策略出现的新变化，强调生态环境、伦理道德、人类命运共同体在营销中的重要性。

（2）突出了国际市场营销环境的主体地位。本书用较多的篇幅，分上、下两章，从经济、政治法律、社会文化、物质技术等不同角度阐述了国际市场营销环境。营销环境的差异是造成国际市场营销有别于国内市场营销的主要原因，尤其强调了国际文化环境对国际市场营销的影响，强调了文化适应性对成功营销的重要性，强调了区域经济组织对国际市场营销的影响。

（3）强调了国际企业的市场竞争由对抗竞争走向合作双赢的竞争模式，突出了跨国营销道德问题，强调了企业必须遵循各国的伦理道德要求，并以此来制定营销策略。

（4）在内容设计上突出理论与实际的结合，每章都设有思考题和案例分析讨论，供学生深入学习，以培养和提高学生分析和解决实际问题的能力。本书比较适合已学过营销学原理的学生和正在从事国际市场营销工作的企业管理人员和推销人员学习与参考。

本书编写大纲由朱雪芹设计，并经全体参编人员多次讨论、修改完善后确定。本书由朱雪芹、丁华、李冰担任主编，杨小红、李丰威担任副主编，刘元元、徐琴、刘素丹、郭卫萍参与编写。成爱武教授担任本书主审，提出了许多宝贵的意见和建议，在此表示衷心的感谢。

本书是在朱雪芹、成爱武主编的《国际市场营销学》一书的基础上修订完成的，参考、借鉴了大量的国内外相关著作，以及国内外管理学和营销学方面的最新研究成果，具体请参阅书后的参考文献。这些文献资料为本书的编写成稿提供了很大帮助，在此谨向所有相关作者表示衷心的感谢。本书的编写得到了华北水利水电大学、中原科技学院、郑州航空工业管理学院的大力支持，并且本书也是国际经济与贸易专业省级综合改革项目、国际经济与贸易一流专业的主要成果之一。

由于编者水平有限，书中难免存在错误和不当之处，敬请广大读者批评指正。

朱雪芹

目 录

第一章

国际市场营销概论

本章要点

1. 国际市场营销的基本概念
2. 国际市场营销与其他相关学科之间的联系与区别
3. 企业从事国际市场营销的原因与形态
4. 当代国际市场营销新理论

▶ 导入案例

TCL 全球化营销攻坚战

2021 年，TCL 科技集团股份有限公司（简称 TCL）的营收已达到 2500 亿元。这个数字比 2020 年多了将近 1000 亿元。TCL 在全球的销量增速、创新速度、品牌增速、渠道增速等方面，不断提升品牌的国际地位。其中，TCL 全球化品牌营销的三个"硬功夫"功不可没。

硬功夫之一：价值观营销扛旗。

TCL 在全球首次提出"价值观营销"的概念。

TCL 集团助理总裁、品牌管理中心总经理张晓光在解释价值观营销时指出，中国品牌全球化传播时，即是新的价值观的塑造者和参与者，企业也应该承担责任，参与到社会舆论和价值观体系塑造当中，企业发展价值观应高度匹配国家价值观。

正是在这样的战略支撑下，TCL 品牌全球化建设有了质的飞跃。

2017 年以来，TCL 开展了一系列以中国品牌为载体，讲述中国故事，传递中国价值观的动作。TCL 独家冠名央视《大国品牌》，以《路》《行》《马天宇》《时代》《秘密》《向伟大时代致敬》《另一个赛场》等七个篇章的系列纪录片登陆央视，展示了 TCL 全球化发展背后的故事。

同时，与区域热点 IP 形成相互支撑，将国家价值观、企业价值观、IP 价值观"三观"共融，打造出全球化品牌价值观营销的格局，获得了全球市场的高度认可。

通过全球化事件营销、捆绑全球热点、制造品牌传播爆点，以符合本土策略的"共鸣、共情"的本土化品牌营销，从而撬动 TCL 全球市场的高速增长。这是 TCL 价值营销的成功所在。

"TCL最近几年品牌传播有了太多的变化。现在，TCL传递给消费者的是品牌认知和价值，包括文化的、创新的、技术的和全球的。这种价值观体系的品牌传播，既体现了TCL的内涵和未来，也体现出其品牌传播更加与时俱进。"巴西一位与TCL密切合作的渠道商如是说。

硬功夫之二：体育营销是急先锋。

TCL的体育营销是有底蕴的。

从历史上看，早在1994年，TCL就开始了体育赞助之旅，以赞助中国足球甲级联赛为起点，成为多个足球队的赞助商与合作伙伴。

在篮球方面，TCL连续10余年成为中国男篮国家队的主赞助商及CBA联赛官方合作伙伴。

多年的体育营销，带给TCL的不仅仅是品牌权益，还摸索出了适合TCL体育营销的独特路径。

比如，基于TCL拥有超过20年的体育营销经验，在体育IP资源甄选、营销激活应用等范畴更加具备有效性和前瞻性。

2019年巴西美洲杯，基于TCL搭建立体化足球IP金字塔，激活六大IP市场价值，是TCL借道足球文化深耕南美市场的具体体现。携手2019年巴西美洲杯，不仅是TCL足球营销的一次升级，更是TCL品牌全球战略的新起点。

体育营销是TCL全球化时品牌传播最重要的载体之一。在全球市场，TCL根据当地区域体育文化，不断推动本土化体育IP的合作：澳大利亚足球超级联赛墨尔本胜利足球俱乐部赞助商；美国NBA明尼苏达森林狼俱乐部赞助商；签约北美代言人"字母哥"扬尼斯·阿德托昆博；巴基斯坦板球俱乐部Peshawar Zalmi赞助商；印度板球超级联赛德里队赞助商；德国柏林马拉松赛赞助商等。

为更好地实现营销本土化，与本地消费者建立起良好的情感联系，TCL签约阿根廷罗萨里奥中央队，成为主赞助商；成为巴西裁判员协会裁判员及边裁的球衣广告赞助商。TCL通过足球营销，助力南美市场拓展。

2018年，TCL签约内马尔作为TCL全球品牌大使，迈出了足球营销顶级IP布局的重要一步。

2019年，TCL签约成为巴西男足国家队官方合作伙伴，同时成为2019年巴西美洲杯官方合作伙伴。赛事期间，TCL在巴西、阿根廷、智利等南美十国开展了一系列的终端活动，同时在所有比赛赛场独家提供专业的高品质电视产品及所有VAR显示设备，助力世界顶级足球盛宴精彩呈现。

至此，TCL搭建完成了世界顶级球员+顶级国际赛事+顶级国家队+顶级潜力球员的立体式足球IP金字塔，实现了南美足球IP领域的"垄断布局"。

硬功夫之三：娱乐营销是"吸粉"利器。

在全球化营销路径上，TCL文体双管齐下：一方面，体育营销取得了长足进步；另一方面，娱乐营销渐入佳境。TCL品牌的娱乐营销是围绕着娱乐IP的品牌经营，是内容营销、跨界营销和整合营销全方位、立体化营销战略。

依托顶级文化高地的全球文化营销，大国品牌与中国文化的叠加效应：全球电影殿堂（好莱坞中国大剧院和圣地亚哥大剧院）、全球大片联推、全球影视营销、全球代言人、全球话剧营销、全球 IP 合作等，TCL 精选好莱坞电影大片，植入与联推相结合，借助 IP 和话题热度形成爆点传播，从而拉近了品牌、产品与消费者的距离。

在北美地区的娱乐营销，进一步强化了 TCL 品牌认知，这是支撑 TCL 在北美地区销量持续走高的重要因素之一。

继北美地区成功之后，在南美地区，TCL 以三个"硬功夫"继续深耕南美市场。赞助美洲杯只是一个引子，在南美地区新一轮营销攻坚战背后，TCL 有一股无法阻挡的力量正驶向深处。

（资料来源：根据《TCL 全球化营销进入攻坚战　三个"硬功夫"落地南美》整理，2022-07.）

第一节　国际市场营销概述

一、市场营销的概念

市场营销译自英文"marketing"一词，原意为实现消费供求的经济行为。将市场营销作为一门独立的学科进行研究始于 20 世纪初，它属于管理学科的范畴，是指导工商企业经营销售决策的学科。20 世纪初，市场营销还主要限于推销和促销活动，随着社会产品的增加及企业营销活动的发展，市场营销的含义也随之扩展。学者们从不同的角度给市场营销下了不同的定义。美国市场营销协会（American Marketing Association，AMA）的定义是："市场营销是引导货物和劳务从生产者流向消费者或用户的企业商务活动过程。"此定义突破了"营销＝推销"的认识。英国市场营销协会（England Marketing Association）的定义是："一个企业如果要生存、发展和盈利，就必须有意识地根据用户和消费者的需要和潜在的需要来安排生产。"这基本揭示了市场营销的本质。日本企业界人士认为："在满足消费者利益的基础上，研究如何适应市场需求而提供商品或服务的整个企业活动，就是市场营销。"美国学者菲利普·科特勒（Philip Kotler）把市场营销定义为："市场营销是通过交换程序来满足人类需要和欲望的人类活动。"综上所述，结合我国一些学者的观点，本书将现代市场营销定义为：企业为满足市场需求并获得利润而进行的一切与市场有关的经营和销售活动。它包括市场调查与预测、营销环境分析、消费者行为研究、目标市场选择、产品开发、价格制定、分销渠道选择、实体分配、商品促销、提供服务及售后保证等一系列与市场有关的企业活动。

二、国际市场营销的概念

20 世纪 60 年代末 70 年代初，随着西方发达国家工商企业国际化过程的进一步加速，跨国公司、国际企业蓬勃兴起。人们开始站在"国际企业实体"的立场上，以全球市场为出发点，探讨和研究有关国际企业的经营问题，促使国际市场营销理论不断趋于成熟。由此可见，国际市场营销（International Marketing）是在国内市场营销的基础上形成和发展起来的跨国界的市场营销。国际市场营销可简单定义为"企业超越本国国界的市场营销活动"。美国市场学教授菲利普·凯特奥拉（Philip R. Cateora）及约翰·格雷厄姆（John L. Graham）合著的《国际市场营销学》一书中指出："国际市场营销是指在一个以上的国家进行的把企业的商品或劳务引导到消费者或用户手中的商业活动。"也就是说，企业进行国际市场营销是以国外消费者或用户为中心,以满足国外消费者或用户的需要和欲望为出发点。国际市场营销者也要首先确定市场需求,然后制定适当的价格、渠道和促销策略,将产品在适当的时机提供给适当的消费者。国际市场营销的目的及其达到目的的手段与国内市场营销一样,都是通过满足顾客的需求来实现企业利润。但是,由于国际市场营销是跨越国界的营销活动,这就使国际市场营销者面临两个不可控的环境,如图1-1所示。

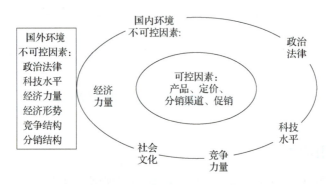

图1-1 国际市场营销环境

跨越国界本身决定了国际市场营销比国内市场营销具有更大、更多的差异性、复杂性和风险性。国际市场营销与国内市场营销的区别主要表现在以下几个方面:

(1)国际市场营销管理是一种对"交叉文化"(Cross Cultural)的管理。国际市场营销者与国内市场营销者面临着完全不同的环境因素,如不同的经济发展程度、不同的语言和价值观、不同的习俗、不同的政治制度和法律体系等。在营销学中,这些被称为不可控因素(Uncontrollable Factors)。这些不可控因素的国际差异必然会导致各国在需求、定价、竞争状态、经营惯例等方面的差异性,企业只有在面对不同的国际目标市场时确定不同的营销决策,才能够在激烈的国际市场竞争中取胜。

(2)国内市场营销与国际市场营销的可控因素(Controllable Factors)也有所不同。可控因素是指企业可以施加控制的营销组合因素,包括产品、定价、分销渠道和促销等。这些因素在各国市场上都有所不同。比如,企业在各个不同的国外市场上提供的产品、定价方法、中间商的选择、促销方式等都可能存在差异。

【实例1-1】 台积电的豪赌

在通信领域,华为用30年的时间实现了"2G落后,3G追赶,4G赶超,5G领先"的神话,华为登陆欧洲、日本、美国市场,采用农村包围城市的"先易后难"战略取得了阶段性的胜利。以科技霸权收割世界财富的美国,开始了对华为的层层加压的制裁之路,最后制裁升级成限制全球给华为供货,其中就包括台湾积体电路制造有限公司(简称台积电),2021年台积电公布的营收财报数据中显示,台积电的市值一夜蒸发了2300亿元人民币。

与华为合作的时候,华为是台积电的第二大客户,为台积电带来14%的收入,而中国大陆芯片也曾为台积电带来22%的收入。对于台积电来说,多个供应商之间能形成完美的制衡,美国也不敢拒绝台积电的涨价要求。如今台积电的收入极度依赖美国芯片,客户的单一性和依赖性让台积电彻底失去了定价权,2021年年初,台积电因为上游原材料上涨,预计涨价10%~20%,考虑到苹果是老客户,对苹果仅涨价3%左右,但是依然被苹果无情拒绝。台积电眼睁睁地看着被美国"割韭菜"，敢怒不敢言。

（资料来源：根据《痛失华为之后，又被美国割了韭菜，台积电突然觉醒：上了美国圈套》整理，2022-09.）

（3）国际市场营销需要进行多国协调和控制。当企业在多国开展营销业务时，营销管理的任务并不仅仅局限于把在每个国家的营销活动管理好，还需要对在各国的营销活动进行统一规划、控制、协调，使母公司和分散在世界各国的子公司的营销活动成为一个灵活行动的整体。只有这样才能贯彻和执行全球性营销战略（Global Marketing Strategies），从而使整体效益大于局部效益之和，以追求企业全球整体利益的长期化和最大化。

（4）国际市场营销环境复杂多变。主要表现如下：

1）影响国际市场营销的因素复杂。就经济因素而言，各国在生产力水平、分工状态、收入与消费及市场竞争等方面均存在明显的差异。有些国家生产力水平较低、分工较粗，而有些国家则生产力高度发达、分工精细；经济发达国家人均收入高、购买力强，而发展中国家人均收入较低、购买力较弱。

2）国际营销环境的具体因素易变且难以估测。例如，几乎没有国家或企业预料到国际原油价格因海湾战争而出现持续、大幅度上升的局面。

3）国与国之间的同盟与不同国家企业之间的联合、合作和结盟形成了一种特殊的垄断性营销环境，使企业不仅面临其他国家同类企业的竞争挑战，而且还会遇到国际性企业（如跨国公司）和其他国际组织的激烈抗争。

4）国际经济关系作为企业开展国际营销活动的附带性前提条件，也成为市场营销环境的组成部分，这使得国际市场营销环境的透明度更低，把握的难度也更大。

三、国际市场营销学与其他学科的区别

（一）与营销学的关系

第二次世界大战结束以来，随着国际贸易的蓬勃发展和国际投资的日益增加，特别是企业国际化的加速，西方国家工商业企业的国际营销活动达到空前规模。特别是20世纪70年代以后，由于石油涨价引起的世界性能源危机和经济危机，致使许多西方国家经济陷入滞胀和低速增长阶段，国内市场趋于饱和，企业间的竞争十分激烈，这使企业更加重视研究和推行国际化经营销售战略。随着企业国际营销活动的发展，逐步形成了国际市场营销学。这门学科运用营销学原理的概念与方法，研究企业进行跨国界营销的特殊问题。所以，国际市场营销学是营销学的一个分支，也可以说国际市场营销学是高级营销学（Advanced Marketing）。

（二）与国际企业管理的关系

相较国际市场营销学而言，国际企业管理（International Business Management）是一门研究范围更广的学科，其研究对象是国际企业的各种管理职能（包括营销、会计、财务、人事和生产等）的综合运用和有机组合。因此可以说，国际市场营销（International Marketing）、国际会计（International Accounting）、国际财务管理（International Financial Management）、国际人事管理（International Personnel Management）与国际生产管理（International Production Management）等已经独立出来的学科，都是国际企业管理的分支学科。再者，二者的理论基础不同。国际市场营销学以营销学原理为其理论基础；而国际企业管理则以垄断

竞争、内部化、资本化率、发展水平、比较优势、区位理论、产品生命周期等理论作为学科理论基础。但是，二者的学科理论也相互关联，国际企业管理的学科理论对国际市场营销学有重大影响。

1. 垄断优势理论

垄断优势理论最早由美国学者斯蒂芬·海默（Stephen Hymer）于 20 世纪 60 年代在其博士论文《国内企业的国际经营：关于对外直接投资的研究》中提出，经其导师金德尔伯格（Kindleberger）加以完善。该理论的基本思路是，对外直接投资至少要具备以下四种优势：

（1）市场垄断优势，如产品性能差别、特殊销售技巧、控制市场价格的能力等。

（2）生产垄断优势，如经营管理技能、融通资金的能力优势、掌握的技术专利与专有技术。

（3）规模经济优势，即通过横向一体化或纵向一体化，在供、产、销各环节的衔接上提高效率。

（4）各国政府的课税、关税等贸易限制措施产生的市场进入或退出障碍，导致跨国公司通过对外直接投资利用其垄断优势。

2. 国际生产折中理论

1977 年，英国瑞丁大学教授邓宁（J. H. Dunning）在《贸易、经济活动的区位和跨国企业：折中理论方法探索》一文中提出了国际生产折中理论（Eclectic Theory of International Production）。1981 年，他在《国际生产和跨国企业》一书中对折中理论进行了进一步的阐述。该理论认为，企业对外直接投资必须具备所有权优势、内部化优势和区位优势。只有当企业同时具备这三种优势时，才完全具备了对外直接投资的条件。

3. 比较优势理论

比较优势理论（Theory of Comparative Advantage）由英国著名古典经济学家大卫·李嘉图（David Ricardo）提出。他认为，一国出口劳动生产率相对高的产品，进口劳动生产率相对低的产品，即一个国家的生产模式拥有比较优势。对于处于绝对优势的国家，应集中力量生产优势较大的产品，而处于绝对劣势的国家，应集中力量生产劣势较小的产品，然后通过国际贸易进行交换，这样彼此既节省了劳动，也得到了益处。假设 A 国在制造汽车方面强于 B 国，而 B 国在制造手机方面强于 A 国，这是"绝对优势"（Absolute Advantage）。如果 A 国在制造汽车和手机方面都比 B 国有优势，但是在制造汽车方面有更大的优势，那么 A 国会将资源投放在它干得最好的、利润最高的汽车生产上；而 B 国尽管制造手机的效率不如 A 国，但它可以将最好的资源投放在 A 国放弃的手机领域。这就是"比较优势"。比较优势理论的核心内容就是"两利相权取其重，两害相权取其轻"。

按照这一理论，在全球化的条件下，后进国家就没有追赶和后来居上的可能，只能被动地服从"客观规律"，即现有的世界分工格局。

（三）与国际贸易学的关系

无论是国际贸易还是国际市场营销，都是以获得利润收入为目的而进行的跨越国界的经济活动。尽管二者存在着某些共同点和相通性，但也存在以下区别：

1. 学科性质不同

国际贸易学是一门宏观学科，是经济学的一个分支，其研究对象是国与国之间的商品交换（进口与出口），其理论基础是比较利益、互相需求学说、资源赋予学说等；国际市场营销学是一门微观学科，是管理学的一个分支，其研究对象是企业所进行的跨国界营销活动，其理论基础如前所述。

2. 跨国范围不同

国际市场营销并不一定意味着产品和劳务的国际转移，只要其营销政策具有"跨国"性质，其营销活动就属于国际市场营销的范畴。例如，中国企业在日本设立了一个子公司，在日本从事生产并就地销售，则这一企业进行的营销活动属于国际市场营销的范围，因为其子公司在日本的生产与销售活动要受设在中国公司总部的指挥和监督。而国际贸易仅指进口或出口。

除上述两点主要区别之外，国际贸易与国际市场营销还在市场调研、产品开发、分销渠道管理等方面存在一定程度的区别，见表 1-1。

表 1-1　国际贸易与国际市场营销的区别

比较的内容	国际贸易	国际市场营销
行为主体	国家	企业
产品跨越国界	是	不一定
动机	比较利益	利润
信息来源	国际收支表	公司记录
市场调研	一般不进行	进行
产品开发	一般不进行	进行
分销渠道管理	一般不进行	进行

第二节　企业从事国际市场营销的动因和发展过程

一、企业从事国际市场营销的动因

如前所述，国际市场要比国内市场复杂得多，从事国际市场营销也比从事国内市场营销困难得多。那么，为什么企业还要进入国际市场、开展国际市场营销呢？

当今世界经济是以各国的相互依赖为主要特征的。第二次世界大战后，随着各国通信事业的发展和交通运输设施的进步，世界贸易和投资得以迅速发展，在这种情况下，本国市场不再是专供本国企业销售的场所，而且充斥着外国产品。以日本市场为例，数据显示，2019年日本 23.3% 的进口商品来自中国，而美国和德国的这一比例分别为 18.1% 和 8.5%。以价值计算，在所调查的约 5000 种进口品类中，从中国进口的至少占进口总值一半的品类，美国和德国分别有 590 个和 250 个。中国手机产品在日本进口手机中的占比从 2009 年的 69.1% 上升到 2019 年的 85.7%，而平板电脑和笔记本电脑几乎全都从中国进口，占比高达 98.8%。随着经济进一步发展，我国出口结构也发生了变化。在日本进口的信息技术设备及半导体产品中，中国产品的份额上升，同时，劳动密集型产品的进口更多转向东南亚国家。2019 年，中国鞋类产品在日本进口的鞋类产品中占 66%，比 2009 年的 91.7% 大幅下降。面临这种竞争形势，企业为求得生存和发展，必须积极向外扩张，开发新的市场机会。越来越多的企业发现，国外市场的投资收益率远远高于国内，有的企业在国外的业务成为其主要收入来源。

近年来，我国企业也正在逐步向国际化迈进，各种非贸易形式的国际市场营销活动正在逐步发展。商务部发布的《中国对外贸易形势报告（2021年春季）》显示，2020年，中国货物进出口总额32.2万亿元人民币，增长1.9%，是全球唯一实现贸易正增长的主要经济体。根据世界贸易组织（WTO）数据，2020年中国出口增速高于全球7.4个百分点，进出口、出口、进口国际市场份额分别达13.1%、14.7%、11.5%，均创历史新高，货物贸易第一大国地位进一步巩固。2020年，中国对前五大贸易伙伴——东盟、欧盟、美国、日本和韩国的进出口额分别为4.7万亿元、4.5万亿元、4.1万亿元、2.2万亿元和2.0万亿元，合计占进出口总额的54.3%，其中东盟首次成为中国第一大贸易伙伴。对"一带一路"沿线6个国家进出口9.4万亿元，占进出口总额的29.1%。对东盟、欧盟、美国进出口分别增长7%、5.3%和8.8%，分别高于总体增速5.1、3.4和6.9个百分点。对"一带一路"沿线国家进出口增长1%，其中，出口增长3.2%。对沙特阿拉伯、土耳其、埃及、波兰、新西兰等部分"一带一路"沿线国家出口增长较快，分别增长18.4%、18%、12.1%、12.4%和5.9%。中欧班列全年开行1.24万列，发送货物113.5万标准箱，分别增长50%和56%，综合重箱率达到98.4%。目前，中国对外贸易朋友圈已扩大到230个国家和地区。东盟成为中国第一大贸易伙伴；与"一带一路"沿线国家和地区经贸合作不断深化，进出口占全国贸易总额比重从2015年的25.1%提升至2020年的29.1%。部分中国企业2021年秋季国际市场营销统计见表1-2。

表1-2 部分中国企业2021年秋季国际市场营销统计

企业	营业收入（亿元）	海外营业收入占比（%）
TCL股份集团有限公司	1528	29.12
华为科技有限公司	8914	34.4
海尔智家股份有限公司	2097.26	48.84
小米科技有限责任公司	2459.7	50

归纳起来，从企业角度来看，从事国际市场营销至少应基于以下重要原因：

1. 延长产品生命周期

产品在本国已处于生命周期（Life Cycle）的衰退期（Decline Stage），但在其他某些国家却正处于导入期（Introduction Stage）或成长期（Growth Stage）。产品进入一个新市场，相当于延长了产品的生命周期。例如，20世纪70年代末，黑白电视机在日本已进入衰退期，但在我国则处于成长期。日本电视机厂商在我国政府刚刚放松对家电产品的进口限制之际，将黑白电视机出口到我国这个庞大的市场，使黑白电视机的生命周期延长了多年。

2. 实现规模经济效益

地区多样化，可以扩大销售量，增加生产量，使单位成本下降，研究与开发费用也可在营业额基础上分摊，从而实现规模经济效益（Economy of Scale）。美国可口可乐公司在第二次世界大战期间依靠政府在世界各地建成64个可口可乐装瓶厂，5年内实现了其他企业需要25年才能达到的海外经营规模，从而大幅度降低了产品成本，投资回报率高达56.7%。

3. 规避竞争

在某些场合，国内市场的竞争激烈程度高于国外市场。在这种情况下，企业到国际市场上另辟蹊径，反而可以得到生存与发展的机会。过去，很多美国企业把其主要营销业务都集中在美国国内，而不愿到复杂的国际市场上去冒险。然而，近年来，美国市场上充斥着外国产品，许多产品在美国市场上竞争的激烈程度远远高于国际市场。迫于国内竞争的压力，不少美国企业不得不到国际市场上去寻求新的营销机会。近年来，我国市场也出现了类似情况，其结果是逼出了一大批外向型的企业。在 20 世纪 80 年代初的全国家用电器消费热中，各地纷纷开办电扇厂，短短几年，全国的电扇厂就从几十家发展到 1985 年的 2000 多家。一场激烈的竞争之后，到 1988 年年底仅剩下 200 余家，年产电扇能力 4000 多万台。此时，生产电扇的两大生产基地——长江三角洲和珠江三角洲的电扇厂及时对产品结构进行了调整，使电扇开始批量出口。

4. 地区多样化

国际市场营销往往比产品系列化（Product-Line Diversification）更优越。一个典型的例子是美国的箭牌糖果有限公司（Wrigley）。该公司只有口香糖一个产品系列，但其地区多样化政策使口香糖的生产和营销业务遍布世界各主要地区，从而使该公司一直保持在美国《幸福》杂志公布的 500 家大企业之列。

5. 发挥企业竞争优势

企业无论大小，都有一定的相对竞争优势，关键在于如何挖掘和使用。汽车玻璃大王曹德旺是福耀玻璃工业集团股份有限公司创始人，在他的运营管理下，把一家做水表玻璃的小工厂做成了汽车玻璃中国第一、世界第二，全球市场占有率 25%。让曹德旺真正想要把企业做大的原因是一件小事。有一次，曹德旺的司机请他坐在副驾驶，而当时曹德旺手里拿着一根拐杖，在开车门的时候，司机说了一句话让曹德旺很不高兴：“老曹，你小心一点不要把我的玻璃捅破了，买不到啊，这一片要六七千块钱！”曹德旺直接反驳道：“我就是做玻璃的，我还不知道多少钱？这玻璃有那么贵吗？”那时候曹德旺才了解到，在国内如果汽车玻璃坏了，换起来不仅很麻烦，而且价格很贵。所以他决定自己做，开始进军汽车玻璃行业。因为产品本身质量好，获得了众多汽车厂商的认可与信赖。福耀玻璃为宾利、奔驰、宝马、奥迪、通用、丰田、大众、福特、克莱斯勒、日产、本田、现代、菲亚特、沃尔沃、路虎等世界知名品牌，以及中国各汽车厂商提供全球 OEM 配套服务，并被各大汽车制造企业评为“全球优秀供应商”。

6. 获取国外先进的科技管理知识、市场信息和资金

现代社会科技迅速发展，迫使企业不断迎接新技术革命的挑战，谁能尽早获得新的科技知识，谁就会在竞争中拥有巨大的优势。通信的现代化也使信息越发显示出其巨大的作用与效益。例如，万宝电器集团通过其在我国和美国的两家总经销商，不断地获取反馈信息，使产品在质量、款式、功能和色彩等方面不断改进，始终紧跟国际先进水平。

对于大多数发展中国家的企业来说，进入国际市场的一个重要原因是取得国内短缺的外汇，用外汇进口生产急需的国内没有供应的物资、技术和设备，以便进一步发展生产力，提高竞争能力。

7. 现代化的交通及通信的发展使企业的国际市场营销活动大为便利

国际直拨电话、电传、传真、电子邮件等通信工具的发展，快捷的航空运输业务，以及

日趋完善的集装箱海运服务，使时空距离大大缩短，跨国经营的许多物理障碍大大减少了。以中欧班列为例，截至 2022 年 1 月 29 日，中欧班列累计开行突破 5 万列，运送货物超 455 万标箱，货值达 2400 亿美元，通达欧洲 23 个国家的 180 个城市，为保障国际产业链供应链稳定、推动共建"一带一路"高质量发展做出了积极贡献。

8. 与出口相比，国际市场营销是一个含义更广的概念

国际市场营销不仅包括进口和出口，还包括在国外的投资和生产制造活动。因此，相较出口贸易而言，国际市场营销还具备以下优点：

（1）可以避开关税、配额等贸易壁垒。20 世纪 90 年代以来，国际贸易是以保护主义为主要特征的，我国许多产品的出口都因进口国的关税、配额等贸易壁垒而受到限制，而发达国家对那些同类产品生产比较落后的国家往往无配额限制。如果将生产移到目标市场国或第三国，就可以避开重重限制。例如，我国棉纺织品出口受到欧美等国的配额限制，但欧盟对毛里求斯出口的针棉织品就没有配额限制。毛里求斯只有一个针棉织厂，而且棉纱还需从南非进口。利用这一空隙，我国在毛里求斯设立了针织公司，这样既绕过了欧洲的贸易障碍，又带动了我国针织品对毛里求斯的出口。

（2）享受本国政府及外国政府的优惠待遇。扩大出口的基础在于企业，要让企业在国际市场上竞争，就要在政策上给予企业一定的优惠。多国政府对企业的海外开拓给予了积极支持。例如，韩国政府对出口超过 1.5 亿美元的企业，在税收、信贷方面给予优惠。日本政府设立专项贷款，期限 12 年，年息仅为 2.7%，以支持中小企业扩大出口。英国政府海外贸易委员会向决定进入国际市场的企业提供高达 10 万英镑的"进入市场保证方案"。美国政府在本国市场竞争中严格执行反托拉斯法，但允许在国际竞争中同行组成卡特尔，对在出口领域做出杰出贡献的个人、企业、团体可授予由总统亲自签署、签名的总统"E"字奖。我国为鼓励出口，设置了"出口退税制度"等。

许多国家限制进口，但鼓励外资投入，并相应地规定了一系列鼓励外来投资的优惠条件。企业到国外直接投资，可以享受这些优惠待遇。英国永道会计师事务所（Coopers & Lybrand）战略管理部门主任格雷迪·米恩斯（Grady Means）曾称："今后 10 年，任何公司要取得成功，几乎都必须参与世界市场竞争。"

二、企业进行国际市场营销的发展过程

国内市场营销是企业利用本国资源在国内生产，产品在国内市场销售，市场营销形态比较单一。而国际市场营销则是企业的资本或资源在国际上流动，一般需要经历以下三个发展阶段：

1. 出口营销阶段

企业总部（决策中心）设在本国，在本国生产，然后将产品销往国外，即企业在一个以上的外国进行经营销售活动。本阶段要分三步走：第一步，通过贸易公司或经销商对国际市场进行试销，即小规模地将产品打入国际市场；第二步，当市场看好时，企业向国外市场派遣区域性贸易代表，协助经销商从事推销工作；第三步，若区域性贸易代表向企业报告市场规模大、前景好，企业就开始在国外市场建立自己的销售机构。

2. 跨国营销阶段

如果销售子公司在国外市场上取得的销售业绩很可观，企业便可考虑在国外市场投资建

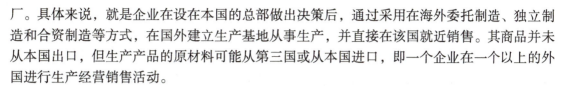

厂。具体来说，就是企业在设在本国的总部做出决策后，通过采用在海外委托制造、独立制造和合资制造等方式，在国外建立生产基地从事生产，并直接在该国就近销售。其商品并未从本国出口，但生产产品的原材料可能从第三国或从本国进口，即一个企业在一个以上的外国进行生产经营销售活动。

3. 全球营销阶段

企业由设在本国的总部做出决策后，通过在海外直接投资，设立公司或附属机构，进行产销活动，将设在外国的工厂生产的产品转销到第三国。这一阶段的重点是建立跨国公司，确立以全球市场为舞台，以追求全球整体利益最大化为目标。

我国企业在国际化的过程中，也要经历上述几个阶段。首先，通过其他企业从事出口业务，与国外市场建立间接业务关系；其次，拥有外贸进出口权的企业，可与国外市场建立直接业务关系，定期派员工出国收集市场信息；最后，开始在海外直接投资，生产产品，提供劳务，设置专门处理国际业务的部门，并在国外建立常设机构，最终使企业从内销型转变为跨国经营型。这就是说，我国企业在其向国际化发展的不同阶段，应以不同的方式进入国际市场，任何企业都不可能指望一步实现跨国经营。例如，日本的一些大企业在海外开拓市场时，就采用了稳步发展的方法。又如，我国的首钢集团最初就是通过间接和直接出口自产产品进入海外市场的。随着经验的丰富、企业的壮大，其又采用了参股、购买、新建等手段在海外建立独资、合资生产企业和销售公司，还通过工程承包方式进入国际市场。积极开拓海外市场已使首钢成为一家跨行业、跨地区、跨国经营的大型企业集团。海尔进入国际市场时，也是通过"三步走"（走出去、走进去、走上去）开展国际化营销活动的。

第三节 跨国营销理念的演变

一、市场营销观念的演变

市场营销观念（Marketing Concept）是贯穿企业市场营销活动的指导思想，即引导企业开展市场营销活动的观念、态度、思维方式和营销哲学。它是企业处理与其他利益人之间关系的一个准则。西方工业发达国家企业的市场营销观念演变大致经历了五个阶段：生产观念、产品观念、推销观念、营销观念、社会生态营销观念。其中，生产观念、产品观念、推销观念又称传统营销观念；营销观念和社会生态营销观念又称现代营销观念。二者的区别见表1-3。

表1-3　传统营销观念与现代营销观念的区别

观念	出发点	中心	营销手段	目的
传统营销观念	企业	利润	推销、广告	为利润而销售
现代营销观念	消费者	用户需求	整体营销	满足用户需求并获得利润

二、国际市场营销观念

国际市场营销观念（International Marketing Concept）是指导企业开展国际业务活动的思想观念，它将影响企业对国际市场营销的态度。国际市场营销观念主要可以概括为以下三种：

1. 国内市场延伸观念

国内市场延伸观念是指国内企业力图把国内产品销售到国外市场去。它把国际业务看作第二位，是国内业务的延伸，即优先考虑国内业务，把国外业务视为国内业务有利可图的延伸。其主要动机是解决生产能力过剩的问题。它对国际市场营销的典型看法是，如果产品能在国内某地销售，就可以在世界其他地方销售。企业很少针对国外市场调整营销方案。企业的导向是以与国内销售同样的方式将产品销售到国外市场。采用这一观念的企业要善于寻求与国内具有相似性需求的市场，这样产品才容易被国外客户接受。这种营销方法属于民族中心型。

2. 国别市场观念

一旦意识到海外市场差异的重要性以及海外业务的重要性，企业的业务导向就可能转向国别市场策略。以这一观念为导向的企业以国别为基础，认识到国际市场的高度不同，因而对每个国家制订独立的营销计划，采取不同的营销策略。各子公司独立制订营销计划和目标，国内市场和各个国外市场都有单独的营销组合方案，彼此之间几乎没有影响。国别市场观念强调针对每个市场调整产品，不考虑与其他国家市场的协调问题，广告活动、定价、分销策略也是采用当地化策略。拥有这一观念的企业并不寻求营销组合因素之间的相似性，而是强调适应每一个国外市场。它们相信每个市场的特殊性更需要本地的营销投入，因而通常将控制权下放。这种营销方法属于多中心导向型。

3. 全球营销观念

以全球营销观念为导向的企业通常称为全球公司，它的营销活动是全球营销，它的市场范围是整个世界。实施全球营销策略的企业追求规模效益，开发具有可靠质量的标准化产品，以适中的价格销往全球市场，即相同的国外市场组合。全球营销观念的前提是，"世界市场趋同"，企业寻求以近乎相同的方式满足市场的需求和欲望。依据这一导向，企业尽其所能在全球范围内实施标准化营销。一些决策在全球范围内普遍适用，而另一些决策则需要考虑当地影响。整个世界被视为一个市场，企业制定全球营销策略。例如，可口可乐公司、福特汽车公司和通用汽车公司等全球营销公司都属于全球营销观念的体现者。可口可乐的营销观念是思想上的本土化、行动上的本土化。这种营销方法属于地区中心型。

全球营销观念将一组市场（不管是国内市场还是国外市场）视为一个单位，把具有相似需求的潜在购买者群归入一个全球细分市场，只要成本低、文化上可行，就制订谋求标准化的营销计划。这可能意味着，企业的全球营销计划包括标准的产品和因地而异的广告；或者对所有国家都采用标准化的主题，但根据不同国家、不同文化的独特市场特征做一些形式上的调整；或者采用标准化的品牌和形象，通过调整产品以满足特定国家的需求。换句话说，从全球角度制订营销计划和营销组合方案，只要营销组合可行，就寻求标准化效益，如果文化的独特性要求调整产品和形象，就予以调整。无论何时何地，只要可行，企业就将其工艺、标识、大部分广告、店面装潢和布局等标准化。

随着我国企业所面临的竞争环境越来越国际化，对于许多涉足国际营销的企业来说，最有效的导向就是全球导向。这意味着一家企业经营范围内的所有国内市场和国外市场构成一个可以进入的全球市场，只要成本合理、文化可行，就采用标准化的营销组合。正如西奥多·莱维特（Theodore Levitt）在《市场全球化》一文中指出的："全球营销、全球经营、全球广告和全球品牌，其前提是'世界市场趋于大同'。"他认为，巨大的细分市场具有共同的需求，即都需要质量高、价格合理、标准化的产品。例如，李维·施特劳斯、丰田、福特、麦当劳和可口可乐都是在世界范围内向细分市场出售相对标准化产品的公司，谋求以相同的产品满足市场的需求和欲望。但这并不意味着不同国家的营销无须关心文化差异对营销策略的影响，对有些文化价值敏感的产品就需要调整，以适应当地需求。例如，宝洁公司对一次性尿布运用全球营销观念，但对在亚洲市场销售的洗衣粉则运用国别市场观念。通过不断实践，人们越来越认识到，企业实际上运用的是多种观念的混合。

三、当代国际市场营销新理论

在市场营销学的初创阶段，只限于研究销售技术和广告业务。第二次世界大战后，随着资本主义经济的高速发展，市场营销的内容也进一步延伸。到 20 世纪 70 年代，社会中心论营销观的出现进一步弥补了营销观念的不足。它强调企业决策要坚持企业获利、顾客需要得到满足和社会获得长远利益三者兼顾。20 世纪 80 年代以来，尤其是随着经济全球化的加速发展，国际市场营销理论有了突飞猛进的发展。

【实例 1-2】　美国烟草大王为适应环境改名

美国大烟草厂商菲利普·莫里斯公司（Philip Morns Companies Inc.）在 2001 年就计划易名为高特利集团（Altria Group Inc.）。菲利普·莫里斯公司董事长兼执行主管为公司易名专门发表的声明称，集团已经不再是几年前的那个菲利普·莫里斯公司，新的名称将帮助公司树立更加鲜明的企业形象。分析家认为，这不仅仅是一次简单的易名，它更具有深层次的战略意义——菲利普·莫里斯公司正在逐渐远离烟草。在提倡高质量生活的年代，越来越多的人意识到烟草不只代表帅气，更代表癌症和死神。烟草曾为菲利普·莫里斯公司带来巨额利润，但这几年却使其面临着无法估计的有形和无形损失。

莎士比亚说："玫瑰不叫玫瑰，依然芳香如故。"孔子说："名不正，则言不顺。"以生产万宝路牌香烟闻名于世的美国菲利普·莫里斯集团觉得"名不正，'烟'不顺"，于是把公司名称改为"高特利"，但这并不能改变该公司的本质。

（资料来源：王苗，顾洁. 美国故事中国启示［M］. 北京：清华大学出版社，2006.）

当代国际市场营销新理论主要体现在以下几个方面：

（一）大市场营销理论

20 世纪 80 年代以来，世界上贸易保护主义回潮，政府干预加强。企业的国际市场营销活动面临着各国，特别是西方发达国家日益滋长的贸易保护主义和政府干预的威胁和影响，面临着壁垒较高的被封闭的市场。例如，日本的大多数市场都或多或少地受到有形和无形壁垒的保护，使得外国企业进入时，不仅会遭遇高额关税，而且难以雇用到良好的日本经营商。再加上日本人的国货意识强，无论外国产品和服务质量多高，如何受到消费者的青睐，也很难使产品或服务到达他们手中。又如，欧盟、美国对特定进口商品限制配额、征收反倾销税、提高关税、加强技术出口管制等。国际上贸易保护主义的回潮和政府干预的加强，使企业在国际市场上步履维艰。

在贸易保护主义盛行的今天，企业如何打开被封闭或被保护的市场？仅仅采用传统的四大营销组合策略，消极地适应企业外部环境，显然已不能奏效。实践证明，在出现贸易保护主义回潮和政府干预的条件下，即使 4P 安排妥当，产品也未必能卖得出去，企业的生产经营也可能会失效。这就迫使企业必须采取某些特殊技巧去积极地影响，甚至改变国际市场营销环境。菲利普·科特勒在 1986 年提出的大市场营销理论，为企业提供了新的思路。

大市场营销（Mega Marketing）是指为了成功地进入特定市场，并在那里从事业务经营，在策略上必须协调运用经济、心理、政治和公共关系等手段，以获取外国各有关方面，如外国经销商、供应商、消费者、市场营销研究机构，以及有关政府人员、各国集团和宣传媒介的合作和支持。大市场营销在理论上的突破主要表现在以下几个方面：

1. 强调企业由单一方位的战略转变为全方位的进攻战略，强行打入被封闭或被保护的市场

大市场营销面临的首要问题是如何打入国际市场，特别是被封闭的国际市场。这势必要求国际营销企业制定全方位的营销战略，通过对产品（Product）、价格（Price）、分销（Place）、促销（Promotion）等传统的营销手段与政治权力（Political Power）和公共关系（Public Relation）等新的营销手段的合理组合（即 6P），来实施大市场营销策略，通过正面的积极诱导和政治权力，强行打入市场，如百事可乐公司成功进入印度市场。

首先，应用政治权力策略打开国际封闭市场。为打入封闭的国际市场，营销者必须得到有影响力的政府部门和立法机构的支持。例如，某一制药公司要将其新产品打入某国市场，必须获得该国卫生部门的批准，并获得有关主管部门的许可。这就要求营销者必须了解国际目标市场的权力分布及结构，并据此设计总体战略，制订战术性的实施方案。企业可以采取政治上的技能和策略，利用提供专业知识、提出合法要求以及通过声望影响等政治权力手段，通过组成战略同盟，如签订特许经销协议、合资经营及合作经营等方式，打入封闭市场。其次，应利用公共关系策略打入国际封闭市场。企业必须主动、积极地充分了解国际目标市场的社会信仰、态度和价值观，并利用各种传统媒介与目标市场的广大公众（包括政府部门、外资集团、广大消费者及一般公众等）搞好关系，以树立企业及其产品的良好形象，通过正面积极的诱导，取得公众的支持和合作，打开被封闭的市场。例如，为公共事业捐款，赞助城建和文化教育事业的发展，与当地的舆论界搞好关系等。事实证明，如果企业重视搞好公共关系，就有利于打入封闭市场。

【实例 1-3】　百事可乐公司成功进入印度市场

20 世纪 70 年代后期，可口可乐公司和百事可乐公司都想进入印度市场。最初，印度政府拒绝了两大公司进入印度的要求，想要保护本国饮料市场。之后，印度政府又提出，它们若要进入，就必须接受一些附加条件，如规定产品出口份额等。可口可乐公司拒绝接受这些条件；而百事可乐公司在审慎考虑后，向印度政府提出三条保证，要求印度政府提供重新进入的机会。百事可乐公司承诺与印方合资办企业，转让食品加工、包装和水处理等技术，并帮助印度出口一定数量的农产品。这样，随之而来的大批产品出口不仅能为印度创造外汇收入，而且在一定程度上可以保护印度国内市场。百事可乐公司做出的保证受到印度当地政府的欢迎，从而被正式批准进入印度市场开设合资公司。

（资料来源：杨海红. 百事可乐与可口可乐在印度市场的营销策略分析［J］. 造纸信息，2011（11）.）

2. 打破了环境因素不可控的传统理论

大市场营销理论认为，传统市场营销理论的缺陷在于仅仅把产品、定价、分销、促销视为可控因素，而把市场环境视为不可控因素，企业只能适应它、顺从它。这一理论严重束缚

了人们的思想和行为，使企业在贸易保护主义和政府干预面前束手无策。事实上，某些环境因素可以通过企业的活动加以改变。只要采取积极的、进攻性的战略，通过谈判、广告宣传、公共关系、战略性合伙经营、立法方面的活动等，就可以为企业的产品进入市场扫除环境障碍。大市场营销理论的提出，打破了环境因素不可控的传统理论的桎梏，解放了人们的思想。特别是在贸易保护主义抬头的今天，这一理论的实践使不少企业"柳暗花明"、重振雄风。

【实例1-4】 中韩"大蒜贸易摩擦"

2000年6月，中韩发生"大蒜贸易摩擦"；韩国对我国出口的大蒜征收300%进口税，金额约1500万美元；我国则采取相应措施，禁止约5亿美元规模的韩国生产的手机与聚乙烯产品进口。事实上，韩国从我国进口的大蒜只不过1529万美元。如果大蒜问题得不到解决，我国将抵制韩国的手机及聚乙烯产品，总价值超过5亿美元。孰轻孰重，韩国政府不会因小失大。结果这场贸易摩擦以双方相互妥协而告终。

（资料来源：北京青年报，2001-04-28.）

3. 发展了市场营销组合理论

传统的企业营销组合（Marketing Mix）理论认为，市场需求引起供给，企业只需去发现需求，并设法组织供应予以满足。因此，企业通常只强调产品、价格、分销和促销这4P营销组合。大市场营销理论认为，这正是传统理论的陷阱之一。事实上，市场往往是封闭型的或被人为保护的，传统的4P组合已不能完全解决企业产品的市场打入问题，需要在传统的4P要素基础上再加上2P（即政治权力和公共关系），构成合理的6P营销组合，才便于企业打入国际封闭市场。

（二）国际市场营销战略组合理论

国际市场营销战略组合（International Marketing Mix）是指企业运用系统方法进行国际营销管理，针对国内及国际营销环境，将各种营销手段，包括国际市场产品设计、定价、分销、人员推销及广告等促销手段进行最佳组合，使它们互相配合、相得益彰，最好地发挥组合的综合效应。

当代著名市场营销学家美国西北大学的菲利普·科特勒教授首次提出"大市场营销"概念，即在4P（产品、价格、分销和促销）的基础上加上2P（政治权力和公共关系），成为6P。随后，1986年，他又进一步提出了10P，即在6P"大市场营销"的基础上再加上4P：探查（Probing）、划分（Partitioning）、造优（Prioritizing）和定位（Positioning）。他明确指出："战略营销计划的制订必须先于战术性营销组合的制定。战略营销计划的制订过程也是一个4P过程，即探查、划分、造优、定位。只有在制订好战略营销计划的基础上，战术性营销组合的制定才能顺利进行。"科特勒认为4P（产品、价格、分销和促销）是一种战术组合，其目的是在已有的市场中提高本企业产品的市场占有率；而10P组合是一种战略组合，目的是打进和占领新市场。从4P营销战术组合到10P营销战略组合的发展，是市场营销组合理论的重大突破，为开拓国际市场提供了新的营销战略。

国际市场营销战略组合具有以下特征：

1. 国际市场营销战略组合是国际市场营销战略指导下的营销组合

国际市场营销战略本质上就是企业经营管理战略。因此，企业必须从战略高度设计和确

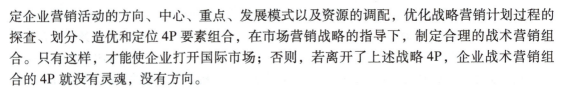
定企业营销活动的方向、中心、重点、发展模式以及资源的调配，优化战略营销计划过程的探查、划分、造优和定位4P要素组合，在市场营销战略的指导下，制定合理的战术营销组合。只有这样，才能使企业打开国际市场；否则，若离开了上述战略4P，企业战术营销组合的4P就没有灵魂，没有方向。

2. 国际市场营销战略组合是多层次的组合

国际市场营销战略组合是营销战略性要素和战术性要素的有机组合，而各策略又分别由许多因素组成。例如，在战术组合要素中，产品又具有许多不同的特点，如质量高低不同，服务水平不同，包装具有多种体积、颜色，且制成包装的原材料也不同，品牌及售后保证也经常发生变化；产品价格形式多样化，如基本价格、折扣价格、付款日期、信贷项目等；分销则包括销售渠道、储存设备、运输设施、存货控制等；促销有广告、人员推销、营业推广、公共关系等，其中广告策略又有许多种类。因此，企业必须针对国际目标市场需求的特点，制定多种国际市场营销组合策略，并从中选择最佳的营销组合策略。

第四节 走向国际市场的中国企业

一、经济全球化是中国企业"走出去"的必然选择

（一）经济全球化的概念

简而言之，经济全球化（Economic Globalization）是指转向一个更为一体化与相互依存的世界经济。经济全球化有两个组成部分：市场全球化和生产全球化。

1. 市场全球化

市场全球化是指把历史上独特的和分离的国家市场合并为一个巨大的全球市场。关于这一概念的争论已经延续了一段时间。上述概念意味着不同国家中消费者的嗜好和偏爱正在趋同于某些全球标准，从而帮助创建了全球市场。换言之，通过向世界提供标准化的产品，可以帮助创建一个全球市场。

当前最为全球化的市场不是消费品市场（该市场中各民族的嗜好与偏爱的差异化阻碍了全球化的发展），而是能满足全世界普遍需求的工业品和原材料市场。这些产品包括初级产品市场中的铝、油、小麦等，工业产品中的微处理器、商用飞机等。另外，在许多全球市场中，同业公司常常作为竞争对手出现于一个又一个国家。例如，可口可乐与百事可乐、福特与丰田、波音与空中客车等公司。一个公司进入一个竞争对手没有进入的国家市场，另一个公司就会马上跟进，以免被竞争对手占先。随着一个又一个竞争对手的跟进、模仿经营，一个又一个国家市场变成了一个日益趋同的全球市场。

2. 生产全球化

生产全球化是企业的一种趋势，即从全球各地区筹供商品和服务，以利用各国在生产要素（如劳动力、能源、土地和资本）上的成本和质量差异。通过这种做法，企业希望降低总成本、提高质量或改善它们所提供商品的功能，从而提升竞争能力。以波音公司为例，波音777包含132500个主要零部件，这些零部件由世界上545个供应商生产。波音公司把零部件生产外包给国外供应商的部分理由是，这些供应商都是世界上从事该项活动的顶尖企业，这样可以拥有一个全球供应网，以便获得更佳的最终产品，并能获得供应商所在国购买

飞机的订单。

当然，生产的全球化也不是可以无限扩大的，在实施生产全球化、把生产活动扩展到全球各区位、实现优化配置的过程中，会遇到大量的障碍，使企业的生产经营活动困难重重。这些障碍包括各国间正式与非正式的贸易壁垒、运输成本，以及与各种经济和政治风险相关的问题。因此，企业既要抓住全球化带来的好处，又要审慎对待全球化带来的风险，面对环境的变化，采取有效的应对措施。

全球化导向带来的这一好处经常被人们提及，实例很多。例如，惠而浦公司成功开发出高效无氟冰箱，该冰箱在一次评比中还获得了"效率最高奖"。该公司的好几个国际分部均为开发这一冰箱做出了贡献：欧洲分部提供了绝缘技术，巴西子公司提供了压缩机技术，美国分部提供了设计和制造专长。雀巢公司泰国分部的咖啡销售业绩平平，市场的增长速度没有预期的快。该分部借用了雀巢公司希腊分部在夏季促销中使用的冷咖啡饮料——Nestle Shake，经过适当改造后引入泰国市场，并且还设计了调制饮料的容器，为宣传这种饮料还引入了 Shake 这一舞蹈，举办了"Shake 皇后"竞选。此后，雀巢咖啡在泰国的销售额得到大幅提高。

（二）经济全球化的推动力

1. 贸易和投资障碍的减少

20 世纪二三十年代，世界上许多国家对国际贸易和对外直接投资构筑起强大的壁垒。国际贸易壁垒多数是对进口的制造商品收取高额关税。征收高额关税的主要目的是保护国内的工业免遭外国的竞争。然而，这种对他国实施敌对贸易政策的后果是导致贸易摩擦升级，最终抑制了世界的需求，使世界经济下滑。

第二次世界大战以后，为汲取这一教训，西方工业发达国家在美国的倡议下，承诺将撤去各国间妨碍商品、服务和资本自由流动的壁垒。《关税及贸易总协定》（GATT）的条约正是这一目标的体现。现在 GATT 不仅适用于制造商品，而且扩大到服务领域，对专利、商标、版权提供了强大的保护，并成立了世界贸易组织（WTO）来监管国际贸易制度的实施。

除了减少贸易壁垒外，许多国家还逐步取消了直接对外投资（FDT）的限制。解除一国对外投资的管制，使外国企业更容易进入本国市场，并对两国间的投资实施保护。

国际贸易壁垒的减少使企业的市场扩大到世界范围。企业能够把生产置于最佳区位，并服务于全球市场。这样，企业就可以在一国设计其产品，在另外的国家生产零部件，再在其他国家进行装配，最后把最终产品销往全世界，开展全球化经营。因此，贸易壁垒的减少成为经济全球化的推动力。

2. 技术变革的作用

减少贸易壁垒使市场和生产全球化成为理论上的可能，而技术变革使全球化成为现实。自第二次世界大战结束以来，通信、信息处理和运输技术取得了极大发展，如因特网和万维网的出现与迅猛发展。用 WTO 前任总干事雷纳托·鲁杰罗的话来说，电信事业正在创造一批全球的观众，运输也使世界变成一个地球村。

（1）微处理器与网络。微处理器的开发使高功率、低成本的计算机得以迅猛发展，大大提高了个人和企业的信息处理能力。微处理器也构成了许多电信技术发展的基础。在过去几十年中，全球通信因卫星、光电纤维和无线技术，以及网络的发展而发生了革命性的变革。

（2）因特网和万维网。因特网和世界万维网快速增长。1990年，连接因特网的使用者不到100万人；截至2020年年底，中国网民规模为9.89亿人，互联网普及率达到70.4%，特别是移动互联网用户总数超过16亿人；5G网络用户数超过1.6亿人，约占全球5G总用户数的89%。

因特网和世界万维网将发展成为未来全球经济的信息支柱。1994年，我国网上交易的实际价值几乎为零；到2020年，我国移动电商市场交易额突破8万亿元；截至2020年12月底，我国手机网络购物用户规模达7.81亿人，手机网络使用率高达79.2%。2016年12月，我国手机网络支付用户规模达4.69亿人，占手机网民的67.5%；截至2020年12月，我国手机网络支付用户规模达8.53亿人，占手机网民的86.5%。美国商务部发布的季度数据显示，2020年美国电商销售额增长32%，达到7900亿美元，高于2019年的5980亿美元，电商占零售总支出的14%。美国电商产业之所以占比仍旧较低，是因为许多用户仍然只会将Pinterest和TikTok等社交平台视作决定和挑选个人喜爱品牌的地方，但不会在这些平台上进行购物。

移动数据和分析公司App Annie发布的《2021年移动市场报告》显示，2020年的移动设备使用量直线上升，全球移动市场用户支出累计达约1430亿美元，使用时间累计达3.5万亿h。2021年线上购物将成为零售业的主流趋势。中国的淘宝直播、韩国的Grip以及美国的NTWRK等直播购物应用下载量2019年分别同比增长了100%、245%和85%。

移动应用爆发式增长，向平台化和垂直化双向发展。社交通信类移动应用使用加深，领先头部平台拓宽服务边界。腾讯数据显示，第一季度QQ智能终端月活跃账户数环比增长7.2%，QQ每日总消息数及使用时长各自获得同比两位数增长，微信小程序人均使用数同比增长25%，活跃小程序增长75%。QQ打造QQ"群课堂"，优化"群作业""群文件"等功能，升级在线教育服务能力；微信、微博陆续推出"视频号"，拓展视频内容领域；微信开放服务搜索，通过"搜一搜"可以及时获取快递、订票等服务。

直播电商、社区团购等引领新型消费潮流。无接触配送、无接触支付、按需选择以及各种帮助功能推动了餐饮美食应用的需求增长。截至2020年11月29日，印度以6.6亿每周打开次数，超过第二名中国（3.7亿），成为全球"最爱叫外卖的国家"。

移动互联网已渗透到人们生活的各个方面，其中社交、电商、视频娱乐及支付等领域TOP 1 App在行业渗透率均超五成。具体数据来看，即时通信、综合电商分别为10.77亿人和9.92亿人，排名前列；支付结算和浏览器渗透率最高，分别为94.7%和68.3%。

移动医疗健康服务使用增多。中国互联网络信息中心（CNC）数据显示，新冠疫情防控期间累计近9亿人申领"防疫健康码"，使用次数超过400亿人次。同时，在线问诊成为疫情期间获取医疗咨询服务的主要渠道。移动医疗应用已实现挂号、健康管理、在线或远程问诊、提供医学资讯等服务。随着医保卡的电子化，移动医疗应用将助力医疗服务转型升级。

（3）运输技术。自第二次世界大战以来，运输技术也取得了若干重大创新。其中最为重要的是商用大型喷气式客机、超级货轮及集装箱运输的出现和发展，大大简化了从一种运输模式转到另一种运输模式的装卸活动。

商用大型喷气式客机的出现，缩短了从一地到另一地的差旅时间。

集装箱运输业务发生了巨大变化，大大降低了远距离的货运成本。在集装箱运输出现之前，货物装卸是劳动密集型的，搬运转运时间长、成本高。在20世纪七八十年代，集装箱运输的推广使装卸过程只需要数名码头工人用几天时间就能完成。从 1980 年至今，世界的集装箱货运业务迅速增长，一方面大大促进了国际贸易量的增长，另一方面更新了运输方式。货运成本的下降大部分得益于集装箱的推广运用。很多超级货轮的形状呈"凹"字形，使得它们可以更容易地装载超级货物。

（三）经济全球化的抑制作用力

除了上述推动力外，还存在几种可能阻碍企业开展全球化运营的抑制作用力，即管理层的短视、组织文化和国家控制力。

1. 管理层的短视和组织文化

在很多情况下，管理层完全无视发展全球营销的机会。尤其是短视和在组织文化上坚持母国中心导向而非全球化营销导向的企业，不会从地域上进行扩张。

2. 国家控制力

每个国家都会通过控制高科技产业和低科技产业的市场路径和准入来保护当地企业的利益。这种控制涉及对烟草的专控，也涉及政府对广播电视设备及数据传送市场的控制。由于关税总协定、北美贸易协定和其他经济协议的作用，如今关税壁垒在高收入国家已基本消失。然而，非关税壁垒（NTBS）仍然使有意进入别国市场的企业困难重重。

二、经济全球化背景下中国企业的现状

1. "走出去"空间巨大

进入 21 世纪以来，中国企业先后经历了从商品"走出去"，到工厂"走出去"，再到资本"走出去"的阶段。目前，中国已是全球第三大对外投资国、最大的对外投资新兴经济体和对外投资增长速度最快的国家之一。截至 2018 年年底，中国超 2.7 万家境内投资者在全球 188 个国家（地区）设立对外直接投资企业 4.3 万家，全球 80% 以上国家（地区）都有中国的投资。中国在"一带一路"沿线国家（地区）设立境外企业超过 1 万家。2018 年年末，中国对外直接投资存量达 1.98 万亿美元，是 2002 年末存量的 66.3 倍，在全球分国家（地区）的对外直接投资存量排名由第 25 位升至第 3 位，仅次于美国和荷兰。中国对外直接投资涵盖国民经济的 18 个行业大类，其中租赁和商务服务、批发零售、金融、信息传输、制造和采矿等六大领域存量规模均超过千亿美元，总规模占中国对外直接投资存量的 84.6%。随着中国经济国际化程度的提高，中国对外投资还有很大的增长空间。

2. "走进去"难在何处

（1）水土不服。中国企业"走出去"容易，但是要融入当地社会，站稳脚跟，"走进"投资东道国却很难。被看作"外来物种"的中国企业身处陌生的环境，往往会水土不服。

（2）整合营销观念淡薄。一些中国企业面对全新的环境，总是以"中国式"思维去做国际化的事，由于缺乏对投资东道国政策和法律的研究，往往遭到当地企业的排斥，甚至引发诉讼。中小民营企业在这方面尤为突出。

（3）草率和盲目行事。这是中国企业难以"走进"投资东道国的又一原因。一些中国企业缺乏对市场和投资领域进行深入调查，就急于"走出去"，往往"走出去"易，"站得稳"难。"只有了解环境，才能确定发展方向。华为和海尔之所以成功，就源于对市场的了解。"德中经济联合会中国形象大使杨元清在 2014 年 4 月接受采访时如是说。

（4）文化融合的鸿沟难以跨越。"无论是中国企业到海外寻求发展，还是外国企业到中

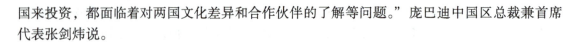

国来投资，都面临着对两国文化差异和合作伙伴的了解等问题。"庞巴迪中国区总裁兼首席代表张剑炜说。

三、中国企业的国际营销任务

中国企业"走出去"是硬实力，体现的是资金的雄厚；中国企业"走进去"是软实力，体现的是跨文化沟通与管理；而中国企业"走得好"是真功夫，有赖于政府、企业多方的共同协作。

1. 政府层面

应深化区域合作交流，加快推进平台机制创新，不断提升综合服务功能。例如，设立办事处和商务机构，推进与"一带一路"沿线国家友好城市的缔结工作；推进区域产业合作机制建设，共同探索建立产业跨行政区域转移的利益分享机制等。

2. 中国企业自身的适应与变革，是其在海外实现发展的最根本因素

在经济全球化背景下，企业之间的竞争已经不再是生产技术、战略规划等技术层面的竞争，最具生命力的是企业核心理念的竞争。建立符合市场经济规则、符合国际化运作趋势、符合人文精神的理念已成为企业的核心竞争力。为此，企业必须采取兼容并需方针，即始终坚持以理念为原则管理企业，同时开展营销创新。具体包括以下内容：

（1）深入调研，确定顶层设置方向，注重人才和技术创新，与国外企业优势互补。

（2）义利并举。例如，紫金矿业在哈萨克斯坦解决了3000多人的就业问题，取得了社会和经济效益双丰收。

（3）注重公关，以驻在国民众能够听得懂、易于接受的方式传递互利共赢的合作理念，尽力赢得他们的认可。

3. 制定全球化营销战略，积极参与国际市场竞争

美国著名的管理学家彼得·德鲁克（Perter F. Drucker）说："一个企业——无论大小，要想在任何一个发达国家中维持领导地位，就更需要在全世界的发达国家市场中取得并维系领导地位于不坠之地。它必须能在全球每个发达国家中研究、设计、开发及制造，并且能在任何发达国家间自由地出口货品，企业必须跨国化（Transnational）。"中国企业要提升自己的核心竞争力，首先要有全球化营销战略。全球化营销战略，简言之即"思维上的全球化、行动上的地方化"。这具体是指企业把世界视为一个整体市场，认识到国家间的市场需求有许多共性，同时又有差异性，因而要在需求共性的基础上制定营销策略，然后根据国别市场需求的不同进行营销策略的调整。将全球标准化和地方化相结合，一方面可以享受标准化的低成本优势，另一方面可以灵活地满足国别市场的不同需求。尤其是随着全球信息技术的发展、信息交流的加强，世界市场消费倾向趋同，标准化的营销空间越来越大。因此，以全球标准化为主、适当考虑地方化的营销战略必将成为成功企业的选择。战略的成功必须注意以下三点：

（1）企业的全体人员要有战略意识。企业必须以追求全球市场利益最大化为目标，在全球范围内寻求和配置能实现成本和效用最佳组合的人、财、物资源，在全球范围内寻求最佳的市场机会和竞争优势。

（2）在国别市场开展本土化营销时，要成本上可行、文化上适应。也就是要做到品牌本土化、人员当地化、宣传口号当地化、促销方法符合当地文化，以此拉近企业与当地民

众、当地政府的距离，产生亲近感。同时要符合低成本的原则。

（3）企业的产品和目标市场要符合标准化营销所要求的条件。例如，高档耐用消费品、代表国家形象的产品、名牌产品、廉价品，以及以高消费阶层、青少年为目标市场的企业，更适宜采用标准化营销。

▶ 关 键 词

市场营销（Marketing）

国际市场营销（International Marketing）

国际市场营销观念（International Marketing Concept）

大市场营销（Mega Marketing）

交叉文化（Cross Cultural）

经济全球化（Economic Globalization）

▶ 思 考 题

1. 简述国际市场营销的概念。

2. 简述国际市场营销与国内市场营销的区别与联系。国际市场营销的特别之处体现在什么地方？

3. 简述国际市场营销与国际贸易的区别与联系。

4. 简述垄断优势理论和内部化理论对国际市场营销的影响。

5. 简述企业从事国际市场营销的动因和发展过程。

6. 简述当代国际营销新理论对企业开展国际市场营销活动的启示。

7. 简述在开展国际市场营销方面中国企业的现状及对策。

8. 简述在全球化背景下的企业市场营销对策。

9. 试讨论经济全球化的利弊。

▶ 案例分析讨论

福耀玻璃为什么这么厉害？

2020年2月21日，福耀集团对外表示，根据福耀集团董事长、河仁慈善基金会创始人曹德旺的提议，河仁慈善基金会再捐赠4000万元人民币，定向用于支持福州市抗击新冠肺炎疫情和助力小微企业发展。其中，捐给福清市2000万元。在短短20来天里，曹德旺已捐赠了1.4亿元！他称："面对当前情况，大家更应集中精力先把疫情消灭，而不是把解决企业遇到的问题排在第一位。"

福耀玻璃是中国第一、世界第二大汽车玻璃供应商。在中国，每3辆汽车，有2辆都在用它的玻璃；在全世界，每4块汽车玻璃中，就有1块是它生产的。通用、路虎等知名汽车公司，都是它的忠诚客户。

曹德旺小时候家庭条件艰苦，9岁才上学，14岁被迫辍学。为帮助家庭分担生存压力，他在街头卖过烟丝、贩过水果、拉过板车、修过自行车，经年累月一日两餐、食不果腹，尝遍艰辛。就是在这种艰苦的条件下，曹德旺也不忘百姓、不忘国家。

1983 年，曹德旺抱着报国救命、开放闯路的初心，收购了连年亏损的福清高山镇异形玻璃厂。

1985 年，曹德旺带领职工，深入市场，寻求发展机遇，将主业转型到汽车玻璃制造上。

1987 年，正式成立福耀玻璃工业集团股份有限公司。

1993 年，福耀玻璃登陆国内 A 股。

21 世纪初，曹德旺带领团队经过艰苦谈判，赢得了在加拿大和美国的反倾销案诉讼，美国商务部部长访问中国时，点名约见曹德旺。

2009 年，曹德旺获得"安永全球企业家大奖"。

2015 年，曹德旺获得中国自主品牌十大领军人物。

福耀玻璃连续 19 年盈利，2018 年实现营收 202 亿元，净利润 49.6 亿元，市值 562 亿元。1985 年，中国汽车玻璃几乎 100% 依靠进口，而 2019 年，汽车玻璃进口的比例降到几乎为 0。

福耀玻璃的成功离不开以下几个因素：

首先就是公司高管的领导风格。如曹德旺说："福耀文化是一种透明，无论是做玻璃还是做人，都是一样的：开诚布公，脚踏实地，彼此互信与理解。"

其次，从产品供应到个性化定制搭上"工业 4.0"之风。向先进制造模式转型，通过在信息和制造层面实施整合，福耀集团将探索并形成一套集研发设计、市场营销、供应协同、生产制造、售后服务、经营管理于一体的"大数据"应用平台，最终实现社会、企业、客户、员工、供应商共进、共创、共赢的局面。"不断拓展'一片玻璃'的边界，由'产品供应商'向'为客户提供汽车玻璃解决方案'转型，满足客户需求，就是从供给方面持续改进创新的理念。"曹德旺说。具体体现在以下方面：

（1）ERP、MES 等信息化项目正稳步推进。利用信息通信技术，实现人、机、物互联，最终建成生产数据在线采集、实时反馈、自我管理的智慧工厂。2015 年，福耀集团通过在销售、经营、研发、管控、生产等各层面，搭建数字化的链接通道，实现定制化产品、自动化制造、智能化运营的福耀模式，打造中国制造业的工业 4.0 范本。

（2）"多品种、小批量"的柔性生产方式为福耀高品质、高效率、低成本生产奠定了坚实基础。以一个年产数百万套汽车玻璃车间为例，高度柔性的生产方式可以在同一条生产线上实现数十种不同汽车玻璃的生产，普通复杂度的玻璃品类切换通常只需 1h，一个车间一年可以生产上万种不同的汽车玻璃；从下订单开始，客户定购 2000 片汽车玻璃最快仅需 1 天时间即可完成。换言之，当汽车品牌为车主进行个性化定制时，福耀作为品牌供应商有充足的信心去满足客户的个性化需求。

（3）全产业链生态。福耀玻璃形成全产业链生态，从砂矿资源、浮法玻璃自制、设备研发制造到汽车玻璃生产各环节联合，有效降低了产品的生产成本，使福耀在行业中毛利率最高，成本控制得最好。2018 年公司的毛利率是 42%，高出其余竞争对手 29%。

（4）就近设置生产和销售网点。福耀玻璃 2019 年国际市场占有率约为 25%，国内市场占有率约为 60%。汽车玻璃作为定制化程度较高的汽车零部件，就近设置生产和销售网点有助于满足主机厂的新车配套需求，进而促进汽车玻璃厂商对客户的配套产品渗透率。

（5）严格的产品与技术认证，打破了主机厂供应链的壁垒。汽车玻璃存在较高的产品与技术认证壁垒，需就汽车产品取得产品销售地所在国家及地区的多项国家安全及质量认证，如中国 CCC、美国 DOT、欧盟 ECE、日本 JAS 和巴西 INMETRO 等认证，才具备切入主机厂供应链的基本资格。

汽车玻璃行业较高的行业壁垒造就了市场寡头垄断的格局。2018 年，五大厂商旭硝子、福耀玻璃、板硝子、圣戈班、信义玻璃分别占据全球汽车玻璃 20.6%、26.1%、17.9%、16.0%、6.3% 的市场份额，前五大厂商市占率总和维持在 80% 以上，且福耀玻璃市场份额持续提升。按照目前国内汽车销量增速来看，2025 年汽车玻璃市场有望达到 311 亿元，全球可达到 2198 亿元。

（6）紧抓客户导向，智能产品阔步进入国际市场。福耀玻璃研制的镀膜前风窗玻璃，在阻隔 99% 的紫外线、48% 的红外线的同时，其金属膜层还可以作为加热介质，在雨雪天气快速为玻璃去冰除雾，使行车中保持清晰的视野，节能环保、持久耐用。这项技术打破了国际巨头的垄断。

2011 年，福耀集团投资 2 亿美元在俄罗斯卡卢加州建设了第一个海外工厂，随即，2014 年又启动了美国项目，总投资达 6 亿美元。美国项目包括汽车玻璃和浮法玻璃两个重点项目。美国汽车玻璃项目工厂建成后形成 450 万套汽车玻璃+400 万片汽车配件的生产能力，成为全球最大的汽车玻璃单体厂房。

全球制造基地联动位于我国福建和上海、美国、德国的全球四大设计中心，福耀集团将实现全球客户需求与供应的互联互通，为全球汽车厂商提供服务。

（7）投入重金抓研发，全力掌握玻璃领域最先进的技术。21 世纪初，福耀玻璃的研发团队已经达到 200 多人；2018 年，研发队伍接近 4000 人。福耀玻璃自主研发了 HUD 抬头显示玻璃、憎水玻璃、隔热玻璃、隔音玻璃、加热玻璃、内嵌数据采集芯片的无人驾驶汽车玻璃等具有高技术含量的特殊玻璃。

（8）极其严格的管理制度，着力提升各个环节的生产质量。从 1996 年起，曹德旺开始自己起草十几万字的《质量手册与程序文件》。他写第一个版本时花了 4 个月时间，几乎找遍全公司每一个人谈话，还亲自在流水线上蹲点研究，对每一个岗位的工作流程做了详细的描述。

1996 年，福耀玻璃与世界 500 强企业、法国玻璃企业圣戈班集团（Saint-Gobain）的合资，更是让福耀在法国圣戈班的生产一线见识了先进的流程工艺和设计思路，公司高层也领略了国际先进的管理模式。比如，福耀玻璃掌握了极其严格的审计制度，把多年的坏账、烂账都清理干净。正因为福耀玻璃的先进技术和质量管控，福特、通用、奥迪、三菱、现代等全球汽车巨头纷纷找上门来，主动寻求合作。美国大部分汽车和 1/3 高楼大厦的玻璃，用的都是福耀玻璃。

曹德旺说："我是实业家，我觉得一个企业家要把事情做好，一定要热爱自己的国家，这种热爱不仅会给自己带来财富，而且还会成为做事业的动力。我不是为了钱，也不是为了享受，是为了中国靠我们共同去努力能够强大起来。"我们也因此看到，伟大的企业家，不应当只成为一个"赚钱机器"，而要有更高的境界和胸怀。

美国前总统奥巴马团队拍摄的电影《美国工厂》播出后，在美国开工厂的中国福耀玻璃集团吸引了世界的眼光。历时 3 年半的拍摄、1320 小时的素材、1 小时 40 分钟的纪录片，真正意义上写实了曹德旺和福耀玻璃这类中国制造企业进军、扎根美国土壤并完成了与美国经济和文化的整合，让全世界了解了中国企业的文化，让全世界认识到中国跨国公司的实力，也更进一步证明了中国前所未有的开放与包容。

（资料来源：根据《创新智能，福耀玻璃引领未来》等文章整理，2022-02.）

讨论题：

1. 结合案例谈谈福耀玻璃为什么成功。

2. 你认为福耀玻璃进军国际市场的主要动因是什么？

3. 你认为指导福耀集团进军国际市场的营销理念是什么？

4. 曹德旺说："我是实业家，我觉得一个企业家要把事情做好，一定要热爱自己的国家，这种热爱不仅会给自己带来财富，而且还会成为做事业的动力。"谈谈你对这句话的看法。

第二章

国际市场营销环境(上)

本章要点

1. 国际市场的概念和基本格局
2. 国际市场环境分析
3. 国际市场政治环境和法律环境

▶ 导入案例

阿 尔 斯 通

法国电力公司阿尔斯通曾经在轨道交通、电力能源领域拥有多个"世界第一"。曾经流行一句话：世界上每四个灯泡中，就有一个灯泡的电力来自阿尔斯通的技术。

阿尔斯通如此强大，而且它的业务和美国的通用电气是"死对头"方式的竞争。从2002年开始，双方就频频在商场厮杀，在埃及、沙特、印度尼西亚，阿尔斯通不断抢走通用电气的订单，这让美国人开始对阿尔斯通心生觊觎。

美国长臂管辖中的"致命武器"是《反海外腐败法》。其中规定：如果有外国人或外国公司，"直接或通过中介"向外国行贿，只要这笔支付发生在美国领土（Territory），该法律就可以管辖。根据美国司法部的司法解释，在某些情况下，该法律可以扩展到外国行贿方。美国金融产业发达，跨国商业支付难免会经过美国的银行及其遍布全球的金融基础设施；且如果行贿方使用有价证券、金融衍生品等金融工具，也难免会经过华尔街及其衍生机构。这些金融设施与机构当然是美国领土，这就让美国司法部可以把手伸得很长。

故事开始于2013年4月14日，美国纽约肯尼迪国际机场，法国阿尔斯通集团锅炉部全球负责人弗雷德里克·皮耶鲁齐刚下飞机，就被美国联邦调查局探员逮捕。

其实在这之前，美国司法部早就启动了针对阿尔斯通的反腐败调查，要求阿尔斯通予以配合。美国司法部运用多种手段取得了指控阿尔斯通的证据。

随着故事的推进，弗雷德里克·皮耶鲁齐才发现他的被捕不是个人违法，而是美国想要肢解阿尔斯通的整个游戏中的一个环节。

故事的结局，阿尔斯通的电力业务最终被行业内的主要竞争对手——美国通用电气公司收购。而皮耶鲁齐直到2018年9月才走出监狱，恢复自由。

整个故事背后美国依赖的法律依据就是《反海外腐败法》，故事开头的弗雷德里克·皮耶鲁齐正是以商业贿赂的名义被美国起诉的。

出狱后，皮耶鲁齐写了《美国陷阱》一书。书中他以身陷囹圄的亲身经历披露了阿尔斯通被美国企业"强制"收购，以及美国利用《反海外腐败法》打击美国企业竞争对手的内幕，揭露了美国的公共权力和国家暴力如何直接和间接地为美国企业在全世界的扩张与竞争开路的真相。

在美国《反海外腐败法》的长臂管辖下，许多外国公司都付出了惨重代价：

2008 年 12 月，德国西门子向美国支付 8 亿美元罚款。

2019 年，瑞典爱立信向美国支付 10.6 亿美元罚款。

2020 年，欧洲空客向美、法、英三国支付近 40 亿美元罚款。

美国以反腐为掩护，成功动摇了欧洲的大型跨国公司，特别是法国公司。

（资料来源：孙敏. 从通用电气收购阿尔斯通事件看美国法律的长臂管辖［J］. 中国审判，2019（2）.)

第一节　国际市场营销环境的分析与评估

一、国际市场的概念

国际市场（International Market）也称世界市场，它不是一个地理概念，而是一个经济概念，是指商品、资金和技术等在国际上的流动和转换或者国际商品、资金和技术流动的市场，是国际经济体系中的一个重要组成部分。国际市场的外延是指国际或地区间的经济贸易往来；其内涵是指国际商品经济关系的总和，包括各种形式的国际交易活动背后的生产者、经营者和消费者之间的经济关系。

二、国际市场的基本格局

从事国际营销的企业要把自己的产品打入国际市场，参与国际竞争，必须对海外市场进行分析研究，寻找和发现国际营销机会。这就要求首先对国际市场进行划分，明了国际市场的基本格局。通常从以下两个角度来对国际市场进行划分：

（一）按照区域划分

按照区域划分国际市场，是指按地理位置、语言区域、经济发展水平来划分国际市场。

1. 按地理位置划分

我国企业在开展国际市场营销业务时，常把国际市场分为欧洲市场、北美市场、南美市场、亚洲市场、中东市场、非洲市场等。按地理位置划分国际市场的理由是：①位置接近，便于管理。例如，企业在欧洲的营销活动可以通过设在法国的公司总部来统一管理。②同一地理区域的各国顾客有相似的文化背景。③一些区域性的经济贸易组织是按地区划分和组织的。例如，欧盟、美洲自由贸易区、欧洲自由贸易联盟等，它们对国际营销影响很大。

2. 按语言区域划分

按语言区域划分国际市场是指以不同的语言文化为标准来划分国际市场，可以分为英语区市场、西班牙语区市场、汉语区市场、印度语区市场、阿拉伯语区市场、孟加拉语区市场、泰米尔语区市场和马来语区市场等。到 2050 年，汉语区市场将成为涵盖人口最多的国际市场；阿拉伯语区市场、印度语区市场、英语区市场和西班牙语区市场将以大致相同的市场份额构成国际市场的"第二梯队"；"第三梯队"则为孟加拉语区市场、泰米尔语区市场和马来语区市场。

3. 按经济发展水平划分

2019 年，世界银行依据全球各国、地区的人均 GNP（又称人均 GNI）的多寡，将国家划分成四类：人均 GNP 低于 1036 美元的国家，归为"低收入国家"；人均 GNP 在 1036~4045 美元的国家，归为"中等偏低收入国家"；人均 GNP 在 4046~12535 美元的国家，归为"中等偏上收入国家"；人均 GNP 超过 12535 美元的国家，归为"高收入国家"。

（二）按技术经济结构划分

根据技术经济结构的不同，国际市场可分为原始农业经济国家市场、原料输出国家市场、工业化国家市场和工业经济国家市场。

1. 原始农业经济国家市场

在原始农业经济国家里，大部分人从事农业生产，他们消费了自己生产的大部分产品，并将余下的产品以物易物，换取简单的货物和服务，几乎没有出口的机会。

2. 原料输出国家市场

原料输出国家的自然资源丰富，但其他方面的资源十分贫乏，国家大部分收入源于出口这些自然资源。这些国家是提炼设备、工具和备用品材料处理设备以及货车的理想市场，也是一般消费品和奢侈品的市场。

3. 工业化国家市场

工业化国家的制造业在 GNP 中所占比重达 10%~20%，国民经济越来越依靠进口纺织品原材料、钢材和重型机器，但不会增加纺织品和纸品的需求。富裕阶层希望进口新商品以满足需求。

4. 工业经济国家市场

工业经济国家是制成品和投资资金的主要出口国。工业国之间互相进行制成品贸易，同时也向其他经济类型的国家出口商品，以换取所需的原材料和半成品。工业经济国家中大规模的生产活动以及大量中产阶级的存在，使它们成为各种商品的巨大市场。

三、国际市场营销环境分析

（一）国际市场营销环境的内涵

国际市场营销环境是指企业内部条件和外部因素的总和。它基本上由三个层次构成，分别是企业内部环境（包括企业领导者素质、产品质量、分配渠道、代理商素质等）、市场环境（包括购买者数量、购买力水平、需要与欲望、购买习惯等）和一般环境（包括经济、科技、政治、法律、文化、人口等）。

企业的营销活动从国内市场发展到国际市场，其基本功能、原则及企业可控制的基本因素未发生变化，关键的变化是由不可控因素组成的外部营销环境发生了变化，由一元的、单面的环境变成了多元的、多面的环境。因此，企业在从事国际市场营销活动之前，要对国际市场营销环境进行分析。

（二）国际市场营销环境分析方法

1. 环境扫描法

环境扫描的概念最早是由美国哈佛商学院教授弗朗西斯·阿奎拉（Francis Aguilar）在1967年提出的。他认为环境扫描是指获取和利用外部环境中有关事件信息、趋势信息和关系信息的行为，以协助企业的高级管理层制订其未来行动的计划。

美国的一些跨国公司一般采用环境扫描法，由熟悉环境的专家和企业营销人员组成环境扫描小组，将所有可能出现的与企业营销活动有关的因素都列举出来，最后把比较一致的意见作为环境扫描的结果，从而得出相关的主要环境因素。该方法分析的基点在于准确地把握环境，找准企业经营的位置，以合适的价格、合适的渠道、合适的促销手段，向合适的市场推出自己的产品，以占领目标市场，使环境机会最终转化为企业机会。

例如，某烟草公司通过信息系统和市场营销活动调查了影响企业市场营销的一些相关环境因素，最后确定以下因素足以影响企业业务的动向：

（1）有些国家的政府颁布了法令，规定所有的香烟广告和香烟包装上都要印上"吸烟危害健康"之类的严厉警告。例如，在美国，1984年里根总统签署了一项法令，规定在所有的香烟广告和香烟包装上都要印上"吸烟会引起肺癌、心脏病、肺气肿并危害孕妇""戒烟可以使健康免受严重危害""孕妇吸烟可能导致胎儿畸形、早产和新生儿体重不足""香烟内含有一氧化碳毒气"四条警告。

（2）有些国家的某些地方政府禁止在公共场所吸烟。例如，英国伦敦地铁从1984年7月9日起开始禁止吸烟；我国北京市从2015年6月1日起，公共场所室内全面禁止吸烟。

（3）许多国家的吸烟人数下降。例如，据统计，美国成年人吸烟的比例在1982年为37%，1983年为29%，这一年美国人少吸了311亿支香烟；据日本国营烟草专卖局调查，1983年日本约有200万人戒了烟。

（4）这家烟草公司的研究实验室发明了用莴笋叶制造无害烟叶的方法。

（5）发展中国家的吸烟人数迅速增加。

通过环境扫描，这家企业得出如下结论：上述（1）（2）（3）条环境因素给这家烟草公司造成环境威胁；（4）（5）条环境因素则给这家烟草公司带来市场机会，使这家公司可能享有"差别利益"。这样，这家烟草企业就可根据环境中有利和不利的因素，制定趋利避害的国际营销战略。

2. 国别冷热比较法

美国学者伊西阿·利特法克和彼得·班廷根据他们对20世纪60年代后半期美国和加拿大工商界人士的调查资料，提出通过七种因素对各国投资环境进行综合、统一尺度的比较分析，从而产生了投资环境"国别冷热比较法"。

这七种因素为：①政治稳定性。东道国政府能够鼓励和促进企业发展时，这一因素为"热"因素。②市场机会。市场机会较大时，为"热"因素。③经济发展和成就。东道国经济发展速度快、经济运行良好，则此项为"热"因素。④文化一体化。东道国文化一体化程度高，则为"热"因素。⑤法令阻碍。东道国的法令阻碍大，则为"冷"因素。⑥实质性阻碍。若东道国的自然条件实质性阻碍高，则为"冷"因素。⑦地理及文化差距。若两国差距大，则为"冷"因素。

在上述七种因素制约下，东道国的投资环境越好（即越热），外国投资者越倾向于在该

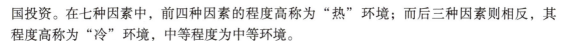

国投资。在七种因素中，前四种因素的程度高称为"热"环境；而后三种因素则相反，其程度高称为"冷"环境，中等程度为中等环境。

3. 等级评分法

等级评分法是美国经济学家罗伯特·斯托鲍夫（Robert Stobangh）提出的。他对一国投资环境的一些主要因素，按对投资者的重要性大小确定不同的评分标准，再按各种因素对投资者的利害关系确定具体评分等级，然后将分数相加，作为对该国投资环境的总体评价。

从表2-1中可以看出，罗伯特选取的因素都是对投资环境有直接影响的、投资决策者最关心的因素。他采取了区别对待的原则，在一定程度上体现了不同因素对投资环境作用的差异，反映了投资者对投资环境的一般看法。

表2-1 投资环境等级评分

投资环境评价因素	评分（分）
资本抽回（Capital Repatriation）自由度	0~12
外商股权（Foreign Ownership Allowed）比例限制	0~12
对外商的歧视和管制程度（Discrimination and Controls）	0~12
货币稳定性（Currency Stability）	4~20
政治稳定性（Political Stability）	0~12
给予关税保护的意愿（Willingness to Grant Tariff Protection）	0~12
当地资金的可供程度（Availability of Local Capital）	0~10
近五年的通货膨胀率（Annual Inflation）	2~14

然而，该方法对政治环境不够重视，对所得税率的高低、基础设施的好坏等重要因素在评分时不予考虑的做法也是欠妥的。在实际运用中，可以借鉴其基本做法，然后对具体的评分标准和应计分的因素加以调整。

第二节 国际市场营销的政治环境

一、政治环境因素的影响

国际市场营销的政治环境（Political Environment）是指影响企业进行国际市场营销的各种政治因素，包括政府的作用及行为目标、政治稳定性、政府政策稳定性、政治干预、东道国的国际关系、各进口国政府对外来产品所持的态度等。

1. 政府的作用及行为目标

政府在经济中所起的作用主要有以下两个方面：

（1）参与者。一般中央计划经济类型的国家和低度开放的国家，政府对企业的参与程度与所有权程度很大。政府在经济活动的所有权与参与程度方面对国际营销企业的影响有：①政府参与程度很高，国际企业的力量会减弱，政府可能阻碍企业在特定市场的经营；②政府的所有权决定了某些产品和服务最大的购买者可能是政府，此时国际企业的营销能力会降低；③政府可能与企业合伙，若政府作为国际企业的唯一合伙人，则企业营销组合的可控制因素将降低。

（2）规范者。政府是经济法律的规范者，其制定货币或金融政策，通过社会规章来限制和影响营销者的定价和使用工具。

政府的行为目标取决于其自身利益。各国政府追求的利益目标不同，一般有以下几种目标：

1）保护国家主权。政府将外国企业视为潜在的主权威胁而加以严格限制。

2）安全防御。政府除建立军事防御体系外，还在一些领域，如基础设施、国防工业、重要原料供应等领域排斥外国企业的影响力。

3）繁荣生活。政府会对有助于提高本国人民生活水平的外国企业给予鼓励。

4）国家声誉。多数国家或政府都将本国的声誉作为实现其目标的一种手段。

5）意识形态。政府将把保护某种意识形态的存在并促进其发展作为目标之一。

2. 政治稳定性

国际企业在营销活动中，要关注政府的政治稳定性。如果一国政治经常处于不稳定状态，则国际企业要采取停止投资、减少在该国的经营活动或者全部撤出该国市场等措施，以减少损失。评价一国的政治稳定程度应注意以下几点：

（1）政权更替的频率。政权的更替代表着企业政治环境的变化。若变化过于频繁、过于突然，企业便会面临一连串不确定因素，无法在策略上做出及时调整。即使其他投资环境再好，外国企业也会望而却步。

（2）文化分裂。文化分裂也与政治稳定性密切相关。

（3）宗教冲突。宗教信仰的分歧是造成政治分裂、政治不稳定的重要原因。

（4）暴力、示威、罢工等事件。

3. 政府政策稳定性

在与对外商务有关的政治因素中，最为重要的就是政府政策的稳定与否。政府也许会更换，新的政府也许会上台，但无论哪一届政府执政，跨国公司所关心的都是法规和行为准则的连续性。为此，应通过以下两个方面来衡量：

（1）主要政党的政治观点。任何一个政党取得支配地位都有可能改变对外投资的现行态度。例如，在英国，传统上工党往往比保守党对外贸的限制更为严格，一般工党上台会实行进口限制，而保守党执政会实行贸易自由化。为此，国际市场营销者必须对一国的政治观点及态度进行评估，以做出正确的决策。

（2）民族主义。经济民族主义是评价商业气候的一个重要因素。很多国家都存在某种程度的民族主义，也可以称为强烈的民族自豪感和团结心。但这种自豪感也带有反对外来经营活动的倾向。经济民族主义的主要目标是维护本国经济自治，因为人们认为他们国家主权的维护与他们的自身利益是一致的。这种民族主义情绪的表现形式多样，包括号召人民只买国货、进口限制、限制性关税和其他贸易壁垒。一国感到外来威胁的意识越强，民族主义情绪就越强烈，贸易保护主义的呼声也就越高。

4. 政府干预

政府干预是指政府在执政党的国民经济发展战略的指导下采取各种措施，使外国企业在国际市场营销方面改变其经营政策、经营方式及相关经营策略的行为。政府干预的主要形式包括没收、征用、国有化、本国化、外汇控制、使用地方含量法律、进口限制、税收控制、劳动力限制和价格控制。

（1）没收、征用和国有化（Confiscation，Expropriation and Nationalization）。没收是指政府强迫企业交出其财产，不给予企业任何经济补偿。没收是国际企业面临的最严重的政治风险，会使企业投资一夜之间损失殆尽。某些国家往往不顾国际企业的警告，以法令取得外资企业的财产，因为这实在是一项非常便利的交易方式。征用是指政府强迫企业交出财产，但给予企业一定的经济补偿。对国际企业而言，政府的征用绝不是企业自愿的交易。由于一些国家看到国际企业日益扩张，本国经济却越来越依赖外国企业，于是征用之风渐起。国有化是指政府将企业的资产收归国有，由政府接管。国有化与没收和征用的区别在于：在没收和征用的情况下，外资企业让出来的财产可能由政府接管，也可能由私营企业接管；而在国有化的情况下，其财产只能由政府接管。

对国外投资企业进行没收、征用和国有化的根本原因是，政府认为，要实现本国的经济目标和维护国家利益，产权就必须归本国政府或国民所有，不能掌握在外国人手中，尤其是从事某些行业的外国企业，如从事公共水电、采矿、石油等资源开发的企业。曾经出现过的没收、征用和国有化的著名事例有：墨西哥政府于1937年实行铁路国有化，接管了外资铁路事业，1938年又将境内的外资石油公司全部收归国有；危地马拉政府于1953年没收了外国企业拥有的香蕉园；秘鲁政府于1969年没收了美国标准石油公司在其境内的所有资产；伊朗政府于1979年没收了所有外来投资；法国政府于1983年将所有外国银行收归国有。近几十年来，采用这些极端的政府干预措施的国家逐渐减少，这是因为越来越多国家的政府意识到外资对本国经济发展的巨大作用，采取极端措施不利于引进外资，还会遭到国际企业母国的强烈反对，甚至严重的经济制裁。国际企业也采取各种措施保护自己，如与当地企业、政府合办企业，培训、聘用当地人在公司中担任重要职务等。

（2）本国化（Domestication）。本国化实际上是一种逐渐控制外来投资的过程。政府对外国企业进行多方面的限制，迫使该企业一步步地出售股权，直至该企业由本国控制。政府实施外资企业本国化通常采取的措施是：将所有权逐步转移到本国国民手中；提拔一大批本国国民在外国企业中担任要职；本国国民的决策权增加；更多的产品在本国生产，取代进口装配；设计特别的出口管制，控制国际企业的活动。国际企业被本国化时，蒙受的损失可能是灾难性的。例如，国际企业在规定时间内被迫出售股权，价格上受到损失；国际企业中一定比例的本地高级管理职员是否称职是一个很大的问题；国际企业必须购买本地原材料和零部件，但是本地又无质量合格的货源，国际企业就必须在当地投入大量资本，聘请技术培训人员，提高货源的质量。

（3）外汇控制（Exchange Control）。有些外汇短缺的国家常对外汇的使用进行严格限制，目的是保持一定数量的外汇以满足本国的基本需要。外汇控制在两个方面对国际企业产生影响：一是利润和资本不能任意返回母公司；二是原材料、机器设备和零部件等生产经营所需物资不能自由进口。在实际外汇管制中，也可通过多元汇率体系对产品实施外汇管制，以调节某种必需品或奢侈品的贸易。其方法是对必需品采用最优（低）汇率，对奢侈品采用不同的高汇率。

（4）使用地方含量法律。除了限制生活必需品的进口，以迫使人们购买本地产品外，国家常常要求一部分国内销售的外国产品具有地方含量，即包含本地生产的部件。使用外国生产部件组装产品的公司常遇到这一限制。例如，欧盟对"螺丝刀经营"要求地方含量大于40%，而北美自由贸易协议要求来自其成员国的汽车的地方含量大于62%。

（5）进口限制（Import Restriction）。进口限制是指东道国政府所采取的限制进口的各种措施，如许可证制度、外汇控制、关税、配额等。东道国政府实施进口限制是为了保护本国工业，而这必然会对国际企业的营销产生影响。例如，巴西政府曾规定进口商为取得进口许可证，必须在进口之前360天内交纳进口押金。此规定使进口成本至少增加了50%。这样做会削弱或中断成熟工业部门的正常生产。

（6）税收控制（Tax Control）。有些国家的政府对外资企业征收额外的税收。这种歧视性的税收政策会使国际企业的利润大减，同时也表明政府对国际企业在本国经营的不欢迎态度。有时为了增加财政收入，政府会违反与国际企业签订的协议，提前结束免税期，给外国企业的经营带来不利影响。

（7）劳动力限制（Labour Restriction）。许多国家的工会力量特别强大，它们在政府的支持下，要求国际企业给予工人优惠待遇并禁止临时解雇员工。这会对国际企业的营销活动产生一定影响。例如，墨西哥不但不准外资企业临时解雇当地员工，还通过一个由政府代表和劳资双方组成的国家委员会，修订有关法令，使劳工有权分享外资企业的利润。

（8）价格控制（Price Control）。在通货膨胀严重的时期，东道国政府有可能实行价格控制，直接干预国际企业的定价策略。如果价格控制只针对制成品，企业则要承受原材料涨价所造成的损失。一般来说，生活必需品的价格最容易受政府的控制。

5. 东道国的国际关系

在研究一国的政治环境时，还应当考虑该国的国际关系，即东道国与国际企业母国的关系及与其他国家的关系等，因为这些关系都会对国际市场营销产生影响。

东道国与国际企业母国的良好关系对企业在东道国开展营销活动是非常有利的；如果两国的关系敌对，东道国政府和公民就可能对国际企业采取某种不利的政策和态度，企业则要面临较大的政治风险。

东道国与其他国家的关系是另一个不可忽视的国际关系。如果东道国与许多国家敌对，则企业在该国投资就要谨慎。东道国参加国际组织的状况也对其经济贸易政策产生影响。例如，世界贸易组织（WTO）成员不得擅自增设新的贸易壁垒。一般说来，一个国家参加的国际组织和国际协定越多，其被束缚的方面就越多，采取极端性措施的可能性就越小。

【资料阅读2-1】　关于药品进入美国市场的申请和批准规定

美国食品药品监督管理局（FDA）对进入美国市场的药品的检验制度十分严格，审批谨慎，要求国际企业提供的申请资料繁多且复杂。FDA官员介绍，许多外国药品制造商通常寻找一家美国药品制造商开展合作，以转让生产许可证的方式生产外国药品，即通过美国药品制造商向FDA提出申请，经批准后在美国生产。外国制造商收取生产许可证转让费和（或）产品提成费。这样做，外国药品制造商可以免去提供大量申请资料所承受的周折和长期等待时间，而且也容易获得FDA的批准。

（资料来源：根据相关资料整理，2022-07.）

二、国际经营的政治风险

通过以上分析可以看出，国际经营的政治风险一般来自以下四个方面：

1. 总体政局风险

总体政局风险产生于企业对东道国政治制度前景认识的不确定性。总体政局不稳定不一定会迫使企业放弃投资项目，但肯定会影响企业的经营决策和获利水平。总体政局风险包括政权更替、政变、骚乱、外来侵略等。

2. 所有权风险

所有权风险产生于企业对东道国政府注销或限制外商企业行为认识的不确定性。所有权风险包括没收、征用、国有化等。

3. 经营风险

经营风险产生于企业对东道国有关国际企业经营的规定认识不清，如地方含量法律、劳动力问题、价格管制、税收管制、进口限制等带来的风险。例如，20世纪70年代可口可乐公司在印度开展经营，被要求地方企业股份占51%以上、公开配方等。

4. 转移风险

转移风险产生于企业对东道国政府限制经营所得和资本的汇出认识的不确定性。转移风险包括转移资金、转移利润等，还包括货币贬值的风险。

三、政治风险评估

对政治风险的评估旨在预测东道国政治的不稳定性，以帮助国际企业的管理者评价并确定政治事件及其对当前与将来国际市场营销决策的影响。对政治风险的评估能够帮助国际企业经营者决定是否有必要对可能蒙受的损失投保，设计信息网络及预警系统；对未来可能发生的不利政治事件制订应变措施；积累过去政治事件的相关资料并建立数据库，就政治经济形势向企业最高决策者提供建议、警告，对信息网络所收集的资料做出解释。

世界上许多国家的大型跨国公司越来越重视对国际营销中政治风险的评估，以减少受到某种程度上的、出于某种政治动机而造成的损害。

1. 政治环境的评估方法

政治环境评估的常用方法有实地走访、专家咨询、德尔菲法、定量分析法等。

（1）实地走访（Grand Tour）。这种方法是指由一位或数位企业高层管理人员，首先对打算投资的国家进行初步的市场调研，掌握一些最基本的情况，然后到投资国进行实地走访，到达该国后，可以通过与政府官员和商界人士会晤，了解当地政局、经贸政策、投资环境等信息。但走访结果可能只是表面的。

（2）专家咨询（Old Hands）。这种方法是指企业向了解当地政治方面情况的专家进行咨询。这些专家通常是外交人员、当地政治家、资深商人、政界和商界的消息灵通人士、专业咨询人员等。

（3）德尔菲法（Delphi Technique）。这种方法的程序是企业要求若干位专家分别就政治环境的评估问题独立发表自己的意见；企业将专家们的意见汇总后，将结果再次发给每位专家；各位专家可以在参考他人意见的基础上，更正自己最初的意见；企业将这一过程重复若干次，直到专家们的意见最终确定。实践证明，专家们最终的结论要比最初任何一位专家的观点都客观、正确。

（4）定量分析法（Quantitative Analysis Methods）。许多企业除使用定性分析方法外，还使用定量分析法评估政治风险。其中，最常见的是判别分析法（Discrimination Analysis），即将一系列可计量的因素用数学关系式表示出来，用以预测某一事件发生的可能性。这种方法要求预测人员收集多种数据，复杂的分析要用计算机来完成，并且由专家对结果进行分析解释。

2. 政治环境评估的内容

企业在研究国际市场营销的政治环境时，可对本企业从事营销的政治敏感性（Political Sensitivities）进行初步分析。评估的内容可分为两类：企业外部因素和企业内部因素。

（1）企业外部因素。企业外部因素主要包括：

1）企业母国与东道国的关系。两国之间的关系越密切，国际企业从事营销活动就越顺利。

2）产品与行业。企业涉足生产和经营原料、公用事业、通信、药品及国防产品时，其面临的政治风险较大。

3）企业的经营规模及地址。企业的经营规模越大，被东道国视为威胁的可能性就越大；如果国际企业的地址选在东道国的大都市，尤其是在其首都，企业面临的政治敏感度就越高。

4）企业的知名度。国际企业的知名度越高，政治敏感度越高，风险也越大。

5）东道国的政治状况。东道国的政治越不稳定，对国际企业干预越多，企业风险也越大。

（2）企业内部因素。企业内部因素主要包括：

1）企业的行为。由于国际企业的经营政策和管理行为的差异，企业在东道国公众中的形象也不一样。形象与声誉好的企业政治敏感度低，形象与声誉差的国际企业政治敏感度高。

2）企业对东道国的贡献。企业为东道国提供了多少就业机会、向政府缴纳了多少税金、带来多少资源与先进技术、出口额提高多少等贡献，都会影响其政治敏感度。

3）经营的当地化。国际企业经营的当地化表现在很多方面，如使用当地的原材料、零部件和服务，聘用当地的技术管理人员，在当地开发新产品，使用当地的品牌等。企业经营越当地化，政治敏感度越低。

4）子公司对母公司的依赖性。在东道国的子公司对母公司的依赖性越强，在当地受政治损害的可能性越小，政治敏感度越低。因为如果子公司受到东道国政府的管制，子公司也可以依靠与母公司在关键性资源与市场等方面的紧密关系，独立运转和发挥作用。

3. 测定产品政治敏感度的方法

外国学者提出了一种测定产品政治敏感度的方法。这种方法是对12个问题逐一回答，由总评分的高低来判断产品的政治敏感度。这些问题是：

（1）本产品的供应是否需要经政治上的讨论或立法机构授权才能经营（如石油、运输设备、公共设施）。

（2）是否有其他产业依赖本产品或以其当作再加工的原材料（如水泥、钢铁、电力）。

（3）本产品是否对社会经济生活方面有重大影响（如医药品、食品）。

（4）本产品对东道国的国防是否有重要影响（如交通设备、通信设备）。

（5）本产品对农业生产是否重要（如农业机械、化肥）。

（6）本产品是否必须利用当地资源才能有效地营运（如利用当地劳动力、原材料）。

（7）近期内是否会有与本产品竞争的产业出现（如各种小型或投资少的制造业）。

（8）本产品是否与大众传媒有关（如印刷业、电视）。

（9）本产品是否属于服务产品。

（10）本产品的使用、设计是否基于某些法律上的需要。

（11）本产品对使用者是否有潜在的危险性。

（12）本产品的营销是否会减少东道国的外汇。

对这些问题回答为"是"的，产品的政治敏感度高；反之，产品的政治敏感度低。

四、政治风险控制

1. 政治风险控制策略

（1）寻求当地合作者。这是最常见的一种应对政治风险的策略。合作者可以是政界人士、成功的当地企业家，也可以是政府、企业。这样做既可以利用合作者在东道国的各种关系和影响力，减少企业的政治风险，也可以使企业比较容易跨越文化的障碍。

（2）突出技术上的不可替代性。国际企业将产品的研究与开发工作放在母国进行，在东道国只从事某种特殊产品的生产。企业应向东道国强调这种产品对东道国的特殊贡献，同时使东道国政府了解该产品的生产技术是不可替代的。

（3）运用当地资金。与当地人合资的好处之一是可以利用在当地的借款取代向东道国大量带进资金的做法，以减少政治风险。而且，企业若能保持相当数量的借款额度，东道国政府采取的不利行动会对当地经济产生较大的负面影响。这就使东道国有所顾忌，不敢对国际企业贸然采取行动。然而，东道国对向外国企业贷款往往有所限制。

（4）减少固定资产的投资。国际企业可采取"有形"的资产与"无形"的营销技术和生产技术分开的策略，让当地人士拥有固定资产，减少被东道国接管的可能。国际企业还可以考虑转移经营行业的类别，以免遭被没收的厄运。例如，美国国际电话电报公司（ITT）在秘鲁的子公司于1960年年末被征收后，立即将其经营活动转向秘鲁较易接受的行业，如兴建喜来登（Sheraton）宾馆及制造电器设备。

（5）搞好公共关系。如果国际企业在当地形成了良好的公众形象和有利的公众舆论，所面临的政治风险就要小得多。

（6）控制市场营销。如果东道国征用投资，一个有效的应对方法是控制产品在非东道国市场的销售。东道国会因此失去市场，并且无法打入该企业已拥有的世界市场。

2. 企业对政治风险的控制手段

风险在本质上是永存的。保险学上所谓的消除风险，实际上是在最小成本水平上承受风险。控制风险是指通过各种技术、经济手段将政治风险降低、减少、分散或转移。基本的风险控制手段有以下几种：

（1）风险回避。它是指放弃对风险较大国家的投资计划，断绝对风险较大区域的贸易往来，闭关自守，不参与国际市场营销。

（2）风险抑制。可以采取多种措施减少风险的概率及降低经济损失程度。具体措施有：加强对派出经理、技术人员、工人驻地的警戒，防止当地宗教冲突和内乱的影响，拍卖撤回企业，办合资企业，突出技术上的不可替代性，保持子公司对母公司的依赖；在当地的投资中，将固定资产的投资降到最低限度。

（3）风险自然。对一些无法避免和转移的风险采取现实态度，在不影响企业根本利益的前提下承受下来，撤走生产要素，丢卒保车。

（4）风险转移。一般通过投保、提供担保（由东道国银行提供）和借助公共关系等办法实现风险转移。

【实例 2-1】 西尔斯百货在拉丁美洲

美国最大的百货公司西尔斯百货（Sears）在拉丁美洲的形象很好。它在一次次民族主义浪潮中能生存下来，主要依靠的就是其自身形象。例如，让员工分享利润，从而使员工成为公司的辩护人；原来 20% 的商品采购来自当地的制造厂商订货，现在已达到 90%，结果是当地 1000 多家供应商都依赖西尔斯百货。西尔斯百货让自身的经营尽量符合东道国的愿望和要求，借助公共关系的力量，使企业面对风险时可化险为夷。

（资料来源：根据相关资料整理，2022-07.）

第三节　国际市场营销的法律环境

由于不存在一套统一的国际商法适用于对外经营业务，国际市场营销者必须特别注意业务所在国的法律环境（Legal Environment）。例如，与法国客户做生意的中国公司必须应对中国和法国两种司法、两套税收制度、两套法律体系以及凌驾于法国商法之上的欧盟的法律规定。在日本、德国或任何一个国家的经营活动，情景与此相仿。国内或国与国之间适用于商业活动的法律是国际商业活动法律环境的基本组成部分。

不同国家的法律体系存在很大的不同，而且十分复杂，本章不可能分别探讨各个国家的法律，有些问题对于大多数国际营销业务具有普遍性，所以在国外经营时，应予特别注意。

一、法律制度的类型

世界法律概括起来有两大体系：英美法系和大陆法系。这两大法律体系之间不仅在理论上存在很大差异，而且法律体系内部也有很大差异。同时，对其原理的解释也大不相同。

（一）英美法系

英美法系（也称案例法、普通法或不成文法）的基础是传统、过去的做法，以及法院通过对成文法、法规与过去裁决的解释而做出的判例，是"通过高等法院过去的判例体现对立法的解释，高等法院对相同的成文法进行解释，或者将已确立的、成为惯例的法律原理应用于一组类似的事实"。英国、美国以及英联邦国家等使用此法系。

英美法系的特点是：①采用判例法，实行先行约束力原则。②重视程序法。例如，关于"不可抗力"的理解，英美法系是指合同双方在合理范围内都无法预见的各种自然灾害，"包括发水、雷电、地震"，这些灾害是不可预见的；而只要能预测到的就不属于不可抗力，如结冰气候，就需要企业提前采取防范措施。大陆法系认为"不可抗力"包括：一是自然灾害，也称天灾，如地震、海啸、台风、海浪、洪水、蝗灾、风暴、冰雹、沙尘暴、火山爆发、山体滑坡、雪崩、泥石流等；二是社会异常事件，如政府更迭、战争、军事行动和动乱。

（二）大陆法系

大陆法系源于罗马法，又称成文法，建立在成文法无所不包的体系之上。法国、德国和欧洲大陆各国，以及南美各国、日本、土耳其、中国等国使用此法。在大陆法系下，法律体系被分成三种独立的法律：商法、民法和刑法。其特点是：①采用成文法，强调系统化、条例化、法典化和逻辑化。②法律的实施以条文为依据。例如，商标法根据成文法的解释是注册在先，即谁先注册谁就拥有商标的使用权，而判例法则强调使用在先。

二、东道国的法律对营销组合的影响

各国都制定有法律，可以对产品、价格、分销、促销等市场营销活动进行调节。这些法律在不同的国家有很大的差异，企业要进行国际市场营销活动，就必须了解各国的国内法律及其差异，遵守目标市场国的法律规范。

与企业国际市场营销比较密切的国内法律有产品法、质量法、标准法、商标法、包装法、促销限制规定、工业产权保护法等。这些法律对国际营销的影响主要表现在以下几个方面：

1. 对产品的影响

在设计产品的物理性能和化学性能时，必须注意各国在安全性、纯度、功能等方面的要求。例如，日本要求护发护肤用品不能含有甲醛，所以欧美一些出口厂商必须对产品生产做出相应调整。

在产品的包装、标签、牌号、商标、保证和服务等方面，东道国可能有特殊要求，有关的法律有产品责任法、标准法、包装法、商标法等。例如，印度的法律规定商标中不得使用河流、山川的名字；丹麦的包装法规定软饮料的瓶子必须是可回收的，这使许多法国矿泉水厂商望而却步。东道国制定的这些法律除了保护消费者权益外，有时是为了保护国内市场，限制外国产品的进入。例如，日本对汽车安全方面的苛刻要求，使一些希望进入日本市场的外国汽车制造商大为头疼。

2. 对价格的影响

大多数国家都有控制物价的法规。发达国家对价格的控制相对宽松，而发展中国家的控制较为严格，通常会规定最高限价、最低限价或限制价格变动。有些国家直接控制利润率。例如，阿根廷政府规定，制药公司的标准利润率为11%。对价格的管制可能是全面的，也可能只针对某一特定项目。例如，法国曾经冻结全面产品价格，而日本只对稻米的价格加以管制。一般实施价格管制的产品多是必需品，如食品、日常用品、药品等。

3. 对渠道的影响

在营销组合策略中，渠道策略受法律限制的程度是最低的，企业可以比较自由地在市场上现有的渠道中进行选择。但是，当企业在当地与经销商或代理商签订或终止某一协议时，都要涉及法律问题。大多数国家规定独家分销是合法的。

4. 对促销的影响

各国法律对促销的规定都比较多。促销的主要方式有广告、人员推销、营业推广、公共关系等。各国都制定了与促销有关的法规。例如，阿根廷规定，在刊登药品广告之前必须获得卫生局的批准；英国政府禁止烟酒类产品在电视上做广告；在德国，只要在广告中使用了比较方法，竞争对手就可能到法院要求企业出示广告中所明示或暗示的优越性证据；吹捧性广告在美国是可以接受的，但在加拿大却可能被判定为欺骗行为，因为加拿大的法律规定，所有的宣传表达都要经过检查，以确保向公众介绍的不是虚假信息；在芬兰，只要不采用"免费"一词，不强迫消费者购买产品，有奖销售在相当大的范围内是被允许的；而在奥地利,凡是对消费者采用优惠待遇的现金折扣方法都是被禁止的;法国规定,以低于成本价格出售产品或者以购买另一件产品为条件赠给顾客礼品或予以奖励都是违法的。

另外,工业产权保护法、反倾销法、竞争法等对企业开展国际营销活动也具有重要影响。

工业产权是专利权、专有技术、商标权和版权的总称。许多企业花费巨资创建象征高质量和其他特性的品牌和商标,如 IBM、可口可乐、柯达、海尔等,以吸引消费者购买本企业的产品。企业也花费巨额投资开发新技术、新工艺,如微软的计算机软件、杜邦的尼龙、强生的创可贴等。这些工业产权通常要受法律保护。

由于国际货物和技术贸易日益频繁,工业产权的国际保护成为必要,为此产生了保护工业产权的国际公约。这方面主要的国际公约有《保护工业产权的巴黎公约》《商标注册马德里协定》《建立世界知识产权组织公约》等。

【实例 2-2】 中国已连续 23 年成全球遭遇反倾销调查最多国家

中国是贸易保护主义的头号受害国。2017 年,中国共遭遇 21 个国家(地区)发起贸易救济调查 75 起,涉案金额 110 亿美元。1979 年我国糖精钠出口遭遇第一次反倾销,而从1996 年至 2018 年,中国已连续 23 年成为全球遭遇反倾销调查最多的国家,连续 12 年成为全球遭遇反补贴调查最多的国家。

2018 年美国对中国发起"201 调查":在大型洗衣机方面,第一年将对前 120 万台进口洗衣机征收 20% 关税,税率在第二和第三年递减为 18% 和 16%;对超过这一额度的进口洗衣机,第一年将征收 50% 关税,税率在第二和第三年递减为 45% 和 40%。在光伏电池及组件方面,美国将设定 2.5GW 的免税配额,对超过此配额的进口产品第一年将征收 30% 关税,税率在此后三年递减为 25%、20%、15%。

这一措施的依据是美国《1974 年贸易法》第 201 条,因此也被称为"201 调查"。"这是一种严重的单边主义和内顾倾向,它强调'美国优先'而非'竞争力优先'。"

同时,中国应对贸易摩擦的机制越来越成熟,手段和经验也越来越丰富。中国通过政府交涉、法律抗辩、产业对话等多种手段,积极探索化解摩擦的方法。但是,中国仍面临着双重的产业重合,以及由此而来的双重摩擦:一方面,在低端的轻工、纺织等领域,中国的比较优势正在削减,并未培育出高端品牌,无法实现差异化竞争,因而遭遇到来自东南亚等发展中国家的贸易摩擦;另一方面,随着产业结构的调整升级,在光伏、机电等产业领域,中国和发达国家的产业结构正从互补变为交叉,甚至重叠,因而在产能过剩和高端产业领域遭遇到更多的贸易壁垒。

(资料来源:中国已连续 23 年成全球遭遇反倾销调查最多国家 [N]. 21 世纪经济报道,2018-05-21.)

【资料阅读 2-2】 中美贸易摩擦

2018 年下半年起,美国多次单方面挑起贸易争端,如多次对中国商品发起加征关税措施,对中国也多次发起贸易救济措施。据统计,2010 年—2020 年,美国对中国共发起 163起贸易救济原审立案;2020 年,美国对中国共发起 22 起贸易救济原审立案。

美国对中国采取的贸易救济措施手段主要为反倾销、反补贴和保护措施。2010 年—2020 年,反倾销和反补贴占比分别高达 51% 和 47%;2020 年,两者涉及的案件数量分别为11 起和 10 起,占比分别为 50% 和 45%。

2010 年—2020 年，美国对中国发起的贸易救济措施涉及的行业包括金属制品工业、化学原料和制品工业、钢铁工业等 18 个行业，其中中国金属制品工业涉及的次数最多，为 39起。2020 年，美国对中国通用设备行业发起的贸易救济措施最多，为 8 起，占比达到 36%。这与中国通用设备行业企业的崛起有关，典型代表有华为、中兴通讯等。

早在 2012 年，美国就中兴通讯向某些国家出售设备对中兴展开了长达五年的调查，并且在 2018 年 6 月，美国对中兴通讯开出了史上对企业最严格的处罚。

美国在 2018 年开始指控华为。2020 年 8 月，美国商务部工业和安全局发布了对华为的修订版禁令，这次禁令进一步限制华为使用美国技术和软件生产的产品，并在实体列表中增加了 38 个华为子公司。

美国政府对中国企业采取"337 调查""301 调查"也不少见。"337 调查"是一种美国具有单边制裁性质的贸易保护主义手段，凡是被认定侵犯知识产权的产品，将被禁止进口到美国及销售。2019 年，中国企业遭遇美国"337 调查"数量创历史新高，共为 27 起，占当年全部"337 调查"案件量的 57.45%。

"301 条款"是美国《1974 年贸易法》第 301 条的简称，被视为贸易外交的工具。这一条款规定，当美国贸易代表办公室确认某贸易伙伴的某项政策违反贸易协定，或被美国单方认定为不公平、不公正或不合理时，即可启动单边性、强制性的报复措施。

截至目前，美国对中国发起过 6 次"301 调查"。中国改革开放初期，美国频繁向中国发起"301 调查"。中国加入 WTO 后，随着 WTO 贸易争端解决机制的逐渐成熟，以及中国经济实力和贸易话语权的不断增强，美国针对中国的"301 调查"频率降低。

但由于中国产品性价比优势深受美国消费者青睐，美国从中国进口的依赖程度不减。根据统计，2021 年 1 月—6 月，中美贸易额为 3408.06 亿美元，同比增长 45.7%。其中，中国对美国出口 2528.64 亿美元，增长 42.6%；中国自美国进口 879.42 亿美元，增长 55.5%。

（资料来源：根据中美贸易摩擦相关资料整理，2022-02.）

三、国际商务争端的解决

（一）司法管辖权的决定

在国际商务中发生法律争端时，司法管辖权应根据以下情况来决定：

（1）合同中规定的司法管辖权条款。

（2）合同签订的地点。

（3）合同条款的执行地。

如果合同中已经明确了司法管辖权条款，就可以按第一种情况执行；如果出现分歧，可以根据后两种情况决定。但为了降低不确定性，避免不必要的矛盾，国际市场营销者在签订合同时应写明裁决方式。

（二）国际商务争端的解决途径

解决国际商务争端的第一步都是采用非正式的方式；如果非正式的方式不能取得成功，就必须采取果断的行动方式，这些方式包括调解、仲裁和诉讼。

1. 调解

调解是指争端双方要求第三方调解分歧，从而达成一致协议，这种协议不具有约束力。为使调解方式更为有效，调解人应为双方所信任，调解人应认真听取双方的意见，探讨各种解决冲突的有效途径。所有双方与调解人之间的会议应保密。

2. 仲裁

如果调解失败，下一步解决争端的途径是仲裁。仲裁通常是由有关双方选择公正知情的一方或几方作为仲裁人，然后由仲裁人判定事情的是非曲直并做出双方同意执行的裁决。

正式仲裁组织所采用的程序基本相似，即刚接到仲裁请求时，国际商会首先尝试在争端双方间进行调解。如果调解失败，便启动仲裁程序。原告和被告分别从可接受的仲裁人中挑选一人进行辩护，国际商会仲裁法庭则指定第三名成员。这一成员通常从一批杰出的律师、法学家或教授中挑选。仲裁的程序简单、直接、速度快、费用低，能维护企业的商誉。因此，选择通过仲裁方式解决国际商务争端的企业越来越多。

下面介绍国际商会为一家英国公司和一家日本制造商进行仲裁的实例。英国公司和日本制造商签订了一份合同，英国公司愿意以每个80美分的价格从日本制造商收购10万个塑料玩具娃娃。在此基础上，英国公司与第三方达成协议，以每个1.4美元的价格将这批玩具全部卖出。可是还没交货，日本制造商遇到罢工，导致玩具的生产成本增加。英国公司被告知，玩具娃娃的交货价格已从每个80美分提高到1.5美元。英国公司坚持按原价格购进，于是双方发生纠纷。

习惯大陆法系的日本人认为，罢工是无法控制的，属于不可抗力，因此可以不遵守原来合同中规定的条款。而习惯英美法系的英国人认为，罢工是商业活动中的正常行为，并非不可抗力。双方认为，除了仲裁和诉讼无法解决这一争端，于是首先选择了仲裁。国际商会指定一名仲裁人听取双方的意见，最后裁定双方按比例分摊损失。双方对仲裁结果感到满意，从而避免了一场花费巨大的诉讼。

以下是当今世界著名的仲裁中心：

- 泛美商事仲裁委员会（The Inter American Commercial Commission）
- 加拿大-美国商事仲裁委员会（The Canadian American Commercial Arbitration Commission）
- 伦敦仲裁法庭（The London Court of Arbitration）
- 美国仲裁协会（The American Arbitration Association）
- 国际商会（The International Chamber of Commerce）
- 美洲商务争端解决中心（The Commercial Dispute Resolution Center of the American）

中国国际经济贸易仲裁委员会自1950年成立以来，受理过许多案件，具有丰富的经验，已逐步得到国际商会的信任，是我国企业依赖的主要仲裁机构。当然，要使仲裁结果顺利执行，必须满足如下两点：①当发生争端时，争端双方同意根据某仲裁法庭的规则和程序进行仲裁；②双方同意服从仲裁裁决。当前，有120多个国家签署了《承认和执行外国仲裁裁决公约》（*US Convention on the Recognition and Enforcement of Foreign Arbitral Awards*）。

3. 诉讼

诉讼是指在发生经济争端后，当事人一方向有管辖权的一国法院起诉，请求法院按照法律规定做出判决，解决争端。诉讼最大的特点是强制性。

大多数不同国家的企业之间发生商务争端都很少选择诉讼，因为诉讼费用高、时间长。例如，在印度，很多违反合同案件的审理要等上10年甚至更长的时间。除此之外，还有以下一些原因：

（1）担心会给人留下不良印象并破坏公共关系。

（2）担心在国外法庭会受到不公正待遇。

（3）难以收回判处的罚金。

（4）缺乏保密性。

为此，解决国际商务争端，最好按以下步骤进行：首先对受损失方进行安抚；若安抚不起作用，就要进行调解、仲裁，直至诉讼。诉讼应是其他方法均告失败后采取的最后一步。

四、国际公约及国际惯例

企业从事国际市场营销，不仅要遵守目标市场国和本国的法律规定，而且要了解国际上与市场有关的公约和惯例。

国际公约（International Conventions）是国际经济法最重要的渊源。国际市场营销行为必须符合当事人所在国缔结或参加的有关国际经济贸易方面的条约，以及普遍性国际经济组织所做出的有关国际经济问题的决议。国际公约包括双边条约和多边条约。第二次世界大战以后，多边条约逐渐增多，几乎涉及所有的国际经济领域，如布雷顿森林协定、关税与贸易总协定、多边清算贸易协定等。这些条约不仅在调整成员方之间的经济关系方面发挥了重要作用，而且广泛影响到非成员方，有力地促进了国际经济的发展。第二次世界大战以后，为了协调国际经济关系，世界上成立了一些相应的国际组织，如世界银行、国际标准化组织、经济合作与发展组织等。这些国际组织的规章和规范在相当程度上影响了各国的涉外经济立法，也影响了企业的国际市场营销。

国际惯例（International Practice）是指在国际交往中逐渐形成的不成文的法律规范。其特点是：经过长期的实践，虽不成文，但一经当事人在合同中认可采用，就具有相当的约束力，如国际贸易中的价格条款（FOB、CIF 和 CFR 等）就属于这种性质。惯例被广泛认可往往就形成了规则，成为国际交往中自觉遵守的规范，如国际法协会制定的《1932 年华沙—牛津规则》，国际商会制定的《1980 年国际贸易术语解释通则》和《跟单信用证统一惯例》等。企业如果不懂得国际惯例，在国际市场营销中就会遭受不必要的损失。例如，出口按 CIF 价格成交，由卖方投保并付保险费，但海上风险却是由买方承担的。如果不了解这一惯例，而从卖方投保并付保险费这一点出发，误以为海上风险由卖方承担，则当发生海上风险时，卖方主动承担损失，就不免吃了大亏。

目前，对国际市场营销影响较大的国际公约和惯例包括以下几方面内容。

（一）有关国际货物买卖的公约和惯例

1. 国际货物买卖公约

1964 年，28 个国家参加了海牙外交会议，并制定了两个公约：《国际货物买卖统一法公约》和《国际货物买卖合同成立统一法公约》。但是，这两个公约都未达到统一国际货物买卖法的预期目的。1978 年，联合国国际贸易法委员会起草了《联合国国际货物销售合同公约》，并于 1980 年在维也纳国际外交会议上通过。该公约已于 1988 年 1 月 1 日正式生效。

公约的主要内容包括以下几个方面：

（1）公约的基本原则。公约的基本原则包括建立国际经济新秩序的原则、平等互利原则与兼顾不同社会、经济基础和法律制度的原则。这些基本原则是执行、解释和修订公约的依据，也是处理国际货物买卖关系和发展国际贸易关系的准绳。

（2）适用范围。第一，公约只适用于国际货物买卖合同，即营业地在不同国家的双方当事人之间所订立的货物买卖合同，但对不能适用该公约的某些货物的国际买卖也做了明确规定。第二，公约适用于当事人在缔约国国内有营业地的合同。但如果根据适用于"合同"的冲突规范，则该"合同"应适用某一缔约国的法律。在这种情况下，不管合同当事人在缔约国国内有无营业场所，都应适用"买卖合同公约"。对此规定，缔约国在批准或加入时可以声明保留。第三，双方当事人可以在合同中明确规定不适用该公约。

（3）合同的订立。具体包括合同的形式与要约、承诺的法律效力。

（4）买方与卖方的权利与义务。第一，卖方的责任主要表现为三项义务：交付货物、移交一切与货物有关的单据和转移货物的所有权。第二，买方的责任主要表现为两项义务：支付货物价款和收取货物。第三，详细规定买方和卖方违反合同时的补救办法。第四，规定风险转移的几种情况。第五，明确规定违反合同和预期违反合同的含义，以及当这种情况发生时，双方当事人应履行的义务。

我国于1981年9月30日签署了《联合国国际货物销售合同公约》，并于1986年12月11日交存核准书。我国在提交核准书时，提出两项保留意见：①不同意扩大公约的适用范围，只同意适用缔约国当事人之间签订的合同；②不同意用书面以外的其他形式订立、修改和终止合同。目前，第二项保留意见被撤回，销售合同无须以书面订立或书面证明，在形式方面也不受任何其他条件的限制。销售合同可以用包括人证在内的任何方法证明。

2. 国际货物买卖惯例

国际货物买卖惯例主要涉及贸易价格条件（也称贸易价格术语或贸易术语）问题。贸易价格条件既是货物买卖中的计价标准，又是确定合同双方当事人权利和义务的准则。国际货物买卖惯例主要有以下几种：

（1）《国际贸易术语解释通则》。关于国际贸易术语的解释是由国际商会于1935年制定的，后经多次修改，现行的文本是《2020年国际贸易术语解释通则》。该通则对内陆交货、装船港船上交货（FOB）以及成本加运费和保险费交货（CIF）等13种贸易术语做了详细解释，具体规定了买卖双方的权利和义务。该通则在国际上已得到广泛承认和采用，是国际货物买卖最重要的国际惯例。

（2）《华沙-牛津规则》。《华沙-牛津规则》是国际法协会在1932年制定的。它对CIF合同中双方所承担的责任、费用和风险做了详细规定，在国际上有较大的影响。

（3）美国1941年修订的《国际贸易定义》。该定义对美国经常使用的贸易术语做了解释，具体规定了在各种不同的贸易术语中买卖双方在交货方面的权利和义务。它对FOB这一术语的解释，同国际商会制定的《国际贸易术语解释通则》中所做的解释有较大区别。美国的这一国际贸易定义，在南北美洲各国影响较大。

（二）关于产品责任的适用公约

产品责任是随着现代工业生产的发展，许多新产品投入市场，消费者受到伤害的案件不断增多而逐渐形成和发展起来的。产品责任法属于社会经济立法的范畴。它主要调整产品的制造者、销售者和消费者之间基于侵权行为所引起的人身伤亡和财产损害的责任。它的各项规定或原则大都是强制性的，双方当事人在订立合同时，不得事先加以排除或变更。产品责任法主要是确定产品的制造者和销售者对其生产或出售的产品所应承担的责任。如果他们提供的产品存在某种缺陷，致使消费者的人身受到伤害或财产受到损失，则生产或出售这一产品的制造商、批发商乃至零售商都要承担赔偿消费者损失的责任。产品责任法的主旨是加强生产者的责任，保护消费者的利益，所以它是保护消费者的法律。

在世界各国中，美国的产品责任法制定得比较早。第二次世界大战以后，西欧一些国家也开始重视产品责任问题，并拟定了一些有关产品责任的国际公约。1976 年，欧洲理事会制定了《关于人身伤亡的产品责任公约》，但至今尚未正式生效。1985 年，欧洲共同理事会通过了《关于有缺陷产品的责任的指令》，要求各成员制定相应的国内立法予以实施，但允许各成员有某些取舍余地。该指令对欧盟成员的产品责任法产生了重大影响。为了统一各国关于产品责任的法律冲突规则，海牙国际私法会议于 1973 年 10 月 1 日通过了《关于产品责任的法律适用公约》。该公约于 1978 年 10 月 1 日生效，共有 32 条，除对产品责任的法律适用规则做出规定外，还对"产品""损害""责任主体"做了明确规定。

（三）工业产权保护公约

目前，世界上相互承认和保护的工业产权国际公约主要有以下几个：

1. 《保护工业产权巴黎公约》

该公约简称《巴黎公约》，于 1883 年 3 月 20 日在巴黎缔结，并由成员组成"保护工业产权同盟"，简称"巴黎同盟"。该公约于 1884 年 7 月 7 日生效，后经多次修订。截至 2022 年 7 月，随着佛得角的正式加入，该公约的缔约方总数达到 179 个。1985 年 3 月 19 日中国成为该公约成员，我国政府在加入书中声明：中华人民共和国不受公约第 28 条第 1 款的约束。

《巴黎公约》的基本原则和重要条款是：

（1）国民待遇原则。在工业产权保护方面，公约各成员必须在法律上给予公约其他成员与其本国国民相同的待遇。

（2）优先权原则。享有国民待遇的人如果在公约的任何一个成员提出专利申请或商标注册申请，便有权自该申请日起享有一定时期的优先权。如果他在优先权期间又向公约其他成员提出同样的申请，则有权要求这些国家或地区将首次申请日作为以后申请的申请日。

（3）专利权、商标权独立原则。公约各成员所授予的专利权和商标权是相互独立的，有权根据本国或本地区专利法的具体规定独立做出判断，而不受公约其他成员就同一专利或商标做出判断的影响。

（4）专利权的强制许可和撤销。如果专利权无正当理由于授予专利权后的三年内或者于专利申请日后的四年内未能在专利授予国（或地区）付诸实施，则各成员有权采取非独占性的强制许可措施。

（5）展览产品的临时保护。公约各成员应按其本国或本地区法律，对在成员领域内举办的官方或经官方认可的国际展览会上展出的产品的发明和商标提供临时保护。

（6）驰名商标的保护。无论驰名商标是否取得商标注册，公约各成员都应禁止他人使用相同或类似的商标，拒绝注册与驰名商标相同或类似的商标。

2. 《建立世界知识产权组织公约》

1967 年 7 月 14 日，51 个国家在斯德哥尔摩会议上签订了《建立世界知识产权组织公约》，并根据该公约成立了政府间的国际机构——世界知识产权组织。该公约自 1970 年 4 月 26 日起正式生效；我国于 1980 年 3 月 3 日递交了加入书，并由此成为世界知识产权组织的成员，从 1980 年 6 月 3 日起生效。

根据公约，该组织的主要任务和职权是：

（1）在促进全世界对知识产权的保护方面，鼓励缔结新的国际公约，协调各国（或地区）立法，给予发展中国家（或地区）法律、技术援助，搜集并传播情报，以及办理国际注册或成员之间的其他行政合作事宜。

（2）在各知识产权同盟的行政合作方面，该组织将各同盟的行政工作集中于日内瓦国际局。目前，该组织已成为知识产权方面的十几个同盟的行政执行机构。

（3）对发展中国家（或地区）在技术转让、立法等方面予以援助。

3. 《商标国际注册马德里协定》

该协定于1891年4月14日在西班牙马德里签订，1892年7月生效，后经多次修订。截至2022年6月9日，共有112个成员，覆盖128个国家和地区。我国于1989年10月4日成为该协定成员，但加入时做出如下声明：①通过国际注册取得的保护，只有经商标所有人专门申请时，才能扩大到中国；②本协定书仅适用于中国加入生效之后注册的商标。

4. 世界贸易组织（关税及贸易总协定）

关税及贸易总协定是一个政府间的多边协定，于1947年10月30日由23个国家签订，并于1948年1月1日正式生效。该协定自签订以来，曾就关税减让进行了八个回合的谈判。由于缔约方经常就贸易的重大问题进行磋商，"关税及贸易总协定"已发展成为一个永久性的国际性机构——世界贸易组织（WTO）。该组织成立于1995年1月1日，总部设在日内瓦，截至目前，共有164个成员。我国是关税及贸易总协定的缔约方之一，但于1950年退出。1986年7月，我国政府正式提出恢复我国的缔约方地位的要求，经过15年的艰苦谈判，终于于2001年11月达成协议，成为WTO的正式成员。

世界贸易组织的基本法律原则有：

（1）公平贸易原则。各成员的出口贸易不得采取不公正的贸易手段进行或扭曲国际贸易竞争，尤其是不能采取倾销和补贴的方式在他国销售产品。

（2）关税减让原则。关税减让一直是多边国际谈判的主要议题。关税减让谈判一般在产品主要供应者与主要进口者之间进行，其他国家（或地区）也可以参加。双边的关税减让谈判结果，其他成员按照"最惠国待遇"原则可不经谈判而适用。

（3）透明度原则。要求各成员将有效实施的有关管理对外贸易的法律、法规、行政规章、司法判决等迅速公布，以使其他成员政府和贸易经营者加以熟悉；各成员政府之间或政府机构之间签署的影响国际贸易政策的现行协定和条约也应加以公布；各成员在其境内统一、公正和合理实施各项法律、法规、行政规章和各项判决。

（4）针对"国有贸易企业"的原则。世界贸易组织对"国有贸易企业"的主要要求是，在进行有关出口的购买或销售时，应只以商业上的考虑作为标准，并为其他成员企业提供参与这种购买或销售的充分竞争机会。

（5）非歧视性贸易原则。这一原则具体表现为"最惠国待遇"及"国民待遇"。WTO成员之间的贸易必须实行最惠国待遇。也就是说，在这个多边贸易谈判机制里的所有成员之间达成的双边贸易协定，都适用第三方，成员之间的贸易均按相关协议最优惠的条款进行。国民待遇是指在贸易条约或协议中，缔约方之间相互保证给予对方的自然人（公民）、法人（企业）和商船在本国境内享有与本国自然人、法人和商船同等待遇。其目的是为了公平竞争，防止歧视性保护，以实现贸易自由化。

（6）一般禁止数量限制原则。在货物贸易方面，世界贸易组织仅允许进行关税保护，而禁止其他关税壁垒，尤其是禁止以配额和许可证为主要形式的"数量限制"。但是，禁止数量也有一些重要例外，如国际收支困难的国家（或地区）被允许实施数量限制，发展中国家（或地区）的"幼稚工业"也被允许加以保护。

▶ 关键词

国际市场（International Market）　　　政治环境（Political Environment）

没收（Confiscation）　　　　　　　　征用（Expropriation）

国有化（Nationalization）　　　　　　法律环境（Legal Environment）

国际公约（International Conventions）

国际惯例（International Practice）

▶ 思考题

1. 试论国际市场营销中可能出现的政治风险，以及应如何防范。

2. 简述国际商法对市场营销组合因素的影响。

3. 如何看待国际商务争端的解决途径？

4. 假如你是一个贸易公司的经理，并给公司起了一个独特的名字，你如何在全球市场保护你的公司的名字不被侵犯？

5. 简述反倾销法在国际市场营销中的运用。

▶ 案例分析讨论

美丽狮城建起火电厂——华能在新加坡怎样"烧煤"

新加坡首座燃煤电厂——登布苏火电项目，每天为岛上企业提供包括电力、蒸汽、供水等在内的一站式服务。项目实施主体，正是中国华能集团公司（简称华能）全资控股的新加坡大士公用事业公司。通过收购大士能源，华能在新加坡书写着央企"走出去"的新篇章。

一、收购发达国家公用事业企业，"走出去"有了前沿平台

大士能源公司成立于1995年3月，此前是新加坡淡马锡的全资子公司，也是新加坡三大发电企业之一。2007年10月，淡马锡启动出售大士能源100%股权的竞标程序，面向全球发出邀约。

众多竞争者中，就包括亚洲最大的发电集团——中国华能。其实，在此之前，华能早已对新加坡的电力市场和大士能源进行了持续全面的跟踪研究。他们认为，新加坡政局稳定、法制健全，文化上也与中国接近，是适合"走出去"的战略目的地；相比其他电力资产，大士能源还具备机组装备先进、运行安全可靠、现金流稳定、经营业绩良好、风险控制严格、管理团队经验丰富等多方面优势。

为了赢得淡马锡、大士能源管理层和员工以及工会组织的信任和支持，华能做了大量细致的沟通工作。当了解到对方最担心的问题是员工稳定就业时，华能承诺，收购后将保持原有管理层和员工队伍稳定，保持企业发展方向不变。"相较日本、印度等国的竞标收购者，

华能的这番承诺就像一颗'定心丸'。"大士能源总裁兼首席执行官林纲培回忆道，由于沟通充分，竞标结果宣布之前，大士员工已经心有所属了。

经过激烈角逐，华能最终从六家竞标企业中成功胜出。2008年3月，华能以210亿元人民币成功收购大士能源100%股权，此举让华能收获了当时新加坡约1/4的电力市场份额。这是我国国企首次在发达国家全资收购发电厂，也是迄今为止我国发电企业最大的一宗海外并购案。

早在收购竞标阶段，华能便清晰地规划出大士能源的发展蓝图——保持大士能源在新加坡发电行业的领先地位，并把握在新加坡以及周边的有利发展机会，把大士能源建设成为华能"走出去"的前沿平台。2011年，我国煤价高位运行，国内发电行业陷入困境。这时，正是大士能源高达16亿元人民币的税前利润，为华能当年的业绩做出了重要贡献，充分体现了海外项目与国内项目资产组合互补的避险功能。

二、建新加坡首座燃煤电厂，以优秀的环保成绩单赢得信任

"华能依靠自身在煤电领域世界领先的技术和经验，改变了新加坡电力发展的历史。"新加坡经济发展局能源化工署署长梁子健口中的创新之举，是指大士能源公司在裕廊岛上所建的新加坡首家燃煤电厂——登布苏火电项目。

在人们的传统印象中，煤炭发电不可避免地会带来污染，新加坡也为此提出了异常严苛的环保要求。在登布苏项目开发权的激烈竞争中，大士能源以具有创新意义的环保技术方案和具有价格竞争力的商业模式，击败了其他竞争者，获得了大多数石化客户的认可，也得到了新加坡经济发展局（EDB）及国家环保署（NEA）等部门的支持。他们的解决方案是：采用燃烧效率高、氮氧化物排放低的循环流化床技术，燃用低硫煤、掺烧生物质，煤炭运输和储存封闭化，污水无害处理循环使用、安装除尘器以及灰渣结晶化处理等，运用多种环保技术手段使各项环保指标均达到要求。

外界普遍认为，能够取得这个项目，主要是因为华能在清洁化燃煤发电技术方面的实力和经营管理理念，给新加坡政府和有关企业增添了信心。"也是因为有华能的技术支持，我们才会考虑这个项目的可行性。"新加坡能源管理局副总裁杨奕成说。

2009年11月，在新加坡总理李显龙的直接关心下，登布苏项目正式开建。为确保该项目安全稳定运行，华能还特别安排大士公司的技术骨干到华能苏州热电厂等国内企业进行了培训交流。

运行近一年来，登布苏项目交出优异的环保成绩单：一氧化碳、氮氧化物、二氧化硫、汞和固体颗粒物的排放水平大大低于新加坡环保署设置的排放限值；一氧化碳、二氧化硫和汞的排放与天然气机组的排放水平持平；氮氧化物和固体颗粒物排放低于天然气机组水平。据介绍，登布苏清洁发电方案不仅为新加坡工业园区内的石化企业提供了电力、蒸汽和高品质的用水服务，未来还将提供包括淡化海水、污水处理等在内的"一揽子"公共事业产品与服务。

三、跨国融合，收获真金白银更收获国际运营经验

进军狮城、收购当地第一梯队企业，让华能迈出了在新加坡跨国经营的第一步。同众多海外并购的中国企业一样，华能需要处理好"水土不服"的问题，找准"融合之道"。

收购完成后，华能将大士能源原有管理层全部留用。此外，他们没有向新加坡派遣任何股东方管理人员，只是在国内成立了一个大士能源管理办公室，配备了精简的专职人员负责

管理涉及大士能源的有关工作，同时归口协调华能总部各部门对大士的业务指导和监管。

"对于华能这种管理方式，当时外界多有质疑：这样能管好吗？是否会导致国有资产流失？"华能国际大士项目办公室负责人介绍说，大士能源以稳定的运营、突破性的发展以及超出预期的回报，交出了一份完美答卷。

成功的管理融合，更多来自"无形之手"：依托良好的公司治理机制，保证大士能源高效、有序运转。2009 年 4 月，时任国资委领导在大士能源考察时表示，华能收购大士能源后，管理融合做得很好，既实现了有效管控，又使其原有管理机制和管理人员能最大限度地继续发挥积极作用，使生产经营保持了平稳过渡，"这是央企境外发展的一个非常成功的案例"。

近年来，大士能源运营发展的良好业绩也受到新加坡方面的肯定。"作为监管方，我们对大士能源被华能收购后在电力供应上继续保持高度的可靠性和稳定性表示感谢。"新加坡能源管理局副总裁杨奕成说。

通过收购，华能还探索了一种国际化的项目收购融资模式，即采取国际银团贷款模式进行无追索权的项目融资方式。在项目运营中，华能又通过发挥市场融资的财务杠杆效应，为提高投资回报率奠定了基础。

"华能收购大士能源，不仅收获了真金白银，而且收获了很多竞争性电力市场的运营经验。"一位华能人士表示，虽然新加坡电力市场化改革起步较晚，但电量交易已完全实现了市场化。借助大士能源这个平台，华能培养了一批熟悉国际市场运行规则、具有国际化经营管理能力的专业人才，为公司参与未来国内电力市场化改革和竞争做好了人才储备。

（资料来源：哈新军. 环保标准严苛的美丽狮城却建了个火电厂——华能在新加坡怎样"烧煤"［N］. 人民日报，2014-04-14.）

讨论题：

1. 华能"走出去"为何选择了新加坡？在新加坡成功收购的第一步是什么？
2. 在海外经营成功，华能具备哪些条件？带来的启示有哪些？

第三章

国际市场营销环境(下)

本章要点

1. 国际市场经济环境的层次
2. 区域经济一体化的形式、动因以及给国际市场营销带来的影响
3. 国际经济环境及其对国际市场营销的影响
4. 国际文化环境及其对国际市场营销的影响
5. 国际金融与外汇环境对国际市场营销的影响

导入案例

星巴克如何适应中国文化

2021年11月,一座传播非遗文化的舞台、一个体验艺术融合的第三空间——星巴克中国首家"非遗文化体验店"星巴克臻选北京华贸店盛大开业。星巴克中国首席执行官蔡德粦表示,搭建起非遗文化与现代都市间的沟通桥梁,是建立非遗文化体验店的初衷。希望利用自身品牌规模,为更多非遗传承人和"乡村妈妈"们搭建一个更广阔的展示平台,也为中国文化瑰宝的保护和传承贡献一分力量。

1. 以匠心和创新,将非遗之美融入门店第三空间

首家非遗文化体验店既是第三空间,也是非遗艺术的展览空间。星巴克的设计师们与蜡染手工艺传承人携手,推出了星巴克首个以蜡染艺术为主题的咖啡吧台。吧台的整面背景墙以鲜艳的靛蓝色染布包裹,染布上是以细腻精妙的笔触手工绘制的"老北京胡同"场景;而背景墙的另一侧则融合了蜡染艺术、咖啡文化和老北京传统所打造的蜡染艺术品。

2. 穿越传统与现代,打造感官融合多元体验

门店内的设计灵感源于北京胡同文化,传承着老北京的传统气息。门店天花板运用了老北京四合院石瓦屋顶的线条元素,在钢筋混凝土所包裹的都市生活中营造出一方传统意境。首个蜡染艺术吧台背景墙的图案,也呈现出北京胡同独有的生活氛围与变迁。

与非遗文化的匠心所呼应的,是店内的咖啡大师和调酒师精益求精的匠人精神,将同样的热爱与坚守融入每一杯饮品中。在蜡染艺术品为背景的臻选咖啡吧台中,星巴克咖啡师们或专注于手冲咖啡煮制,或创作拿铁艺术作品,以一杯杯高品质饮品,演绎出不可多得的臻

选风味。在另一端的 Bar Mixato 吧台，自由浪漫的调酒师们则将带来超过 30 款创意特调鸡尾酒、葡萄酒和精酿啤酒，营造出耳目一新的"咖啡美酒"体验。

（资料来源：根据星巴克官方网站资料整理，2022-08.）

第一节　国际经济环境

一、市场规模

市场规模是指可接受的商品及服务总量，或者是拥有的购买力。市场规模的大小影响着产品的销量。因此，市场规模是分析国际市场的基本要素。而市场规模的大小通常受两大因素影响，即人口和收入。

（一）人口

人口（Population）是构成市场的主要因素之一。国际企业既要关心潜在市场的当前人口规模，也要了解市场的人口增长率，人口增长率会带来未来市场人口规模的变化。一般来说，经济越发达，人口增长率越低。人口增长率会对国际企业营销产生双重影响：①人口增长标志着人口规模的扩大，对许多商品的需求也会增加；②人口增长过快会影响经济发展，限制人均收入的提高，从而减少需求。

人口的年龄结构对市场规模也有一定影响。在老年人比重高的国家和地区，药品和保健用品的销售量比较大；在年轻人比重高的地方，化妆品和时装的销售量比较大。从人口密度看，国际企业希望在人口密度较大的地区从事营销活动，因为此地购买力集中，企业在促销、渠道方面容易得到好的效果，但此地的竞争也非常激烈。

【资料阅读 3-1】　全球人口正迅速步入老龄化阶段

根据联合国定义，当一个国家或地区 60 岁及以上人口占总人口的比重超过 10%，或 65 岁及以上人口占总人口的比重超过 7% 时，通常认为这个国家或地区进入老龄化阶段。2005 年联合国发布的预测显示，世界 60 岁以上老年人口的比例将由 2000 年的 10.0%，上升到 2025 年的 15.1%、2050 年的 21.7%；65 岁以上老年人口的比例相应由 6.9% 上升到 10.5%、16.1%。2020 年第七次人口普查数据显示，我国 60 岁及以上人口的比重达到 18.7%，其中 65 岁及以上人口比重达到 13.5%。我国 60 岁及以上人口有 2.61 亿人，其中 65 岁及以上人口达 1.9 亿人。人口老龄化程度进一步加深，未来一定时期将持续面临人口长期均衡发展的压力。联合国经济和社会事务部发布的《世界人口展望 2019：发现提要》显示，全世界约 9% 的人口超过 65 岁，而到 2050 年，这一比例将达到 16%。高龄化与独居、孤寡、失能和失智等因素叠加，使得高龄群体的养老保障、照护服务、社会参与及老年人权益保障等变得更加复杂。

（资料来源：

［1］2020 年第七次全国人口普查数据，2021-05.

［2］黄石松. 为应对全球人口老龄化贡献中国智慧［R］. 中国人民大学国家发展与战略研究院，2022.）

（二）人均收入

人均收入（Income）常用来衡量一个国家的经济发展水平和居民密集程度。高收入国家居民比低收入国家居民具有更强的购买力。在国际市场营销中，常用人均 GNP 来代表人均收入。但在运用时应注意以下几点：

（1）人均收入直接影响市场规模，但不一定能准确反映实际购买力。人均 GNP 的数据一般用美元表示。用美元表示的人均收入准确与否，在很大程度上取决于汇率是否合理，能否正确反映两种货币的实际购买力。在现实生活中，许多国家的货币都或多或少地被高估或低估了。

（2）各国的人均收入指标不一定具有国际可比性。例如，各国对 GNP 计算的范围有所不同，一些发达国家列入的 GNP 项目，发展中国家可能并没有列入。

（3）国际企业衡量市场规模更注重国民生产总值，而不是人均收入。许多消费品需求收入弹性很小，如生活必需品和低廉商品，其市场与人口数量直接相关，却未必与人均收入有关。

（4）收入分配不均等可能使人均收入不能反映一国的实际需要量。在收入分配不均等、存在贫富差距的情况下，仍使用人均收入来衡量市场规模，其结果是不真实的。例如，2019年科威特的人均收入高达 5.7 万美元，但其是一个典型的两极分化的社会，少数富翁占有大量财产，而广大民众收入很低。所以，除了奢侈品外，大多数产品的人均需求量少于美国。这种现象就要求国际营销人员注意处于不同收入阶层人口的购买力和需求的特点，位于收入两极的人口往往代表不同的市场。

二、区域经济一体化

区域经济环境是指由一定的范围组成，某一特定经济联盟的国家或区域的经济环境。区域经济一体化的目的是通过减少区域内贸易壁垒和关税壁垒来寻求经济互利，给成员带来经济利益。

（一）区域经济集团存在的原因

成功的经济组织是以经济、政治、地理和文化的有利因素为基础的。经济组织带来的利益必须远远超过其损失。区域经济集团存在的具体原因如下：

1. 经济原因

建立经济联盟的经济原因是发展和扩大市场机遇。它们通过成员之间的关税优惠和对非成员的关税壁垒来扩大市场、保护市场，以刺激内部经济的发展，同时各成员可从较低的关税中得到实惠。

2. 政治原因

经济共同体能促进各国之间政治上的和谐。例如，欧洲经济共同体（简称欧共体）最初建立的原因之一就是对当时美国和苏联强大的经济政治实力的威胁所做出的反应，但通过政治联盟获得的经济利益推动欧共体走向欧洲联盟化。

3. 地理原因

国家比邻以及交通网的形成可以为区域集团的形成提供基础。交通网是欧共体形成的首要促进因素，例如，英法海底隧道的开通进一步加强了共同市场的联系。而地理位置相隔很远的国家建立经济联盟就要克服许多障碍。

4. 文化原因

文化的相似性会缓和一国与他国结成经济联盟所带来的冲击。因为所有成员都理解它们联盟的前景，所以文化越相似越容易形成共同市场。

（二）区域经济一体化的形态

区域经济一体化的形态从低级到高级可划分为自由贸易区、关税同盟、共同市场和政治同盟四种。目前，影响面比较大、涉及优惠范围比较广的区域经济一体化区域组织（Regional Organization）有欧洲联盟（EU）、北美自由贸易区（NAFTA）等。

1. 自由贸易区

自由贸易区（Free Trade Area）是指两个以上的国家或地区之间就减免关税和成员之间的非关税壁垒达成协议，同时，各成员对区域外国家和地区仍然实施各自的关税规则。

2. 关税同盟

关税同盟（Custom Union）是更进一步的经济合作方式，它是指关税同盟成员不仅能享受自由贸易区内关税减让和免税优待，而且对同盟外进口的产品采用统一的对外关税。

3. 共同市场

共同市场（Common Market）是指成员间完全废除关税和数量限制，建立对非成员共同的关税。同时，劳动力、资本等生产要素可以在成员之间自由流动。

4. 政治同盟

政治同盟（Political Union）是区域经济一体化程度最高的区域性合作组织，它包括完全的政治和经济一体化。例如，欧盟签订的《马斯特里赫特条约》规定：货物、人员、资本和服务在各成员之间自由流动；实行统一的货币政策、共同的外交和安全政策、共同的司法体制。

不同经济共同体的特征比较见表3-1。

表3-1　不同经济共同体的特征比较

一体化的阶段	取消关税和配额	一致的关税和配额体系	取消对要素流动的限制	经济、社会和法律政策的综合协调
自由贸易区	是	否	否	否
关税同盟	是	是	否	否
共同市场	是	是	是	否
政治同盟	是	是	是	是

（三）区域经济一体化的组织形式

1. 欧洲联盟

欧洲联盟（European Union，EU）简称欧盟，是由欧洲共同体（European Communities）发展而来的，是一个集政治实体和经济实体于一身、在世界上具有重要影响的区域经济一体化组织。1991年12月，欧洲共同体马斯特里赫特首脑会议通过《欧洲联盟条约》，通称《马斯特里赫特条约》（简称《马约》）。1993年11月1日，《马约》正式生效，欧盟正式诞生。目前欧盟共有27个成员，分别是法国、德国、意大利、荷兰、比利时、卢森堡、丹麦、爱尔兰、希腊、葡萄牙、西班牙、奥地利、瑞典、芬兰、马耳他、塞浦路斯、波兰、匈牙利、捷克、斯洛伐克、斯洛文尼亚、爱沙尼亚、拉脱维亚、立陶宛、罗马尼亚、保加利亚、克罗地亚。

欧盟的宗旨是"通过建立无内部边界的空间，加强经济、社会的协调发展和建立最终实行统一货币的经济货币联盟，促进成员经济和社会的均衡发展""通过实行共同外交和安全政策，在国际舞台上弘扬联盟的个性"。

欧盟市场的特点是：打通了成员之间的贸易障碍；联盟国家经济一体化，立法相互靠拢，公民定居谋职自由，人和资金自由流动；在实现商品自由流通的同时，欧盟也注意统一质量标准，保障消费安全。

欧盟单一的市场建设在给中国企业开展国际营销带来机会的同时，也带来了威胁，主要表现在：

（1）欧盟统一的大市场、统一标准。中国企业能开展有针对性的营销活动，从而降低营销成本。

（2）欧盟壁垒的存在。欧盟现有 27 个成员，其各自的利益与共同的"欧洲利益"未必完全重合，加之内部决策机制固有的缺陷（如重大事务须一致通过的表决原则），往往导致有关中欧关系的提案容易一致通过，而事关具体成员利益的议题则难以形成共识，更谈不上一致通过。

【资料阅读 3-2】 英国脱欧与逆全球化

英国人简世勋（Stephen D. King）所著《世界不是平的》（*Grave New World*）一书，封面上印有一句英文"The end of globalization, the return of history"（中信出版集团出版发行，北京通州皇家印刷厂 2019 年 2 月第 1 版第 1 次印刷）。

在该书的推荐序《全球化需要新思维》中，《经济学人·商论》总编吴晨说，英国脱欧在局外人看来，是英国人瞎折腾，纯是内耗，但若从全球化的视角去看，脱欧却标志着这一轮高歌猛进的全球化的尾声。这是为什么呢？

在 20 世纪八九十年代开启的这一轮全球化中，得益于信息技术的发展，跨国公司成为全球化最大的推手，制造业的外包、全球产业链和供应链的构建、全球金融的大开放与资本流动加速，营造了全球经济的欣欣向荣与以中国为代表的新兴市场的崛起。但是，在全球经济大发展的同时，全球化也制造了明显的"输家"——尤其以西方发达市场的蓝领阶层为甚，技术、外包和移民带来的工作转移与工资停滞，与精英阶层获得的财富增值形成了鲜明的对比。英国脱欧的本质，也是对这一轮全球化受益和责任不均衡所提出的抗议。

《21 世纪资本论》指出，21 世纪全球化面临的最大问题，即仅有经济、市场与金融的全球化，但没有治理的全球化、征税的全球化、转移支付的全球化及对全球化"输家"的补偿（培训和救济）。这样的全球化是无法持续的，因为金融资本可以在全球找寻机会，本地市场劳动力的议价能力越来越弱，机会与财富的分配日益不均，贫富差距日益拉大，会割裂社会的机理，最终葬送全球化的进程。

《世界不是平的》一再强调，全球化并不是在真空中发生的，全球化也不是一条单行线，如果无法适应新的全球经济、金融与政治现实，全球化的前景就会混沌不清。

历史上的全球化都曾经面临挑战而停滞甚至反复，究其原因，恰恰是它所塑造的全球化体制和机制无法跟上不断变化的国际经济与政治现实。19 世纪工业革命之后的全球化，依靠的是英国的法治和皇家海军的武力来维护的，但这样的秩序面临列强的竞争之后便无法维持，需要用两次世界大战的血腥来解局。第二次世界大战之后的国际经济秩序则依赖美国主导的国际金融体系及其背后的武力来背书，此时美国的影响力达到顶峰。他们都没有看到，内外部环境的变化——一个更加整合和多元的全球经济格局，以及一个贫富差距日益扩大的国内经济格局——都需要现有的体制与机制做出改变。欧元区提供了一个非常好的例子。当政治整合滞后于经济整合的时候，当民族、国家的利益与欧盟整体的利益发生冲突的时候，张力就特别明显。欧元区的整合，恰恰是因为没有统一的银行体系、没有推进统一的政府而导致更为严重的南北分化。

当今的全球化正面临着三个方面的挑战：一是全球经济多元化的挑战，尤其是新兴市场的崛起，它们对全球化的方向和目标有不同的想法，全球化往哪里去，需要达成新共识；二是全球治理滞后；三是随着全球经济的整合更为深入，经济周期下行时对全球经济，尤其是新兴市场经济的打击也更为严重，需要有预防与纾困机制。

全球化并没有把世界缩小为地球村，我们距离一个机会、发展与富足都公平的世界还很遥远，但是，全球化的确给全球经济带来了整体的发展和富足。

（资料来源：郎言君专栏．博客中国，2019-12.）

2. 亚太经济合作组织

截至 2022 年 9 月，亚太经济合作组织（Asia-Pacific Economic Cooperation，APEC）共有 21 个成员，分别为澳大利亚、文莱、加拿大、智利、中国、中国香港、印度尼西亚、日本、韩国、墨西哥、马来西亚、新西兰、巴布亚新几内亚、秘鲁、菲律宾、俄罗斯、新加坡、中国台北、泰国、美国和越南。此外，东盟秘书处、太平洋经济合作理事会、太平洋岛国论坛为亚太经合组织的 3 个观察员。

APEC 采取自主自愿、协商一致的合作方式，所做决定须经各成员一致同意。会议成果文件不具法律约束力，但各成员在政治和道义上有责任尽力予以实施。组织具有广泛、松散、自愿、开放等特点。

3. 北美自由贸易区

北美自由贸易区（North American Free Trade Area，NAFTA）由美国、加拿大和墨西哥三国组成，于 1992 年 8 月 12 日就《北美自由贸易协定》达成一致意见，并于同年 12 月 17 日由三国领导人分别在各自国家正式签署。1994 年 1 月 1 日，协定正式生效，北美自由贸易区宣布成立。

通过协定规定的原则和规则，如国民待遇、最惠国待遇及程序上的透明化等来实现其宗旨，借以消除贸易障碍。自由贸易区内的国家货物可以互相流通并减免关税，而贸易区以外的国家则仍然维持原关税及壁垒。

4. 东南亚国家联盟

东南亚国家联盟（Association of Southeast Asian Nations，ASEAN）简称东盟，成员有马来西亚、印度尼西亚、泰国、菲律宾、新加坡、文莱、越南、老挝、缅甸和柬埔寨。其前身是马来亚（现马来西亚）、菲律宾和泰国于 1961 年 7 月 31 日在曼谷成立的东南亚联盟。

东盟的对话伙伴有中国、日本、韩国、澳大利亚、加拿大、欧盟、印度、新西兰、俄罗斯、美国。2015 年 12 月 31 日，东盟共同体成立。在同年 11 月举行的第二十七届东盟峰会上，东盟领导人宣布将在 2015 年 12 月 31 日建成以政治安全共同体、经济共同体和社会文化共同体三大支柱为基础的东盟共同体，同时通过了愿景文件《东盟 2025：携手前行》，为东盟未来 10 年的发展指明方向。2021 年 11 月，商务部的例行新闻发布会上，新闻发言人束珏婷表示，2022 年将启动中国-东盟自由贸易区 3.0 版建设，携手共建包容、现代、全面、互利的中国-东盟经贸关系，为构建更为紧密的中国-东盟命运共同体贡献力量。

数据显示，30年来，中国-东盟贸易规模从1991年的不足80亿美元增长到2020年的6846亿美元，扩大80余倍。自2009年起，中国连续12年保持东盟第一大贸易伙伴；2020年，东盟首次成为中国最大的贸易伙伴。

2020年11月15日，东盟十国及中国、日本、韩国、澳大利亚、新西兰共15个国家，正式签署区域全面经济伙伴关系协定（Regional Comprehensive Economic Partnership，RCEP），通过削减关税及非关税壁垒，建立15国统一市场的自由贸易协定。RCEP涵盖约35亿人口，GDP总和达23万亿美元，占全球总量的1/3，所涵盖区域成为世界最大的自贸区。

5. 南方共同市场

1991年3月26日，阿根廷、巴西、巴拉圭和乌拉圭在巴拉圭首都签署《亚松森条约》，宣布建立南方共同市场。1995年1月1日，南方共同市场正式运行。玻利维亚、智利、秘鲁随后以"经济互补协定成员"的身份加入。南方共同市场成立之后，通过了一系列合理利用资源、保护环境、协调宏观经济、加强文化科技合作等协议。2021年3月26日，南方共同市场各成员首脑出席了该组织成立30周年纪念峰会。此次峰会颁布了《南共市公民法》，以更好地维护各成员公民的权利和利益。

6. 阿拉伯国家联盟

阿拉伯国家联盟（League of Arab States，LAS）简称阿盟。1944年9月，在埃及倡议下，于1945年3月22日，埃及、叙利亚、伊拉克、黎巴嫩、沙特阿拉伯、也门和约旦7个阿拉伯国家代表在埃及首都开罗举行会议，通过了《阿拉伯国家联盟宪章》，宣告阿盟正式成立。

阿盟有22个成员，总部设在开罗，人口超过3.6亿人，拥有全球62%的石油储量和24%的天然气资源，但其国内生产总值不到全球国内生产总值的3%。阿拉伯国家之间的贸易不到其贸易总量的10%。

阿盟的宗旨是：密切成员之间的合作关系，协调彼此之间的政治活动，捍卫阿拉伯国家的独立和主权，全面考虑阿拉伯国家的事务和利益；各成员在经济、财政、交通、文化、卫生、社会福利、国籍、护照、签证、判决的执行以及引渡等方面密切合作；成员相互尊重对方的政治制度，不得诉诸武力解决彼此之间的争端，成员与其他国家缔结的条约和协定对阿盟其他成员不具约束力。

2020年7月6日，中国-阿拉伯国家合作论坛第九届部长级会议以视频方式举行，会议通过《安曼宣言》和《行动执行计划》。双方再次赞赏中国国家主席习近平提出的共建"一带一路"倡议及其为互利合作带来的广阔前景，一致认为双方应在中阿共建"一带一路"框架下进一步共商、共建、共享。

（四）区域经济一体化对国际市场营销的影响

（1）促进了集团内部的贸易自由化，从而为各成员企业间的国际市场营销提供了宽松的经济环境。

（2）地区经济一体化具有不同程度的保护性与排他性，对非成员企业的国际市场营销构筑起环境障碍。主要表现在：①特惠效应，区域内生产贸易企业得到优惠，区域外企业受到歧视；②增长效应，市场规模的扩大导致区域内企业生产规模扩大，以替代区域外企业。

三、全球市场的发展阶段

1. 罗斯托的划分方法

美国经济学家罗斯托（Walt W. Rostow）在《经济成长的阶段》一书中提出，世界各国经济的发展大致可归纳为以下五个阶段：

（1）传统社会阶段。处于传统社会阶段的国家，生产力水平低，未能采用现代科技方法从事生产，人们的知识文化水平很低，大部分人为文盲或半文盲，甚至有些地方尚处在自给自足的经济状态中。这是一个十分有限的国际营销市场。

（2）起飞前夕阶段。起飞前夕阶段是经济起飞阶段的过渡时期。在此阶段，现代科学技术知识开始应用在工农业生产方面，各种交通运输、通信及电力设施逐渐建立，人们的教育及保健也受到重视，只是规模尚小，不能普遍实行。这些国家通常收入和财富分配不均、贫富悬殊、中产阶级不多，因此，进口产品的种类和档次差异很大。

（3）起飞阶段。起飞阶段大致已形成了经济成长的雏形，各种社会设施及人力资源的运用已能维持经济的稳定发展，农业及各项产业逐渐现代化。这类国家的工业发展具有一定的规模，国民生产总值增长比较快，工业占国民生产总值的比重越来越大。这类国家往往需要进口先进的机器设备等，以完善自己的工业体系，对工业制成品的进口逐渐增加限制并减少进口。

（4）趋向成熟阶段。起飞阶段的后一个时期就是趋向成熟阶段。在此阶段，不仅能维持经济的长足发展，而且更现代化的科技手段也应用于经济活动中，同时，处在此阶段的国家能多方面地参加国际市场营销活动。在这些国家中，消费者的购买动机注重产品特性和质量，喜欢高质量、高档定型的产品。这些国家出口规模大，进口规模也大，进口产品多种多样，包括原料、半成品、劳动密集型产品和奢侈品等，是国际营销规模较大的市场。

（5）高度消费时期。高度消费时期的经济阶段，注重永久性消费产品及各项服务业的发展，个人收入猛增，公共设施、社会福利设施日益完善，整个经济呈现大量生产、大量消费的状态。在这类国家中，整个社会"富有"和"贫穷"的人数极少，大多数消费者属于"中产阶级"。消费者偏重理智动机，情绪动机极少，因此，产品必须既经济又可靠。

2. 产业结构划分法

从产业结构来看，世界各国的经济发展水平可分为以下四种类型：

（1）自给自足型经济。这类国家的经济结构以传统农业为主，制造业和其他产业微乎其微。由于劳动生产率极其低下，绝大部分产品仅供自己消费，剩余产品很少，因而商品经济很不发达，市场基本封闭，有限的对外贸易仅限于偶然调剂。进入这类国家的市场机会很少。

（2）原料出口型经济。这类国家拥有某种储量极为丰富的自然资源（如石油输出国拥有大量石油资源），资源开采部门发展迅速，其他产业部门较落后，国民经济结构呈单一经济的不合理状况。原料出口经济国家可以通过资源出口获取大量外汇，因而支付能力很强。这类国家对其支柱产业所需的先进生产设备、运输工具等有旺盛需求，高档消费品也有一定的市场。

（3）新兴工业化型经济。这类国家的加工及制造业发展迅速，并超过了农业发展的速度，带动了能源、原材料、中间产品和生产设备的进口需求量，同时将其生产的优质、低价产品销往世界各地。这类国家有许多，如巴西、新加坡、韩国、墨西哥等，其居民购买力较强，消费需求呈现多元化趋势，市场繁荣稳定。

（4）发达工业化型经济。这类国家主要有北美、欧洲一些国家以及日本和澳大利亚。这类国家的经济特点是产业结构层次高，工农业高度发达，生产力水平高，技术先进，资金充裕，是资本、技术及高科技产品、合成材料等的主要输出国，同时需要进口大量的原材料和能源，中间产品和最终消费品业具有一定的市场。这类国家消费市场庞大，人均收入及消费水平高，是国际市场营销的主要场所。

四、东道国的经济环境因素

（一）经济体制

经济体制有市场经济体制和计划经济体制两种基本类型。市场经济体制是由市场机制所决定的关于生产资料的配置和使用的经济体制。在计划经济体制下，政府通过集中计划在全国范围内进行生产资源的配置和使用。介于两者之间的是混合经济体制。世界上并不存在纯粹的市场经济体制或纯粹的计划经济体制，绝大多数国家实行的是混合经济体制，区别只在于是更接近市场经济体制还是更接近计划经济体制。

经济体制的属性直接影响一国政府对经济的干预程度，从而影响企业的国际市场营销活动。在实行高度集中的计划经济体制的国家，政府直接掌管国民经济的管理权，对外国企业的产品和投资大都采取限制甚至禁止的态度；这些国家的市场机制不健全，垄断现象较为严重。实行这类经济体制的国家不利于企业的国际市场营销活动。在实行自由市场经济体制的国家，政府一般对外国企业的产品和投资持积极的欢迎态度，特别是给予外国投资企业优惠的政策和待遇，如减免税政策、享受国民待遇等；这些国家的市场信息充分、市场机制健全，价值规律和价格机制充分发挥其市场调节作用，优胜劣汰的市场竞争原则能得到充分体现。实行这类经济体制的国家是国际营销活动的良好场所。就混合经济体制而言，又可分为两种情况：一种是政府干预经济的程度较高，政府大量投资兴办国有企业，投资基础产业，实行外汇管制、进出口垄断和资本输出限制，而市场调节程度很低。在这种情况下，国际营销企业面临的经营环境比较严峻。另一种是政府对经济实行有限的干预，尽量让市场机制发挥作用。此时，该国政府只是对经济发展过程中出现的偏差予以纠正，放松对外汇交易、商品进出口和资本流动的限制。在这种情况下，比较有利于企业的国际市场营销活动。

（二）通货膨胀

通货膨胀在经济发展中是一个严重的问题。将通货膨胀控制在一定的限度内，是各国政府的努力目标。有些国家为了控制通货膨胀，宁愿牺牲更高的经济增长速度。在名义收入不变的前提下，通货膨胀率越高，实际收入就越低，这就导致消费者的实际购买力下降，从而对市场产品的有效需求也下降；但另一方面，消费者又担心手中持有的货币会随着通货膨胀的持续升高而更加贬值，因而也会急于将手头的货币转换为商品或超前消费，这又会促进目前的市场需求。所以，通货膨胀对市场需求具有双重影响。通货膨胀会引起原材料、劳动力等价格的上升，这会导致产品成本的增加。企业为了减轻成本上升的压力，维持日常的生产经营，并获得一定的利润，就必须提高产品的价格，而且提价行为会随着通货膨胀的不断加剧而持续。根据价格-需求弹性理论，价格越高，则需求量越低，特别是需求弹性较大的商品，其需求量的下降速度要快于价格的上升速度。如果企业不提价或提价幅度不大，就不能获得足够的现金流入来维持经营和赢得一定的利润。

因此，企业在进入某个国际市场之前，应详细了解该国的通货膨胀状况，并分析能否采取必要的防范措施。对于那些在一定时期内通货膨胀率很高的国家，企业在进入时一定要慎之又慎。

（三）国民收入

1. 国民生产总值

国民生产总值（Gross National Product，GNP）是指一个国家在一定时期（通常为一年）内所生产的产品和提供服务的市场零售价格总额。国民生产总值可以用当年产品和服务全部开支的总和来计算，也可以用生产这些产品和服务时所得的全部收入的总和来计算。国民生产总值是衡量一个国家经济发展实力和购买力的重要指标，也是一个比较可靠的描述商品潜在需求的指标。一般说来，高额的国民生产总值会创造巨大的市场需求量，从而为外国企业的产品出口提供市场机会。对于经济发展程度相近的国家而言，一个国家的进口总量与其国民生产总值呈正比。但不同商品的市场需求量与国民生产总值数量的关联程度不等。具体来说，工业品（如水泥、机床、石油等）市场需求量与国民生产总值的数量呈正比，而消费品，特别是高档消费品的市场需求量与国民生产总值数量的正比例关系则表现得不是很明显。

2. 经济增长速度

经济增长速度通常用国内生产总值（Gross Domestic Product，GDP）的增长率来描述。国内生产总值是国民生产总值扣除来自国外的投资、财产和报酬收入后的剩余值。通常，国内生产总值的年平均增长率越高，说明经济增长的速度越快，市场的规模和潜力就越大。

【资料阅读 3-3】　2021 年世界经济的特点

2021 年世界经济呈现如下主要特点：

（1）中国依然一枝独秀，全年经济增长高达 8.1%，GDP 总量将首次超过欧盟，成为名副其实的全球第二大经济体。

（2）第一集团已经将第二集团的"领头羊"——第三名的日本远远甩在身后。

（3）中、日、韩、印四国的经济总量已经是欧洲四个主要国家德、英、法、意的 3 倍。

（4）由于美国的持续制裁，俄罗斯被挤出了前 10 位，排在第 11 位。

"经济基础决定上层建筑"，这个"上层建筑"其实也包含了"国际政治"。可以预见：一方面，中国将面临美国更加严峻的经济掣肘；另一方面，中国的国际地位会越来越高，朋友也会越来越多。正如司马迁的《史记·货殖列传》里所说："富者得势益彰，失势则客无所之。"

（资料来源：根据《2021 全球 GDP 排名 TOP10》等资料整理，2022-02.）

（四）收入分布状况

在许多国家或地区，收入分配很不公平，贫富差距悬殊，这就使得国民生产总值和人均收入两个指标在反映该国或该地区的市场规模时可能产生偏差。所以，在评估一个国家或地区的经济环境时，还应考虑该国或该地区的收入分布状况，只有这样，才能较为正确地评估市场的实际购买力。

（五）居民的储蓄状况

居民的总收入通常分为两部分：一部分作为支付手段，用于现时消费；另一部分则暂不开支，作为储蓄。储蓄的最终目的是未来的消费。所以，一定时期内储蓄的多少将直接影响现时支出数量和市场购买力。在居民货币收入一定的情况下，储蓄越多，现时支出数量和市场购买力就越小；反之，则现时支出数量越大，市场购买力越强，给企业提供的现时市场机会就越多。当然，当居民储蓄增多时，潜在购买力就增强，企业产品在未来的实现就相对容易。

通常用储蓄额、储蓄率和储蓄增长率三个指标来反映一个国家、地区或家庭的储蓄状况。储蓄额是居民储蓄的绝对数量，反映一定时期内的储蓄总量。储蓄率是指储蓄额占居民总收入的比例。储蓄增长率则反映某一时期的储蓄增长速度。通过这三个指标，可以分析一定时期消费与储蓄、居民收入与支出的变化趋势。

影响居民储蓄的因素有很多，除了家庭的人口数量、就业人数、收入水平、市场商品的供给状况等重要因素外，储蓄动机、储蓄习惯与偏好、社会文化传统也是影响居民储蓄的因素。例如，有的居民储蓄是为了集中收入购买住房或高档耐用品；有的是为了将来子女的教育；有的是为了养老，使未来的生活有保障；有的受传统文化的影响而比较节俭，其储蓄主要是基于一种习惯和偏好，并无特殊的动机，如日本、韩国、新加坡等国家和地区的相当一部分居民储蓄即属此类。

（六）消费者的信贷状况

世界上的许多国家，特别是西方工业发达国家，消费者不仅以其货币收入购买他们需要的商品，而且通过信贷借款来购买商品。消费者信贷是指消费者凭信用先取得商品使用权，然后按期归还贷款。消费者信贷可分为分期付款和一次性付款，其中分期付款又包括住宅分期付款、汽车分期付款、高档消费品分期付款和信用卡信贷等形式。

消费者信贷不仅可以增加和刺激消费者需求，提高消费者的购买力，而且能带动相关产业和产品的发展。例如，向消费者提供住宅信贷，除了可以直接增加住宅的销量外，还可以推动建材、建筑、装潢等行业的发展。

（七）基础设施

一个国家或地区的基础设施是评估其经济环境的重要指标之一。基础设施主要包括交通运输、能源供应、通信设施以及商业基础设施等。一个国家或地区的基础设施直接影响着国际市场营销的效率与效益。

交通运输包括陆地运输、空中运输和水上运输。其中，陆地运输又包括公路运输和铁路运输。交通运输条件的具体内容包括公路和铁路的长度与等级、各种车辆的数量与运载能力、飞机场的等级与数量、河道的长度及分布状况、港口的数量与等级、船舶的数量及运载量、交通指挥系统的健全程度等。一个国家或地区的交通运输条件影响着企业原材料的供应和产品的实体分配。

能源包括电力、石油、天然气及煤炭等。能源供应影响着投资项目能否按期完成，以及形成的生产力能否被充分利用。同时，能源供应也影响着某些耗能产品的销售状况。很难想象在一个电力供应严重不足的国家，消费者会争相购买空调等家用电器；同样，在汽油供应短缺的国家，也不会有太多的消费者购买摩托车和汽车。

通信设施条件包括国际互联网、电话、电传、邮政等通信条件，以及报纸杂志、电视、广播等大众传播媒体的发达程度。通信条件是否完善直接影响国际营销企业的分支机构与供应商、销售商、消费者、公司总部的信息沟通，从而决定着国际营销企业，特别是分支机构能否及时了解市场信息。大众传播媒体的发达程度影响着消费者对企业产品信息的接收，不发达的媒体必然会限制企业的促销活动。

商业基础设施包括广告公司、保险公司、市场营销调研公司、咨询公司、商务中介公司、会计师事务所、税务师事务所等。商业基础设施相对于交通运输、能源供应及通信设施等"硬基础设施"而言，是一种"软基础设施"。"硬基础设施"和"软基础设施"都是企业在开展国际市场营销活动时必须考虑和依赖的基础设施。各种基础设施越发达、越完善，企业的国际市场营销活动就越顺利、越安全，从而能提高国际市场营销的效率与效益。商业基础设施的有关情况可以从政府和贸易协会提供的资料中获取，也可以从专门的咨询顾问公司处获得，甚至可以派专人去东道国进行调研，获得一手资料。

东道国的经济环境因素还有很多，如人口因素，包括人口总数、人口结构、人口分布、人口增长、人口流动和人口密度等，又如该国的科技发展状况、财政状况、金融状况、外贸状况、失业率和城市化程度等。

第二节　国际市场营销的社会文化环境

一、社会文化的定义

社会文化从广义来讲，是指某一社会集团的价值观、社会规范的综合体。它包括从物质到精神的各个要素。主要的文化要素有语言文字、价值观念、宗教信仰、教育水平等。社会文化从狭义来讲，是指一个组织在长期实践中形成的，为广大员工所遵守、理解和支持的价值观、道德规范和行为标准。本节主要从广义上来探究社会文化对国际市场营销的影响。

（一）语言文字

语言被人们描述为文化的镜子。语言从本质上讲是多方位的，它不仅适用于有声语言，而且适用于国际商业中的形体语言。信息通过使用的文字、说话方式和形体语言来表达和传递。语言给市场营销人员带来的首要问题是信息沟通的障碍。语言是信息的载体，市场营销人员要想了解顾客的需求，说服顾客购买，必须克服语言障碍。如果市场营销人员能够使用顾客的母语，就能大大增强对顾客的说服力，对于在国外设有子公司的企业，语言文字方面的要求更高。对于有长期业务往来而且非常重要的海外市场，派往当地的人员应该掌握当地语言。选择合格的经销商或代理商可以帮助克服语言文字障碍；或在当地找到熟悉、了解国际企业母国的管理人员。这些人员既对本国文化了如指掌，又能与母国企业的人员进行交流，有利于促进企业的业务发展。

对产品说明书、广告、品牌方面的文字翻译尤其要谨慎。品牌翻译失误的一个著名例子是美国通用汽车公司生产的"Nova"牌汽车。此车在北美很畅销，但在拉美市场却一直打不开销路。原来，在当地语言中，"Nova"的意思是"跑不动"。一般品牌及公司名称的翻译需要由精通当地语言文化的人来最后审定。有些公司尽量使其品牌及公司名称在各国均能发音，但在各国语言中又无具体含义，如索尼（Sony）、埃克森（Exxon）等。

人类学教授爱德华·霍尔（Edward Twitchell Hall Jr.）把文化分成两类：高语境文化和低语境文化。前者沟通主要依靠语境和非语言沟通；后者词句意思清晰、直截了当。象征性语言属于高语境文化，也要引起营销人员的注意，经理们必须设法明白语言背后隐藏的文化。形体语言属于象征性语言的范畴。相同的形体语言由于文化不同，其含义也有所不同，甚至相反。在许多场合，象征性语言交流比实际文字更为重要，并且人们会有不一致的理解。

（二）价值观念

价值观念是指人们对事物的评价标准和崇尚风气。价值观念决定了人们的是非观、善恶观和主次观，决定着人们的行为。不同国家、不同文化背景的人，在价值观念上往往有巨大的差异。例如，美国人强调个人的作用，喜欢标新立异、与众不同；日本人崇尚精诚合作的团队精神。这些不同的价值观念最终造成了消费行为的巨大差异，这是营销活动中需要注意的。

时间观念是价值观念的重要组成部分。不同文化背景下的人对待时间往往有不同的态度。例如，美国人时间观念很强，谈生意时间安排得很紧凑，常常一见面就谈，今天来，明天走；而这在阿拉伯国家则被视为傲慢无礼、不尊重人，因为他们喜欢慢慢来。日本人也很注重时间观念，但与美国人不同，日本人比较重视实施效率，而美国人比较重视决策效率。

对财富和物质利益的不同态度也体现了价值观念的不同。今日的美国社会是一个工商业高度发达的社会，这也许与美国人信奉的价值观念有关，他们认为财富占有的多少是衡量一个人取得成就以及获得社会认同的主要标准。但是，在一些佛教或印度教盛行的国家，"无欲"被认为是一种应该追求的理想境界，因此人们对物质的占有欲很弱。当然，随着全球经济的一体化，不同国家对财富和物质利益态度的差异正在缩小。商业活动在亚里士多德时代很少被西方人的价值观念所赞同，只是在近代工业文明兴起后，才取得了应有的地位。在轻视商业活动的国家里，优秀人才不会进入商业领域。在有些国家的历史上，只有地位低下的阶层或流浪海外的人才会从事商业活动。在这种社会里，国际市场营销在人员招募或分销渠道方面会面临许多困难。

【实例 3-1】　华为的价值

一只脚穿着芭蕾舞鞋优雅光鲜，旁边的另一只脚却赤裸且伤痕累累。这幅构图对比鲜明、充满冲击力的图片，是美国摄影艺术家亨利·路特威勒（Henry Leutwyler）的摄影作品《芭蕾脚》。2015 年，它被中国企业华为买断用作广告图，图中的广告语是："我们的人生，痛，并快乐着。"用任正非的话说就是"以客户为中心"。"中国五千年文明说童叟无欺，就是以客户为中心；中国共产党讲为人民服务，也是以客户为中心。我们为客户服务，我想赚你的钱，就要为你服务好。其实我们就这点价值，没有其他东西。华为没有独特的文化，也没有超越中国五千年的基础文化，只是将这种文化精神付诸实施。"对客户，华为用"弟兄们"的艰苦奋斗，做了全世界最好的广告。"我们不怕牺牲，用实践说明了我们对客户的责任。2011 年，当日本'3·11'地震海啸发生时，福岛核泄漏，我们的员工背起背包，和难民反方向行动，走向海啸现场、核辐射现场、地震现场，去抢修通信设备。2010 年，当智利发生 8.8 级地震时，我们有三个员工困在中心区域，恢复通信后，三个员工背起背包，就去往地震中心区抢修微波——逆着避险的方向，去履行自己的责任。"

华为的核心价值观有四个方面：①以客户为中心，它可以确定奋斗的方向；②以奋斗者为本，它可以提供活力的源泉；③长期艰苦奋斗，这是人修身的一个过程；④坚持自我批判，在批判中能够得到修心。在华为的企业文化中，包含了学习、创新、获益以及团结。

（资料来源：根据华为的核心价值观等资料整理，2022-02.）

（三）宗教信仰

宗教信仰会影响人们的生活态度、需求偏好、购物方式。不同的宗教信仰可能对同一事物有不同的态度，会造成人们不同的需求和消费模式。各种宗教都有自己的节日，这些节日直接影响国际市场营销活动。例如，在许多信仰基督教的国家，圣诞节前一个月的商品零售额会高出其他月份几倍。节日前夕，居民除购买食品外，还要购买大量的生活用品，节日商品需求非常旺盛。所以，国际营销人员要特别注意了解各国节日，适时推出自己的产品。

宗教组织本身是大型团体购买者，也是其教徒购买决策的重要影响者。一般如果宗教组织认为某种新产品、新技术对宗教构成威胁，就会限制使用和引进；反之，如果宗教组织认为某种产品或技术对宗教有利，就会号召其教徒使用和购买，从而有效地促进该产品或技术的推广和普及。

（四）教育水平

各国的教育体系、方法、内容差别很大，这也是营销人员做决策时需要考虑的因素之一。据统计，美国、日本、德国、法国、英国、韩国和俄罗斯等国的成人文盲率不到5%。一般地，经济越发达，文盲率越低。各国教育水平的差异会给营销活动带来如下影响：

1. 教育水平是市场细分的标准之一

教育水平高的国家，乐器、艺术品、高档文具等产品销量较好。因为人们的文化素养较高，对这类产品的需求量较大。同样，一些尖端的科技产品也有比较大的市场。

2. 影响市场营销调研效果

在文盲率高的国家，营销人员难以与被访者进行信息沟通，问卷回收率比较低，也难以获得第一手资料，无法找到合适的调研人员和调研机构。

3. 影响市场营销组合决策

产品包装上的文字以及产品目录和产品说明书等要考虑消费者的受教育程度。在选择传播媒介时，必须考虑公众受教育程度。在文盲率高的国家，广告促销最好选择电视、无线电或现场示范。

二、文化适应与文化变迁

文化并不是静止的，而是慢慢变化的。文化的变化既给企业带来了机会，也给企业带来了威胁，主要表现在以下几个方面：

（一）价值观念与生活方式的改变

美国文化对许多国家都具有重大影响，但美国人的价值观念、生活方式也在发生着相当大的变化。人们从普遍制度化的忠诚转向个人潜能的发挥与个人的满足，体现在对休闲的偏爱、对安全感的需要等。价值取向从物质价值转向生活素质与社会价值，从辛勤工作、奉献、独立进取的价值观念转向安逸、便利、安稳的价值观念。美国属于高收入和高消费国家，其总的消费倾向是对产品需求的范围广、层次高、质量精、式样新颖和多样化。产品的坚固耐用不是消费者关注的重点，人们更注重产品使用方便、安全和舒适。同时，美国人很注重各项服务条件，关心是否可以选择分期付款、赊销、信用卡或现金等购买方式，是否有周到的售后服务，如送货上门、保修、保换、保退等。这些价值观念及生活方式的改变，对市场营销人员而言，针对美国市场，提供节省时间、安全可靠和方便服务的商品，会增加企业的市场竞争能力。

日本人生活节俭，挣钱、存钱的价值观念和生活方式也在发生变化。现在，越来越多的日本人想的是如何消费享受，如何体现富有。20世纪80年代，日本人称之为"3C"时代，即追求汽车（Car）、彩电（Color TV）和冷气机（Cooler）；进入20世纪90年代，日本人转向追求"3V"，即假期（Vacation）、别墅（Villa）和出国游览（Visit）；如今，日本又流行追逐健康的产品、高消费、出国旅游、业余消遣和生活情趣等。而新一代女性的独立趋势越来越强，她们住单身公寓，买高档消费品。日本的高收入阶层一般是企业高级经营管理人员、大学教授、高级研究人员、高级医生、政府机关高级官员等，这些人士的需求高档、多样化，并且拥有高档的住宅、公寓、汽车等。家庭主妇和职业妇女在日本已成为许多消费运动的推动力量，她们推动参观学习、娱乐、体育、旅游等各种消费运动，形成了日本的一个消费特色。

我国改革开放以来，人们衣食住行都发生了翻天覆地的变化：吃的方面由追求吃饱到吃得好、吃得营养健康；穿衣由保暖变为追求时尚、个性，出行由自行车变为汽车、飞机，铁路、高速公路四通八达，到达任何一个角落都不再是一件难事；生活由省吃俭用开始转向健身、旅游，富有情调。

（二）环境意识的增强

越来越多的消费者正在自觉地接受环保观念，因而审美观和价值观也发生了巨大的变化，认为制造商对产品的生产、包装、使用乃至废弃所造成的污染都负有责任。消费者环保意识的提高，也使环保行业兴旺发达。例如，日本东京各百货商店的部分商品贴上经官方环保协会鉴定的环保标志，尽管售价高出5%~10%，但购买者仍络绎不绝；德国许多公司的产品自觉接受由科学家、企业代表、消费者保护协会成员及环保专家组成的委员会的鉴定；我国非常关注绿色食品的生产。

（三）文化融合的趋势

文化融合是指由于经济全球化，国与国的文化交叉影响，使各国消费向国际化、个性化的方向发展，即各国消费者的消费趋同、趋优。例如，日本的家用电器、照相机；美国的电影、音乐、快餐和饮料；欧洲的住房、服装、文娱用品和悠闲情调，成为许多国家消费者共同追逐的目标。人们竞相使用世界名牌产品，尤其是年轻人，能很快适应外来文化的影响，模仿力极强，行为易于趋向一致。这样的消费趋势是那些国际知名品牌公司求之不得的。许多知名跨国公司的销售收入和利润的一半以上都来自国际市场。

另外，个性化的商品也随着个性化的时代悄悄来临。许多消费者希望自己拥有更多独特的商品，他们对商品的选择不再以价格的高低、质量和性能的优劣为重要标准，而更看重商品是否别具一格，是否符合自己的心意。

（四）文化适应策略

1. 谨防自我参照标准

自我参照标准（Self-reference Criterion）是指国际市场营销人员在决策时，会无意识地参照自己的文化价值观，参考以往的成功经验。国际市场营销者深受母国文化的影响，往往以自身的文化价值观作为其判断和决策的基础。事实上，一个被普遍认同的观点是"在跨文化管理中，在某种特定的文化中有效的办法在另一种文化中可能没有效果"。

【实例 3-2】　星巴克的经营策略

在世界上，星巴克是目前唯一一个把店面开遍四大洲的世界性咖啡品牌。星巴克从一间小咖啡屋发展成为国际知名咖啡连锁店品牌的秘诀之一就是其灵活的经营策略。

一、根据世界各地不同的市场情况采取灵活的投资与合作模式

根据美国星巴克总部在世界各地星巴克公司中所持股份的比例来看，星巴克与世界各地的合作模式主要有四种情况：

（1）星巴克占 100% 股权，比如在英国、泰国和澳大利亚等地。

（2）星巴克占 50% 股权，比如在日本、韩国等地。

（3）星巴克占股权较少，一般在 5% 左右，比如在美国的夏威夷，中国的台湾、香港和增资之前的上海等地。

（4）星巴克不占股份，只是纯粹授权经营，比如在菲律宾、新加坡、马来西亚等地。

这样做的好处是"它可以借别人的力量来帮它做很多事情，而且是同一个时间一起做"。

二、以直营经营为主

多年来，星巴克对外的政策是：坚持走公司直营店，在全世界都不要加盟店。

其理由是：品牌背后是人在经营，星巴克严格要求自己的经营者认同公司的理念，认同品牌，强调动作、纪律、品质的一致性；而加盟者都是投资客，他们只把加盟品牌看作赚钱的途径，可以说，他们的目的是赚钱而非经营品牌。

三、通过口碑做广告

"我们的店就是最好的广告。"

星巴克认为，在服务业，最重要的营销渠道是分店本身，而不是广告。如果店里的产品与服务不够好，做再多的广告吸引客人来，也只是让他们看到负面的形象。星巴克不愿花费庞大的资金做广告与促销，但坚持每一位员工都拥有最专业的知识与服务热忱。"我们的员工犹如'咖啡通'一般，可以为顾客详细解说每一种咖啡产品的特性，通过一对一服务的方式赢得信任与口碑。这是既经济又实惠的做法，也是星巴克的独到之处！"

另外，星巴克的创始人霍华德·舒尔茨意识到员工在品牌传播中的重要性，他另辟蹊径开创了自己的品牌管理方法，将本来用于广告的支出用于员工的福利和培训。这对星巴克"口口相传"的品牌经营起到了重要作用。

四、风格：充分运用"体验"

星巴克的一个主要竞争策略就是在咖啡店中同顾客进行交流，特别重视与顾客之间的沟通。每个服务员都要接受一系列培训，如基本销售技巧、咖啡基本知识、咖啡的制作技巧等，要求每个服务员都能够预知顾客的需求。

另外，星巴克很擅长咖啡之外的"体验"，如气氛管理、个性化的店内设计、暖色灯光、柔和的音乐等。就像麦当劳一直倡导"售卖欢乐"一样，星巴克把美式文化逐步分解成可以体验的东西。

"认真对待每一位顾客，一次只烹调顾客那一杯咖啡。"这句取材自意大利老咖啡馆工艺精神的企业理念，也是星巴克快速崛起的秘诀。注重"one at a time"（当下体验）的观念，强调在工作、生活及休闲娱乐中，用心经营"当下"这一次的生活体验。

五、设计：表现特色

据了解，在星巴克的美国总部有一个专门的设计室，拥有一批专业的设计师和艺术家，专门设计全世界的星巴克店铺。他们在设计每个门市的时候，都会依据当地商业圈的特色，去思考如何把星巴克融入其中。所以，星巴克的每一家店，在品牌统一的基础上，又尽量发挥个性特色。这与麦当劳等连锁品牌强调所有门店的视觉设计高度统一截然不同。

在设计上，星巴克强调每栋建筑物都有自己的风格，应将星巴克的风格融合到原来的建筑物中，而不是破坏建筑物原来的设计。每增加一家新店，他们就把店址内景和周围环境拍下来，将照片传到美国总部，请总部帮助设计，再发回去找施工队。这样下来，星巴克始终保持着原汁原味。

例如，中国上海的星巴克，以年轻消费者为主。在拓展新店时，他们费尽心思去找寻具有特色的店址，并结合当地景观进行设计。位于城隍庙商场的星巴克，外观就像一座现代化的庙；而濒临黄浦江的滨江分店，则表现出花园玻璃帷幕和宫殿般的华丽。夜晚时分，透过巨大的玻璃窗，看着霓虹闪烁、流光溢彩的街头，轻轻啜饮一口味道纯正的咖啡，这是一种多么美妙的体验。

在紧张忙碌的生活中，人们都渴望着放松和休闲。如果公司的产品和服务满足了人们的这一需求，使他们拥有了一份美妙而娴静的体验，就会吸引更多的消费者，从而提升品牌认知度。

（资料来源：根据星巴克的经营策略等资料整理，2022-08.）

因此，国际市场营销者要力争克服自我参照惯性，在制定国际营销策略时，必须考虑策略的灵活性，并具有对东道国文化的敏感性。

2. 文化借鉴

在保持本身文化主体特色的前提下，借鉴外来有用的文化。

3. 必须因地制宜

因地制宜（Adaptation）是国际营销中的一个重要概念，它体现了人们处理国际营销活动的态度。事无大小，都要因地制宜、量体裁衣或适当调节。事实上，有些表面上不太重要的事有时却起着关键作用。对于不同的文化，要能认同、接受。凡是与外国人士、企业、政府机构打交道的市场营销人员，都必须因地制宜地遵守对待不同文化的指导原则，即宽容、灵活、谦逊、公平与公正、能适应不同的工作节奏、抱有好奇心与兴趣、对他国有所了解、喜欢他人、能赢得他人的尊重、入乡随俗。

三、商业惯例

一个国家的商业惯例受到社会文化的影响。由于文化的差异，各国的商业习俗与惯例有很大差别。

（一）美国人

美国人的商业惯例表现在以下几个方面：

（1）美国人讲究效率，做生意比较干脆，决策意识强烈，自我协调观念敏锐。

（2）美国人在社交场合和谈判桌前的风格完全不同。在社交场合中，美国人很宽容、彬彬有礼、不轻易拒绝别人；而在谈判时，他们会直截了当地指出产品的质量太差、价格太高甚至拒绝与对手做生意。

（3）商业谈判法律化。美国企业经营法律化，对于美国人来说，可以不信任朋友，而只依赖法律，他们不会因为是朋友而对你格外照顾。朋友归朋友，生意归生意，要先做生意再做朋友。

（4）做生意注重财务指标。在谈判时，美国人会研究潜在交易伙伴的财务能力、盈利水平（利润率、投资回收期等），对盈利率的关心甚于对增长率的关心。

（二）日本人

日本人的商业惯例表现在以下几个方面：

（1）重视个人信用。看重交易对象的个人信用是日本人的商业惯例之一。为了确认交易对象的信用，他们会从各个方面进行广泛的交流及拜访，以增进彼此的了解。日本人愿意与交易对象建立长期稳定的合作关系，不过分追求短期利益。

（2）谈判过程缓慢。日本人强调各自的职责范围，也强调上下级管理层的共识，讲究稳妥、准确。因此，他们在交涉、商讨时一般不会当场达成协议，而是要等到会后与有关人员商讨后再做决定。

（3）一次订单小而频繁。一般日本人的订单数量较小，花色品种繁多，并且小数量的订单下得十分频繁，非常麻烦，所以要很有耐心。这是由日本市场的销售状况决定的。

（4）严格要求商品质量及交货期。除交易合同的规定之外，日本人往往还会提出若干附加条件，特别是退货条件。退货制度在日本社会中已根深蒂固，所以，进口商品质量好、交货及时有利于销售，能减少退货的发生。

（5）回扣制度。回扣制度是指卖方在交易过程中支付给买方的现金或其他商品的总称。日本的回扣制度属非公共性质，支付标准不明确，对不同的交易对象所给的回扣也不尽相同。

（三）拉美人

拉美人对自己的国家都非常自豪，也很有感情，因此，在谈判时最好不要谈论国家管理和政治等方面的问题。对商定的约会要穿着深色西服准时出席，但不要由于等待谈判对手一个小时而大惊小怪。双方见面时要不停地握手，以示友好、礼貌和尊重。与拉美人做生意别指望很快收到货款，信用证至少要90天期限。

（四）阿拉伯人

阿拉伯人的商业惯例表现在以下两个方面：

（1）谈判过程较为随意。与阿拉伯人谈生意，一开始就涉及业务是非常不礼貌的，因为他们会与你闲聊几个小时。在谈判中，随时会因亲朋好友来拜访而被打断。阿拉伯人非常好客殷勤，你必须接受这种生活方式。

（2）要通过代理人谈生意。无论是与私营企业还是与国有企业做生意，都要通过代理人，否则生意就无法顺利进行。因此，你要在业务中多次强调，你需要得到代理人的帮助，

而代理人不喜欢你把他看作一个贪财的人。

（五）欧洲人

欧洲国家众多、语言各异，是世界上最大、最富有的市场之一，各国商人都想进入。人们把欧洲各国的商业惯例归纳如下：德国人一丝不苟、尊重头衔；法国人穿戴考究、喜欢聊天；意大利人情绪多变、讲究商业节约；荷兰人性格坦率、精于计划；希腊人乐于讨价还价；挪威人和瑞典人注意礼仪、崇尚老品牌、不愿讨价还价。

（六）非洲人

在非洲经商几乎没有规律可言，要想成功就得忍耐、灵活，适应当地的理念和变化不定的情况。

第三节　国际金融与外汇环境

一、国际金融环境与国际市场营销的关系

国际金融作为国际经济关系的重要组成部分，对国际市场营销有着十分重要的影响。国际市场营销不同于国内市场营销，它是一种跨国界的经济活动，这种活动涉及国际货币资本的周转和流通。国际上货币的周转与流通主要通过外汇实现，所以国际市场营销者必须了解和关注外汇、汇率、外汇交易等事项。汇率的波动对企业的进出口贸易、海外直接投资、生产决策及财务管理等均会产生重大影响。例如，国际市场营销企业母国货币汇率上浮，该企业出口产品的价格就会上涨，从而会降低该产品的国际竞争力，出口会由此而减少；企业在本国汇率有利的时候，将东道国的货币兑换成本国的货币，可以获得更大的收益等。影响汇率波动的因素很多，国际市场营销者只有正确地评估这些因素可能给汇率带来的变化，才能做出符合实际的决策。国际金融组织直接或间接地为企业创造资金来源，企业也可以通过国际金融市场融通资金，这些都为企业市场营销活动的顺利开展提供了有力保障。综上所述可知，国际金融环境对国际市场营销活动的影响重大。

二、国际金融与外汇市场

（一）国际金融市场的概念及构成

国际金融市场（International Financial Market）是指居民与非居民之间或者非居民与非居民之间进行国际性金融业务活动的场所及关系总和。国际金融市场的构成内容可以依据不同的标准进行分类：若从经营的业务种类上区分，可以分为国际资金借贷市场、国际外汇市场、国际证券市场和黄金市场；若从货币和接受者本身来区分，可以分为离岸金融市场（经营非居民的境外货币存贷业务）和在岸金融市场（经营非居民的境内货币存贷业务和居民的境外货币存贷业务）；若从时间上区分，可以分为短期资金融通的国际货币市场和长期资金融通的国际货币市场等。

（二）国际货币市场

国际货币市场（International Money Market）也称短期资金市场，是指资金的借贷期限在一年以内的货币借贷交易市场。它主要包括短期信贷市场、短期证券市场和贴现市场。

1. 短期信贷市场

短期信贷市场是银行对客户提供一年或一年以内短期贷款的市场，目的在于解决临时性的资金需要和头寸的调剂，贷款的期限最短为一天，最长为一年，也可为三天、一周、一个月、三个月、半年等。短期信贷市场的利率以伦敦银行同业拆借利率为基准，交易通常以批发形式进行，多则几百万英镑，不需要担保或抵押，完全凭信誉，交易简单，并且完全通过现代通信设施进行。

2. 短期证券市场

短期证券市场是国际上进行短期证券交易的场所，期限不超过一年。交易的对象有短期国库券、可转让的银行定期存单、银行承兑汇票和商业承兑汇票。

国库券是西方各国财政部为筹集资金需要或进行短期经济和金融调控而发放的短期债券，期限一般为三个月或半年，利率视具体情况而定。

3. 贴现市场

贴现市场是对未到期的信用凭证（国库券、债券、汇票等）按贴现方式进行融资的场所。贴现就是把未到期的信用凭证打个折扣（按一定的贴现率）向银行或有关金融机构换取现金的一种方式。在凭证到期时，银行或金融机构持该凭证向发票人或承兑人兑取现金；如果该凭证还未到期而银行或金融贴现业务机构又急需现金，可将此凭证向中央银行进行再贴现。贴现业务是货币市场资金融通的一种重要方式，贴现率一般略高于银行利率。中央银行通常在再贴现业务中通过对再贴现率的调节来影响市场利率和控制信贷规模。

（三）国际资本市场

国际资本市场是指国际上借贷期限在一年以上的中长期资金融通的场所。国际资本市场可分为国际信贷市场和国际证券市场。

1. 国际信贷市场

国际信贷市场是指政府机构、国际金融机构和国际银行向客户提供中长期信贷的场所。政府贷款的期限长、利率低，但提供贷款时往往附加一些约束条件。政府贷款的期限最长可达30年，利息最低可为零。附加的约束条件如规定贷款只能用于购买指定的授贷国的商品，或规定授贷国必须在经济政策或外交政策方面做出某些调整或承诺。国际金融机构的贷款有国际货币基金组织贷款、世界银行集团贷款和地区性开发银行贷款。

2. 国际证券市场

国际证券市场是指筹资者直接到国际金融市场发行债券或股票，以及买卖债券或股票的场所。筹资者可以是政府机构、国际组织，也可以是企业、公司或银行。证券市场可以分为证券发行市场和证券交易市场。证券发行市场是新证券发行市场，也称初级市场或一级市场。它的功能在于筹资者通过发行市场，将新证券销售给投资者，以达到筹措资金的目的。证券交易市场是已发行证券的流通市场，包括证券交易所和场外交易市场。证券交易所是最主要的证券交易市场，也称二级市场；场外交易市场是买卖不上市证券的证券市场，由证券商在其营业所自营或代客户买卖，有人称场外交易市场为三级市场。

（四）外汇市场

外汇市场（Foreign Exchange Market）是外汇的交易场所或交易网络。在当今世界，外汇交易活动并非在一个固定的有形场所进行，外汇交易者可以通过电报、电话等通信网络或计算机网络来进行外汇交易活动。外汇交易的种类很多，一般有以下几种：

（1）即期外汇交易（Spot Exchange Transactions）。这是指交易双方以当天的汇价成交并在隔天交割的外汇买卖活动。它主要是为了满足机构和个人因从事贸易、投资等国际经济活动而产生的对外汇的供求而进行的，是外汇市场的主要组成部分。

（2）远期外汇交易（Forward Exchange Transactions）。这是指交易双方以约定的汇价在将来某一约定的时间进行交割的交易。约定的时间可以是一个月，也可以是三个月或六个月，通常不超过一年。

（3）套汇（Arbitrage）。这是指为了获取汇率差价而从事的外汇交易。如果不同外汇市场上的汇率存在差异，在低汇率的市场上大量买进某种外汇，同时在高汇率的市场上卖出该种外汇，就可以从汇率差价中获取利润。

（4）套利（Interest Arbitrage）。这是指利用两地间利率的差异，调整资金以赚取利息差额的活动。由于套利活动的存在，各国利率的微小差异都会迅速引起资金在国家间的流动，因而各国利率会趋于一致。

（5）远期外汇合约（Forward Exchange Contract）。它由外汇交易双方自由订立，除了交割期的规定外，其他与即期外汇交易一样。

（6）外汇期货交易（Foreign Exchange Contract）。外汇期货交易是在有组织的期货交易所进行的。在外汇期货市场上并不直接进行外汇交易，交易的对象是外汇期货合同。外汇期货合同的交货期限和金额等条款都是标准化的。

（7）外汇期权交易（Foreign Exchange Option Transactions）。这是指外汇交易双方订立合约，在一特定时期内有权按协议价进行一定数量的某种外汇的买卖活动。

（8）掉期交易（Swap Transactions）。这是指银行在外汇市场上与一客户同时达成一笔数额相等、货币相同但交易方向相反的即期外汇交易和远期外汇交易，即在购买一笔即期外汇的同时又出售一笔数额相同、同一币种的远期外汇，或在出售一笔即期外汇的同时购入相同数额、同一币种的远期外汇。掉期交易是一种即期交易与远期交易相结合的交易方式。

三、汇率及其变动

（一）汇率的含义

汇率（Foreign Exchange Rate）是指外汇货币市场上各种货币的换算比率，它用一个国家的货币表示另外一个国家货币的价格。外汇可以采用直接标价法（Direct Quotation）或间接标价法（Indirect Quotation）。直接标价法是以本国货币表示外国货币价格的标价方法，它表示一定数量的外国货币所能兑换的本国货币的数量；间接标价法是以外国货币表示本国货币价格的标价方法，它表示一定数量的本国货币所能兑换的外国货币的数量。

（二）汇率制度

汇率制度有两种基本类型，即固定汇率制度和浮动汇率制度。

1. 固定汇率制度

固定汇率制度是指两国货币的汇率基本固定，只允许在一定的幅度内进行浮动。1944年，西方发达国家在美国新罕布什尔州布雷顿森林召开了联合国货币金融会议，确立了以美元为中心汇率的固定汇率制度。

固定汇率制度相当于金本位制。《国际货币基金协定》规定，参加国际货币基金组织的成员的货币的平价应以黄金或美元表示，使各国货币盯住美元并与美元挂钩。当时，固定汇率制度在稳定国际金融秩序方面起到了积极的作用。

2. 浮动汇率制度

在浮动汇率制度下，一国政府不规定本国货币与外国货币的官方汇率，也不规定汇率上下波动的界限，任由外汇市场根据外汇的供求状况自发地决定本国货币对外国货币的汇率。外币供过于求，外币价格就下跌，外币的汇率就下浮；外币供小于求，外币价格就上涨，外币的汇率就上浮。

世界上共有150多个国家和地区实行浮动汇率制度，而这些国家和地区大致可以分为两种类型：发达国家和地区实行单独浮动或联合浮动的汇率制度；而绝大多数发展中国家和地区实行盯住汇率制度或"一篮子货币"的汇率制度。这些被盯住的货币，要么直接是发达国家和地区的货币，要么是由它们的货币组成的"一篮子货币"。

（三）汇率变动

1. 影响汇率变动的因素

在纸币本位制度下，汇率决定的基础是纸币所代表的价值量，实际汇率随外汇市场的供求变化而涨落。因此，进一步探讨汇率变动的原因，关键在于把握影响两国货币价值之比，特别是影响外汇供求关系的各种因素。这些因素相互联系、相互制约，共同促使汇率变动。影响汇率变动的因素主要有：国际收支、相对通货膨胀率、相对利率、经济增长、财政赤字、外汇储备、投机活动和政治干预。

2. 汇率的变动对国际市场营销企业的影响

（1）对进出口贸易的影响。外汇汇率的波动会引起货币价格的增值或贬值，进而影响产品的进出口。一国货币贬值后，该国出口商品的外币价格下降，外国对其出口商品的需求上升，出口规模得以扩大；同时，该国进口商品的本币价格上升，会抑制国内对进口商品的需求，进口规模得以缩小。一国货币增值后，该国出口商品的外币价格上升，外国对其出口商品的需求下降，出口规模因而缩小；同时，该国进口商品的本币价格下降，会扩大国内对进口商品的需求，进口规模因而扩大。此外，一国货币汇率的波动也会影响其他国家产品的进出口。例如，甲国的货币贬值后，由于该国的产品价格便宜，大量进入乙国市场，冲击了乙国与丙国原有的关系，会导致乙国对丙国产品的进口减少。

（2）对投资的影响。当一国货币增值时，该国货币的购买力相对上升，该国企业愿意到海外进行投资；而外国企业则因其国家货币的购买力相对下降，去货币增值国进行投资的积极性就小多了。反之，当一国货币贬值时，外国货币的购买力相对上升，有利于吸引外国企业去该国进行新的投资；而本国企业因本国货币的购买力相对下降，一般不太愿意到海外进行新的投资。

（3）对生产决策的影响。汇率的波动会使企业的原材料、劳动力等资源的成本发生变化。当一国货币贬值时，该国的子公司扩大生产规模，就可以降低经营成本；当一国货币增值时，企业一般会通过购买原材料和技术转移等措施，充分发挥和利用本国的生产能力，这同样也是出于节约生产成本的目的。

（4）对财务管理的影响。汇率的波动对国际市场营销企业的整个财务管理的影响主要表现在财务资源、跨国资本流动及财务结算等方面。例如，国际市场营销企业可以在利率低

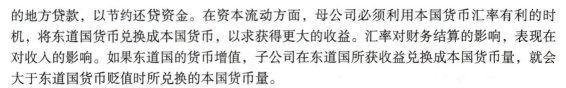

的地方贷款，以节约还贷资金。在资本流动方面，母公司必须利用本国货币汇率有利的时机，将东道国货币兑换成本国货币，以求获得更大的收益。汇率对财务结算的影响，表现在对收入的影响。如果东道国的货币增值，子公司在东道国所获收益兑换成本国货币量，就会大于东道国货币贬值时所兑换的本国货币量。

3. 汇率风险

汇率风险（Exchange Rate Risk）也称外汇风险（Foreign Exchange Risk）和汇兑风险（Exchange Risk），是指国际企业在从事国际营销活动的过程中，因外汇汇率的变动而蒙受损失的可能性。它一般包含外汇结算风险、转换风险和经济风险等。

四、国际金融组织

国际金融组织是维持国际货币体系运行的跨国性机构组织。它可分为：①全球性的国际金融组织，主要有国际货币基金组织和世界银行集团；②区域性的国际金融组织，分布在各大洲及各地区，如欧洲复兴开发银行、亚洲开发银行等。国际金融组织在稳定国际金融、扩大国际贸易、加强国际经济合作、促进世界经济发展等方面发挥着日益广泛的积极作用。

（一）国际货币基金组织

国际货币基金组织（International Monetary Fund，IMF）的主要任务是，当该组织的成员出现收支不平衡时，向该成员提供短期贷款，用于贸易和非贸易的经营项目的支付，以解决成员国际收支一时不平衡的问题。

（二）世界银行集团

世界银行集团（World Bank Group）是联合国的一个专门机构，它由国际复兴开发银行（International Bank for Reconstruction and Development，IBRD）、国际开发协会（International Development Association，IDA）、国际金融公司（International Finance Corporation，IFC）、多边投资担保机构和国际投资争端解决中心五个成员机构构成。世界银行集团的主要任务是向会员的发展项目提供资金，主要目标是帮助发展中国家发展经济。

（三）区域性国际金融组织

区域性国际金融组织是全球性国际金融组织的地区翻版和重要补充，其主要任务是为本地区国家的社会经济发展提供资金和金融服务。目前，最主要的区域性金融组织有亚洲开发银行、非洲开发银行、泛美开发银行、加勒比开发银行、欧洲复兴开发银行和欧洲投资银行。

▶ 关 键 词

区域组织（Regional Organization）　　　　共同市场（Common Market）
关税同盟（Customs Union）　　　　　　　自我参照标准（Self-reference Standard）
国际金融市场（International Financial Market）

▶ 思 考 题

1. 试分析影响国际市场规模的因素。
2. 简述区域经济一体化的形式与动因。

3. 简述影响国别经济环境的因素。

4. 简述国际总体经济环境秩序建立的基础。

5. 简述文化变化对国际市场营销策略产生的影响。

6. 试讨论企业市场营销者应如何应对跨文化环境带来的影响。

7. 分析文化环境的构成要素。

8. 课堂讨论：如何将我国的自行车产品打入欧洲市场？

▶ 案例分析讨论

"迪士尼"品牌成功与跨文化营销

美国沃尔特·迪士尼公司自 1928 年创办以来，塑造了许多可爱的卡通形象，受到世界各地人们，尤其是儿童的喜爱，成为庞大的娱乐和商业帝国。对迪士尼的文化品牌塑造过程进行认真分析，借鉴其成功经验，有利于我国文化产业发展中文化品牌的成功打造。

一、迪士尼品牌运营分析

1. 商品开发

1924 年，华特·迪士尼（Walt Disney）与哥哥制作的第一个系列片《爱丽丝喜剧》上映后一炮打响，深受好评。1926 年，制片厂改名为沃尔特·迪士尼公司，随后诞生的《米老鼠》《三只小猪》《白雪公主》《木偶奇遇记》等一批影片先后获得成功。随着米老鼠、唐老鸭等经典形象深入人心，"迪士尼"也从一个姓氏变为家喻户晓的品牌。

迪士尼集团庞大的架构非常复杂，大致由以下部门组成：娱乐制作部（电影发行、家庭娱乐、演出和音乐）、迪士尼主题乐园与度假区、迪士尼消费品部（迪士尼授权、出版、游戏、零售、直销）、媒体网络（无线网络、有线媒体、互联网络）、国际业务分支等。

总的来看，迪士尼通过不同的载体销售同样的产品内核。专家分析，迪士尼整体商业模式为：源头是迪士尼的动画制作，除了票房，通过发行、销售拷贝和录像带，迪士尼赚到了第一轮收入。在这一轮收入中，迪士尼通过美国以及海外市场收入数亿美元，解决了成本回收的问题。

2. 主题公园

主题公园创收构成第二轮收入。遍及世界各地的迪士尼乐园吸引了大量游客游玩、消费。迪士尼在美国本土和全球各地授权建立了大量的迪士尼专卖店，通过销售各种玩具、食品、礼品等品牌产品赚取第三轮收入。目前，其相关消费品主要包括迪士尼动画形象专有权的使用与出让、品牌产品的生产和销售，以及相关书刊、音乐以及游戏产品的出版发行等。

3. 影视制作与网络媒体

迪士尼旗下拥有电影和传媒网络业务。在电视和网络媒体方面，迪士尼从 1954 年就进军电视领域，1996 年收购美国广播公司，先后开通了家庭频道、卡通频道、历史频道等 10 个无线和有线电视频道。1994 年以来，在纽约百老汇先后推出了大型音乐舞蹈剧《美女与野兽》《狮子王》等。迪士尼还拥有 72 个电台，并涉足电子商务和无线通信服务领域。1995 年，迪士尼推出的三维动画片《玩具总动员》获得成功，让迪士尼把工作的重心逐步转向三维动画，"总动员"系列（《超人总动员》《海底总动员》《赛车总动员》等）三维动画新片均取得了不俗票房。据悉，迪士尼全球超过 2/3 的总收入都是由旗下的电影和传媒网络业务创造的。

二、迪士尼成功经验的启示

1. 利润模式

经济学家把迪士尼的利润模式称为"利润乘数"。一个大于1的利润基数为被乘数，经过几个波次的创新、扩张、延伸，即相乘后，升级为新的利润之积。显然，积的利润远远大于被乘数的利润，其中的乘数起了关键作用。对于拥有强势消费娱乐品牌的公司来说，利润乘数模型是一个强有力的盈利机器。一旦投入巨资建立了一个品牌，消费者就会在一系列的产品上认同这一品牌，企业就可以用不同的形式，从某一产品、产品形象、商标或服务中重复地收获利润。

专家指出，利润乘数模式借助已经广为市场认同的形象或概念进行包装生产，可以产生良好的效益。关键是如何对所选择的形象或概念的商业价值做出正确的判断。需要寻找的是这样一种东西，它的商业价值是一个正数，而且大于1，否则这种东西不仅毫无意义，反而会造成伤害。

若想复制迪士尼的利润神话，就要精心打造品牌形象或概念品牌。如果没有这一核心利润（大于1），想做乘法，其利润之积只能越乘越小。这就要求文化企业牢固树立市场意识，紧紧抓住市场需求。市场是"无形的手"，以市场为参照已经成为文化企业重要的经营理念。文化企业在艺术创作、艺术生产、市场营销、剧场管理等每个环节都要苦练内功，靠极为精致的艺术产品抢占市场、赢得市场。

2. 塑造高质量品牌

迪士尼在树立品牌方面，从一开始起点就很高。迪士尼在最初创办动画工作室时就提出一个原则：讲究作品质量，精益求精，绝不粗制滥造。迪士尼还十分重视技术创新和应用，敢为人先、敢于投资、不计成本。电影史上第一部有声卡通片、第一部彩色卡通片和世界上第一个主题公园都是迪士尼公司创造的。

迪士尼产品的高质量深入人心。1928年，迪士尼公司制作的米老鼠动画片《威利号蒸汽船》获得成功，迪士尼世界品牌自此开始创立。世界品牌的创立意味着拥有世界性的广泛声誉和稳固的拥护者，它是国际传播领域"强有力的战略性武器"。

3. 建立完整的产业链

迪士尼公司一直十分注重自身品牌的多元化商业开发，从单一的影视制作发展为多元的产业链条。公司的营业收入大约一半来自商品销售，而影视拍摄收入占30%，主题公园收入占20%。我国电影电视业可以借鉴迪士尼的做法，在做好主业的基础上，注重自身品牌的产业延伸和商品的多元化开发。

4. 注重合作经营策略

迪士尼在进行产业延伸和全球扩张的过程中，十分注重与外部企业、组织、国家的合作。它深谙"合作增效"之道，每吸纳一个媒介品牌，就能尽其所有，发掘该品牌的最大价值潜能。在如今全球化的趋势下，要加强与外部企业之间的合作，做到资源整合、利益共享，建立合理有效的合作模式，以实现利益的最大化。

5. 灵活运用全球化与本土化营销策略

20世纪90年代欧洲迪士尼的惨败让迪士尼认识到：忽视欧洲与美国的文化差异，没有对营销策略做适当性的文化调整，是失败的根本原因。一方面，法国人具有极强的民族自豪感和优越感，他们对本土文化感到骄傲并且竭力维护和发扬，他们不认同美国文化，因而从心理上排斥迪士尼的进入；另一方面，迪士尼采取了与日本相同的全球标准化经营模式，即将美国文化原汁原味地移植到法国，因而遭到惨败。

另外，欧美饮食习惯的差异对法国巴黎附近的迪士尼主题公园的破产起了推波助澜的作用。迪士尼最初拒绝采用适应欧洲顾客的饮食服务方式。1993年成立的欧洲迪士尼饭店，提供的座位不足。美国人可以在任意需要的时间来迪士尼乐园和迪士尼饭店吃午餐，而欧洲人则不同，他们一般在下午一点左右吃午餐。欧洲游客也不能接受站着排队等上一小时左右。更糟糕的是，欧洲迪士尼饭店不提供葡萄酒或者啤酒。因为美国的迪士尼饭店是家庭式餐馆，而酒精饮料不适合这种场合。归根到底，迪士尼是因为忽视了文化的差异才遭遇了经营困境。

法国巴黎迪士尼乐园为了扭转经营状况不佳的局面，针对法国人的早餐口味准备了远比"美式早餐"丰盛的食物，甚至在财务状况不断恶化的情况下，改变了公司保持了多年的制度，决定在主题公园"魔幻王国"供应啤酒和白酒。但实行了一段时间之后发现，这些举措并没有对提高客流量起到明显的促进作用。后来管理者们观察到，来迪士尼乐园的欧洲游客并没有像他们想象的那样坚持原有丰富早餐的习惯，而是希望自己表现得更像美国人——早餐并不那么重要。而"魔幻王国"卖酒的实际收入也只占预期收入的一小部分。

对于迪士尼家族来说，欧洲市场的惨败只是其跨文化经营辉煌业绩的一个临时污点。在接下来的调整中，迪士尼充分认识到文化因素的重要性，它吸取经验教训，制定了相应的战略，并在本地化过程中采用适当的战术，尤其是在处理欧洲和美国文化的重要差异方面取得了显著的成果。

迪士尼作为美国文化的代表，在日本这个东方国家取得成功并不是偶然的。虽然它们之间存在很大的文化差异，但是，因为第二次世界大战的历史形成了日本对美国文化的推崇和认同，因而从心理上很容易接纳迪士尼的进入；其次，日本人崇尚集体主义，喜爱结伴旅行，因而为迪士尼提供了一定的消费群体；最后，日本东京作为第一个在亚洲开办的迪士尼，其更包含了更大的潜在市场。

因此，在东京迪士尼乐园建立之初，管理层就决定："不要让我们日本化。"甚至连东京迪士尼乐园的标记牌都是用英文写的。迪士尼集团认为，如果形成园区欢乐祥和的氛围是可控的，那么游客从中能得到的欢乐也是可以预先度量的，当然也是可以出售的。因此，把握游客的快乐需求成为迪士尼乐园的"主题思想"。华特·迪士尼曾经致力研究"游客学"，审视公司的每一项决策是否站在游客的角度。为了准确把握游客需求的动态，公司内部设调查统计部、信访部、营销部、工程部、财务部和信息中心等部门。华特曾经说道："把握游客需求动态的积极意义在于：其一，能够及时掌握游客的满意度、价值评价要素和及时纠偏；其二，从中可以找到迪士尼创新发展的关键点。"

事实上，迪士尼乐园在全球建立每个主题公园前都对"本地化"的问题进行过深入探讨。而每次他们的决定都是：借鉴迪士尼核心业务（动画片人物形象和场景）的优势和资源，把迪士尼能够带给人们的奇妙体验复制到世界各个角落，把公司以"快乐"为经营的理念融入每个员工的具体工作中，成为全体员工的工作理念和服务承诺。因为尽管世界各地对快乐的理解和表现都不一样，但不同人群对"迪士尼品牌的快乐"要求却有着令人吃惊的一致性。

　　《2017主题公园报告和博物馆报告》中公布了"全球排名前25位的主题乐园"，其中上海迪士尼乐园榜上有名，位列第8。2016年上海迪士尼开园第一个年度就接待游客1100万人次。上海迪士尼乐园由七大主题园区组成，包括"米奇大街""奇想花园""探险岛""明日世界""宝藏湾""梦幻世界""迪士尼玩具总动员"。

　　上海迪士尼乐园既保持了原汁原味的迪士尼风格，又极具中国风情。它缔造了令人叹为观止的建筑，例如奇幻童话城堡是世界上最高、最大、最具有互动性的迪士尼城堡。为了将中国元素与迪士尼故事完美融合，上海迪士尼度假区的设计师们对华特迪士尼旗下的动画明星们进行了层层选拔，从成百上千个动画角色中选出了12个，为它们书写故事、赋予它们个性，以此与中国的十二生肖一一呼应，最终建造出十二生肖壁画墙。

　　在上海迪士尼乐园，奇幻童话城堡封顶的顶端是中国国花——一朵金色的牡丹。在城堡的另一个尖顶上，则包含了传统的祥云、牡丹、莲花等中国元素，其中特别呈现了代表上海的玉兰花。正因为上海迪士尼是为中国游客量身打造的一座全新乐园，引发了更多游客的共鸣，取得了很大的成功。

（资料来源：

［1］汤莉萍，殷瑜，殷俊．世界文化产业案例选析［M］．成都：四川大学出版社，2006．

［2］田芳．迪士尼商业模式对于文化企业的启示［J］．企业活力，2006（6）．

［3］上海迪士尼乐园：成功的核心在于品牌的故事和IP角色［N］．每日经济新闻，2018-05-21．）

讨论题：

1. 分析迪士尼成功和失败的原因。

2. 本案例可以给国际市场营销者带来哪些启示？

3. 谈谈你对本土化营销和全球化营销的认识。

4. 迪士尼品牌塑造的成功经验给我们带来哪些启示？

第四章

国际市场信息系统与营销调研

导入案例

IBM 公司对竞争情况的应用

1991 年—1993 年，IBM 公司累计亏损超过 140 亿美元；1994 年，其全球计算机市场的销售排名下降到第三位。面对如此严峻的局势，蓝色巨人的时任新总裁郭士纳（Gerstner）认为，其行业地位"受到了竞争对手的实质性侵害"。为此，他审时度势，多次召开竞争情报（Competitive Intelligence，CI）方面的会议，提出"立即加强对竞争对手的研究""建立一个协调统一的 CI 运行机制"，并"将可操作的 CI 运用于公司战略、市场计划及销售策略中"。为此，IBM 公司确定了 12 个主要竞争对手，对每一个竞争对手，公司都指派一名高级经理作为专门负责该对手的"专家"，由他们分别组建虚拟的 CI 组，由 CI 专业人员、各部门的统计负责人员，以及制造、营销和研发等职能部门的代表共同构成，并通过公司的互联网进行在线讨论，从而建立了一个高效健全、反应灵敏的竞争情报系统——竞争决策支持系统（CIS）。此举不仅使 IBM 公司能够准确地判断出竞争对手拉拢 IBM 公司客户的计划以及竞争对手的竞争态势，而且确保了本公司针对不同对手所采取市场行动的有效性，最终使 IBM 公司重新获得了行业的领先地位。随着这一计划的不断改进，CI 已深深地融入 IBM 公司的企业文化之中。

（资料来源：刘勃. 世界 500 强之商海"谍报"［J］. 互联网周刊，2004（4）：58-59.）

第一节　国际市场营销信息

一、国际市场营销信息的含义和种类

（一）国际市场营销信息的含义

国际市场营销信息是国际市场上各种经济（尤其是市场要素）活动的数据、资料、情报和图表等的统称，它反映了市场活动的变化、特征和趋势等情况。

近几十年来，由于世界经济、文化和科技的迅速发展，特别是电子计算机的推广与普及，人类社会进入了信息时代。对国际市场营销信息的了解、分析和掌握是企业进行营销活动的基本课题。在国际市场上，营销信息出现了信息量剧增、专业化和职业化信息机构发展迅速、信息处理现代化等特点。

（二）国际市场营销信息的种类

从不同的角度看，国际市场营销信息可分为不同的种类：

（1）按信息的形态划分，可分为文件式信息和非文件式信息。文件式信息是指通过文字记录和传递的信息，包括与市场有关的报告、信件、决议、计划、指令、会议记录说明、图样、报表、总结等。非文件式信息是指通过语言直接传递的信息，如口头传递的电话、会谈、口头汇报等。一般来说，有价值的非文件式信息为了储存和传递，也会以不同方式变成文件式信息。

（2）按信息的管理组织形式划分，可分为系统化信息和非系统化信息。系统化信息是指按有关规定的特有方式、途径、地址、传递间隔期等获得的比较详细、系统的信息。非系统化信息是指部分或完全不按照固定形式所获得的信息，也指不定期的偶然获取的市场信息，又称偶发性市场信息。

（3）按信息的加工程度划分，可分为原始市场信息和加工后市场信息。原始市场信息是指未经任何处理的国际市场活动情况。加工后市场信息是指加工处理后能直接为企业所用的信息。

（4）按信息的时间特征划分，可分为过时市场信息、市场现状信息和市场发展信息。

（5）按信息的来源划分，可分为企业内部信息和外部信息。

总之，国际市场错综复杂，反映市场状况的市场信息也多种多样。

二、国际市场营销信息的主要内容

信息收集是决策的基础，是为决策服务的。也就是说，有什么样的决策，就需要什么样的信息。企业的国际市场营销决策一般有五种类型，所以收集的信息一般应围绕这五个方面进行。分述如下：

（一）进入国际市场决策——是否开展国际营销

由于开展国际市场营销必然会遇到很多困难和风险，所以企业在做出是否进入国际市场这一重大决策时，所应掌握的信息是对全球需求和竞争情况的评估。有的行业很容易就能得到这方面的信息。例如，汽车制造商在研究世界市场时，就可以轻易地从公开发行的资料中取得大量市场信息，如汽车总产量、规格和型号等。但绝大多数企业需要进行艰难的信息收集工作，以比较国内外市场机会。这些信息包括：

（1）国内外市场价格及价格弹性大小。

（2）世界市场对产品的总需求量和对企业产品的需求量，并由此确定企业潜在市场份额。

（3）影响市场份额的竞争因素。例如，竞争对手是谁，来自何处，其产销量和市场份额如何，营销策略是什么，有无垄断性等。

（4）产品成本是否因进入国际市场而降低，降幅多大，成本与收益比较如何。

（5）企业的人力、财力、物力等资源条件。例如，是否拥有一支具有专业技术、精通外语且具有国际营销经验的人才队伍，是否有外汇资源等。

借助以上资料来评估市场机会：若市场份额很小，且没有潜在机会，得不偿失，则应放弃进入国际市场；反之，则应进入国际市场。

（二）市场选择决策

企业在选择进入国际市场经营后，下一步就是考虑具体进入哪一个特殊的外国市场。各国市场的吸引力大小是不一样的。一般来说，一个国家是否有吸引力，取决于它的市场潜力、竞争状况和政治环境等因素。

1. 市场潜力

市场潜力一般用市场潜量来表示。市场潜量是指理想状态下的市场总需求量。评价它一般需要加上分析进出口因素后当地的生产和消费状况。计算公式如下：

$$某国市场销售量（市场潜量）= 当地产量 + 进口量 - 出口量$$

这一结果只是市场潜量的估计值。假设一国政府限制消费品进口，则公式中的进口量远低于其需求量，如果企业能绕开其进口限制，则实际销量就会大大提高。

2. 竞争状况

要洞悉一国的竞争状况，需要了解：①竞争对手是谁？来自哪国？②其竞争策略如何？是直接竞争还是间接竞争？是价格竞争还是非价格竞争？③各竞争者的年销量和市场份额。④各竞争者的营销策略，各自的优势和劣势。⑤生产企业与中间商及中间商之间的竞争状况。⑥国际市场上该类产品是否存在垄断现象，如果已被某企业垄断，即使其需求量极大，也不是一个有吸引力的市场。例如，CPC 国际公司在美国市场上销售人造黄油而不进入欧洲市场，原因就是尤尼莱佛公司已经在欧洲人造黄油市场上占据了统治地位。

3. 政治环境

政治环境也是评估外国市场的一个重要因素。即使是市场潜力和竞争状况两方面都很有吸引力的国家，也可能会因为政治环境原因而变得毫无吸引力。一国政局不稳能毁掉其市场，企业母国与东道国之间的敌对关系会使某些市场成为禁地。例如，美国企业很难在伊朗、古巴做生意。围绕政治环境所包含的因素，需要收集下列信息：①该国的政治制度。②该国政局的稳定性、政权更替的频繁程度。③政策和法规是否具有连续性。④政府的对外关系，尤其是对外商和外来产品的态度与政策等。

（三）进入方式决策

进入方式不同，市场营销的复杂程度也不同。企业进入国际市场的方式有产品间接出口、直接出口和国外生产三种。进入方式无疑受到许多因素的影响，这里需要收集的主要是一些外部市场信息：

（1）市场规模或市场潜量。

（2）贸易壁垒。例如，关税、配额等能阻止一国的出口。

（3）运输费用。可从运输公司得到相关信息。

（4）当地竞争状况。

（5）政府对外来产品和外资的态度。

（6）政治环境。

假若一国市场规模大、政局稳定、欢迎外资进入，但关税较高、运输费用昂贵，则企业应采用国外生产的方式进入该国，风险较小且获利丰厚。

（四）外国市场上营销组合决策

营销组合决策是指产品、价格、分销渠道和促销四个要素的有机组合。营销组合决策是针对目标市场上的消费者，为满足其需求而实施的，所以，做出适宜的决策所需要的信息主要包括购买者方面和营销组合四要素方面的信息。

1. 有关购买者方面的信息

这方面的信息主要包括：

（1）消费者的收入和实际购买力状况。

（2）消费结构和消费支出模式。

（3）消费者的收支变化规律及其趋势。

（4）消费者的储蓄和信贷状况。

（5）消费者的生活方式、价值观和伦理观等。

（6）消费者的民族、宗教信仰、性别、职业、教育等亚文化特征及相关的消费禁忌和偏好。

（7）人口规模、分布和家庭结构及人口流动规律等。

2. 有关产品方面的信息

产品适销对路是国际市场营销成功的基础。为实现这一目标，需要掌握以下信息：

（1）目标市场对产品的总供求量和供求结构。

（2）消费者对产品质量、包装、装潢设计、技术性能、使用方式和使用条件等的要求和意见。

（3）消费者对产品（包括服务）的特殊要求、满足程度及原因分析。

（4）该产品的替代品和互补品情况。

（5）产品的生命周期和发展趋势。

（6）其他企业在产品方面的经验和教训。

3. 有关价格方面的信息

价格是产品进入国外市场的最敏感的因素之一，它与产品销量和企业盈亏密切相关。国际市场价格信息主要包括：

（1）目标市场国的价格制度及企业的定价权限。

（2）该产品在目标市场国的需求弹性或价格敏感性。

（3）竞争产品、互补品的供求状况和价格水平。

（4）中间商的加价幅度和比例。

（5）目标市场国的运输费用。

（6）目标市场"价格领袖"、价格歧视、倾销等方面的情况及对策。

（7）信贷条件、支付条件和销售条件上的习惯做法。

（8）国际市场价格变化趋势。

4. 有关分销渠道方面的信息

这方面的信息包括销售渠道和实体分配两个方面。具体包括：

（1）该产品在目标市场国的常规分销渠道和非常规渠道及各自的利弊。

（2）产品实体分配的方式、成本及利弊。

（3）中间商的信誉、实力、服务、促销、竞争、市场地位等情况。

（4）中间商折扣，与生产者、消费者协作方式的国际惯例。

（5）各中间商的购买和销售潜力、经营范围、市场地区、服务设施等情况。

（6）分销渠道和中间商的发展趋势。

（7）该国市场对交货期的具体要求等。

5. 有关促销方面的信息

国际促销有四种方式：广告、人员推销、营业推广和公共关系。有关促销方面的信息，主要包括与以下四种方式相关的内容：

（1）目标市场上各种促销方式的可获性。

（2）四种促销方式各自的特点、成本、优劣势分析、消费者的接受状况等。

（3）中间商在促销方面的协助情况。

（4）目标市场上的促销惯例。

（五）资源配置决策

企业的人力、财力、物力等资源是有限的，企业希望把它们配置到最能带来利润的产品和市场中去。这就需要对各国的经营环境、经营状况等加以把握和了解。那么，收集的信息就包括企业产品在各国市场上的市场潜量、经营状况、市场生命周期状况、各种经营方式的经营状况和前景等。这只是一个大的框架，实际上其包含的信息量非常大，还需要进一步探究，才能真正为企业所用。

【资料阅读 4-1】　欧洲绿色安全玩具市场分析

随着欧洲的父母们日益关注孩子的健康与安全，"绿色玩具"大行其道。在欧洲，关于产销环保玩具，各国正陆续推出相关的法规或指导。

据预测，木制玩具在整个玩具市场的占有率为7%～10%。市场分析家指出，价格较便宜的塑胶玩具的销量正徐徐滑落，而优质木制玩具的销路则节节上升，消费者不会购买含有危害孩子健康成分的玩具。

欧洲玩具工业协会产品安全与规格高级总监及环球主管克里斯蒂安·韦特贝格（Christian Wetterberg）表示：

为应对气候变化，产业发展都必须以绿色、环保、安全为标准，玩具业同样如此。从市场情况来看，欧洲市场更加注重玩具的安全性。所谓安全性，既包括产品的设计、用料，也包括智能玩具联网方面的安全性。

首先是产品安全问题。现在有很多玩具存在安全隐患，很多工厂也存在生产安全问题。在2021年颁布的相关安全指令，对铝和甲醛的使用提出新的限制。

其次是数据安全问题。针对联网玩具可能带来的隐私安全问题，大概率会通过新的数字服务法案、儿童应用数据保护新指南等方式予以规范，明确联网玩具的安全底线。

最后是环境问题。根据欧洲绿色协议，预测欧盟可能会检讨玩具安全指引和其他相关法例，或禁售以非可持续物料生产的玩具。

2021年5月31日，欧盟（EU）发布了实施决定（EU）2021/867，其中包含推定符合指令2009/48/EC（玩具安全指令，TSD的合并版本）的最新玩具安全标准清单。这套最新的标准包含以下几个重要的规定：

1. 手指颜料

它包含EN 71-7：2014+A3：2020（SafeGuardS 70/20），过渡期为6个月。EN 71-7：2014+A2：2018不得在2021年11月28日之后使用。

2. N-亚硝胺和N-亚硝基物质

它包含针对N-亚硝胺和N-亚硝基物质的EN 71-12：2016。该标准包含一套全新的四个玩具类别及其弹性体中N-亚硝胺和N-亚硝基物质的限值，包括更严格的迁移限值，用于供36个月以下儿童使用的玩具中弹性材料中的N-亚硝胺和N-硝基化合物，与TSD中的迁移限制相比，打算或可能放入口中（SafeGuardS 17/17）。本标准有6个月的过渡期，EN 71-12：2013可能在2021年11月28日之后不再使用。

3. 电动玩具

用ENIEC 62115：2020和ENIEC 62115：2020/A11：2020这两个最新的电动玩具安全标准（SafeGuardS 31/20）替换一套八项标准。电动玩具安全标准有9个月的过渡期，直到2022年2月21日。

最新的实施决定废除了实施决定（EU）2019/1728（SafeGuardS 149/19）。

下面总结了推定符合TSD的最新玩具安全标准清单的要点：

2021年5月28日委员会执行决定（EU）2021/867，关于为支持2009/48/EC指令而起草的玩具协调标准，欧盟官方公报，2021年5月31日。

1）EN 71-1：2014+A1：2018"机械和物理"。

2）EN 71-2：2011+A1：2014"易燃性"。

3）EN 71-3：2019"某些元素的迁移"。

4）EN 71-4：2013"化学和相关活动的实验集"。

5）EN 71-5：2015"除实验套装以外的化学玩具（套装）"。

6）EN 71-7：2014+A3：2020"手指涂料"1。

7）EN 71-8：2018"家用活动玩具"。

8）EN 71-12：2016"N-亚硝胺和N-亚硝基物质"2。

9）EN 71-13：2014"嗅觉棋盘游戏、化妆包和味觉游戏"。

10）EN 71-14：2018"家用蹦床"。

11）电动玩具：ENIEC 62115：2020；ENIEC 62115：2020/A 11：2020；EN 71-7：2014+A 2：2018将于2021年11月28日退出OJEU；EN 71-12：2013将于2021年11月28日退出OJEU；8项电动玩具安全标准将被取消，于2022年2月21日退出OJEU。

（资料来源：欧盟符合玩具安全指令最新标准清单［J］. 中外玩具制造，2021（6）.）

三、收集国际市场信息的基本要求

（1）准确。国际市场信息必须尊重客观事实，真实、准确地反映国际市场活动的变化特征，切忌人为地修饰而造成市场信息失真、扭曲。所以，国际市场信息一定要准确、翔实、可靠。但是，在国际市场营销调研中，由于主观或客观的原因，往往造成信息的失真，如真假并存、以偏概全、道听途说、张冠李戴等情况都可能存在。这就使信息的加工、处理和分析成为必要。

（2）及时。信息的一个非常重要的特点就是时效性。过时的信息会导致企业做出错误的决策。特别是在现代社会，各种信息不断大量涌现，企业在收集时，一定要注意其及时性。

（3）系统。企业在收集信息时，一定要围绕某一决策全面、系统、有序地进行，将有关市场活动的各个方面都纳入收集的范围。

（4）适用。企业收集到的信息一定要符合企业的需要。同一企业的不同决策，不同企业的同一决策，因其内外部环境不同，对市场信息的适用性要求也不相同。

（5）经济。企业应尽量用较少的费用获取最有价值的信息，即信息的收集要坚持经济效益的原则。

（6）明晰。要求加工整理后的信息应简明扼要、条理清楚，能直接为企业决策所用。

四、国际市场营销信息系统

当今社会已进入信息时代。从 20 世纪 60 年代开始，西方企业开始引进国际市场营销信息系统（International Marketing Information System）。进入 70 年代以后，伴随信息产业的出现，专门从事国际市场信息收集、整理、存储、传递、分析等业务的信息系统和国际性市场营销信息网络脱颖而出，主要为企业开拓国际市场服务。一些大型跨国公司普遍强化了信息机构，建立了适用于国际市场营销的信息系统。例如，日本综合商社的信息系统，可在 1min 内取得世界各地的金融行情；1~3min，可查询日本与世界各地进出口贸易的商品品种和规格；10min 内，可借助经济模型和计算机模拟，画出国内外经济因素变化可能给宏观经济带来影响的变动曲线。

（一）国际市场营销信息系统的概念

国际市场营销信息系统是为收集、整理、存储、检索和分析信息，并据以制定国际市场营销决策而设计的一个持续的系统。建立这个系统的目的在于保证收集到信息，保证信息为决策服务，保证信息可以被管理部门容易地得到、理解和使用。

（二）国际营销信息系统的构成

1. 国际市场营销情报系统

该系统提供的是当前的信息，是营销决策者为获得关于国际营销环境发展变化的日常信息所用的整套做法和信息来源。作为整个信息系统的核心，其信息主要包括国际市场营销环境、营销组合四要素和市场竞争情报等方面。其中，竞争情报（CI）对企业的营销决策尤为重要。

竞争情报工作就是建立一个情报系统，帮助管理者评估竞争对手和供应商，以提高竞争的效率和效益。情报是经过分析的信息。决策情报是对组织具有深远的意义的情报。

竞争情报帮助管理者分析对手、供应商和环境，可以降低风险。竞争情报使管理者能够预测商业关系的变化，把握市场机会，抵抗威胁，预测对手的战略，发现新的或潜在的竞争对手，学习他人成功或失败的经验，洞悉对公司产生影响的技术动向，并了解政府政策对竞争产生的影响，规划成功的营销计划。如今，竞争情报已成为组织的长期战略资产。

竞争情报的信息来源包括：①阅读书籍、报纸和贸易杂志；②训练和鼓励销售人员了解和报告新的变化；③鼓励中间商和消费者把重要的情报报告给企业；④从专门的市场调研公司处购买；⑤通过其他社会服务机构，如银行、保险公司、商会等得到有关信息。

2. 内部报告系统

这是决策者使用的最基本的信息系统。它反映企业内部的经济状况，如订单、销售额、价格、库存状况、应收应付货款、现金流量等。通过比较企业内部环境信息所体现的实绩与企业营销目标，企业可以发现国际营销机会、现存的问题及应实施的对策。以佐丹奴的内部销售报告系统为例：佐丹奴是一家总部在中国香港的连锁店，它设计了全面、快速的销售报告系统，通过使用一个复杂的计算机系统将所有的零售商店与工厂联系起来。每做一笔交易，零售商店将服装的款式、颜色和尺寸都输入计算机并通知工厂，工厂则根据销售情况进行生产，每天歇业时补充出售的商品，以保证所有的商店在每天开业时都有充足的商品。

3. 国际市场营销调研系统

该系统对某些特殊问题或机会进行研究，如做市场问卷调查、产品喜好测试，分地区销售预测或广告效果调查等。其目的是系统地设计、收集、分析并报告与企业面临的特定市场营销状况有关的数据和调查结果。有关营销调研的内容将在后面详述。

4. 国际市场营销分析系统

该系统是由一组用来分析市场营销资料和市场营销问题的经济方法和技术手段所组成的。它主要是由软件与硬件支持下的数据、系统、工具和技术等组成的协调的集合，企业可以利用它收集和解释业务与环境方面的信息，并用于国际市场营销活动。运用该系统处理信息，比依靠直觉和原始的方法更科学、翔实、可靠，从而可以辅助市场营销者更好地进行决策。

【资料阅读4-2】 大数据背景下国际市场营销面临的挑战

1. 安全问题日益凸显

大数据时代的信息分享十分迅速，物联网、可穿戴设备、智能手机等技术设备让数据成几何倍数增长，在线活动与交易不断增加，网络安全问题不断涌现。

2. 数据质量难以保证

大数据背景下，企业拥有非结构化、半结构化和结构化多种类型的数据，消费者有用信息、垃圾信息的数量也越来越大，这影响到数据分析的质量。

例如，采集某发烧患者的症状信息，在记录患者状态时，使用"发烧"和"体温38℃"在语义上存在差异，这种差异会给最终的数据挖掘和模式分类模型带来偏差。

3. 大数据人才供不应求

大数据营销人才是指精通市场营销、数据库、统计学、数据挖掘、数据可视化、算法程序设计编写等知识的复合型人才。大数据技术在全球飞速发展，对大数据开发工程师、大数据分析师、Hadoop工程师、数据可视化工程师等人才的需求也越来越大。赛迪智库估计，

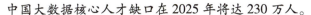

中国大数据核心人才缺口在2025年将达230万人。

4. 数据管理复杂化

鉴于大数据时代数据体量大、数据来源广、数据类型多（以非结构化数据为主）的特点，数据管理的复杂性是企业开展国际市场营销活动时必须面对的一个问题。

（资料来源：根据网络资料整理，2022-02.）

第二节　国际市场营销调研的概念和程序

一、国际市场营销调研的概念

人们经常提到的两个概念——市场调研和营销调研，其内涵其实是不同的。市场调研是指企业进行的以有关客户的信息为中心的调查研究活动，其重点是消费者需要及竞争情况。营销调研的内容要更广一些，包括企业营销的各个方面，如与客户和营销决策相关的数据资料等。营销调研的含义可以概括为：营销调研就是运用科学的方法，系统地收集、记录、整理和分析有关市场营销方面的各种情报资料，为营销决策提供重要的依据。

国际市场营销调研是指从事国际市场营销的企业所进行的营销调研活动。一般来说，国际市场营销调研与国内市场营销调研的程序是一样的，但两者所应用的环境大相径庭。因此，相对于国内市场营销调研，国际市场营销调研决策比国内决策要复杂、困难得多：首先，国际决策对信息的及时性、准确性、充分性要求更高；其次，信息内容范围广；再次，营销调研费用高、成本大；最后，工作难度大，组织复杂。因此，国际市场营销调研就是将某些行之有效的营销调研方法，创造性地、娴熟地应用于异国的、全新的环境中。

【资料阅读4-3】　全球营销调研面临的挑战

D3系统开发公司是一家营销调研机构。该公司负责营销调研的经理卡尔·费尔德（Karl Feld）认为，全球调研将会面临许多问题。以下是他所讲述的理由：

假设你正驾驶一辆汽车在一条泥泞的道路上前行。汽车是哪个厂家制造的，不知道；仪表盘上显示什么，看不清；要想找一家住户，路名不知道；门牌号码是多少，也不知道。但是，你还得保证当地承担营销调研的外包公司派出员工开展调研，保证找到合适的调研对象。他们交流所使用的语言呢？你听不懂。这样的活儿你做了几天，甚至几个星期。当地没有自来水，没有电，没有电话，没有邮政所，甚至除了自带的食品，其他一无所有。到世界各地去收集信息，其实你所面临的问题就是如此。

在跨文化背景下，要用多种语言开展调研。因此，在设计问卷的时候就必须考虑用什么语言，面对什么样的文化环境，只有这样才能得到预想的调查结果。调研环境不仅对语言提出要求，而且会影响采用的调研方式，而对调研方式的设计通常比问卷设计本身更为重要。有些地方，人们愿意接受面对面的谈话方式，而不是死板的问卷方式；有些地方，在提出敏感问题时，不能直奔主题；有些地方，人们只愿意在特定的环境里与你交谈。

例如，在波黑地区开展营销调研时，问卷调查不能在冲突双方的任一方开展，而只能在中立地带进行。

同样，在阿拉伯国家，如果调研对象是妇女，那么调研必须有男性当家人在场。因为在这些国家，社会习俗是不允许女性在没有男性陪同的情况下与外人见面的。在俄罗斯，要和被访问的人员在家里进行面对面的交谈是相当困难的，这样的活动一般要在公众场合进行。然而在日本，这样的调研只能在私下进行，比如在家里，否则就难以采集到有意义的数据。

过去的俄罗斯、摩尔多瓦，如果没有上司的许可，调查对象一般不会提供有实质意义的信息。尤其是在向专业人士开展调研的时候，更是如此。在这种情况下，最好预先周到地考虑好调研的时间和地点。

在南非开展营销调研，抽样范围是南非的所有成年人。由于南非的许多村庄都没有路名和建筑物的名称，道路也极不规整，所以不得不利用卫星地图来确定置信区间，选择住宅。类似的问题在墨西哥也存在，那里的街道没有路名，房屋没有门牌号。房子周围都有围墙，房屋里面的佣人会拒绝陌生人入内。在沙特阿拉伯，没有官方的人口统计数据，因为没有选举，所以也没有选民登记记录，而且也没有人口地图。

（资料来源：根据 12Reads 官网文章《全球营销调研面临的挑战》整理，2022-08.）

二、国际市场营销调研的程序

有效的国际市场营销调研程序一般包括四个步骤：确定问题和调研目标；制订调研计划；执行调研计划；解释并报告调研结果。

从事营销调研工作的人员的任务是将人力、财力、物力和时间等因素结合起来，系统、客观且准确地执行上述每一个步骤。

（一）确定问题和调研目标

国际市场营销调研的第一个步骤是确定营销中存在的问题。这一步看似简单，实际上很复杂，它决定调研的方向，是整个营销调研工作的关键所在。如果所研究的问题不明确或被误解，那么所有为之花费的人力、财力、物力和时间都会被浪费，并且贻误商机。例如，某个时期内企业在某国的销售额直线下降，其原因可能是产品质量下降，或服务水平下降，或国外代理商责任心下降，或广告促销不力，或出现了强有力的竞争对手等。若其真正原因是出现了强有力的竞争对手，而企业调研人员误以为是代理商出现问题，就会导致后面的整个工作误入歧途，进而导致更换代理商的错误决策，给企业造成更严重的损失。

在国际市场营销中，因为异国的环境所致，使该问题的难度变得更大。营销人员往往会忽略异国文化对调研问题及目标的影响，要么会不自觉地用自我参照准则来确定问题及调研目标，犯方向性的错误。在该过程中，另一种错误的做法是把调研问题的范围规定得过窄，无法包括影响营销活动的全部因素。

（二）制订调研计划

制订调研计划主要包括两方面的内容：首先确定营销决策需要哪些信息；然后确定信息的来源。

如前所述，企业已经发现导致销售额下降的原因是出现了强有力的竞争对手，想采取一些措施以增强竞争力。那么，企业究竟应该采取哪些措施呢？为制定这一决策，必须进行下一步调研程序，即确定决策所需的信息并收集信息。需要的信息可能包括来自客户、市场环境、竞争对手和营销策略等各个方面。

国际市场营销决策包括具体的、战术性的决策和重大的、战略性的决策。决策不同，需要的信息也不同，这已在前面讨论过。

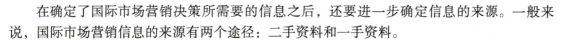

在确定了国际市场营销决策所需要的信息之后，还要进一步确定信息的来源。一般来说，国际市场营销信息的来源有两个途径：二手资料和一手资料。

1. 二手资料

二手资料（Secondhand Information）是指经别人收集、整理过的资料，通常是别人发表过的。营销人员收集二手资料的过程又称案头调研。二手资料作为重要的信息来源，为某些营销决策的制定奠定了基础，并为一手资料的收集提供了必要的背景资料，使其目标更加明确，从而节省时间和费用。

二手资料的来源有两个：一是企业内部资料；二是外部资料。

企业内部资料包括以下来源：

（1）本企业的营销信息系统。本企业的营销信息系统中储存的各种数据资料，如历年的销售额、利润状况、主要竞争对手的经营状况、有关市场的各种数据等，都可直接为企业所用。

（2）本企业的记录。有的企业虽然没有正式的营销信息系统，但存有某些资料的记录，如产品的历年销售额、各国客户的名称及简要情况、客户的函电，以及推销员、代理商、经销商的销售情况报告等。

（3）调研者收集储存的各种资料。

外部资料的来源有如下几个方面：

（1）政府机构。任何一国政府都是一个大的信息服务中心，其商务部或经贸部是提供信息的主要机构，企业可以从其遍布各地的办事机构中很方便地获得。例如，我国政府在许多国家设有商务处，通过它可以收集到各国的市场情报，如贸易统计资料，关税及海关情况，中间商名录，有关资料和出版商的名称、地址及索取办法等，以及其他可以提供帮助的组织机构等。我国的贸易促进委员会及其各地的分会也掌握有大量的国外销售和投资方面的信息。另外，企业也可从外国政府的"促进进口办公室"等机构得到更多信息。

（2）国际性组织和联合国的各种组织。它们都有丰富的国际资料，定期或不定期地出版大量市场情报，且大多容易获取。例如，联合国国际贸易中心（ITC）提供某些产品的市场研究、各国的市场概况等资料和咨询服务；联合国提供国际和国别的有关贸易业务及其他方面的统计丛书及与市场发展有关的各种专题研究报告；联合国粮食及农业组织（FAO）提供有关农业及相关领域的资料和报告；经济合作与发展组织（OCED）提供有关外贸、工业、科技、粮食、运输等方面的报告与统计丛书；联合国贸易和发展会议（UNCTAD）提供有关国际贸易方面的资料；国际货币基金组织（IMF）提供各国或国际性的有关外汇管理条例和其他贸易壁垒、金融及经济发展等方面的报告等。

（3）行业协会。许多国家的行业协会都定期收集、整理、出版一些有关本行业的产销资料，如汽车协会、化学用品协会等。这可以作为营销调研者的一个重要信息来源。但需要注意的是，有时其资料仅提供给协会会员。

（4）服务性组织。如会计事务所、广告代理商、银行等，它们对所代理的国际企业很有帮助。以银行为例，若本国的某银行是一家国际性大银行的分行，或者与国外银行有着广泛的业务联系，那么它一般能提供下列信息和服务：有关大多数国家的经济形势、政策及前景，重要产业及外贸发展等方面的信息；提供某一国外公司的有关商业资信状况的报告；有关信贷期限、支付方式、外汇汇率等方面的最新情报；介绍外商并安排访问等。

（5）调研组织和机构。这里主要是指各国的咨询公司、市场调研公司。它们经验丰富，收集的资料很有价值，但一般收费较高。

（6）消费者组织。消费者组织的任务之一就是测试各企业生产和销售的产品，并向公众报告测试结果，有时还向公众报告零售价格并进行消费者调查。这些信息都是很有价值的。

另外，还有一些较大的图书馆和专业图书馆也可以提供大量有关世界经济、国际贸易、国际环境等方面的图书资料；非互相竞争的企业也会提供一些较有用的信息；许多专业的信息刊物也能为国际企业提供各种有用的帮助。

2. 一手资料

如果没有现成的资料或二手资料不够用，那么国际市场营销人员就必须着手收集一手资料（Primary Data）。一手资料是指国际市场营销人员亲自收集到的各种原始资料。营销人员收集一手资料的过程称实地调研。一手资料的收集费用高、困难大。它的收集方法以及可能遇到的问题将在后面进行讨论。

（三）执行调研计划

这一步骤主要包括收集、处理和分析数据资料等工作。收集资料的过程可以由企业内部的调研人员完成，也可以委托企业外部的专业调研公司完成。

抽样是收集资料时常用的一种方法，因为调查人员一般不可能对指定群体中的每一个人进行调查。样本是从总体中选取的能代表总体的一个子集。为获得定额样本（Quota Sample），调查者将总体分类，从每个分类的样本中随机抽取或非随机抽取。例如，假设一个国家的人口可以根据月收入分为以下几大类，见表4-1。

表4-1 按月收入划分人口比例

月收入（百元）	0~9	10~19	20~39	40~59	60~69	70~100
人口比例	10%	15%	25%	15%	25%	10%

如果从研究出发，假定收入是足够用以区分总体的一个特征，那么，定额样本应包含不同收入的被调查人员，他们在样本中所占的比例等同于各类人员在实际总体中所占的比例。也就是说，月收入在1000~1900元的个体应占15%。其他也如此得出。

收集资料的工作完成以后，下一步就是对收集到的资料进行处理和分析。没有经过整理的资料是杂乱无章的，并且从不同来源得到的资料是按不同的统计方法计算的，其时效性和准确性也可能不同。资料的整理工作的目的就是找出资料中可能的误差。在资料收集过程中，经常会产生一些误差：①经常性误差。这是由确定的原因引起的，如一些落后国家为得到某项优惠贷款或基金往往修改其提供的信息。②偶然性误差。这是由各种无法预料的原因引起的，如访问错误，即被访问者不能提供正确信息或故意提供错误信息。③失误。这是由于疏忽和计算错误造成的。在这三种误差中，最危险的是经常性误差，只有仔细分析，发现其本质，才能避免；后两者则可以减少或避免。因此，在处理资料时，必须持怀疑态度，认真对待。只有对收集的资料进行分类、核对、换算、调整和编校等，才可能避免错误，为决策所用。

在对资料进行处理后，调研人员还要运用统计技术和数学模型，对其进行由表及里的分

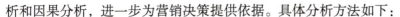

析和因果分析，进一步为营销决策提供依据。具体分析方法如下：

1. 需求模式分析

产业增长模式为市场需求分析模式提供了启示：在一个发展中国家，人均收入较低，消费模式是吃、穿、用、住、行，制造业就会集中于食品、饮料、服装等轻工业必需品；随着收入提高，消费水平提高，消费结构改变，原有的产业结构门类就会改变，而重工业、高科技企业开始发展。制造业的发展趋势暗示了对提供制造品的公司（供应商）存在的潜在市场。因此，对产业模式与消费模式的分析，有助于企业评估自己的市场机会。

2. 收入弹性分析

收入弹性描述了收入变化和产品需求之间的关系。对收入弹性的研究表明，食品、服装等必需品缺乏弹性。换言之，尽管在这类产品上的开支增加，但其需求增长速度低于收入增长速度。这是恩格尔定律得出的自然推论。该定律表明，随着收入的增加，食品开支在总收入中的比重下降。而家具、家庭用品等耐用消费品的收入弹性高，即需求增长速度高于收入增长速度。

3. 市场类推估计

国际市场营销人员如果发现判断某些市场规模的资料难以得到，就可以通过类推来估计市场规模。

在使用市场类推估计时，需注意以下几个问题：

（1）进行类推的两个国家是否真的相似。分析人员必须了解两个国家文化、经济等背景的异同。如果研究对象是工业品，就需要了解两个国家的技术基础。

（2）技术和经济的发展是否会导致这样一种结果，即对某一产品的需求将跳跃已往的模式，而省去了发达国家曾经历过的整个增长过程。

（3）如果两个市场在产品的可获性、价格、质量和其他相关产品的变量上存在差异，那么它们不具有可比性。

（四）解释并报告调研结果

最后一个步骤是对调研结果做出解释和说明，得出结论，并提交调研报告。调研报告不应是简单的数字罗列和堆砌，调研人员应通过文字解释信息资料的含义，并对市场的发展状况做出合乎逻辑的推断，以供决策人员参考。调研报告的撰写应做到简明扼要、逻辑分明、有理有据。

调研报告通常由三部分组成：

（1）前言。前言部分应说明调研目的，给出有关概念，并简要叙述调研所采用的方法；必要时也可将结论先在前言中提出。

（2）基本部分。该部分应说明调研采用的假设、论证所用的方法，并叙述调查内容；同时，还包括分析收集的资料及可能的结论；再者应该说明调查过程中的缺点及资料来源、范围等。

（3）附录。它由两部分组成：一是全部调查所用的工具，如调查表、任务书和细则等；二是计算处理结果。

【资料阅读 4-4】 加拿大市场的特点与开发策略

加拿大是北约、八国集团、20 国集团、法语国家组织、世界贸易组织等国际组织的成员。

加拿大的一些主要节假日如下：

新年（1 月 1 日）、耶稣受难日（3 月底/4 月初）、复活节（3 月底/4 月初）、维多利亚日（5 月 24 日前的周一）、魁北克省庆日（6 月 24 日，仅魁北克省）、加拿大国庆日（7 月 1 日）、公民节（8 月的第一个周一，多数省庆祝）、发现日（8 月 22 日）、劳动节（9 月的第一个周一）、感恩节（10 月的第二个周一）、阵亡将士纪念日（11 月 11 日）、圣诞节（12 月 25 日）、节礼日（12 月 26 日，魁北克省除外）。

1. 社交礼仪

加拿大人在社交场合与客人相见时，一般都惯行握手礼。亲吻和拥抱礼虽然也是加拿大人的礼节方式，但仅适合用于熟人、亲友和情人之间。

一般认识的人见面时要互致问候。男女相见时，一般由女子先伸出手来。女子如果不愿意握手，也可以只是微微欠身鞠一个躬。如果男子戴着手套，应先摘下右手手套再握手。女子间握手时则不必脱手套。

一般礼仪。加拿大是由许多不同族群组成的，尽管其习俗在全国大致相同，但仍有某些差别。按照常情，最好的办法是客随主便。

约会与准时。在加拿大，大多地方都要求遵守时间。而且，加拿大人有很多事情需要预约：公事要预约，私事也要预约，找工作面谈、请客，甚至去朋友家串门都要预约。不速之客是不受欢迎的。

款待与馈赠。招待会多在饭店或夜总会举行。如果你在私人家里受到款待，礼貌的做法是给女主人带去鲜花或送去鲜花。但不要送白色的百合花，它们是与葬礼联系在一起的。

交谈。在谈话中不要偏袒分裂主义——把加拿大分成讲法语和讲英语的两个国家。加拿大人以自己的国家为自豪，反对与他国做言过其实的比较。谈到肯定成绩的事例并对加拿大人民及其国家给予好评是最受欢迎的。

餐饮礼仪。加拿大由于历史的原因和人种的构成因素，生活习俗及饮食习惯与英国、法国、美国相仿，极喜欢吃家乡风味烤牛排，尤以半生不熟的嫩牛排为佳。他们习惯饭后喝咖啡和吃水果。

2. 饮食特点

加拿大人在饮食嗜好上有如下特点：

注重菜肴的营养和质量，以及菜品口感的鲜和嫩。

口味一般不喜太咸，偏爱甜味。

主食一般以米饭为主。

副食喜欢牛肉、鸡、鸡蛋、沙丁鱼、野味类等，以及西红柿、洋葱、青菜、土豆、黄瓜等新蔬菜；调料爱用番茄酱、盐、黄油等。

制作方法方面，对以煎、烤、炸等方法制作的菜肴更为偏爱。

中餐里喜爱中国的苏菜、沪菜、鲁菜。具体菜肴很欣赏咕噜肉、拔丝苹果、炸土豆条、糖醋鱼、香酥鸡、洋葱土豆片、炒山鸡片、软炸鸡、银芽鸡丝、鸡火煮干丝等。

在饮食上，忌吃虾酱、鱼露、腐乳和臭豆腐等有怪味、腥味的食物，忌食动物内脏和脚爪，也不爱吃辣味菜肴。

3. 习俗禁忌

忌讳数字 13 和星期五。加拿大人大多数信奉新教和罗马天主教，少数人信奉犹太教和

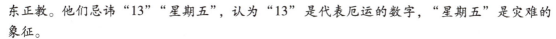

东正教。他们忌讳"13""星期五"，认为"13"是代表厄运的数字，"星期五"是灾难的象征。

忌讳白色的百合花。因为白色的百合花会给人带来死亡的气氛，人们习惯用它来悼念死人。

不喜欢服务员送擦脸香巾。加拿大妇女有美容化妆的习惯，因此她们不欢迎服务员送擦脸香巾。

忌说"老"字。养老院称"保育院"，老人称"高龄公民"。

忌打破玻璃制品，忌打翻盐罐。遵循《圣经》中的摩西十诫，对圣人圣事不直呼其名。

4. 谈客户注意事项

按照加拿大商务礼仪，宜穿保守式样西装。一般而言，加拿大商人比较保守，营销活动宜在上班时间进行，以正式方式提出，态度谨慎。

因加拿大商人多属于保守型，不喜欢价格经常上下变动，也不喜欢做薄利多销的生意，喜欢稳扎稳打，在报价上要注意。

加拿大人喜欢缓和的推销方式，不喜欢过分进攻、激进的推销方式；应避免夸大和贬低产品的宣传，不要过度抬高产品的最初价格。许多加拿大买家比较厌烦高低价策略。

加拿大人崇尚办事立竿见影，所以和他们谈判切忌绕圈子、讲套话。

与加拿大商人交往时，送的礼品不可太贵重，否则会被误认为贿赂；不要送带有本公司标志的物品，他们会认为不是通过送物品表达友谊，而是在做广告。

加拿大商人对产品质量要求很高，且比较保守，一般先看样品，再小批量订货试销，尤其是对大型机电设备及产品，更是小心谨慎，通常会先参观、考察供货商的生产设备，以确保产品质量。如果样品质量很好、价格适中，且供货商经验丰富，他们才会扩大订货量并建立长期稳定的业务关系。

有些加拿大商人会要求以自己的商标出售商品，要求供货商按其要求包装商品并贴上商标。

（资料来源：根据网络资料整理，2022-02.）

第三节　国际市场营销调研中的问题

国际市场营销调研是一项艰巨而复杂的工作。在进行这项工作的过程中，会遇到各种各样的困难。这些问题和障碍主要集中在以下三个方面：

一、多个市场的问题

国际市场营销调研涉及的国家和地区很多，各个市场环境不尽相同，每个市场又有自己的特点。因此，调研工作非常困难。同时，在多个市场进行调研，费用高昂。考虑到这些情况，对一些规模较小、潜力不大、不值得进行营销调研的市场，可以放弃调研，而直接进行一些试探性的出口，出口额可以小一些、时间短一些。通过这种低成本的调研方法，可以观察市场对产品的反应，收集有关信息，以便以后使用。

另外，若企业缺乏对某个市场的了解，但掌握了类似情况的另一个国家的资料，便可依据已知的资料进行推测。这样做可以省时、省力，但关键是样本国家或市场要有代表性。

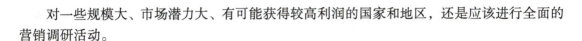
对一些规模大、市场潜力大、有可能获得较高利润的国家和地区，还是应该进行全面的营销调研活动。

二、二手资料的问题

二手资料收集工作的优点是省时、省费用。但是，调研人员应该注意，在许多市场上得来的二手资料都存在着严重缺陷。主要问题是：

（1）可获性。资料的缺乏是营销调研者所遇到的第一个难题。有些发达国家的资料系统非常完备，企业可以很容易得到所需要的信息；但是，在经济欠发达的国家，很多资料可能根本不存在。

（2）时效性。信息的最大特点就是时效性。因为只有最新的信息资料，才能反映市场的现实状况，并为企业制定营销决策提供有价值的参考。但是，在很多国家得到的信息往往是已过时的或间断的、没有规律性的资料，利用价值很低。可以说，在信息时代，谁掌握了最新的营销资料，谁就有可能抓住营销机会。

（3）可靠性。各个国家提供资料的准确性不同。有的国家提供的资料准确性高，而有的国家提供的资料则不太可靠。造成资料可靠性差的原因有以下两个方面：一是一国政府出于政治上的考虑。政府作为最主要的资料收集者，在进行这项工作时要考虑国家的形象，可能会少报消极的事项（如文盲和疾病）而多报积极的成果（如工业总产值等）。有时，也会通过虚报资料来影响世界银行或其他国际组织和国家，以得到更多的援助。二是有些国家收集信息的技能和水平较差。很多国家在收集资料时，既为来源所困，又缺少熟练人员。例如，普查人口时由地方政府上报当地人口的估计数，最后的数据纯粹是大体的猜测或者是给过去的人口数一个增量；国民收入可能是根据纳税申报单得出的，却未考虑大量的瞒报或低收入的情况。

（4）可比性。企业如果要评估外国市场并根据其吸引力大小进行分类，那么必须拥有可以相互比较的资料。可是，有时从不同国家得到的数据资料不能进行相互比较。这主要是因为同一类资料，不同的国家使用不同的基期，或者各国的统计指标概念不同。例如，电视机在德国被归入消遣性支出，而在美国则被归入家具类支出；商业性运输车辆这一指标，有的国家包括公共汽车和货车，有的国家还包括出租汽车；零售商、批发商和超级市场在各国的定义是不同的，等等。各国数据资料的不可比性必然会影响数据的有用性，从而影响企业决策。

三、一手资料的问题

在一手资料即原始资料的收集过程中，也会遇到各种各样的问题。除了经济方面的问题外，还有以下几个方面的问题：

1. 语言和翻译问题

在国际市场营销中，这是一个非常普遍的问题。各个国家语言文字的复杂性，使营销调研困难重重。有的国家的官方语言有时有几种，如加拿大有英语和法语两种语言，卢森堡使用卢森堡语、德语和法语三种语言等。企业要想在这些国家实施营销方案，必须特别注意。同时，在营销调研过程中还会遇到翻译问题。翻译不仅仅是翻译一个单词，而且是一种文化跨越。这与前面营销环境中介绍的文化因素相似。

2. 调查对象的响应问题

由于文化背景不同，不同国家的人们对待调查的合作态度有很大差异。例如，日本人有不愿否定的习惯，在调查中的肯定率一般比西方人高。在有些国家，出于对商业秘密的保护，一些产业市场调查和商业调查很难得到对方的配合。

3. 文化教育问题

文化教育水平低是营销调研的又一障碍。有些国家教育水平低、文盲率高，问卷调查难以进行，如答非所问、访问员素质不高、问卷翻译水平低、答卷不真实等。

4. 基础设施问题

各个国家的交通运输、通信以及商业基础结构也存在差异。基础设施越完善，营销调研越容易。在基础设施落后的国家，营销调研往往会受到各种限制。例如，邮政不发达、电话拥有率低以及电话服务差，会使邮寄问卷和电话访问无法进行。

5. 抽样调查中的问题

一项抽样调查要想取得成功，样本必然具有代表性。但是，在很多国家，抽样调查的样本往往具有很大的偏倚性，难以得到可靠的概率样本。例如，在很多国家，电话查号簿、街区图等陈旧过时，更有甚者，有些城市的街道不标名字、房屋不编号码等。在这种情况下，要保证抽样调查具有代表性很困难。

由此可以看出，在国际市场营销调研中，一手资料调研比二手资料调研的难度要大得多。要解决这些问题，企业应做到：重视借鉴书本知识，提高营销调研技能；最大可能地取得当地人的帮助，跨越文化障碍；提高问卷翻译的精确度；加强对调研人员的培训；不断实践，积累经验。通过实施这些措施，在一定程度上有利于提高营销调研技巧。

企业的营销调研工作可以在企业内部来完成，也可以委托专门的调研公司来进行。不管由谁完成，一手资料和二手资料的收集都非常重要。如何避免或减少上述问题，成为企业营销调研工作中的一个非常重要的课题。

例如，洁净牌地板清洁剂，该产品的国际市场占有率从 2018 年的 30% 下降到了 2021 年的 20%。需要调查的问题是"市场占有率下降的原因"。

第一步，初步调查，确定调查信息（决策所需要的信息和信息来源）。①外界材料。通过研究杂志、行业协会的报告等材料寻找有关资料，从中了解目前市场上同类产品中哪一种品牌的产品销量最好，对外界环境的影响如何，使用该产品是否安全，市场喜欢什么样的地板清洁剂等。②分析企业内部资料。对公司的各种记录、函件、订货单、发货票、年度报告等内部资料进行分析。③与企业领导者进行非正式谈话。④了解市场情况。

第二步，假设命题，得出初步结论。假设初步调查结论为：产品异味是造成市场占有率下降的原因。假设命题是：洁净牌地板清洁剂市场占有率下降的主要原因是"令人作呕的气味"。

第三步，调查设计，包括计划抽样（样本为 800 人）和收集资料。收集资料的方法有个人访问、通信、电话、观察、试验或分析二手资料。

第四步，资料分析。根据实际调查得出结论，洁净牌地板清洁剂市场占有率下降的原因如下：①40 人（5%）认为该产品效果不好；②400 人（50%）认为该产品有异味；③20 人（2.5%）认为该产品价格偏高；④100 人（12.5%）认为包装得不好；⑤40 人（5%）认为包装缺乏美感；⑥100 人（12.5%）认为其他产品更好；⑦100 人（12.5%）认为零售商店经常无货。

第五步，得出结论。顾客购买其他产品的主要原因是"本产品有异味"。

第六步，提出建议。设法降低产品的异味，使产品恢复名誉和销路。最后，向管理当局提出建议方案的书面报告。

第四节 国际市场营销调研的方法

在国际市场营销中，一手资料的收集方法主要有以下几种：

一、访谈法

访谈法（Interview Method）是指调研人员经常有意识地与一些消息灵通的人士进行接触，以获得某些特定问题的答案的方法。这里所说的消息灵通人士是指一些有代表性的用户、中间商、银行工作人员等。访谈法一般费用高、时间长，但是，这种方法可使调研人员为取得需要的资料而问询一些补充的问题。例如，日本的许多营销调研人员都极大地依赖两种信息，即通过采访商人和其他领域的人员而获得资料。难怪松下公司录音机部的一个经理要问："美国人为什么要做那么多的市场调研呢？到处走一走，拜访一下你的销售商，是完全能够发现你所需要的东西的。"从这里也可以看出，调研方法深受文化和个人偏好的影响。

二、调查法

调查法（Survey Method）通常是指调研者通过制作问卷，以电话和信函方式向被调查者提出问题，以取得所需资料的一种方法。调查法在对一些概念定量化时很有用。企业采用调查法是为了了解人们的认识、看法、喜好和满意度等，以便从总体上衡量这些量值。采用该方法的前提是被调查者都能理解所提的问题，并做出回答。

电话调查的特点是费用较低、完成速度快，并可以听取其他有关的询问和回答，获得额外的信息资料。邮寄或信函调查是将拟好的调查问卷邮寄给用户，请其回答其中提出的问题，并寄回调查问卷的方法。该方法费用低，但回收慢且回收率低。

采用调查法的一个重要前提是使用邮政系统的可行性及电话的普及程度。很显然，各国情况有很大差别。有的国家基础设施落后，如街区没有编码、邮政系统工作效率差、电话普及率低、电话使用效果差（如占线）等，这些都会直接影响调查法的实施。另外，社会文化方面的条件限制也会阻碍调查的进行，如用户收到信件但不愿回答、回答时过于夸张或谨慎等。

尽管有很多困难，但调查法仍然是一种有用的方法，因为它使调研者可以较快地收集到大量的且能够进行系统分析的数据。

三、专题讨论法

专题讨论法是一种有用的调研工具，它为会晤的人们提供相互交流的机会。这种方法就是邀请6~10人，在一个有经验的主持人引导下，花几个小时讨论一种产品、一项服务、一个组织或其他营销话题。主持人的引导技巧对讨论成功与否至关重要，所以，主持人要具有客观性，了解所讨论的话题，并了解群体激励和消费者行为。这种方法能带来一些启发性思维，参与者所提供的有关感觉、情绪和其他不易发现的信息，会成为调整产品的营销决策、广告创意的绝好提示，也是进行更大规模抽样调查的基础。

在利用该方法进行国际市场营销调研时，文化差异往往会影响对调查结果的解释。并非所有的社会都鼓励坦诚和公开的思想交流，以及允许个人之间意见相左，地位意识可能导致所有参与者都同意某一个人的意见的情况，不同意会被认为是不礼貌。某些论题正好是参与者所忌讳的。例如，菲律宾人和泰国人很讲礼貌，而在这些国家进行专题讨论的反应本身带有"礼貌偏差"。

专题讨论作为设计规模问卷调查前的一个有用的、试探性的步骤，虽然可以了解到消费者的感受、态度和满意程度，但总的样本规模太小，而且不是随机抽样的。

四、观察法

观察法是调查人员直接到现场进行观察的一种收集资料的方法。这种方法不直接向被调查者提出问题，而是要求调研者站在一边，对被调查者进行非参与性的观察，并记录所发生的事实，观察和记录被调查者购买的习惯、态度和行为。这种观察可以是主观的，也可以是客观的。在国际市场营销调研中，观察法在阐明以前没有遇到或不了解的事实方面起着相当大的作用。

观察法主要有以下几种类型：①直接观察法。它主要用来研究产品外观、款式、包装的设计和效果，主要通过展销会、展览会等进行。②顾客动作观察法。该方法主要通过调研人员直接观看顾客选购、使用产品的情况来了解。③店铺观察法。它主要是指调研人员亲自站柜台，参加展销会、订货会等，观察并记录各种情况。

观察法可以较客观地收集资料，直接记录调查结果，准确度高；但往往观察不到内在因素，不能反映顾客的真实意见，同时费用高、时间长、对观察人员要求高。

五、实验法

实验法是最科学的一种调查方法，尤其适合对一些概念量化。它是在一定的小范围市场内，对某一购买行为进行实验性的观察。实验法是了解因果关系的一种重要方法。

实验法可以选择多个可比的主体组，分别采用不同的实验方案，控制外部质量，并检查所观察到的差异是否具有统计上的显著性。在把外部因素剔除或加以控制的情况下，观察到的结果可能与实验方案中的变量具有相关性。例如，从对影响销售量的几个因素中选择价格因素进行实验，在其他因素不变的情况下，销售量的变动便可以表明价格的影响。

实验法具有科学性，可以得到较正确的原始资料。但是，完成实验的困难较多，如在所设计的实验中，大多数变量应保持不变而只允许某个量变化，或这些变量虽可以变化，但不同的文化之间不具有可比性等；同时，实验的干扰因素多、时间长、成本高。

▶ 关键词

国际市场营销信息系统（International Marketing Information System）
市场营销情报系统（Marketing Intelligence System）

一手资料（Primary Data）

二手资料（Secondhand Information）

访谈法（Interview Method）

调查法（Survey Method）

▶ 思考题

1. 简述国际市场营销信息的概念和内容。
2. 简述国际市场营销调研的程序。
3. 二手资料和一手资料在收集中遇到的问题有哪些？
4. 国际市场营销调研的方法有哪些？

▶ 案例分析讨论

案例分析讨论一　IBM公司对竞争情报的重视和应用

IBM公司开展竞争情报工作已有相当长的历史。20世纪90年代初，IBM公司就曾多次召开竞争情报方面的会议，并邀请著名学院的专业教师对竞争情报人员进行培训，帮助他们提高业务技巧。然而，在当时大多情况下，公司各业务部门间的竞争情报是相互孤立的，营销、产品研制和财务部门在其竞争分析或情报活动方面各自为政，彼此很少沟通。

1993年，IBM公司新的首席执行官盖斯特上任。面对公司1991年—1993年损失140亿美元的严峻局面，他审时度势，提出"立即加强对竞争对手的研究""建立一个协调统一的竞争情报运行机制""将可操作的竞争情报运用于公司战略、市场计划及销售策略中"。为此，公司制定了新的竞争情报规划。该规划包括：设立竞争情报核心机构，建立一个协调统一的竞争情报系统运行机制，确定公司竞争对手，并针对一个竞争对手开展一项试验性竞争情报项目，在此基础上对所有竞争对手进行推广。

一、调整竞争情报系统运行机制

1）设立一个协作机构负责管理竞争情报整体规划。

2）确定12个主要的竞争对手。对每一个竞争对手，公司都指派一位高级管理人员作为专门负责该对手的专家，由这些专家作为负责人，分别组建"虚拟的"竞争情报组，负责评价其竞争对手的行动和战略，以确保整个公司制定的针对该竞争对手的战略的正确性，从而确定在市场中应采取的行动。该组成员包括指派的负责人、代表各业务部门的同级负责人、由竞争情报专业人员组成的小型中心，以及制造、开发、营销和销售等职能部门的代表。

3）由设置在公司各机构的现有竞争情报小组进行日常竞争分析。要求这些小组在思考问题和采取行动时能从公司的全局利益出发，而不是将各业务部门的利益放在首位。也就是说，新的竞争情报规划的目标不仅仅是改进公司的竞争情报，还有助于改善企业文化。

二、实施试验项目

在建立上述核心机构的基础上，公司下达实施命令，由协作机构负责开展一项试验项目。该项目针对的是单一的竞争对手，其目的是：

1）论证小组的工作方法。

2）确定关键情报问题。

3）利用已有的竞争情报成果。

4）建立模型。

通过这个试验项目总结出几个关键的经验与教训：

1）每一个虚拟小组需要一个实际的"负责人"。一个情报理论与实践优秀的专职情报负责人能够抓住试验小组的工作实质，指导各业务部门之间的沟通。

2）由职能部门交叉组成的小组更利于工作。以各职能部门如开发、营销和服务部门为基础组成的小组对指定竞争对手的分析更完善、更透彻。

3）信息网络是当前的薄弱环节。实施中发现，公司管理人员通常很难在信息网上发现醒目的竞争问题。竞争情报工作要为战略目标服务，就必须与公司管理人员紧密结合，提出若干重点解决的问题。他们将其称为关键情报问题，或称"KITs"。

4）借助外部专业资源拓展情报活动渠道。规划负责人可通过邀请外部咨询人员与公司主要管理人员会谈，以摸清他们需要了解的有关竞争的问题。

5）道德规范简化了小组的工作。IBM公司的《业务行为守则》类似于SCIP的《道德规范》。从长远看，这样一种规范能帮助公司预防非道德行为出现；从近期看，规范有助于公司了解在与竞争对手打交道时采取什么样的行为是可接受的，什么行为是不可接受的等各种问题。

以下摘录了IBM公司1995年5月制定的《业务行为守则》有关"获得和运用其他机构信息"的部分内容：

在正常业务工作过程中，获得某些其他机构包括竞争对手的信息属正常行为。这样做是正常业务活动，其本身并不属非道德行为。

然而，信息的获得和使用方式是有限制的，特别是有关竞争对手的信息。公司绝不应运用不恰当的方式得到竞争对手的商业秘密或其他机密信息。非法行为，如侵占、盗窃、窃听、贿赂等，是绝对错误的；试图雇用竞争对手的员工获得其机密信息同样是错误的。以不恰当的方式从竞争对手的员工或IBM的客户处得到机密数据也是错误的。IBM公司不允许采取任何有问题的情报收集方式。

6）管理人员既需要战略情报，也需要战术情报。从高级管理人员到销售代表，不同的用户都有其相应的情报需求。对于小组而言，问题就从"应研究战略还是战术问题"进而到"我们如何研究战略或战术"。竞争情报规划目前既服务于战略制定，也提出近期的战术问题。

7）坚信竞争情报工作的价值。竞争情报小组再一次发现，竞争情报远不止是把信息汇编成形象的图表，它还能揭示其本质，并提出管理人员能够考虑和付诸实施的结论。达到显著的对抗竞争的目的会使队伍更加投入，当竞争情报队伍的工作遇到阻力时，相信自己工作价值的信念有助于维持该队伍的稳定。

8）竞争情报能够成为改变企业文化的组成部分。试验项目表明，竞争情报的成功往往需要改变员工们原来的工作行为。首先，竞争情报小组的成员必须学会从IBM公司全局的立场上研究竞争对手，而不是从他们部门的视角出发看问题；其次，研究和使用竞争情报的每个人都必须学会和牢记客观地介绍和评价不利消息。

9）竞争情报规划应积极地在内部进行传播和交流。由于竞争情报需要公司文化方面的一些改变，因此需要一位能够将竞争情报工作"销售"到整个公司的领导者。这位领导者只需在规划开展初期花费其20%的时间与竞争情报组共同工作，而其余80%的时间与其他员工一起论证竞争情报对公司的价值。

上述试验项目的经验教训为IBM公司的竞争情报规划打下了良好的基础。

三、推广试验项目

1995年年初，IBM公司开始广泛地贯彻实施竞争情报规划，即全面推广试验项目。为了将竞争情报与战略制定联系起来，协作机构为战略制定、决策和销售计划向每一个虚拟情报组提供工作框架、方法和工具来领导这项工作。这样做可以保持竞争情报的直观性，以帮助那些正在制定公司战略的管理人员。虚拟的竞争情报组集中研究公司的12个竞争对手；来自各业务部门的竞争情报小组评价其各个竞争对手和正在出现的新技术；各竞争情报小组通过使用IBM公司的信息技术相互联系和协作。以LotusNotes为基础的系统为这些小组提供联机讨论数据库，向管理人员和分析人员提供有关各种竞争情报的数据库及已完成的竞争情报评论的总接口。IBM外部的信息提供人员为使竞争情报组便于接收，则以LotusNotes系统格式提供信息。

竞争情报组运用IBM互联网技术接收外部资源，运用内联网技术在IBM内部传递最新资料。由其中一个小组开发了仅适用于自身需要的内联网应用系统，然后将这些内联网应用系统与范围广泛的LotusNotes基础应用系统相连。通过使用自身研制的应用系统替代购买现行的应用系统，该组能使它更适合于自身需要。

各竞争情报组系统地收集市场调查和集中分析报告、剪报、贸易展示、客户调查和咨询研究等中有价值的内外部信息。他们还从IBM公司管理人员个人手中收集竞争对手的信息。IBM通过广泛地收集信息资源，集中管理人员的信息，在市场中更具竞争力，在特殊的竞争环境中立于不败之地。

四、更具竞争力的IBM公司

调整后的竞争情报运行机制及新的竞争情报规划能够把全公司的竞争情报力量集中应对主要的竞争对手和主要威胁，并提供各种办法提高各竞争情报小组的协作水平，从而优化现有的情报资源。

纵观公司的发展，竞争情报组集中了IBM公司的全球资源，增强了IBM公司对抗竞争的能力。竞争情报工作为IBM公司提供了日常应对中的优势，最大限度地满足了全球市场上客户们的需求，公司总收入持续增长。1997年其通信设备收入在通信设备制造公司50强中排列第13位。该公司也在重新调整销售力量以打击竞争对手的薄弱点，并且联合公司的各个环节，以密切注视主要的竞争威胁。竞争情报逐渐地根植于IBM的产品开发过程中。

五、成功的关键因素

IBM公司的竞争情报工作不断取得成功，主要有以下五个关键因素：

1）首席执行官下达"命令"，并要求管理人员参加。总裁的支持加快了规划的进程。

2）公司日益严峻的财务状况，加之新首席执行官的上任，增强了每位员工的竞争意识。

3）借助外部专家和咨询人员的力量。

4）虚拟竞争情报组携手联合起来共同面对竞争挑战。小组成员来自各业务部门，并且凭借各种技巧和经验，彼此传输、分析和判断信息。

5）通过及时交换最新资料、客观分析和提出有创见性的建议，竞争情报组赢得了高级管理人员的信任。

（资料来源：根据天天文库中资料"集团战略管理之战略管控"整理，2022-04.）

讨论题：

1. IBM 建立一个协调统一的竞争情报（CI）运行机制的意义是什么？

2. IBM 公司的竞争情报工作不断取得成功的关键因素你是否同意？为什么？

案例分析讨论二　雀巢公司的市场调查及促销策划

一、调查的背景和目的

雀巢公司由亨利·内斯特莱（Henri Nestle）于 1867 年创建，现在的总部设在瑞士日内瓦湖畔的沃韦（Vevey），是食品业的一个跨国公司。在过去的 100 多年里，雀巢始终致力于向全球持续提供营养、健康的高品质食品。丰富多样的雀巢产品囊括了人生各个阶段。它最初是以生产婴儿食品起家的。今天，雀巢公司已是世界知名的食品饮料制造商，在全球拥有500 多家工厂。虽然产品众多，其主产品仍是雀巢咖啡。在世界速溶咖啡市场上，它始终处于霸主地位。这一地位的获取是多因素共同作用的结果，而深入细致的营销策划是其中一项重要因素。

调查的目的是分析现有的各种广告效果调查，了解现行广告的知晓度和顾客认同度，了解市场销售的特征和消费习惯，为雀巢公司针对本市的咖啡市场进行了调查研究，形成了很多有价值的调研数据和资料。

二、调研内容

雀巢公司的市场调查集中在三个方面：购买能力、饮用习惯和购买习惯。

购买能力：如挪威和瑞典的消耗量最大，美国次之；英国、日本喝茶多，咖啡消耗量小。

饮用习惯：如美国人要求淡、香，不要很苦；意大利人要求非常黑、非常苦；英国和其他国家介于二者之间。

购买习惯：如美国人每天购买一次，用汽车采购或电话约购；英国和其他欧洲多数国家的消费者三天购买一次；德国人也是每天购买一次。

三、调研对象

当地市民和当地各公司白领。

四、调研方法

用互联网对雀巢咖啡进行调查，调查问卷见附件。

五、调研时间

调研时间见表 4-2。

表 4-2　调研时间

时间	内容
10 月 1 日—10 月 4 日	设计
10 月 5 日—10 月 10 日	预调查问卷测试
10 月 11 日—10 月 16 日	打印

（续）

时间	内容
10月17日—10月23日	访问
10月24日—10月30日	统计
10月31日—11月5日	总结

六、调研费用

调研费用如表4-3所示。

表4-3　调研费用　　　　　　　　　　　　　　　　（单位：元）

阶段	费用				
	人力经费	物资经费	技术装备费	差旅费	合计
准备阶段	300	100	100	0	500
调查阶段	1000	500	0	500	2000
分析阶段	500	0	0	0	500
总结阶段	500	200	0	0	700
其他	200	0	0	0	200

七、调研结论及对策

根据调查结果，采用如下策略：

（1）产品及包装根据各国的不同习惯，采用不同类型；推销措施多种多样。

（2）采用普通推销，各店都卖；不许进口的国家则就地设厂、就地销售。

（3）广告宣传分四个阶段：

1）第一阶段，宣传产品营养丰富。

2）第二阶段，宣传产品饮用方便，与快节奏的现代生活相适应。

3）第三阶段，在体育运动会场做广告。

4）第四阶段，宣传饮用产品可保持体形，不会增胖。

由于雀巢公司所有的促销策划都建立在翔实、可靠的市场调查基础上，故而经营面越拓越宽，经营量越来越大。

附件　雀巢咖啡调查问卷

您好！

我们正在做一项关于雀巢咖啡市场状况的调查活动。为了更好地认识和理解消费者对雀巢咖啡的看法和建议，了解消费者对雀巢咖啡的满意度，从而为改进产品提供参考和指导，希望您能积极配合我们完成这份调查问卷。

非常感谢您的支持和配合。

1. 请问您是否喝过咖啡？

□喝过　□没有

2. 请问您的性别？

□男　□女

3. 请问您的主要职业是什么？

☐自己做生意　☐一般上班族　☐技术人员　☐工人　☐退休人员　☐学生　☐其他

4. 请问您的年龄在下面哪个范围内？

☐15 岁以下　☐15～19 岁　☐20～24 岁　☐25～29 岁　☐30～34 岁　☐35～44 岁
☐45～54 岁　☐55～64 岁　☐65 岁及以上

5. 请问您的家庭月收入在下面哪个范围内？

☐2500 元以下　☐2500～4000 元　☐4001～5000 元　☐5001～6000 元　☐6001～8000 元
☐8000 元以上

6. 请问您对雀巢咖啡的价格的看法？

☐很便宜　☐一般　☐可以接受　☐很贵

7. 请问您的学历？

☐初中及以下　☐高中及大专　☐本科及以上

8. 请问您经常喝咖啡吗？

☐经常　☐有时　☐从没喝过

9. 请问您一天喝几杯咖啡？

☐<1 杯　☐1 杯　☐2 杯　☐3 杯　☐>3 杯

10. 请问您喝咖啡的理由？（多选）

☐味道好　☐提神　☐习惯　☐其他

11. 请问您喜欢什么种类的咖啡？（多选）

☐新鲜磨制的　☐速溶的　☐罐装的　☐混合的　☐其他

12. 请问您喜欢以下哪种咖啡？（多选）

☐浓咖啡　☐摩卡咖啡　☐拿铁咖啡　☐卡布奇诺　☐不知道　☐其他

13. 请问您身边的亲朋好友中是否有喜欢喝咖啡的？

☐有　☐没有

14. 请问您对哪种品牌的咖啡了解最多？

☐雀巢　☐麦斯威尔　☐哥伦比亚　☐克莱士　☐捷荣　☐格兰特　☐铭咖啡　☐其他

15. 如果您正打算喝咖啡，请问您更倾向于哪个品牌？

☐雀巢　☐麦斯威尔　☐哥伦比亚　☐克莱士　☐捷荣　☐格兰特　☐铭咖啡　☐其他

16. 请问您一般会在什么时候喝咖啡？（多选）

☐闲暇时　☐工作时　☐用餐时　☐熬夜时　☐其他

17. 请问您在购买咖啡时看重的是？（多选）

☐口感　☐品牌　☐价格　☐包装　☐产地　☐其他

18. 请问给您印象最为深刻的咖啡广告是？

☐雀巢　☐麦斯威尔　☐哥伦比亚　☐克莱士　☐捷荣　☐格兰特　☐铭咖啡　☐其他

19. 请问您觉得市场上各类咖啡的广告宣传效果如何？（多选）

☐宣传不够　☐广告表现力不强　☐促销活动太少　☐其他

20. 请问您对咖啡广告的了解最多来源于哪里？

☐电视　☐网络　☐报纸　☐杂志　☐广播　☐海报招贴　☐商场宣传册　☐其他

21. 请问您接触最多的媒体是？

☐网络　☐电视　☐报纸　☐杂志　☐广播　☐其他

22. 请问您通常一天中主要在什么时候收看电视节目?

□上午　□中午　□下午　□晚上

23. 请问您在逛超市或商场时,是否注意过货架上的咖啡?

□注意过　□没注意过

24. 请问您觉得喝咖啡是精神上的享受吗?

□是　□不是

25. 请问如果某品牌咖啡开展优惠促销活动,您是否有购买意愿?

□是　□否

(资料来源:根据百度文库雀巢集团的相关内容整理.)

讨论题:

1. 雀巢公司调查问卷从哪些方面体现了主要的调查内容?

2. 请从案例学习中谈谈调研的最终目的是什么。

第五章

国际市场细分与定位

本章要点

1. 国际市场细分的概念
2. 国际市场的宏观细分标准
3. 国际市场的微观细分标准
4. 国际细分市场的评估
5. 国际市场定位的含义
6. 国际市场定位的程序
7. 国际市场定位策略

导入案例

华为国际目标市场覆盖策略

一、目标市场的选择

华为1997年进入俄罗斯；1998年进入印度；2000年进入中东和非洲；2001年迅速扩大到中南亚、欧洲的40多个国家和地区；于2003年12月与西门子签署合作协议；2004年在英国设立欧洲地区总部；2006年与欧洲无线通信企业、全球最大的移动通信运营商沃达丰签订3G手机战略合作协议；2008年赢得了欧洲市场300亿美元合同中的30亿美元；2009年与沃达丰签署了加深双方战略合作伙伴关系的协议，开始走向国际一流电信网络解决方案提供商的行列；2010年在英国成立安全认证中心，与工业和信息化部签署节能自愿协议，加入联合国宽带委员会；2011年建设了20个云计算数据中心，智能手机销售量达到2000万部；2013年作为欧盟5G项目的主要推动者，英国5G创新中心的发起者发布5G白皮书，积极构建5G全球生态圈；2014年在全球9个国家建立5G创新研究中心，智能手机发货量超过7500万部；2015年，华为的LTE已进入140多个国家和地区的首都城市，智能手机发货超过1亿部；根据市场研究机构IDC的数据，2019年第一季度华为智能手机出货量为5900万部，其全球市场占有率升至19%，市场排名超过苹果而升至第二位。

华为在市场拓展上采取了"先易后难"的思路。华为首先以落差式战略进入市场竞争相对较弱、经济发展水平与技术水平相对较低的发展中国家国际市场；其次采取攀高式战略，即所选的目标市场，经济发展水平和技术水平都高于母国。华为先后利用这两种战略，让自己的品牌逐步打入国际市场，最终以质量和技术第一、价格第三的优势占领市场。

华为进入国际市场初期，避开了向国际竞争者直接挑战，因而能在企业发展初期获得相对较为宽松的竞争环境，避免了在起步时受到国际巨头的打击和重大影响。所选择的目标市场经营环境相似，市场多为经济正在发展起步、国内技术相对落后、政策条件较为优越的发展中国家。这些发展中国家或转型经济体与我国所经历过的发展环境相类似，国内企业能较快掌握目标国的运营规则和环境，进入与学习成本低，能较快适应当地的市场环境。并且，这些国家普遍与我国建立了良好的外交关系，从而使华为获得相对的安全保障。

二、目标市场的进入方式

（1）除了价格、技术、市场等常规套路，华为还坚持把紧跟国家的外交路线作为自己的销售路线。

（2）直销模式（1999年—2001年）。华为通过贸易方式，开始大规模地把通信产品输入国际市场，在这一时期陆续进入南亚、非洲，实现由"点"到"面"的突破，使产品输出扩大化。

（3）根据地策略。为赢得突破，到2004年，华为公司代表处开始遍及全球，分布在40多个国家、8个海外地区，初具雏形。到2016年年底，华为的产品和解决方案已经应用于全球170多个国家和地区，服务全球运营商50强中的45家及全球1/3的人口。2016年上半年，华为销售收入达到创纪录的1759亿元，逆向增长30%，其中海外业务收入占比2/3。

华为5G技术更是代表了第五代移动通信技术，可以提供商用5GCPE的5G端到端产品的解决方案，技术成熟度领先同行。5G应用涉及远程医疗、自动驾驶、智能电网，智能城市、增强现实、虚拟现实。

由于华为的强大，2019年5月16日，美国商务部工业与安全局（BIS）以国家安全为由将华为纳入实体清单（Entity List）。实体清单是美国为维护其所谓国家安全利益而设立的出口管制条例，进入该清单的机构、企业和个人将被剥夺在美国从事贸易的机会。为此，华为在美国市场的营销暂时止步。

（资料来源：根据网络相关资料整理，2022-08.）

世界上有100多个国家和地区，在人口数量、经济发展状况、社会文化、政治环境、市场容量和技术水平方面存在着巨大的差别。同时，国际环境复杂多变。一个从事国际营销的企业，不管实力多么雄厚，也难以同时满足所有国家和地区各类不同市场的需求。其次，由于不管哪一类行业，同行竞争都异常激烈，因此，任何一个企业都无法满足整个国际市场上消费者所有的现实需要和潜在需要。一个企业要想成功地进入国际市场并进行经营，就必须在调查研究的基础上对市场进行细分，然后再在细分后的若干分市场中选择一个或几个市场作为本企业所经营的某种商品的目标市场进行市场定位，实现目标营销。

第一节　国际市场细分

一、国际市场细分的概念

在消费者市场，由于受许多因素（如国别、文化、宗教、收入、地理环境、心理等）的影响，不同的消费者通常有不同的欲望和需要，因而有不同的购买习惯和购买行为。特别是面对国际市场，消费者行为更难把握，在一国获得成功的营销方式在另一国未必会取得成功。因此，企业应按照影响消费者欲望和需要的因素进行市场细分，每一个细分市场就是一个有相似需要的消费者群，这个有相似需求的消费者群就构成了一个子市场。

例如，美国钟表公司通过市场研究将市场细分为三类不同的购买者群：第一类要求手表价格低廉且计时基本准确；第二类要求手表计时准确、耐磨耐用、式样新颖、价格适中；第三类要求计时精确、质料名贵，购买手表往往是作为礼物，追求象征性或感情性的价值。那时的钟表公司多以第三类消费者群作为目标市场。美国钟表公司通过市场细分，决定根据第一、二类消费者群的需要，推出了一款物美价廉的手表，获得了成功，成为当时世界上最大的钟表公司之一。

国际市场细分是市场细分概念在国际营销中的应用。它是指根据国际市场消费者需求的差异性，把某一产品整体市场划分为若干个子市场的市场分类过程。国际市场细分有两层含义：

一是从事国际营销的企业，必须根据某种标准（如政治、法律、经济、文化、地理等）把世界各国市场细分为若干个子市场，每个子市场有类似的营销环境。然后，企业从中选择某个或某几个国家构成的子市场作为目标市场。这种含义的市场细分称为宏观细分。

二是企业在选定宏观细分市场作为目标市场以后，再对那里具有不同需求的消费者按某个或某几个标准（如地理、人口、心理等）细分为若干个细小的分市场，使每个分市场的消费者具有类似的需求。然后，企业从中选择一个或几个分市场，根据所选定市场的特点，用适销对路的产品来满足这些需求。这种含义的市场细分称为微观细分。

例如，某自行车公司根据各国对自行车需求的不同，将世界自行车市场划分为发达国家市场和发展中国家市场。发达国家的消费者购买自行车一般是作为健身器械或玩具使用，而发展中国家的消费者购买自行车不少是作为交通工具甚至运输工具（特别是在农村市场）。因此，发达国家和发展中国家构成不同的分市场，这种国际市场细分就是宏观细分。如果选定了发展中国家，则要按一定的标准对消费者需求进行细分。例如，把发展中国家自行车市场分为城市市场和农村市场。这两个细分市场对自行车的高低、质量、颜色、款式、性能等都有着不同的要求。这样自行车公司又要进行市场细分和目标市场选择，这种国际市场细分就是微观细分。

市场细分是美国著名市场学者温德尔·史密斯（Wendell R. Smith）在20世纪50年代提出来的，它顺应了当时市场形势的发展——买方市场开始占统治地位。现在，随着全球经济一体化的加深，消费者的需求越来越多样化，竞争越来越激烈，STP 战略营销，即市场细分（Segmenting）、目标市场（Targeting）、产品定位（Position），越来越受到企业的重视。

二、国际市场细分的作用

满足消费者的需要是企业营销活动成功的关键。国际市场细分有助于企业更好地满足国际市场上消费者的需要。具体地说，国际市场细分的作用主要表现在以下三个方面：

1. 有利于国际营销人员发掘新的营销机会

国际营销人员通过研究国际细分市场的需求状况，可找出哪些消费者群的需要没有得到满足或没有得到充分满足，在满足水平较低的市场部分就可能存在最好的市场机会。

例如，香港 A 糖业公司主营巧克力，由于在香港竞争激烈，销量日下，该公司决定开发海外市场。而东南亚 M 国市场是一个潜力很大的市场，但长期被跨国公司 B 所占，年销售额 300 万美元左右。为打入 M 国市场，A 公司派董事长之子 D 先生负责全面事宜。D 先生用了一个月时间深入 M 国调查研究，他发现 B 公司的巧克力有几大缺陷：一是其重点放在儿童巧克力市场；二是 B 公司的巧克力都是传统的奶糖制品；三是产品包装单调；四是含奶和脂肪过高，小孩多吃会影响健康。于是，A 公司将 M 国巧克力市场按人口特色和巧克力的功能特点两个因素进行细分，得到六个细分市场：①儿童巧克力市场；②增加营养用的巧克力市场；③蓝领工人上班消除疲劳用的刺激型巧克力市场；④运动员用作补充体力消耗的运动专用巧克力市场；⑤年轻人交际用的口香型巧克力市场；⑥针对老年人设计的多功能老年心舒型巧克力市场等。其中儿童巧克力市场已被 B 公司牢牢控制，但其余五个分市场 B 公司尚未涉足，而且据估计，这五个市场的年销售额将达到 400 万美元。D 先生分析了公司的技术力量和资源情况，决定以这五个分市场作为目标市场，并制定了相应的营销组合策略，成功地打入了 M 国市场，当年的销售额就达到 300 万美元。由此例可以看出，A 公司正是通过市场细分，发现了五个未被满足需求的巧克力分市场，从而为企业发掘出极好的市场机会。

2. 细分市场有利于提高企业的竞争能力，获取最佳经济效益

麦赛福格森有限公司（Massey-Ferguson）的例子可以说明此点。麦赛福格森公司是一家生产农业机械的公司。1959 年，该公司将世界农机市场划分为北美和北美以外两大子市场。为了避免与福特汽车公司、迪尔公司和国际收割公司等强手进行直接竞争，麦赛福格森公司决定将目标市场选为北美以外的市场。公司花了许多年时间，坚定不移地实施其策略，并与环境保持互适性，最后终于使 70% 的产品销售到北美以外的地区。到了 20 世纪 70 年代，北美市场萎缩，福特、迪尔和国际收割机公司进行着残酷的竞争，盈利状况日下。而北美以外的市场却发展迅速，这使得麦赛福格森公司的销售额和利润大幅度增长。由此可见，正确的国际市场细分和目标市场营销是麦赛福格森公司成功的关键。

3. 市场细分更有利于中小企业的生存与发展

中小企业一般资金少、资源薄弱，在整个市场或较大的亚市场上竞争不过大企业。中小企业通过市场营销研究和市场细分，可以发现某些未被满足的需要，找到良机，见缝

插针、拾遗补阙，在日益激烈的竞争中求得生存和发展。比如前面讲到的美国钟表公司成功地开发物美价廉的手表，以满足被大公司忽略的潜在需求，从而大大提高了市场占有率。

三、国际市场细分的两层含义

由前可知，国际市场细分的概念有两层含义，一层是宏观细分，另一层是微观细分。

（一）国际市场宏观细分

宏观细分是微观细分的基础。只有首先确定进入哪个或哪些国家或地区，才能进一步在某国或某地区进行细分。在对国际市场进行初步分析、调查之后，营销人员需要根据某个标准把整个世界市场划分为若干个子市场，这就是国家间的市场细分，也称为宏观细分（Macro Segmentation）。一般来说，宏观细分的方法有以下几种：

1. 全球市场细分

国际企业对全球市场进行区隔时，以社会经济、文化和行为等作为首要的划分基础，把相似的国家或地区划归同一细分市场。

（1）按地理标准细分国际市场。以地理标准为依据划分世界市场是最常用的方法。人们习惯于把世界分为西欧、东欧、北美、南美、东亚、南亚、西亚及非洲。按地理标准细分国际市场有以下好处：

1）便于管理。由于地理上接近，可以在每一地区设一个分部来管理该地区业务。

2）处于同一地理区域的国家或地区，往往有相似的社会文化背景。

3）第二次世界大战后，区域性贸易和经济上的一体化（Integration）发展迅速，如欧盟、北美自由贸易区、东南亚国家联盟自由贸易区、美洲自由贸易区、南美自由贸易区以及亚太经济合作组织等。这些地理位置相邻的国家和地区，一般有相似的经济制度和经济发展水平，实行经济一体化以后，它们对外采取统一的政策和措施。这些区域性经济集团对国际企业的营销活动影响很大，有时，一个企业进入了某一集团的某一个国家，也就等于进入了该集团的每一个国家。

由以上三点可见，地理细分的作用是很大的。

但是，以地理标准进行市场细分并不总是可行的。地理位置的接近并不保证各国市场在各方面都类似。即使不同国家被划分在同一市场，也不一定能给企业提供相同的市场机会。同样，同一国家，如果幅员辽阔，东西南北差距悬殊，消费者也往往具有不同的需求。例如，墨西哥虽与美国和加拿大处于同一大陆，但其经济、文化显然有别于美、加两国；中东地区的伊朗、伊拉克、科威特、沙特阿拉伯、阿拉伯联合酋长国、埃及及黎巴嫩等，它们彼此之间也存在各种差异，各自有不同的法律体系和政治制度。因此，各国消费者往往有不同的需求和购买行为。由此可见，应用地理标准来划分国际市场是有其局限性的。

【资料阅读 5-1】　气候与营销

德国的一些啤酒公司都专门设有气候研讨室，把天气、气候等要素作为调整啤酒产量的一个重要参数。日本也十分注重研讨气候对消费者行为的影响，并依据实际得出结论：当气温达到22℃时，啤酒末尾滞销；达到24℃时，泳装末尾走俏；气温一超过30℃，冰淇淋的销量就会下降，而爽口的清凉饮料销量则会增加。

德国商人发现，夏季气温每上升1℃，就会新增230万瓶的啤酒销量。日本则开发出空调指数：他们发现，夏季30℃以上的气温多一天，空调销量即增加4万台。此外，还有天气与客流量分析的乘车指数、冰淇淋指数、泳装指数、食品霉变指数等各种指数。

受高温影响最明显三大类消费品分别是空调、饮料与防晒霜。

温度、湿度、风力、暴雨、地震、飓风都会对商品的订货和库存方案产生影响。此外，天气变化还会对实际的商品陈列和堆头产生相应的影响。

（2）按经济标准细分国际市场。一国的经济发展程度直接反映了一国的购买力，所以按经济标准划分国际市场也是一种常用的方法。人们可以使用多种经济指标作为标准，如国民生产总值、人均国民生产总值、技术经济发展水平等，也可以仅用人均国民生产总值作为标准。例如：人均国民生产总值4000美元以上者为工业化国家；700~4000美元者为中等收入国家；700美元以下者为低收入国家，那么整个国际市场就被划为三个子市场。

对某些产品和某些企业来说，由于成功地运用经济标准划分了世界市场，获得了较大的成功。例如，美国尤尼莱佛公司（Unilever）曾根据各国人均国民生产总值的不同来制定其洗涤用品的营销策略。该公司根据人均国民生产总值的高低将世界上的国家分为四类：第一类国家人均国民生产总值最低，公司在这类国家中主要销售肥皂；在第二类国家中主要销售洗衣粉；在第三类国家中主要销售洗衣机用洗衣粉；在第四类国家，即人均国民生产总值最高的国家中，公司主要销售纤维软化剂。

值得一提的是，尽管用经济标准来划分世界市场在很多情况下是可行的，并获得了成功，但企业不能忽视其潜在的缺陷，有时仅用一个经济指标或仅用经济标准来划分难免出现偏差。比如，按人均国民生产总值划分，沙特阿拉伯和科威特等国与美国、日本、德国等国属于同一子市场，但是，这两类国家之间客观上存在很大的差别，还要考虑文化因素的影响。

（3）以文化为标准细分国际市场。文化对国际营销决策有重要影响，因为文化诸因素（如语言、教育、宗教、美学、价值观和社会组织等）都能构成国际市场细分的标准。比如宗教，宗教极大地影响着人们的生活方式，而生活方式又极大地影响着市场营销。具有相同宗教信仰的人往往有共同的道义准则和禁忌，人们有相同的生活方式、生活习惯、价值观念并影响其购买行为。所以，把具有相同宗教信仰的国家划为同一市场，实施相同的营销组合策略，往往是行之有效的方法。

然而，单纯地用文化作为细分市场标准在很多情况也是不可行的。仍以宗教为例，仅仅以宗教为标准来细分国家以实现对一组国家实施共同营销策略，往往是不够的。如巴基斯坦和沙特阿拉伯，都信仰伊斯兰教，可是两国在经济上的差别很难把它们联结起来实行同一营销策略。2021年，沙特阿拉伯的人均GDP达23507美元，是一个各类消费品和工业品的大买主，而巴基斯坦的人均GDP只有1538美元，这对国际营销者来说，市场潜力太小。因此，在应用文化标准进行国际市场宏观细分时，还应兼顾其他的一些细分变量（如经济、地理等），才能避免以单一变量进行细分而导致的片面性。

【资料阅读 5-2】 "先难后易"的国际化战略

这是一种面对国内市场相对饱和、国际市场一体化的格局，为了占领日益增长的世界商品和服务市场，考虑企业品牌建立和长期发展需要和交易成本，针对全球一体化的压力、国际市场当地化反应的压力，凭借企业所有权优势和内部化优势，依靠"一路纵队"理念，先打开发达国家的市场，后进入发展中国家的市场的国际化经营战略。例如，海尔进军国际市场时，就选用了"先难后易"的国际化战略。

2. 国别市场细分

国际企业对全球市场进行细分时，以地理位置为首要划分基础，接着在不同市场国家内，以社会经济、文化、行为作为第二次细分的基础，即微观细分。每一个国家就是一个细分市场。

3. 混合市场细分

这是把国家市场特别大、值得特别重视的市场给予特别市场区隔，把若干类似的小市场国家拼成一个市场来经营。

4. 里兹克拉国际市场组合细分法

组合法（Portfolio Approach）是里兹克拉（Rizkallah）于 1980 年提出的，是一种以战略计划为基础的划分国际市场的方法，受到了国际营销学者和管理人员的普遍欢迎。这种方法要求从国家潜量（Country Potential）、竞争力（Competitive Strength）和风险（Risks）三方面分析世界各国，将其分成 18 类，如图 5-1 所示。

在组合法中，国家潜量是指企业的产品或服务在一国市场上的销售潜量。衡量国家潜量的指标包括人口、经济增长率、实际国民生产总值、人均国民收入、人口分布、工业生产和消费模式等数据资料。竞争力包括内部因素和外部因素。内部因素是指企业在该国市场上的优势和劣势；外部因素包括该行业及替代产品行业的竞争程度。风险是指企业在该国面临的政治风险、财务风险和业务风险（如消费者偏好的转移），以及各种影响利润、资金流动和其他经营结果的因素。

		竞争力			
		强	一般	弱	
风险	高	1	2	3	高
		4	5	6	中
		7	8	9	低
	低	10	11	12	高
		13	14	15	中
		16	17	18	低

图 5-1 里兹克拉国际市场组合细分法

用组合法划分世界市场有如下优点：①使用三个与营销密切相关的维度来衡量各国，因而其考察角度更全面，更能准确反映多国环境；②把风险单独作为一个维度，这较符合实际情况，因为风险是无处不在的，在了解一国市场吸引力的同时，必须注意该国市场上的风险，而且风险程度是不一样的；③每个维度都由若干因素组成；④使用 18 个方格，其中国家潜量和竞争力都各有三个档次，因为世界上不仅有大、小或强、弱，而且有中间位置。

组合法是企业进行国际市场细分的一种行之有效的方法，但是它要求企业必须事先进行大量的调查和研究，掌握大量的信息。因此，这种方法在具体操作中往往比较复杂。

除了上述方法以外，还有很多其他的方法。在众多方法中究竟选择哪一种呢？这往往取决于企业的需要和产品的性质。企业应尽可能多地考虑一些因素，以求对国外市场有更全面的了解，同时应根据具体情况具体分析，灵活运用各种细分方法。

（二）国际市场微观细分

企业通过宏观细分，可以从众多的国家和地区中选择某个或某些国家和地区作为目标市场。然而，每一个国家或地区又必然存在若干个不同的消费者群，从而构成若干不同的分市场。因此，企业在决定进入某国之后，还要在该国按一定标准再一次进行市场细分，以更精确、更具体地选择目标市场，这就是微观细分。微观细分是在某一国或地区内进行的，所以细分的方法和国内市场营销细分方法基本相同，因此这里仅对微观细分的方法做一简单介绍。

1. 消费品市场的细分标准

（1）地理标准细分。地理标准细分是按消费者所在的地理位置和自然环境来细分市场。具体变量包括地理区域、气候（气温、湿度、季节差异等）、人口密度、城镇大小等。消费者处于不同的地理位置，有着不同的需要与爱好，而且对价格、宣传等的反应也不同。例如，西门子公司的洗衣机在销往欧洲不同国家时，根据所在地理位置做出相应更改。由于德国及斯堪的纳维亚地区晴朗天气较少，在该地区适销的洗衣机转速不得低于 1000r/min，最大转速几乎达到 1600r/min。相反，在意大利和西班牙，阳光充足，洗衣机转速达到 500r/min 就够了。日本企业推出了一种带有风沙过滤装置的空调器，从而很快占领了海湾市场。

例如，预报来年春季雨水多、雨季长，于是，一公司决定将深圳某公司积压的 20 万把雨伞统统包揽，第二年春天果真春雨绵绵，20 万把雨伞一售而空。

又如，在日本 7-11 便利店，由于气候的变化影响到不同品类的销售，其门店的系统天天固定 5 次搜集天气静态信息。目前，日本本土的所有 7-11 门店都依靠店内的计算机联机系统管理。

（2）人口标准细分。人口标准细分是一种常用的细分市场的依据，它是以消费者本身的特征为依据来细分国际市场的。人口标准主要包括消费者的性别、年龄、家庭规模大小、职业特点、生活习惯、民族差异、家庭收入水平、受教育程度和宗教信仰等。消费者的需求、爱好和购买力常与人口标准有关。在发达国家，很多人热衷于生活上的舒适享受，消费支出往往超出其收入水平。相应地，分期付款、赊销等交易形式盛行。人们购买大件商品，既可以分期付款，也可以从银行借钱支付，而且借钱越多，声誉越高。而在我国，情况则相反，人们习惯存钱买东西，不习惯借钱买东西。因此，人们购买商品往往局限在有货币支付能力的范围内。这些差别使消费者对商品有不同的需求，购买行为也各具特点。

不同年龄、不同职业、不同文化水平的消费者，会有不同的消费需求。比如以年龄为标准，整个市场可以细分为老年市场、中年市场、青年市场、少儿市场和婴幼儿市场。老年人需要营养食品、舒适轻便的衣着以及闲暇娱乐方面的消费；青年人朝气蓬勃、好胜好奇、经济负担轻，往往是新产品、时髦商品的主要购买者；少年儿童需要的则是学习用品、玩具及营养食品。

（3）心理标准细分。人们的心理状态直接影响其购买行为。心理标准细分是指按照消费者购买心理因素及反应来细分市场。人们常常发现，随着生活水平的提高，购买商品已不仅仅限于基本生活需要，心理因素左右购买行为更为突出，如购买动机、价值取向、生活方式、性格、品牌偏好程度等。比如个性，在西方工业国家，汽车已成为主要交通工具，一些汽车厂商就专门为那些"奉公守法"的消费者设计经济、安全、污染少的汽车，同时专门为那些喜欢冒险、赶时髦的"玩车者"设计华丽、别致、操作灵敏的汽车，以满足其各自不同的需要。

生活方式是人们根据某一中心目标而安排其生活的模式。一种测量生活方式的方法是AIO法，即根据活动（Action）、兴趣（Interesting）和意见（Opinion）来划分消费者的生活方式。例如，联想根据生活方式把消费者分为两类：一类是已经进入"忘我境界"的"工作狂人"。这类用户"从不休息，永不疲倦"，工作几乎是他们使用笔记本电脑的唯一主题，而娱乐放松的需求却是一片空白，所以市场上惠普、戴尔等商务性能突出而娱乐功能薄弱的产品适合此类用户。另一类用户则深知"张弛之道"，工作娱乐两不误。这正是联想"天逸"系列笔记本电脑希望帮助用户实现的。其实，在联想之前，市场上已经有很多品牌开始长期致力于消费者市场的开发与拓展。不过，显然拥有更清晰产品定义的联想"天逸"系列更能满足用户全方位的"工作娱乐两不误"的需求。

企业还使用个性变量来细分市场，并使产品具有与消费者个性相吻合的特点。倘若本企业的产品与其他竞争对手的产品非常近似，而其他因素又不能细分市场时，那么对消费者按照个性细分则能起到一定作用。例如，20世纪50年代末，美国通用汽车公司生产的雪佛兰汽车和福特汽车就被认为适合由不同性格的人驾驶，两种汽车分别被赋予不同的品牌特性。苹果公司的目标市场是思维敏捷的年轻人，在将新型计算机推向日本市场的过程中，苹果公司与日本东京涩谷区一家追求新潮流的百货商店联手经营，将品牌特征与消费者个性结合起来，这一营销策略为苹果公司占领日本市场发挥了很大作用。

【资料阅读 5-3】　VALS 细分系统

VALS（Values and Lifestyles，价值观及生活方式）是美国加利福尼亚的 SRI 国际公司开发出来的一种观察理解人们生存状态的方法。一位名为阿诺德·米歇尔（Arndd Mithchell）的研究者根据20世纪80年代对大约1600户美国家庭进行的冗长的全面询问，设计出一个把消费者放于九个生活方式群体的系统，也称为 VALS 类型。

VALS 类型把人们归集为成就者、社会自觉者和归属者这三类，这主要依据人们在马斯洛等级中的位置以及他们达到目标的动力是内在的还是外在的。例如，成就者和社会自觉者都是富足的，但外在驱动型的成就者会倾向于获得"权力象征"，例如拥有一间外观令人印象深刻的房子，而内在驱动型的社会自觉者更可能购买一间具备有效动力装置的房子，如具备太阳能的。

梅里尔·林奇公司（Merrill Lynch）设计的广告创意是运用 VALS 数据去瞄准有此需要的生活方式的细分市场的经典诠释。当此金融中介机构在1978年迁移其代理处机构前，已采用"美国处在高涨期"这一主题12年了，广告是由一群牛狂野地冲过平原这样一组画面组成的。

一项 VALS 分析揭示了这一广告形态主要对 VALS 类型中"归属者"那类占据大量市场的、只想适应而不想突出的消费者群有吸引力。但梅里尔·林奇公司的目标顾客是"成就者"，即那些富裕的商界和政界的领袖人物，他们具有领导才能和自信心，并打算成为批量的投资者。于是广告代理商就改换了画面，只出现一头牛（象征强烈的个性特征），主题也变为"一头离群的牛"。

（资料来源：根据网络相关资料整理，2022-08.）

（4）行为标准细分。所谓行为标准细分，就是根据消费者的购买行为来细分市场，特别是在高度发达的商品经济中，消费者的收入水平越高，这一细分标准就显得越发重要。行为标准主要包括消费者追求的利益、对品牌的偏爱程度、购买频率、消费模式，以及对企业营销组合的敏感程度等。

2. 工业用品市场细分的标准

（1）最终用户的要求。如一个汽车制造厂商，制造一般轿车与赛车所用轮胎在耐磨性方面也有明确的不同要求。因此，企业必须分析产品的最终用户，以便针对它们的不同需求制定不同的对策。

（2）用户的规模，如大客户、中客户、小客户等。一个大客户的订货量可能抵得上几十个小客户，企业应对大客户投入更多的精力。

（3）用户的要求，如经济型、质量型、方便型等。

（4）用户的地理位置，包括所在地区、气候、资源、自然环境、生产力布局及交通运输和通信条件等。

（5）参与购买决策成员的个人特点，包括成员的年龄、受教育程度、社会经历及所担任的职务等。

（三）评估国际市场细分效果的标准

市场细分一定要对企业制定营销策略有实际意义，否则即使市场细分的标准特别多，所分出的子市场数量也特别大，但并不意味着每一个子市场都能产生效果。一个有效的细分市场必须具备以下标准：

（1）可衡量性（Measurability），即细分市场的规模和购买力可以被衡量的程度。如果难以衡量和测算，企业就不能分配适量资源来开发这一子市场。

（2）可接近性（Accessibility），即企业可以达到并为之服务的程度。比如，有些军用产品由国家指定军工企业生产，一般企业很难进入该市场。一个有效的细分市场必须是可以接近的。

（3）足量性（Substantiality），即细分市场的规模应足够大，保证企业获得足够的利润。比如，一家鞋厂通过细分发现适合身高 2m 的女士穿的鞋子在市场上是一空白点，但这个市场有多大呢？若市场不够大，企业就没有规模效益，也就难以弥补增加的成本。

（4）可实施性（Actionability），即企业能够有效地吸引并服务于市场的可行程度。

第二节　国际目标市场选择

企业在进行市场细分之后，面临着众多的子市场，企业不可能为所有的消费者服务，而必须针对消费者的需求结合本身的条件进行营销。首先，企业必须对细分市场进行评估，并在评估的基础上选择最有利于本身的细分市场作为其营销活动的对象。这就是目标市场的选择。企业确定了目标市场，也就明确了企业的具体服务对象，从而有针对性地开展目标营销（Target Marketing）。选择目标市场要真正投入。为什么准备进入这个市场，应研究什么，调查什么，一定要心中有数。比如，健康、环保、医药是前景看好的行业，特别是中药，中国企业应有所作为，了解外国人需要什么，外国市场有什么特点，如何让外国人愿意用中药等，从而早日占领这一巨大市场。

一、评估细分市场

在对国际市场细分以后，国际营销人员首先应对各细分市场进行评估，评估时应考虑企业的营销资源及能力、竞争状况以及政治、经济、法律等环境因素的影响。要想正确选择目标市场，首先要评估细分市场（Estimating Submarket）。

1. 细分市场是否存在未满足的需求

企业开发的市场不仅需要有现实的需求，更重要的是要有未来需求。如果有，企业经过相应的营销努力，使该产品在该细分市场上达到更大的销售规模，说明潜量大，前景光明；相反，如果市场狭小，没有发掘潜力，企业进入后就不会有发展前途，前景暗淡。因此，在评估细分市场时，要看这一市场中有购买欲望的消费者（用户）的数量有多少，这是市场容量的基础。只有打入有潜力、尚未满足的国际细分市场，对企业才有意义。

2. 细分市场的规模与发展

市场规模是很难测定的。一般来说，目标市场的销售量等于生产量加上进口量再减去出口量。但这得到的是目前的销售量，不表示目标市场的销售潜力。以上数据可从一国的相关统计资料中获得。另外，企业要考虑潜在的细分市场是否具有适度规模和发展特征。"适度规模"是一个相对的概念。大公司都重视销售量大的细分市场，往往忽视销售量小的细分市场，或者避免与之联系，认为不值得为之苦心经营；同时，小公司也避免进入大的细分市场，因为过大则所需投入的资源太多，并且对大公司的吸引力也大。

3. 细分市场结构的吸引力

细分市场可能具备理想的规模和发展特征，然而从盈利的观点来看，它未必有吸引力。有一些因素决定了整个市场或其中任何一个细分市场的长期的内在吸引力。管理学家波特认为，公司应对下面五个群体对长期盈利的影响做出评估，分别是同行业竞争者、新参加的竞争者、替代品、购买者和供应商。

他们具有如下五种威胁：

（1）细分市场内激烈竞争的威胁。企业选择目标市场不仅要选有未满足的要求、有一定的购买力的市场，而且要了解竞争对手的状况。这是因为市场表现为供求两方面，既要分析细分市场的需求，还应分析细分市场上的供应商——他们可能就是自己将来的竞争对手。一般而言，企业应该尽量选择那些竞争者比较少，而且竞争者的经济实力、经营能力比较弱的细分市场作为自己的目标市场。如果细分市场已有相当强的竞争对手控制，尽管细分市场的潜力很大，也不应轻易选为目标市场。因为这些竞争十分激烈、对手实力十分雄厚的细分市场，企业很难进入，即使进入，日后生存和发展也要付出昂贵的代价。

如果出现下列情况，常常会导致价格战、广告争夺战，不断推出新产品，企业要参与竞争就必须付出高昂的代价：该细分市场处于稳定或者萎缩的状态；生产能力不断大幅度扩大；固定成本过高；撤出市场的壁垒过高；竞争者投资很多，想要坚守这个细分市场，那么情况就会更糟。

（2）新参加的竞争者的威胁。如果某个细分市场可能吸引新的竞争者，他们会增加新的生产能力和大量资源，并争夺市场占有率，那么这个细分市场就没有吸引力了。关键的问题在于新的竞争者能否轻易地进入这个细分市场。如果新的竞争者进入这个细分市场时遇到森严的壁垒，并且遭受到细分市场内原来的企业的强烈报复，他们便很难进入。保护细分市场的壁垒越低，原来占领细分市场的企业的报复心理越弱，这个细分市场就越缺乏吸引力。

某个细分市场的吸引力大小因其进退难易程度的不同而有所区别。根据行业利润的观点，最有吸引力的细分市场应该是进入的壁垒高、退出的壁垒低（见图 5-2）。在这样的细分市场里，新的企业很难进入，但经营不善的企业可以安然撤退。如果细分市场进入和退出的壁垒都较低，企业便可以进退自如，然而获得的报酬虽然稳定，但较低。最坏的情况是细分市场的进入壁垒较低，而退出的壁垒却很高。于是在经济景气时，企业蜂拥而入，但在经济萧条时，却很难退出。其结果是各企业长期生产能力过剩，收入降低。

进入的壁垒	退出的壁垒	
	低	高
低	报酬低但稳定	报酬低且有风险
高	报酬高且稳定	报酬高但有风险

图 5-2　壁垒与利润

（3）替代品的威胁。如果某个细分市场现已存在着替代品或者有潜在替代品，该细分市场就失去了吸引力。替代品会限制细分市场内价格和利润的增长。企业应密切注意替代品的价格趋向。如果在这些替代品行业中技术有所发展，或者竞争日趋激烈，这个细分市场的价格和利润可能会下降。

（4）购买者购买能力和议价能力的威胁。如果某个细分市场中购买者的议价能力很强或正在加强，该细分市场就没有吸引力。因为购买者会设法压低价格，对产品质量和服务提出更高的要求，并且使竞争者之间竞争加剧，所有这些都会使销售商的利润受到损失。如果购买者比较集中或者有组织，或者该产品在购买者的成本中占较大比重，或者产品无法实行差别化，或者购买者的转换成本较低，或者购买者由于利润较低而对价格敏感，或者购买者能够向后实行联合，购买者的议价能力就会加强。销售商为了保护自己，可选择议价能力最弱或者转换销售商能力最弱的购买者。较好的防卫方法是提供购买者无法拒绝的优质产品供应市场。

（5）供应商议价能力的威胁。如果企业的供应商——原材料和设备供应商、公用事业、银行等，能够提价或者降低产品和服务的质量，或者供应数量，该企业所在的细分市场就没有吸引力。如果供应商集中或有组织，或者替代品少，或者供应的产品是重要的投入要素，或转换成本高，或者供应商可以向前实行联合，供应商的议价能力就较强大。最佳防卫方法是与供应商建立良好关系和开拓多种供应渠道。

4. 企业的目标和资源

即使某个细分市场具有一定规模和发展特征，并且其组织结构也有吸引力，企业仍需将其本身的目标和资源与其所在细分市场的情况结合在一起考虑。某些细分市场虽然有较大吸引力，但不符合企业长远目标，因此不得不放弃。这是因为这些细分市场本身可能具有吸引力，但是它们不能推动企业完成自己的目标，甚至会分散企业的精力，使之无法完成主要目标。

5. 企业自身实力

企业的人力、物力、财力等因素要能足以保证目标市场的需要，否则，即使企业选定了合适的目标市场，但由于自身内部条件的限制而无力占领该市场，也会导致半途而废，造成很大的损失。值得一提的是，企业所选择的目标市场应与企业的优势相吻合，否则将很难站稳脚跟。

如果企业在某个细分市场中在某个或某些方面缺乏必要的能力，并且无法获得必要的能力，也要放弃这个细分市场。即使企业具备必要的能力，也还不够。如果企业确实能在该细分市场取得成功，也需要发展其优势，以压倒竞争对手；如果企业无法在市场或细分市场创造某种形式的优势地位，就不应贸然而入。

在评估细分市场时，企业应考虑尽可能多的因素，如产品的用途及独特功能是否具有竞争优势，设计、包装、色彩等是否符合该市场的需求，本企业的市场占有率达到多大比例时，当地竞争者会要求政府限制进口等。在纷繁复杂、瞬息万变的国际环境中，企业考虑的因素越多，细分市场取得成功的可能性就越大。

【资料阅读5-4】　"细分市场"不代表放弃一片森林

如果把纸巾定位为男性纸巾就等于放弃其他市场吗？如果把饭店定位为白领餐厅会让许多人望而却步吗？把啤酒定位为淡啤就等于放弃了多数啤酒消费者吗？做了市场细分就代表着自缚手脚、自我设限了吗？很显然不是。

细分是要做深、做透一部分市场，成为细分领域的领导品牌，立足于市场。但细分并不代表要放弃其他的市场，把细分市场做好了一样可以曲径通幽，赢得更广泛消费者的认可。事实上，对于一个真正有着雄心壮志的企业而言，细分应该是最重要、最坚实的第一步。

鲁花以花生油做细分成就品牌，如今品类同样涉足调和油、葵花仁油、菜籽油、橄榄油、玉米油等多个小类。细分定位让消费者对鲁花建立了强大的品牌区隔认知，为后续的产品线延伸和消费者认知奠定了坚实的基础。

可见，细分的目的不是故步自封，而是基于一个独特的"沟通点"，让消费者有效地记住和接受品牌，首先把核心人群做实，然后再进行消费群的辐射扩散。

此外，企业需要了解以下几点，以更好地了解和执行市场细分。

1. 不要怕窄，大品牌都是从窄众做起的

例如，苹果早期的使用人群是怎样的一群IT"技术宅"，新百伦是怎样由小众走向大众的，小米如何从发烧友品牌成长到如今的行业地位的，等等。犹太人很不喜欢"薄利多销"的说法，他们不愿意铺开场地打价格战，而更愿意找到不同点，在某个地方做到"第一""最好"。只要把这个不同点落到"实处"，赢得稳定客户群的认同，那么就不愁没有生意可做。

2. 细分市场做大，足以跟原有市场分庭抗礼

如果能够挖掘出原有市场的软肋所在，那么这个细分市场就有可能迅速做大，并成为一个可以与原有市场分庭抗礼的新兴市场，比如西南航空的案例、经济型酒店的案例等。

3. 有机会改变消费习惯，变细分为主流

消费者并不完全忠诚，消费习惯会随着技术、社会风潮、市场格局的演变而发生变化，与之相应的市场则是一个永远动态而充满变数的场所。

细分带来的另一种可能性，就是引领市场变革、主导消费潮流。从细分品类一跃成为市场领导品类的案例也比比皆是，如变频空调、数码相机、智能手机等，它们都从当初的配角

发展成为当今市场的主流。

对于每一个新进入市场的品牌而言，都不应该害怕去细分市场。细分，不应当是企业的被动选择，而应当是企业主动选择市场、改变消费习惯和引领市场变革的战略决策过程。

（资料来源：和君创展博客，2015-03.）

二、目标市场营销策略

（一）选择国际目标市场

选择国际目标市场实际上是在竞争中选择在什么地带向竞争对手发起进攻的问题。目标市场选择得当，有助于企业迅速在市场上占有一席之地，有助于企业建立向竞争对手发起进攻的前沿阵地；目标市场选择不当，则营销之战必败无疑。

在全世界诸多国家中，国与国之间的市场存在巨大差异，这使得选择进入某一国际市场的决策要比选择国内市场复杂得多。科学的国际目标市场选择应按一定的程序进行。目标市场选择程序一般包括以下几个步骤：

1. 对国际市场进行初步筛选

选择进入国，首先应分析各个可能的进入国之间有何差异，分析各国在政治、经济、文化等宏观环境上的优劣，选择政治风险较少、文化障碍较少、经济政策较好的国家为备选进入国。然后再对各备选进入国的具体市场特点进行分析、排队，最终确定进入国。初步筛选的目的是确认选取哪些国家的市场，筛选工作应从总体性国家细分市场开始，应注意以下两方面问题：

（1）应慎重对待市场容量大的国家或地区市场，以避免遗漏那些能为企业产品提供良好前景的国家。

一般来讲，大企业非常重视销售量大的细分市场，常忽视进入销售量小的细分市场；而小企业则不愿进入规模较大的细分市场，因为那里需要太多的资源投入。市场容量的大小对企业顺利开展国际市场营销活动有重要影响，一旦对一个有着较好需求前景的国家或地区做出了错误决策，就等于失去了一个有着良好市场支持能力的国际营销领域。

（2）虽然初步筛选的工作范围要广，但应避免在发展前景不佳的国家上花费大量时间，以尽可能减少评估的资源消耗和筛选成本。

企业可从第二手资料和现存的统计资料入手，通过一些必要的调查研究，快速删除一些不适合的国家市场，缩小选择范围。经过迅速、经济、有效的初步筛选以后，形成的相对集中的细分国家，有助于对市场潜力进行精确分析。

2. 评估产品的市场潜力

经过初步筛选后的国家或地区的市场数目已较少，对这些国家或地区市场，企业要进一步对其市场潜力做出较深入的评估，即要对某产品在该国家或地区较长时期内的最大销售量做出判断。在评估产品的市场潜力时，要从两方面考虑：一方面要考察现实市场，即现有市场的实际规模；另一方面要对市场销量的年增长率做出预测。因为这两方面内容的发展是不一致的，两种因素可以有多种组合，不同形式的组合将影响某产品的总体销售量。

市场潜量和销售潜量的分析应与企业产品特点挂钩：一方面要寻找有助于发挥企业现存产品优势的目标市场；另一方面要注意从对市场机会的分析中发现企业产品的缺陷，为改进产品，设计出针对特定目标市场的特殊产品做准备。市场销售量的预测应考虑现有市场的绝对容量和年市场销售量的增长率。在很多情况下，这两个方面内容的发展是不一致的，它有多种可能：有的目标市场年销售增长率高，市场容量也大；有的则是年销售增长率高，但市场容量并不大；有的是年销售增长率低，但市场容量大；有的则是两者都低。

3. 评估企业的进入能力

经过上面两个步骤的分析，企业已大大缩小了可作为目标市场选择的国家或地区的范围，接下来企业要对有可能成为目标市场的国家或地区，结合自身的进入能力进行再评估。可围绕以下几个方面来考虑：

（1）企业拥有的产品情况。市场竞争的主要表现之一是产品竞争，如果企业拥有了某种适销对路的优良产品，也就拥有了进入某一国家或地区市场的基本条件。这就要求企业所研制、开发、生产和推销的产品要与所选择的目标市场国家或地区的发展阶段相一致，从而保证该产品在该国或该地区市场的销售潜力，保证企业的盈利能力。

（2）企业具备的竞争实力。企业要在目标市场上获得成功，就必须拥有与竞争对手相抗衡的实力。这除了产品因素外，还包括营销组合的其他因素，如价格、分销渠道和促销能力等。国际市场营销活动是企业总体竞争实力的较量。

（3）企业相应的财力资源。相对充裕的资金供应是企业开展国际营销活动的保证。资金运用范围包括将产品从本国运至国际市场的运输费及其他开支、延期付款的风险、保险费用和新的投资追加等。但在不同国家或地区开展营销活动时，所需要的财力支持力度是不同的，资金应用范围也有差异。

（4）企业特有的生产能力。企业在选择目标市场时，需考虑本企业是否具有目标市场所需产品的生产能力；所生产的产品是否符合目标国际市场所要求的技术标准；对不同目标市场国家或地区的生产活动能否给予有效的协调等。对这些问题都要给予应有的考虑。

（5）企业可选择的分销渠道。在影响企业国际市场营销活动的各因素中，各国不同的分销渠道模式的作用是显著的。美国、日本及一些发展中国家的渠道结构都表现出很大的差异。而企业能否用好这些国家的营销渠道，也是企业在选择目标市场时必须考虑的一个重要方面。

通过以上几个方面的综合分析与评估，企业可进行目标市场的选择与淘汰，最终确定一个或若干个目标市场来开展其国际营销活动。

（二）国际目标市场覆盖策略

企业在决定国际目标市场的选择和经营时，有三种策略可供选择：无差异营销（Undifferentiated Marketing）策略、差异性营销（Differentiated Marketing）策略和集中性营销（Concentrated Marketing）策略。

1. 无差异营销策略

无差异营销策略是指企业将整个市场作为目标市场，推出一种产品，采用一种价格，使用相同的分销渠道，应用相同的广告设计和宣传，即标准化的营销组合策略，努力进入更多国家或地区，吸引更多顾客。这种策略的优点在于能够通过单一产品的大批量生产，降低生产成本，提高设备利用率，降低储存和运转费用，同时避免开发费用大量投入及节省广告设计费用和促销费用。世界上只有少数大企业有能力采取这种策略。如美国可口可乐公司因拥有国际性专利，过去曾采取一种口味、单一瓶装的策略向世界推销可乐，甚至连广告语也只有一种"请喝可乐"。还有美国的福特汽车公司，在老福特时代就只向市场推销一种大型、黑色的福特牌汽车。公司老板老福特曾说过："不管顾客需要什么，我的汽车就是黑色的。"只向市场提供一种颜色、一种价格的汽车。

无差异营销策略的缺点是十分明显的。在现实中消费者的需求与欲望千差万别，且不断变化，企业仅用一种产品来满足消费者，很难让消费者永久地喜爱。即使消费者长期接受，也必将导致市场上许多企业纷纷进入，最终导致整个市场的竞争异常激烈。即使大企业也很难长期采用这种策略。它的缺点在于忽视了不同国家或地区、不同消费者需求之间的差异性，难以适应市场的频繁变化，从而丧失了许多市场机会。

无差异营销策略有其缺点，也有其优点。比如，无差异营销策略的一个最明显的优点是总成本降低。总成本领先将使企业获得很强的竞争力，一旦企业赢得了这样的地位（总成本领先的地位），其所获得的较高的边际利润又可以使其重新对企业的设备、设施进行投资，以进一步巩固自己在成本上的领先优势——这种再投资往往也是保持低成本状态的先决条件。"总成本低于竞争对手"意味着当其他公司在竞争中失去利润时，本公司依然可以获利。在现代市场经济条件下，这种策略在一定条件下仍有适用性，但可以想象无论哪个企业长期采用无差异营销策略肯定是行不通的。

2. 差异性营销策略

差异性营销策略是目前企业普遍采用的一种策略。它是根据细分后各子市场的不同消费需求，分别开发不同商品和采取不同营销方式的目标市场策略。差异性营销策略充分肯定了消费者需求的异质性。采用差异性营销策略的企业，把目标市场分为两个或两个以上的细分市场，并且根据各细分市场需求的差异，为不同的分市场设计生产不同的产品，并根据每种产品分别制定相应的营销组合策略，如对不同的分市场，采用不同的品牌，制定不同的价格，推行不同的分销渠道，应用多种广告设计，采用不同的广告媒体，有针对性地满足不同消费者的需求。最理想的情况是，企业在几个方面具有"差异化"的特征。例如，世界工程机械巨头卡特彼勒（Caterpillar）不仅以其业务网络和优良的零配件供应服务著称于世，而且以优质耐用的产品质量享有盛誉。

随着世界各国人民生活水平的不断提高，科学技术的迅猛发展，世界市场的竞争日益激烈，企业越来越多地采用差异性营销策略。美国可口可乐公司也早就采用了这一策略：现在不仅继续生产可口可乐，还针对不喜欢可乐型饮料的消费者推出了芬达、雪碧、雪菲力等各种口味的饮料。产品包装方面不仅有玻璃瓶装，还有塑料瓶装以及罐装；不仅有小瓶装，而且有大瓶装，甚至还推出水壶式的包装以满足小朋友的需要。又如，福特汽车公司现已采用多种品牌、多种颜色、多种款式、多种价格、多种分销渠道、多种广告形式，以满足不同细分市场消费者对形形色色商品的需要。

差异性营销策略的优点是，增强了企业的竞争力和应变能力，有利于对市场的发掘，扩大了企业的销售量。这种策略的不足是，由于目标市场多，产品经营品种多，因而渠道开拓、宣传促销的费用开支也比较大，同时，这种策略还可能导致企业顾此失彼。企业采用差异性营销策略，应该在不断巩固自己拳头产品市场优势的前提下，逐步推出新产品、进入新市场。

3. 集中性营销策略

集中性营销策略又称密集性营销策略，它是指企业在一段时间内集中力量，采用一种或少数几种营销组合策略专攻一个或极少数几个细分市场。

实行集中性营销策略的企业，不是面对整个市场，也不是把力量分散使用于若干个分市场，而是把力量集中在某一个或少数几个分市场上，为该市场开发一种理想的产品，实行专业化生产或销售。采用该策略的企业，追求的不是在较大市场上获得较小的市场份额，而是在一个或几个小市场上占有较大的市场份额，从而提高企业的市场占有率，提高企业的知名度。采用这一策略的前提是：企业业务的集中化能以较高的效率、较好的效果为某一狭窄的细分市场服务，从而获得为众多顾客服务的竞争者所不具备的优势。例如，劳斯莱斯是专门定位于"贵族"阶层的轿车品牌，该公司以豪华的设计、精湛的工艺、独特的享受针对一个极其狭窄的"缝隙市场"提供产品和服务，是采用集中性营销策略的一个典型例子。又如，德国大众汽车公司一向集中致力于小型汽车市场的开拓和经营。

集中性营销的优点是企业对特定子市场特别关注，集中企业所有的力量进行专业化生产和销售，利用自身的优势追求在较小的子市场上占有较大份额。这对于中小企业特别有利。国际上许多成功的企业都走过集中性营销的道路。它们在刚刚打入国际市场时，往往选择一个或少数几个细分市场经营自己的特色产品或"拳头"产品去占领市场，在局部市场取得优势后，再步步为营扩大到其他地区的同类市场，进而扩大到其他市场。采用集中性营销策略的结果是，企业要么可以通过满足特定群体的需求而实现差异化，要么可以在为特定群体提供服务时降低成本，或者二者兼得。这样，企业的盈利潜力会超过行业的平均盈利水平，也可以借此抵御各种竞争力量的威胁。但是，集中性营销策略常常意味着企业难以在整体市场上获得更大的市场份额，因此采用这种策略的缺点也是很明显的。这种策略风险较大，因为其目标市场狭小，一旦市场发生变化，或者强大的竞争对手进入市场时，企业就会陷入困境。

企业究竟该采取集中性营销策略、差异性营销策略还是无差异营销策略？在回答这一问题时，营销管理人员必须综合考虑企业本身、产品、市场、营销等各种因素。针对上述三种策略，每个企业都必须明确地选择自己的目标市场进入策略。在各种策略之间摇摆不定的企业很难获得较高的利润。一旦企业处于徘徊不定的情境，要想摆脱这种不良状态，可能需要长时间的、持续的努力。

【实例5-1】　资生堂"体贴不同岁月的脸"

资生堂（SHISEIDO）是世界闻名遐迩的"美学"日本品牌，已有100多年的历史，秉承了"百年匠心，让美资生"的理念，将东方的美学意识与西方的技术及商业实践相结合，将先进的技术与传统理念相结合，用西方文化诠释含蓄东方理念。但其成功与目标市场的选择密不可分。

20世纪80年代以前，资生堂实行的是一种不对消费者进行细分的大众营销策略，即希望自己的每种化妆品对所有的消费者都适用。到20世纪80年代中期，资生堂因此遭到重大挫折，市场占有率下降。1987年，公司经过认真反省，决定由原来的无差异的大众营销转向个别营销，即对不同消费者采取不同的营销策略，提出的口号便是"体贴不同岁月的脸"。他们为不同年龄阶段的消费者提供不同品牌的化妆品。为十几岁少女提供的是Reciente系列，为20岁左右的女性提供的是Ettusais系列，为四五十岁的中年女性提供的是"长生不老"Elixir系列，为50岁以上的女性提供的是防止肌肤老化的资生堂"返老还童"Rivital系列。

资生堂不像一般的化妆品公司那样，对零售商有较强的依赖，它有自己独立的销售渠道，旗下专卖店（柜）达 25000 多家。为配合产品销售，资生堂又推行了"品牌店铺"策略，即结合各品牌的具体情况，在每一专卖店（柜）中只集中销售一种或几种品牌。例如，在学校、游乐场、电影院等附近年轻人较多的地方，设立 Reciente 系列专卖店；在老年人出入较多的地方则设立 Rivital 专卖店。为使其对市场的细分尽可能彻底，资生堂的国际市场营销策略是：未来旗下的每一家店铺只出售一种或几种品牌的资生堂产品；使每一个销售人员都成为美容专家。

（资料来源：根据网络相关资料整理，2022-08.）

三、影响营销策略选择的因素

（一）企业实力

一般而言，如果企业实力强大，管理水平较高，根据产品的不同特性可以考虑选择差异性或无差异市场营销策略；相反，如果企业实力不强，无力将整体市场作为目标市场，则最好采用集中性营销策略，选择一个或少数几个子市场作为目标市场，这样容易在局部市场上取得优势，获得成功。

（二）产品性质

无差异营销策略适用于农矿初级产品，如大米、小麦、食盐、钢铁、煤炭等。这类产品的竞争主要表现在价格和服务上。因此对于这类产品，企业应采取无差异营销策略。而对于许多加工制造产品，相互之间差异很大，而且消费者（用户）对这类产品的需求也是多样化的，选择余地大，替代性强，因此生产经营这类产品的国际企业适宜采用差异性营销策略或集中性营销策略。

（三）市场特点

当各分市场的消费者需求、偏好大致相同，对市场营销策略的刺激也大致相同，对销售方式的要求无很大区别时，企业可采取无差异营销策略；反之，当消费者对商品的需求、偏好相差甚远时，则企业宜采取差异性营销策略或集中性营销策略。

（四）产品生命周期

产品生命周期各个阶段的不同特点直接影响着企业对目标市场策略的选择。当新产品刚投放市场，处于投入期和成长期前期时，还未被消费者熟悉，品种、规格还不多，竞争者也较少，企业适宜采用无差异营销策略；当产品进入成长期和成熟期时，品种日益增多，竞争加剧，企业应及时转向差异性营销策略；当产品进入衰退期时，为保存原有市场，集中力量对付竞争者，企业应采取集中性营销策略。

（五）竞争对手的目标市场策略

大多数企业都处于激烈竞争的环境中，在选择营销策略时，必须"知彼"，处于有利地位就要针锋相对，或避实击虚，否则很难取胜。一般而言，如果竞争对手实力强大，实行无差异营销策略，企业就要采用差异性营销策略，抢先向市场的深度进军；如果竞争对手已采用差异性营销策略，企业应进一步细分，实行更能满足消费者需求的差异性营销策略或集中性营销策略去占领市场；相反，倘若竞争对手实力较弱，企业也可采取无差异营销策略。

【实例 5-2】 海尔公司的 STP 战略

一、市场细分

海尔公司在国际化过程中依据消费者需求、性格、行为等方面的差异将市场分为不同的消费群体。多标准的细分依据使海尔发现了更多市场机会，从而对应推出满足不同类型消费者需求的产品。在城市市场中，海尔以中高端白色家电满足消费者喜好；在农村市场中，海尔为适应农村的消费水平，减少产品功能，降低产品成本，使其功能更有针对性。例如，海尔研制出的"大地瓜"洗衣机，迎合了农民洗红薯的需要。海尔针对江南地区"梅雨"天气较多、衣服不容易干的特点，开发了洗涤、脱水、烘干于一体的"玛格丽特"三合一全自动洗衣机；针对北方水质较硬的特点，开发了"爆炸"洗净的气泡式洗衣机。从海尔客观且全面的市场细分中可以看出，海尔公司善于捕捉各类消费者之间需求的差异，并能够及时为他们量身定做相应的家电产品。

二、目标市场选择

正确的目标市场的选择建立在正确的市场细分基础之上，并需要根据企业自身的资源状况、目前所处的市场地位及竞争者的目标等方面的因素综合考虑。由于海尔多样化的细分市场的标准，对每个细分市场都设计并生产符合其需要的产品。例如，海尔在美国抓住了学生这一细分市场，销售不仅适合学生个人储藏食物，还可以当书桌用的小冰箱；还为北美国家的消费者设计了专门存储葡萄酒的分层恒温高级冰箱，最终占领了该细分市场 90%的份额；考虑到日本人口众多的特点，海尔又为日本消费者定制了 319L 大容量超级节能冷柜。可见，海尔的差异性市场营销实行得很成功。

三、市场定位

海尔集团定位于高质量和高技术，不以价格作为卖点，而是追求产品的高科技含量、多功能一体化、使用简单、完善的售后服务等全方位带来的增值效果。

（资料来源：根据网络相关资料整理，2022-08.）

第三节　企业及其产品的国际市场定位

一、市场定位的含义

1972 年，美国两位广告经理阿尔·里斯（Al Ries）和杰克·特劳特（Jack Trout）在《广告时代》上发表了题为《定位时代》的系列文章，从而使"定位"一词广为流传，为大多数人所接受。他们认为，定位起始于一件产品、一种商品、一次服务、一家公司、一个机构或者一个人……然而，定位并不是对一件产品本身做些什么，而是你在有可能成为顾客的人心目中做些什么。国际市场定位（International Market Positioning）就是企业为了在国际市场竞争中争取顾客而刻意在消费者心目中树立某一特定形象的行为。

成功的定位往往决定了企业的成功。在 20 世纪 90 年代被外国人称为"中国魔水"的健力宝，是由广东健力宝集团首创和经营的。刚问世时，虽然面临十分激烈的竞争，但健力宝十分注意树立自己的形象，通过长年赞助体育事业（如 1984 年在第 23 届奥运会上供应健力宝给中国健儿饮用），成功地确立了健力宝的运动保健地位，在消费者心目中形成了朝气、活力、奋斗、进取的清晰形象。

一般来说，市场定位包括产品定位和企业形象定位等。

二、产品定位

（一）产品定位的含义

产品定位（Product Positioning）是指企业根据消费者对产品某种属性的重视程度，确定自己的产品在国际市场中的位置。

消费者的心理是难以捉摸的，对不同的产品往往有不同的偏好。企业应针对顾客对本企业生产经营产品的重视程度，强有力地塑造出本企业产品与众不同、个性鲜明、令人印象深刻的形象，并将这种形象传递给消费者，从而使该产品在国际市场上确定适当的位置。因此，从本质上讲，产品定位是一种形象定位，而不是实体定位，是消费者对产品的一种认同，而不是企业的自我评价。

（二）产品定位策略

产品定位策略是指企业为了实现特定的业务目标，根据目标市场上竞争者的情况和企业自身条件，为自己的产品创造某种特色，在目标用户心中树立某种形象，以适应目标用户的需要和应对竞争。一般来说，产品定位策略包括迎头定位、避强定位、空位定位等。

（1）迎头定位。企业将产品定在竞争者产品同一位置上，以逐步取代竞争者的产品。采用迎头定位的企业认为自身实力具有优势，现有的产品优于或至少相当于竞争对手的产品。这一定位策略容易引起对抗，导致竞争加剧。

（2）避强定位。企业将产品定在竞争者产品位置的附近，与竞争者产品并存。这种策略一般为实力不太雄厚的中小企业所采用，具有节省研究开发费用、避免产品不适销风险的优势。它可利用竞争者产品的宣传优势来提升本企业的产品形象，是一种跟随者竞争策略。

（3）空位定位。企业将产品定在市场空位上，同时又强调与现有产品的不同，既可以避开正面竞争，又能与现有竞争者争得一定的市场份额。例如，美国七喜饮料公司面对可口可乐和百事可乐两大可乐型公司，经过市场调查推出非可乐型饮料，满足拒饮咖啡因饮料的消费者的需要，从而在竞争中站稳了脚跟。

三、企业形象定位

企业形象定位（Firm Figure Positioning）是指确定企业形象在消费者心目中的位置。也就是说，企业根据目标市场上竞争者的情况和企业自身条件，为自身在目标市场上确定某种竞争地位，或者说为自身创造某种特色，在目标用户心目中树立某种形象，以适应目标用户的需要和应对竞争。为了进行企业形象定位，企业通常把自己的整体形象定位在消费者偏爱范围的中心地位，尽力扩大与竞争者的差距，使企业独具特色，以便在消费者心目中树立良好的、独特的企业形象。

定位如此重要，以至于企业家们无法忽视它的存在。成功的定位往往促成了企业的成功。但是定位并不是一成不变的，随着环境的改变，要及时、正确地调整定位策略，以保证企业的发展。班尼路创立于1981年，后经营不善，1996年被我国香港的德永佳集团有限公司（简称德永佳）收购，并创立了"广州友谊班尼路服饰有限公司"。德永佳的业务主要为两块：零售和纺织。在当时的市场环境下，班尼路能够迅速走红，德永佳的重新定位功不可没。首先，质量好、价格公道，说是纯棉就绝不掺假，T恤仅39元一件，售后服务也加分，买裤子还能改裤长，这服务在当时其他店里想都别想。在多数人对班尼路的评价中，能发现"棉质""舒服""便宜"是高频词，妈妈群体也放心将班尼路的服装作为宝宝的贴身衣物。其次，定位清晰、品牌曝光。班尼路把目标消费群体定位在 18～40 岁，主打年轻路线，以男、女、中性的休闲服饰为主。在当时并不充分的市场竞争中，班尼路的品牌显得旗帜鲜明。对于很多"80 后""90 后"的消费者而言，曾经的班尼路就是青春时尚的代名词。同时，代言明星都是华人圈人气极高的"天王级"明星，保证了品牌曝光率。据统计，截至 2012 年巅峰时期，班尼路在全国的门店达到了惊人的 4404 家，可以说是"五步一门店、十步一旗舰"。但是，随着国际快时尚品牌进入中国市场、本土市场涌现了大批时尚品牌、网购分食了中低端服饰市场，在前有国产休闲品牌、后有国际快时尚品牌局面下，如今班尼路这个老品牌处境堪忧。

综上所述，企业的基本决策，即把哪一个细分市场作为自己的目标市场，决定了它的顾客和一批竞争对手。而企业的产品定位决策则进一步限定了它的顾客和竞争对手。此时企业才可着手规划详细的营销组合。

关键词

国际市场细分（International Market Segmentation）

国际市场的宏观细分（Macro-International Market Segmentation）

国际市场的微观细分（Micro-International Market Segmentation）

无差异营销策略（Undifferentiated Marketing Strategy）

差异性营销策略（Differentiated Marketing Strategy）

集中性营销策略（Concentrated Marketing Strategy）

国际目标市场（International Target Market）

国际市场定位（International Market Positioning）

组合法（Portfolio Approach）

思考题

1. 简述国际市场细分的步骤。
2. 国际市场的宏观细分的标准有哪些？如何选择？
3. 国际市场的微观细分的标准有哪些？如何选择？
4. 评价国际细分市场要考虑哪些因素？
5. 国际目标市场如何选择？
6. 国际市场定位的程序是什么？
7. 国际市场定位的依据有哪些？
8. 国际市场定位策略有哪些？

案例分析讨论

"英伦梦幻"的市场定位

1999 年 10 月，梅怡接任绮芬公司总经理。作为男性浴用品的新贵，绮芬公司在前几年取得了平均 10% 增长的不凡战绩，但是 1997 年和 1998 年的销售额却勉强持平，同时各大公司积极介入，刚上任的梅怡感觉面前困难重重。绮芬公司是 1990 年无意打入男性浴用品市场的，当时一个推销员无意将当时还是为女性研制的"英伦梦幻"系列香水、洗面奶和香波在一个男性洗浴用品展销会上展出，没想到获得了巨大成功。绮芬公司立刻将产品进行改进，进军男性浴用品市场并取得了巨大成功。1997 年公司的营业额已经高达 3000 万元。

绮芬公司的产品分为三部分：①面部用品，包括洗面奶、须后水、护肤霜等；②洗头用品，如香波、护发素等；③身体用品，如香水、浴液、香皂等。所有产品都采用同一系列包装，并印有"英伦梦幻"字样。

公司定价策略与销售渠道：绮芬公司一直采取成本加 40% 利润的策略定价，由于产品设计全部来自欧洲，因此售价在市场上一直处于高档品的行列，在消费者心目中被认为是能与进口产品抗衡的唯一国货。全部产品均通过颁发许可，在全国的近 400 家护肤品专卖店以及其他连锁店和高档用品商场发售；另一个重要销售渠道是各个省会城市的最主要大型百货商店，通常每个城市只选择一家。

绮芬公司在近年开始面对强大竞争，主要是因为其他大公司开发的男性浴用品，如上海日化的"旧忆"系列就成为"英伦梦幻"的最有力的竞争者。

梅怡上任后首先对市场做了彻底调查，结果发现：

（1）男性浴用品市场一直以每年两位数的比例不断扩大。

（2）在所有的销售额中，专卖店和连锁店占了超过 50%，大型百货商场占 30%，销售食品日杂的超市占剩下的不到 20%，但是这部分增长最快。其中"英伦梦幻"在专卖店和连锁店的销售占有优势，但是"旧忆"在大型百货商场与超市里占据主导地位。

（3）"英伦梦幻"的主要消费者来自 18~34 岁、月收入在 3000 元以上的顾客群，其中女性占了很大比例，她们大多为自己的男性亲友购买，并且希望他们同富于"欧陆风情"的服饰同时使用。这个顾客群也被认为是最容易在品牌之间转换的一群，他们非常愿意尝试新品牌。

（4）在对购买者的随机调查中，发现他们首先想起的两个品牌是"旧忆"和"英伦梦幻"。在谈到对这两个品牌的印象时，他们多数认为"英伦梦幻"让人想起受过高等教育、文质彬彬、善解人意的青年男性形象，而"旧忆"则让他们想起和蔼从容的长辈。

（资料来源：根据世界经理人文摘网站资料整理.）

讨论题：

面对这样的调查报告，梅怡觉得绮芬公司需要明确最佳的目标市场并为此展开一系列工作。那么到底应该做什么，同学们，你们有什么好的建议吗？

第六章

国际市场进入方式

本章要点

1. 直接出口与间接出口的概念及其优缺点
2. 企业选择出口策略的方法
3. 许可经营与特许经营的概念及其优缺点
4. 合资经营与海外独资经营的概念及其优缺点
5. 合约制造、国际劳务合作和加工装配贸易的概念

导入案例

海尔的国际化

1998 年，海尔开始实施国际化战略，第一站设在了美国。1999 年 4 月 28 日，美国海尔贸易有限责任公司揭牌仪式在联合国大厦举行。在把营销中心、设计中心设到洛杉矶后，海尔在美国南卡罗来纳州建成了占地 2.7 万 m² 的电冰箱生产基地。2000 年 2 月建成投产后，年产能力为 50 万台，在美国冰箱企业中排名第六位。投产当年，美国海尔的营业额就超过了 2.5 亿美元，被当地媒体称为成长最快的外国公司。

美国市场是世界上最难进入的市场之一，许多亚洲公司都在这个市场上栽了跟头。我国台湾企业宏碁（Acer）用十多年时间，花费 10 多亿美元在美国推销其品牌，但终因亏损严重退出了美国市场。我国大陆也有一些公司也因直接进入美国市场困难，目前主要通过接单生产或 OEM（代工生产）的方式进入美国市场。例如科龙，其在我国香港地区和东南亚的销售打的是自己的品牌，但在美国和欧洲国家的销售却采用 OEM 方式，即出口到美国后就以美国公司的品牌销售。根据这些企业的经验和教训，海尔对美国冰箱市场进行了细分研究，发现美国大冰箱市场竞争异常激烈，GE 和惠而浦等名牌冰箱已经占据了大部分市场。而且，在这个市场上，海尔的品牌、资金实力、研发能力等与这些大品牌尚有一定的差距。但小型冰箱市场因其利润较薄，是被美国主要家电企业忽略的市场。根据这一分析结果，海尔决定根据美国市场的需求特点，通过开发小型冰箱产品，如专门适用于学生宿舍、办公场所的电冰箱等，突破美国市场。正是这种缝隙市场策略，帮助海尔成功地打开了美国市场。其中最受美国市场欢迎的学生宿舍和办公场所专用小冰箱的市场占有率达到了 25%。海尔

卧式冷柜的市场占有率则达到了30%以上。不仅海尔产品成功地打开了美国市场，而且海尔集团也在美国获得了很多荣誉。《今日美国》曾大幅报道过海尔的发迹史，家电杂志TWICE也数次把海尔列为最畅销的品牌之一。2002年3月，海尔买下曼哈顿百老汇大街的格林尼治银行大厦，以这幢纽约市最知名的建筑作为海尔在美国的总部。这被认为是当时中国企业海外扩张中取得最高成就的标志。

美国市场的顺利开拓为海尔进入其他国家和地区的市场树立了信心。2001年6月，海尔集团并购意大利的一家冰箱厂，这是完成在欧洲生产的重要一步。完成收购后，海尔在欧洲的销售也实现了相应的增长。2002年，海尔在德国、荷兰、比利时、卢森堡销售节能低耗的冰箱，四国政府甚至推出了相应的鼓励措施，每购买一台就奖励100欧元，海尔的销售额因而也在三年内增长了15倍。

对海尔最有挑战的市场是日本，因为日本销售渠道之复杂全球闻名。海尔CEO张瑞敏当时和三洋株式会社会长井植敏创造了"Sanyo by Haier"营销模式，即三洋为海尔在日本提供营销渠道，作为回报，海尔帮助三洋在中国销售电池。通过这种创新型的合作模式，海尔成功地打开了日本市场的大门。

2003年，海尔开始进入新兴市场，第一个目标国是印度。在印度，海尔建立了近3000个销售网点、14个海尔展示厅。2007年，海尔集团全资子公司印度海尔电器收购了Anchor Daewoo在浦那（Pune）的厂房，使其业务进入自有品牌本地化生产的新阶段。此后，海尔先后在印度尼西亚、菲律宾、马来西亚、越南、巴基斯坦、孟加拉、伊朗、约旦、突尼斯、尼日利亚等东南亚、南亚、中东、非洲国家建厂，生产海尔冰箱、洗衣机等产品。据统计，中国家电产量在全球占比为49.1%，而中国自主家电品牌出口量在海外占比却仅有2.89%，而这当中的86.5%都来自海尔。2014年，海尔品牌全球零售量份额为10.2%，连续六年蝉联全球白色家电第一品牌。海尔产品已销往海外100多个国家和地区，成功进入欧美前十大家电连锁渠道，平均每分钟就有125位海外消费者成为海尔用户。与此同时，海尔海外本土化水平已达到行业领先地位，海外生产海外销售的占比已接近海外终端销售额的50%，冰箱产品的海外本土化水平更是达到了70%。目前，海尔已初步形成了设计、制造、营销"三位一体"的本土化发展模式，为全球化品牌发展提供持续动力。

2012年12月26日，海尔正式宣布实施网络化战略，即由传统制造企业，转变成制造创业家的平台型企业。2019年，海尔集团进入第六个战略阶段——"生态品牌战略"阶段。这一阶段的海尔精神为诚信生态、共赢进化；海尔作风为人单合一、链群合约。

"链群"是海尔的首创，它是指小微及小微合作方共同创造用户体验迭代的一种生态链，生态链上的小微就叫"链群"。"链群共赢进化生态"是"人单合一"模式下的新范式。

为了更好地满足用户需求，海尔打造了高端品牌、场景品牌和生态品牌的三类品牌体系：高端品牌以卡萨帝等为代表，为用户提供高价值的产品；场景品牌三翼鸟为用户提供的是全场景的定制化智慧解决方案；生态品牌就是通过开放生态体系的共创共赢，为用户提供无止境的体验。

三翼鸟提供的是可定制的方案、可升级的场景，带来智慧厨房、智慧阳台等12大空间场景，仅2020年就销售超过100万个场景。海尔智家与全国超过1万多家生态伙伴共同打造了包括衣联网、食联网等六大生态解决方案。

海尔智家体验云平台开辟了一个新的赛道，通过这个平台实现了三个颠覆：

第一，颠覆了传统的分销。中怡康数据显示，2020 年，家电行业整体市场规模呈现两位数负增长状态，而海尔智家的市场份额仍然逆势增长 3%，市场份额全年累计达到了 23%；高端品牌卡萨帝实现了从高端第一到行业的引领，占到了全家电的 8.4%。

第二，颠覆了传统的零售。三翼鸟实现了体验引爆，不再是卖产品，而是卖解决方案。

第三，颠覆了传统的智慧，变成真正的生态智能。2021 年春节，海尔食联网卖出 12 万道年夜饭，走进近 2 万个家庭；衣联网推出"拜年装"，开启了服装定制的新尝试。

目前，海尔智家体验云平台已拥有 120 万名日活用户、3000 万个网器、1000 多个场景，集成了超过 10000 的生态方，已成为家电领域最完整、体验最好的平台之一。

经过 30 多年的发展，海尔集团已在全球设立 10 大研发中心、25 个工业园、122 个制造中心，拥有海尔、卡萨帝、统帅、美国 GE Appliances、新西兰 Fisher&Paykel、日本 AQUA、意大利 Candy 等智能家电品牌；日日顺、盈康一生、卡奥斯 COSMOPM 顺逛等服务品牌；海尔兄弟等文化创意品牌。

（资料来源：

[1] 海尔国际化发展战略研究［EB/OL］.（2009-12-22）［2022-08-20］. http://www.thldl.org.cn/news/0912/29270.html.

[2] 安也致. 海尔国际化为何总能先一步［N］. 中国企业报（消费电子周刊），2009（9）.

[3] 陈维城. 海尔进入生态品牌战略阶段［N］. 新京报，2019-12-26.)

第一节　国际市场出口战略要素

一、了解国家管理进出口的政策

无论企业规模大小，无论是只在一个国家做生意还是全球公司，出口都是国际经营不可分割的一部分。一个国家向另一个国家销售的产品必须跨越国境，进入目标市场分销体系。

国际市场营销企业除了选择目标市场、设计适当的产品、确定价格、策划促销活动、挑选分销渠道，还要满足把商品从一个国家运到另一个国家的法律要求。很多国家出于多种原因，对进出口商品加以一定的限制和规定。国际市场营销企业精通出口程序和规则，是出口销售成功的必要条件。

出口对世界各国经济起着重要的作用。根据商务部网站信息，我国 2021 年全年服务贸易发展情况如下：服务贸易持续快速增长，全年服务进出口总额达 52982.7 亿元（人民币，下同），同比增长 16.1%。其中，服务出口 25435 亿元，增长 31.4%；进口 27547.7 亿元，增长 4.8%。知识密集型服务进出口 23258.9 亿元，增长 14.4%。运输服务进出口 16821.5 亿元，增长 61.2%。

尽管进出口的地位非常重要，但各国对进出口的政策仍是喜忧参半。几个世纪以来，世界各国政府对商品的跨国流动持两种相反的态度。它们通过直接补贴和间接措施（出口退税）来鼓励出口。同时，政府又花费大量资金支持促销并培训生产者。相反，商品向另一方流动，即出口，却受到政府政策的限制。关税、进口控制及各种非关税壁垒都被用来限制商品的流入，从而形成了一种鼓励出口与限制进口的措施并存的国际形势。

美国的农业出口和进口政策很好地说明了这一点。一方面，美国的奶制品工业由于政府对进口的严格限制而受到很好的保护，奶酪实行准入控制，公司不准进口奶酪；另一方面，美国积极推动日本的进口商开放大米市场，并最终在1993年取得成功。

我国政府鼓励出口的政策取得了巨大的成就，经济增长率保持在6%左右，而且通货膨胀率低，因而吸引了包括克莱斯勒、惠普、戴姆勒-奔驰在内的许多外国公司前来投资建厂，生产的产品不仅用来满足当地需要，而且出口到世界其他市场。

1. 关税

关税是对从另一个国家进口的商品征收的税。所有国家都征收关税，目的在于增加收入，以及保护民族工业免受外国商品的冲击。例如，在美国所使用的税可划分为：①从价税，即按进口商品的价格征收一定百分比的税；②从量税，即按进口商品的数量征收一定的税；③混合税，即某一商品的从量税加上从价税，也就是按榜征税再加上价格的一定比例。

第二次世界大战前，从量税被广泛使用，而战后的趋势是向从价税转变。1998年1月，WTO成员开始实施协调关税制度（Harmonized Tariff System）。其成员采用的协调关税制度为所有商品统一分类制定了标准，也为买卖双方确定出口分类制定了标准。

2. 非关税壁垒

非关税壁垒（Nontariff Trade Barrier，NTB）是指阻碍商品在国外市场销售的任何非关税的措施。它一般包含以下五种主要类型：

（1）配额和贸易控制。配额是指政府对某一特定商品或产品大类的进口实行数量和总金额的限制。它引起的贸易扭曲比关税更严重，因为一旦达到配额限制，便不允许价格机制再起作用。美国对进口的糖、小麦、棉花、烟草和花生有特殊的配额。贸易控制是指政府对某些商品实行垄断性贸易。例如，瑞典控制所有含酒精性饮料和烟草产品的进口；法国控制整个煤炭的进口；中国实施烟草专卖制度。

（2）歧视性采购政策。这些歧视外国供应商的政策可能以政府规则、行政条例和非正式的公司政策形式出现。例如，1933年的《购买美国货法案》规定，美国联邦政府必须购买美国生产的产品，除非没有本国产品或成本太高，或者购买美国原料有悖于美国利益。

（3）限制型海关程序。分类和估价是确定进口关税的基础，但有关规定和规则执行起来可能非常复杂，而且费用高。例如，某产品可能被美国商务部按照分类编号，而加拿大海关可能不同意，因此，美国海关可能要与加拿大海关举行听证会以达成协议。此类对进口商和出口商的拖延都是为了削弱对方商品的竞争实力。

（4）选择性货币控制和歧视性汇率政策。例如，许多国家不时要求进口商存入一笔与进口商品等值的存款，而且没有利息。这些规定事实上因为提高了资金成本而变相提高了进口商品的价格。此外，还有对进口付款的货币限制和以不利的汇率换汇制度。一般来说，外汇管制可以适用于一切商品，或者一个国家可以根据进口商品的种类采用多汇率体系。对非常重要的商品可以实行有利的汇率；对不太重要的商品或奢侈品可以实行不太有利的汇率；对某些商品有时会禁止换汇。

（5）限制性管理和技术标准。具体包括反倾销规定、规模规定、安全和健康规定。某些规定的目的在于抵制外国商品，另一些规定则旨在达到国内的一些合法目标。例如，美国的汽车安全和污染规定使一些汽车制造商要满足其规定必须付出很高的代价，最终不得不将某些型号的汽车撤出美国市场。许多国家都制定了家电的安全标准，要求进口电器产品必须满足当地的安全要求，然后通过控制进口商品的检测手续，使安全标准成为完完全全的贸易壁垒。例如，2004 年 5 月 14 日，美国利用反倾销规定对中国彩电倾销案的最终裁决，由商务部对相关业者课征倾销税，使中国的几大彩电企业损失惨重。

当然，在地区基础上的所有限制型贸易壁垒都有被取消的趋势。例如，欧盟于 1993 年所形成的共同市场，其目的就是在整个欧洲就汽车安全、药品检验和认证、食品和产品质量控制等方面达成统一标准，并通过实施统一的货币单位，以促进贸易和商业的发展。一些学者认为，欧洲内部贸易壁垒的取消将形成一个新的欧洲城堡，新的外部壁垒也将随之形成，用来排斥外国的竞争对手。

2004 年 5 月 14 日，美国国际贸易委员会以 5：0 的投票结果结束了中国彩电产品倾销案的终裁听证。国际贸易部将最终裁决报告送交商务部，由商务部对相关业者课征倾销税。反倾销令一旦实施，有两个问题中国彩电业无法回避：一是中国家电企业在国际市场的出路如何；二是多余的产能如何消化。从长远来看，美国市场一直是中国彩电企业无法放弃的一个制高点。由于这次美国对中国彩电反倾销采取的是原产地原则，所以，从第三国向美国出口是一个现实的曲线策略。

而比邻美国并且已加入北美自由贸易区的墨西哥则成为众多中国家电企业抢滩的桥头堡。2014 年，TCL 多媒体斥资约 1.2 亿港元，收购松下旗下三洋电机位于墨西哥液晶电视工厂运营公司 SMSA90% 的股权，接替三洋电机为美国沃尔玛公司生产三洋品牌电视机；TCL 电子自 2018 年 11 月进入加拿大市场，不到一年的时间内，在加拿大当地的销量排名迅速攀升至前五，前三季度销量市场占有率达 7.5%。2019 年前三季度，TCL 电子品牌电视机在美国的销量市场占有率同比提升 3.3 个百分点至 16.5%。按全球电视出货量市场占有率计算，TCL 电子仅次于三星，排名全球第二。2015 年 8 月，海信以 2370 万美元的总价收购夏普墨西哥工厂，并获得夏普电视在美洲地区（巴西除外）的品牌使用权。2021 年 1 月 18日，海信集团发布 2021 年全年业绩：集团 2021 年实现营业收入 1755 亿元，同比增长 24%，创历史新高；海外收入 731 亿元，同比增长 33%；海外收入占比 42%。

二、选择出口市场和目标产品

企业在决定是否从事出口营销时，应该以一系列的标准为基础，包括潜在的市场规模、竞争对手的活动，以及由价格、分销和促销构成的总体营销组合，接下来就是选择一个以上的目标市场出口。选择过程应当以产品-市场轮廓为起点。

（一）产品-市场轮廓的创建

企业选择出口市场的第一步是确定影响所选择产品的销售水平和盈利水平的关键因素。如果是首次出口，其产品-市场轮廓应以它在国内市场的经验为基础。必须回答以下几个问题：① 谁购买我们的产品？谁不买我们的产品？②我们的产品满足谁的需要？提供什么功能？③我们的产品解决什么问题？④目前哪些顾客购买我们的产品以满足所需和解决问题？⑤ 他们目前为购买产品支付的价格是多少？⑥产品在何时、何处被购买？⑦我们的产品为什么被购买？

任何希望在国际市场上获得成功的企业，都必须回答以上问题。例如，福特汽车公司在短缺经济时代创造了大量生产 T 型福特汽车的历史，满足了消费者对价廉的需求，获得了成功；在买方市场条件下，又创造了以"社会需要什么颜色都可以，随时都可供货"的市场营销思想，从而开辟了更广大的市场。后来者日本丰田汽车公司，在石油危机时代创造了

"经济""价值"的营销思想，打败了美国的汽车商；后又选择了不同价格、不同式样、不同品种的汽车产品打入国际市场，并取得了成功，从而在国际汽车市场上占据了有利地位。

企业在选择产品时，一般都需要系统地评估自己的哪些产品会在国际市场上处于有利的竞争地位，以及哪些处于竞争劣势。其中主要有以下选择方法：

1. 产品筛选法

产品筛选法是在系统评估国际市场的基础上，从企业所生产经营的全部产品中找出最具竞争力的产品打入目标市场。企业在对国际市场系统进行调研的基础上，评估自己的某种产品在国外市场有无需求，新颖程度如何，使用条件怎样，有无互补性产品和服务等，从中筛选出最具竞争力的产品，推向国际市场。一般情况下，企业在本国市场上最具竞争力的产品，在国际市场上才可能具有竞争力；在本国市场上都缺乏竞争力的产品，在国际市场上也很难有销路。选择打入国际市场的产品一般应有较大的利润潜力，利用现有设备能生产出符合国际市场需求的产品等。

2. 产品生命周期法

新产品进入市场，经过推广普及，销量逐渐增加，由于科学技术的日新月异，消费者的需求不断发生变化，市场竞争加剧，此项产品又将为另一新产品所代替，从而退出市场，这就是产品的生命周期。每种产品都有自己的生命周期，分别要经历导入、成长、成熟与衰退阶段。不同产品，其生命周期的变化形式与持续时间各不相同，即使同一产品，在不同国家、地区市场的生命周期也不尽相同。这一点对于企业选择产品打入国际市场意义重大。

一般来讲，按产品生命周期法选择进入国际市场的产品，应选择在本国市场已处于生命周期成熟期的产品作为打入国际市场的主要产品。原因是：一方面，从生产角度来讲，企业的生产条件已经成熟，产品质量较高，单位产品的成本已降到最低点，产品竞争能力也大大提高；另一方面，从销售角度来看，产品在国内市场已经饱和或处于衰退期，销售增长率停滞，仿制品、替代品不断出现，竞争者之间竞相压价，企业利润不断下降，而该产品在国外市场上可能仍处在生命周期的初级阶段，竞争对手少，销售增长速度快。对于企业来讲，如果选择这种产品打入国际市场，寻求新的增长机会，就可以延长产品的生命周期，带来更大的效益。但需注意，随着科学技术的进步、各国市场信息系统的不断完善，一国仿造他国产品的时间越来越短，技术保密越来越难，这就需要企业必须尽快对国外市场做出反应。企业如果在这方面稍有犹豫，或反应稍有迟钝，可能就会延误或失去进入国外市场的机会，也可能会导致进入该国市场的产品已处于生命周期的衰退阶段。日本企业特别善于仿造其他国家的畅销商品，其模仿创新能力极强。因此，很多外国企业往往把本企业刚投放本国市场的新产品同时投放日本市场，以免失去日本市场的机会。现在有很多跨国公司直接在目标市场国家导入新产品，以快速抓住目标市场存在的机会，使产品快速占领市场，从而赢得竞争上的主动权。

3. 产品改造法

产品改造法是指按照外国市场的需求情况，局部改造本不能完全适应国外目标市场的某些产品，从而更好地满足消费者的需要，打入国外市场，获取盈利。

飞利浦公司是一家总部设在荷兰的电器公司。该公司早在20世纪70年代初就向日本市场推出电煮咖啡壶、电动剃须刀及其他类型家用电器，但效果一直不够理想，其中的原因主要是对日本市场了解不够。日本市场对产品质量与维修服务要求要比其他西方国家市场的要求高，对产品设计也有一些特殊要求。于是，飞利浦对产品进行了局部改造。例如，为了适应日本家庭规模较小的特点，缩小了咖啡壶的尺寸；为了适应日本人手掌小的特点，也缩小了电动剃须刀的尺寸。这样，飞利浦的有关电子产品才在日本市场上打开了销路，并开始盈利。

产品改造的范围很广，既包括实体改造，也包括非实体改造，如产品的包装、装潢、售后服务的改造，例如，20 世纪 80 年代初我国出口到国外的自行车，质量很好，但外观欠佳，都是单一的黑色，结果一流的质量、二流的包装，只卖出三流的价格。现在生产的自行车有着五颜六色的外观，结果不仅价格提高了，而且很受用户欢迎。最后需注意，产品改造必须视目标市场消费者的需求情况而定，充分考虑各国市场之间，尤其是外国市场与本国市场需求的差异性，尽可能使出口的产品更符合国外市场消费者的需要。

（二）确立评价市场的标准

一旦企业建立起产品-市场轮廓，下一步就是评价可能的市场。应当考虑六个标准：市场潜量、市场准入考虑、装运成本、潜在竞争、产品适应和服务要求。

市场准入考虑（Market Access Consideration）是指针对所有在购买者所在国之外生产的产品的进口条件的考虑，包括关税体系、优惠税率、关税估价准则和关税种类。例如，在乌拉圭回合的谈判中，各国最主要的目标是促进其贸易伙伴的市场准入。乌拉圭回合的谈判于1993 年结束，其中美国出口到欧盟、日本、新加坡等的 11 类商品实现了关税的降低和取消，涉及的产品大类包括建筑、农业、医药和科学领域的设备，还有钢铁、啤酒、药剂、纸张、印刷物、家具和玩具。

（1）关税体系（Tariff System）。关税通常分成两类：单式税则和复式税则。单式税则（Single Tariff）是一种最简单的关税形式，它包含一个税率表，对所有国家的进口商品实行同样的计税基础。而在复式税则（Two-column Tariff）下，初始的单栏税率得到第二栏的补充，第二栏表示通过与别国的关税谈判而达成的关税减让。在 WTO 框架内，享受最惠国待遇的所有国家都可以得到别国通过"条约"达成税率的同等待遇。除了例外情况，根据WTO 规定，国家同意对所有 WTO 签约方实行最优惠的和最低的税率。

（2）优惠税率（Preferential Tariff）。它是指对从某些特定国家进口的商品实行税率减让。除去以下三种例外情况，WTO 禁止使用优惠税率：①国家之间存在历史性的优惠安排，如在加入 WTO 之前就存在的优惠安排；②优惠税率是一个正式的经济一体化条约的组成部分，如自由贸易区或共同市场；③允许工业发达国家对总部设在发展中国家的企业给予优惠的市场准入。

（3）关税估价准则。它是指确定产品的交易价值，并把它作为完税价格的基础。交易价值是指在实际发生的个别交易中，买方为购买产品而支付给卖方的价格。当买卖双方相互关联时，海关当局有权审查转移价格，以确定该价格是否产品的真正市场价值。如果产品没有确定的交易价值，那么就采用海关估价的办法来确定完税价格，这样做有时会使价值升高而提高了关税。

（4）关税种类，包括海关关税（从价税、从量税和混合税）、反倾销税、反补贴税。倾销是指以不公正的价格在出口市场上销售商品。为了抵消倾销的影响并惩罚当事公司，大多数国家都制定了法规，在本国产品受到侵害时，对进口商品强制征收反倾销税。反倾销税这时等同于倾销边际收益的一笔进口附加费。反补贴税是指为了抵消出口国提供的补贴而征收的附加关税。

三、确定目标市场的具体任务及目标

目标市场及目标产品一旦确定，就需制定进入该市场的具体任务及要达到的目标。

目标是任务的具体化，它规定了企业在一定时期内达到的目的及标准。企业国际市场营销主要包括以下目标：

1. 利润目标

企业进入国际市场开展营销活动，付出代价并承担各种风险，主要就是为了获得相应的报酬，即利润。企业所冒的风险越大，利润理应越高。因此，利润是企业开展国际市场营销的重要目标，它可以通过资金利润率、销售利润率等指标来衡量。

2. 市场占有率

市场占有率是指一定时期内一家企业某种产品的销售量或销售额在同一目标市场上的同类产品销售总量或销售总额中所占的比重。市场占有率与企业盈利水平密切相关。其他条件不变，市场占有率越高，销售量就越大，实现的利润就越多，利润率往往也会随之相应提高。市场占有率的高低还关系到企业的知名度，影响企业的形象。市场占有率的高低也反映了企业在国际市场上的竞争地位，即市场占有率越高，企业的竞争实力就越强；反之则越弱。世界500强企业的排名考虑的一个很重要的因素便是市场占有率。因此，提高市场占有率，争取更多的顾客，是企业进入国际市场的一个重要目标。

3. 销售量或销售收入增长

产品销售的增加是指基期产品销售与计划期产品销售的差值。在成本不变的情况下，企业销售收入越多，利润就越高。因此，提高销售额也是企业国际市场营销的一个目标。

4. 产品保护

产品保护是指一种产品能顶住竞争者欲削弱其国际市场地位的程度。一种产品越能顶住竞争对手而不被削弱，产品保护程度就越高。企业可以通过采取营销措施观察商品销售量的变化来衡量产品保护程度。例如，设产品A降低价格30%后，竞争产品B在不降价的情况下销量仍保持稳定或降低的幅度很小，则产品B就处于保护地位。产品保护是企业的重要战略目标之一，实现这一目标，对于提高竞争能力、拓展市场、延长产品生命周期、扩大销售都有很重要的意义。企业要确保一种产品在国际市场上处于保护地位，最好的办法是实现产品差异化。

5. 社会责任目标

企业的营销目标除盈利之外，还要承担社会责任，即取之于社会，用之于社会。企业在国际市场上只有积极承担社会责任，如做好售后服务、维护生态环境平衡、搞好赞助和救济等，才能获得目标市场顾客的信赖，进而才能争取到更多的顾客，赢得更大的利润。试想，某公司在社区修了一条宽广的公路，在两边栽种上树木，当行人走在这条舒适的路上时，一想到是某公司修的，自然会对该公司产生良好的印象，当需要买产品时，首先想到的便是该公司。如此一来，公司的利润自会增加。

四、确定销售条件

国际市场营销中的销售条件（Terms of Sale）阐明了买卖双方如何划分风险和义务，从而明确国际营销具体业务的费用。常见的国际贸易销售条件包括以下几种：

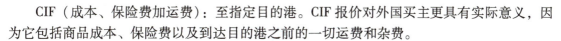

CIF（成本、保险费加运费）：至指定目的港。CIF 报价对外国买主更具有实际意义，因为它包括商品成本、保险费以及到达目的港之前的一切运费和杂费。

CFR（成本加运费）：至指定目的港。该价格包括商品成本和到达目的港之前的运输成本。保险费由买方支付。

FOB（装运港船上交货）：至指定装运港。该价格包括商品成本和到达指定地点前的费用。

EXW（工厂交货）：至指定地点。该价格只包括在产地交货的成本，其他所有费用由买方支付。

在国际商会出版的手册《国际贸易术语解释通则》中可以找到所有术语及其定义。

五、货款支付

与国外客户进行交易时会面临各种风险，使海外销售变得更加复杂。例如，有因客户信用引起的风险，有外汇管制、距离遥远和不同法律制度造成的问题，还有追偿欠款的成本和困难。销售条件一般在销售时由买卖双方协商。在确定销售条件时，必须考虑商品类别、所涉金额、商业惯例、买方的信用等级、买方所在国家，以及买方是新客户或老客户等，在此基础上来选择支付方式。一般包括五种支付方式：信用证、汇票、现金预付、记账交易和福费廷。

（1）信用证（Letter of Credit）。信用证是指买方通过银行开出的以卖方为受益人的信用凭证。信用证不再是买方的商业信用，而是开证的银行信用。采用信用证支付时，卖方通常可以向开户行开立汇票，凭适当的（即符合信用证规定的）货运单据得到货款。

信用证的支付程序为：签订合同；买方找到当地一家银行，开立信用证；开证行通知卖方所在国家相应的银行，告知信用证已经开出；卖方在满足信用证提出的要求后，可以向开证行开立汇票，进行付款。汇票中要写明信用证中有关汇票的规定，在有关银行议付前，随汇票提交如下单据：商业发票、领事发票（需要时）、清洁提单、保险单或保险证明书。

（2）汇票（Bills of Exchange）。汇票是卖方向国外买主出具的凭证，并把它和必要的单证一起交给卖方的银行托收。所需单证原则同信用证。

汇票有三种形式：见票即付、货到即付和择日即付。其中，择日即付汇票与前两种不同，它有准确的付款日期，不受货物运输的影响。在见票即付和货到即付的汇票上还可指定付款期限，在收到票或货的若干天内，必须付款。这个期限通常是 30～120 天。汇票的优点是已承兑的汇票可以向银行贴现，这样卖方可以立即得到货款。但如果买方拒付，则汇票退回卖方。

（3）现金预付。现金预付适合交易额不大、买方信用可疑、目标国的外汇管制使回款无期的贸易，通常不受客户欢迎。

（4）记账交易，即赊账销售产品。它通常在以下情况使用：定购的是特殊商品；运输危险；进口国实行严格的外汇管制；政局不稳。

（5）福费廷（Forfeiting）。其基本思路是：出口商为买方提供长期融资，然后通过贴现出售其应收账款获得资金。一旦出口商卖掉应收账款单证，金融机构即承担向买方收取货款的责任和进口国出现的政治风险。

第二节 出 口 方 式

一、进入方式及其战略意义

进入国际市场，在世界范围内寻找更大的市场机会，已经成为经济全球化背景下企业的普遍选择。但要顺利进入国际市场，企业必须在以下四个战略环节上做出正确决策：

（1）通过全面、系统的调查研究活动，细分国际市场，并对各细分市场进行分析和评价，寻找、发现可能存在的国际市场机会。

（2）对有关细分市场进行深入调查研究，分析评价企业进入后面临的机会、威胁及优势、劣势，在此基础上选择企业要进入的目标市场，并确定目标市场定位。

（3）根据目标市场特点和企业条件，选择进入国际市场的方式。

（4）制定国际市场营销策略。

这四个战略环节环环相扣，任何一个决策的失误，都会直接影响企业在国际市场上取得成功。其中，进入国际市场方式的决策最为关键，因为它不仅直接影响企业进入国外市场以后的经营活动，还影响企业在国际市场上的资源投入和发展水平。

进入国际市场的方式是指企业对进入外国市场的产品、技术、技能和资本等资源进行的一种必要的系统规划。企业进入国际市场的方式很多，按照向国际市场输出资源的不同，可分为出口方式、契约方式和投资方式。其中，出口方式输出的是实物产品，具体又分为直接出口和间接出口；契约方式输出的是技术、服务、管理经验和营销诀窍等，具体包括许可经营、特许经营和合约制造；投资方式输出的是资本，根据全部拥有或部分拥有资本所有权又分为独资方式和合资方式。不同进入方式的国际市场控制能力、介入程度和风险水平有所差异，应用范围也不相同。因此，企业必须根据自己的国际市场营销战略目的，正确选择国际市场进入方式。

二、间接出口方式

出口方式是指生产企业把本国生产和加工的产品输往国际市场。这种方式一直是企业进入国际市场的重要方式，特别是在企业初次进入国际市场的情况下，一般都会首先考虑采用直接出口或间接出口的方式。

（一）间接出口的概念

间接出口（Indirect Exporting）是指企业通过国内中间商出口销售在国内生产的产品。采用间接出口方式，企业并不直接与国外市场联系，而是通过国内各种从事出口贸易活动的组织将产品销售到国外市场。虽然产品进入了国际市场，但企业的营销活动范围与国内销售并没有太大差异。因此，这是初次进入国际市场或者偶尔进入国际市场的企业经常采用的进入方式。中小型企业由于缺乏国际市场营销经验和人才，为了减少风险和节省国际市场营销费用，也多采用这种方式。根据选择的中间商不同，间接出口的具体做法又可以分为三种：①企业把产品卖给出口经销商，由出口经销商在国际市场自主销售；②企业与出口代理商签订代销合约，委托出口代理商代理出口产品；③企业委托拥有国外销售渠道和国际市场营销经验的企业代销产品。由于各类出口中间商的功能、特点各不相同，因此，间接出口的

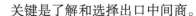

关键是了解和选择出口中间商。

（二）出口中间商

1. 出口经销商

出口经销商是指拥有商品所有权，通过买卖差价获取利润的出口中间商。出口经销商一般都拥有制造商所不具有的某方面优势，或是在国际市场上有广泛的客户关系和成熟的渠道，或是能够及时、方便地获得国际市场信息，在市场销售方面灵活、主动。由于资金雄厚，又拥有大量的国际市场营销人才，出口经销商能够承担、处理国际市场营销工作各方面的业务。出口经销商中有相当一部分专门从事某个行业的国际贸易活动，能够为出口企业提供本行业的各种国际市场信息及产品方面的建议。企业若选择这类中间商，开展国际销售就等同于国内销售，但由于这类中间商要自负盈亏、自担风险，因此他们往往会主动选择出口产品供应商，对制造商企业的忠诚度较低。

2. 出口代理商

出口代理商是指接受国内企业的委托，在合同规定的条件下代理本国委托人向国外市场销售商品的中间商。出口代理商没有商品所有权，其收入来源于出口销售成功后获取的佣金。出口代理商有综合出口经理商、制造商出口代理商、出口经营公司、出口经纪人等多种类型，不同类型的代理商适合不同的出口企业。一般来说，对于缺乏国际市场营销经验的中小型企业来说，选择综合出口经理商是克服出口障碍的有效途径。而制造商出口代理商则比较适合企业在下述情况下选择使用：①出口数量较少；②要销售一种新产品到国外市场；③要进入一个新的国外市场。

3. 合作出口

合作出口是指一家企业利用自己的海外渠道出口自己和其他企业的产品。其中，具有出口渠道和能力的通常是一些较大的企业。合作出口双方之间是买卖、代理或委托关系，对合作出口各有所需。代理出口他人产品的企业的合作动机有：①利用对方的非竞争性产品弥补自身产品系列的空缺；②通过代理扩大出口规模，提高现有国际分销渠道的利用率；③获得对方的折扣价格补偿。对于利用合作者渠道进行产品间接出口的企业来说，选择这种方式出口产品既方便，又可以降低出口风险，减少出口成本，提高出口效率。因此，一些缺乏出口能力、没有海外客户和市场的中小型企业，或者不想在国外市场上过多投入的企业，通常适合选择这种方式进行间接出口。

（三）间接出口的优缺点

由于间接出口方式不需要企业直接参与国际市场营销活动，而是借助中间商实现走向国际市场的目的，因此，这是许多企业初次进入国际市场的首选方式。但是，完全通过中间商出口也影响了企业从事国际市场营销活动经验的积累。因此，企业在具体采用这种方式时，要考虑其优缺点。

1. 间接出口的优点

（1）出口方便，成本低。采用间接出口方式，可以利用中间商的渠道、经验、人才进入国际市场，从而降低企业的出口难度和出口成本。这对于初次进入国际市场的企业非常有利，特别是一些中小型企业，间接渠道往往是其成功进入国际市场的唯一选择。

（2）不需要增加专门投资。采用间接出口方式的企业只需直接将出口产品交与中间商即可，一般不需要改变自己的生产线，也不需要设立专门的对外营销机构去了解国际市场的相关情况，包括办理出口单证、运输、保险等业务，均由出口中间商承揽，从而节约了从事国际市场营销的投资。

（3）减少了从事国际市场营销活动的风险。国际市场竞争激烈、环境复杂，在其中开展营销活动会面临各种风险。但采用间接出口方式，由中间商全面负责产品的出口销售业务，承担了出口销售中存在的汇率风险、买方信用风险以及市场需求变动风险等，可以大大减少生产企业面临的风险。

（4）为企业出口提供了更大的灵活性。间接出口主要是选择中间商，在渠道建设和市场开发方面没有太多投资，企业调整策略的成本较低。因此，当企业对所选的中间商不满意时，可以重新选择、更换。另外，通过间接出口过程，企业也可以学习和积累国际市场营销知识和经验，为以后选择直接出口或到国外投资奠定基础。由此可见，这种方式具有很大的灵活性，有利于企业适应国际市场的变化。

2. 间接出口的缺点

（1）不能迅速、直接地掌握国际市场信息。由于出口业务全部交由中间商进行，企业的产品虽然进入了国际市场，但企业本身与国际市场是分离的，对国际市场缺乏直接感受和体验，只能通过中间商的传递获取有关的国际市场信息。在这种情况下，企业往往无法及时、全面和客观地了解国际市场状况。

（2）缺乏控制国际市场的能力。采用间接出口的企业往往不熟悉国际市场的行情和需求，不能根据国际市场的需求变化，主动调整产品结构和营销策略。由于企业多是按照出口中间商的订单组织生产，对国际营销活动缺乏控制权，因此在价格、交货期等方面完全处于被动地位。

（3）无法建立自己的国际市场营销渠道。间接出口方式也意味着企业的渠道终点实际上是国内出口中间商，与国外渠道并没有直接接触。即使企业有多次出口国际市场的经历，也很难有机会与国外中间商或用户建立合作关系，因而不利于建立自己的出口渠道。

（4）无法树立自己的品牌声誉。出口中间商为了在国际市场上树立自己的声望，在向国外市场推销产品时，一般都不会直接推出生产企业的品牌，而是用自己的品牌。所以，即使产品很受国外市场欢迎，但生产企业本身却不能获得品牌声誉。没有品牌声誉，产品价格就上不去，加之出口利润要在生产企业和出口中间商之间分配，并且分配的权力在出口中间商手中，所以出口利润也很低。

【资料阅读6-1】 避税港问题

西方发达国家所称的避税港（Tax Haven）国家主要集中在加勒比海和南太平洋地区。避税港又称离岸中心（Offshore Centers），大多是资源匮乏的发展中微型岛国，主要依靠低税收政策大力发展离岸金融业（Offshore Financial Services）来大量吸引逃避本国税收的外国资本，以增加收入、振兴经济。近年来，经济合作与发展组织（OECD）以"有害税收竞争"为由，向所谓避税港国家的税收政策发起了严峻挑战。避税港问题对阵的双方实际就是发达国家与从事离岸金融业的发展中国家。现就避税港问题的来龙去脉做简要分析。

离岸金融业的做法是，离岸中心对在其境内注册的外国离岸公司和离岸银行所进行的国际贸易和金融业务，免征所得税及其他税收，外国公司只要通过律师事务所或会计师事务所在当地注册并由其代理业务即可，缴纳的费用只有注册费、营业执照费和管理费等。实际上，外国公司并不在注册地从事实质性业务活动，仅在离岸中心过一道财务手续，便可避开本国税收监管，把大量资金存于境外用于开展业务。因此，离岸中心对国际资本有着巨大的诱惑力。

以巴巴多斯为例，国内公司所得税高达40%，但对离岸金融业只征0~2.5%。巴巴多斯对离岸公司的税收政策如下：

（1）国际商务公司（International Business Companies）：利润在500万美元以下的，按2.5%缴纳所得税；500万~1000万美元，按2%纳税，1000万~1500万美元，按1.5%纳税；超过1500万美元，按1%纳税；免缴预留税（Withholding Tax）。

（2）外国销售公司（Foreign Sales Corporation）：免缴所得税、预留税和财产转移税，不需纳税申报及公布财务状况。

（3）离岸银行（Offshore Bank）：同国际商务公司。

（4）免税保险公司（Exempt Insurance Company）：同外国销售公司。

（5）有限责任团体（Society with Restricted Liabilities）：同国际商务公司。巴巴多斯没有资本利得税（Capital Gains Tax），对离岸公司不实行外汇管制。

离岸金融业的好处主要表现在给注册地政府增加财政收入、解决就业和带动其他经济部门的发展等。离岸金融业与其他经济部门密切相关，它的直接受益者包括：宾馆、餐馆、超市；公共设施，特别是电信部门；政府，可通过收取注册费和管理费获取收入；高级管理人员，如会计师、律师、有经验的银行管理人员和公司秘书，能有更多的就业机会；国内金融业以及房地产商。

（资料来源：避税港问题探析［EB/OL］. 商务部，2002-10.）

三、直接出口方式

直接出口（Direct Exporting）是指企业不通过国内中间商，直接通过国外中间商或者自己设立的国外销售机构，实现产品的出口销售。采用直接出口方式的企业要独立承担一切出口业务，同时还要进行相应的人力、资金投入，出口风险也随之增加。因此，直接出口方式适合资金雄厚，拥有国际市场营销人才资源，而且已经采用过间接出口方式，并积累了一定的国际市场营销经验的企业采用。特别是随着出口业务的增长，企业的发展战略已经转向国际市场，即可以通过采用直接出口的方式，真正开始自主的国际市场营销活动。

（一）直接出口的管理任务

采用直接出口方式，尽管可以借助国外中间商打开国外市场，但企业必须承担全部的出口业务。因此，直接出口的工作内容远比间接出口复杂，难度更大。一般来说，采用直接出口方式时，企业国际市场营销人员的工作任务包括以下内容：

1. 选择国外市场

采用间接出口方式时，为企业产品选择国外市场的任务由出口中间商负责。而采用直接出口方式时，企业的国际市场营销人员就必须自己选择国外市场。为此，国际市场营销部门首先要进行国际市场调研，获取相关国家和地区的市场情报，然后应用各种分析方法评定和估算各个细分市场的潜力和进入的可行性，最后从中选出准备进入的目标市场。

2. 选择进入目标市场的分销渠道

出口目标市场确定后，还要选择进入目标市场的国外分销渠道。国外分销渠道一般有三

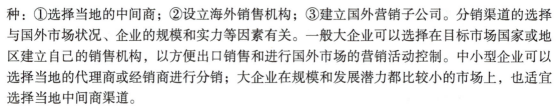
种：①选择当地的中间商；②设立海外销售机构；③建立国外营销子公司。分销渠道的选择与国外市场状况、企业的规模和实力等因素有关。一般大企业可以选择在目标市场国家或地区建立自己的销售机构，以方便出口销售和进行国外市场的营销活动控制。中小型企业可以选择当地的代理商或经销商进行分销；大企业在规模和发展潜力都比较小的市场上，也适宜选择当地中间商渠道。

3. 产品的实体分销和出口单证的制作

国外分销渠道明确以后，企业的国际市场营销部门就必须考虑实体分销（Physical Distribution）问题。实体分销就是将产品转移给国外客户。国际市场的实体分销要比国内市场复杂，成本也更高。因为国际市场的实体分销涉及产品的国际运输和保险，产品包装也随运输方式的变化而有不同要求。为此，如何选择国际实体分销方案，对于降低出口成本、提高企业产品的国际市场竞争力有重要影响。

出口单证制作是一项烦琐而细致的工作，其流程包括客户询盘、报价、得到订单、下生产订单、业务审批、下达生产通知、验货、制备基本文件、商检、租船订仓、安排拖柜、委托报关、获得运输文件、准备其他文件、交单、业务登记、文件存档等十多项内容，需要业务人员认真、仔细地操作，任何一点疏漏都可能造成不必要的损失。为了节约成本和保证效率，最好通过外部专业公司完成这项任务，海外运输代理人通常也承担运输和单证制作等工作。

4. 其他任务

收集国际市场信息、制定出口产品价格、进行国际市场促销等也是直接出口情况下企业必须自己承担的任务。收集国际市场信息，一方面可以通过案头调研获取二手资料，另一方面也可以在国外市场实地收集一手资料。出口产品的定价涉及价格术语、币种、关税和定价策略等多方面因素，比国内的产品定价复杂得多，需要根据企业的国际市场营销战略和价格目标灵活决策。在直接出口情况下，国际市场促销任务可能由企业与国外中间商共同承担，也可能由出口企业独立承担。无论哪种情况，企业都要明确促销目标，并根据国际市场的具体情况制定促销策略。

（二）直接出口的具体方式

直接出口的具体方式一般有以下几种：

1. 利用国外中间商

国外中间商熟悉本国各方面的环境状况，了解当地市场的销售规律，没有语言、文化和价值观念方面的障碍，在推销外国产品方面拥有先天优势。一些规模大、力量雄厚的国外中间商还能够为企业提供促销、资金等方面的支持，对企业顺利进入该国市场具有很大帮助。因此，利用国外中间商是许多企业优先选择的直接出口方式。但是，利用国外中间商也有缺点，如无法控制国外销售渠道，不能直接与国外的最终用户进行交易，出口销售利润受到影响等。

2. 设立海外销售办事处

海外销售办事处（Branch Office Abroad）是企业在国外市场上构建分销渠道的起点。其主要任务是在该国外市场上进行企业产品的销售和推广，而且主要是销售给该国的批发商、经销商或者工业用户。海外销售办事处一般设有仓库和储存设施，备有一些存货、备品备件等。办事处人员由企业委派，直接对企业负责。设立海外销售办事处的优点包括：①便于企业更直接地接触市场，搜集情报，掌握需求动态；②可以提高国外市场上的售后服务水平，因为国外中间商一般不愿意为企业承担这些工作；③与国外中间商相比，海外销售办事处能够集中力量销售本企业的产品，从而促进出口产品的销售。

3. 建立海外营销子公司

海外营销子公司（Marketing Subsidiary Abroad）与海外销售办事处类似，主要区别在于海外办事处不具有法人资格，而海外营销子公司则是有法人资格的独立实体，在法律上和税赋上都具有独立性，能使企业更灵活、深入地开展国际分销活动。

4. 直接与最终用户联系

直接与最终用户联系是指企业不经过任何国外中间机构，直接与国外最终用户取得联系并达成交易，实现产品出口。这是对企业最为有利的一种直接出口方式，由于没有中间商，减少了渠道环节，因而成本低、利润高。而且，企业可以直接与国外最终市场用户实现对接，既可以及时获得最直接的市场需求信息，又能够为用户提供良好的售后服务，从而提高企业的国际市场竞争能力。这种直接出口方式常见于大型机器设备、飞机、轮船和高技术产品的国际市场营销活动中。

（三）直接出口的优缺点

1. 直接出口的优点

（1）有助于企业直接了解国际市场需求信息。采用这种出口方式，企业可以与国外中间商和最终用户直接打交道，能够真实感受到国外市场的具体状况，及时获取国外市场的供求变化和竞争等信息，特别是可以收集到有关国外市场需求的一手资料。这为企业根据国际市场的变化开展市场营销活动提供了充足的依据，从而使企业适应国际市场需求的能力得到提高。

（2）能够使企业积累更多的国际市场经验。采用直接出口方式使企业真正走进了国际市场，摆脱了对出口中间商的依赖。在这种情况下，企业必须按照国际市场的规律开展市场营销活动，才能在比国内市场更为激烈的竞争环境中取得成功。这就迫使企业在国际市场的营销实践中努力学习，尽快培养自身的适应能力。同时，企业与外商面对面地打交道，直接在国外市场上销售产品，能够亲身感受国外市场对自己产品的各种评价。这一切能不断增加和丰富企业国际市场营销知识并积累经验。

（3）有利于建立稳定的海外销售渠道。直接出口方式需要企业在建立海外销售渠道方面投入较大的人力、物力和资金，这些投入为企业构建自己的国外销售渠道奠定了基础，也避免了完全依靠中间商出口渠道不稳定的风险。特别是采用海外销售办事处或海外营销子公司直接出口，实际上就是国际市场上本企业的专属渠道。直接出口企业多通过国外独家经销商进入国际市场，这种中间商的利益与企业产品的销售直接相关，故能够与企业一起面对市场的竞争和挑战，双方的合作关系也比较稳定。由此可见，采用直接出口方式，有助于企业建立稳定的海外销售渠道。

（4）有利于加强对海外市场的控制。在采用间接出口方式时，企业通过中间商进入国际市场，从而失去了对产品的国际市场营销控制权，直接出口则与此相反。在采用直接出口方式时，企业通过与国外中间商或国外最终客户直接联系，进行国际销售谈判，最终实现产品出口。在整个出口过程中，企业不仅能及时了解国际市场信息，而且拥有自主决定出口产品价格以及制定其他市场营销策略的权力和能力。因此，在直接出口的情况下，企业能够加强对国际市场的控制，因而也有利于企业进一步主动开拓国际市场。

（5）有利于树立和提升企业及其产品的声誉。在采用直接出口方式时，企业是以自己的名义与国外中间商和国外最终用户进行交易的，这就使国外市场能直接了解企业的状况，也记住了企业的名称。当企业产品受到国外市场欢迎时，就树立起企业的市场声誉，同时，企业也逐步积累了自己产品品牌的忠诚客户。长此以往，企业的名称和产品品牌就会拥有国际声誉。拥有国际声誉的企业将会在所有国际市场营销渠道成员中拥有更高的控制权和影响力，而且在国际市场上也能够获得超额利润。

2. 直接出口的缺点

（1）进入国际市场的成本高。采用直接出口方式的企业，在国内要设立专门的出口部门或指派专人办理各项出口业务，要搜集国际市场情报，联系国外中间商及其最终客户；要建立仓库，设立服务网点，成立海外办事处或海外营销子公司。这些都需要大量的资金。另外，招聘和培养国际市场营销人才也需要大量的投入。因此，采用直接出口方式的企业承担的成本远远高于间接出口方式。

（2）需要拥有国际市场营销人才。企业直接进入国外市场，必须拥有熟悉国际市场营销业务、精通目标国语言的国际市场营销人才。优秀的国际市场营销人员，不仅要具有国际贸易、国际商法知识，精通几门外语，而且要具备开拓国际市场的能力、良好的谈判能力和公关能力。这样的人才对于任何一个企业都是宝贵的资产。因此，招募和培养优秀的国际市场营销人才往往是企业采用直接出口方式时面临的最大难题。

（3）建设国外渠道困难较大。企业采用直接出口方式，就要拥有自己的国际市场销售渠道。但即使通过国外中间商进入国外市场，也需要企业自己寻找并选择合适又可靠的国外中间商，这项工作需要投入很多资源才能取得成效。一般来说，当企业缺乏广泛的国外市场关系，又没有国际市场营销经验时，与国外中间商建立合作关系困难较大，而且存在一定风险。特别是资金、人力都比较缺乏的中小型企业，完全靠自己联系国外客户建立渠道更不容易。企业通过在海外设立销售办事处或销售子公司构建国际市场渠道，也会面临一些问题，如与当地经销商之间形成竞争，引发他们的抱怨，从而影响渠道效率等。

四、不同出口方式的选择

间接出口与直接出口作为企业走向国际市场最普遍采用的出口方式，各有其优缺点。企业只有综合考虑各方面因素，并结合自身条件进行恰当选择，才能充分利用和发挥所选方式的优点，取得出口营销的成功。一般来说，企业选择出口方式时，要考虑以下几方面因素：

1. 出口商品的特性

商品特性与流通时间长短和市场变化的影响程度有关，因而对间接出口或直接出口的适应性有差异。一般来说，初级产品、半制成品以及时效性差的日用品可以选择间接出口方式；时效性强的商品适宜选择直接出口方式，特别是品牌商标对消费者购买决策影响很大的一些选购品及特殊品，选择直接出口有利于树立企业的品牌和声誉。

2. 企业的长期市场营销目标

如果企业制定了以外向型为主、最终实现跨国经营的长期营销目标，就应选择直接出口方式。

3. 企业的资金及国际市场营销人才资源实力

规模大、资金雄厚、拥有优秀国际市场营销人才资源的企业适宜选择直接出口方式，还可以借此增强企业的国际市场竞争力；各方面实力较弱的中小型企业以及处于国际化起步阶段的企业，适宜选择间接出口方式，既可以利用中间商的经验、信息和渠道，又能够节省国际市场营销费用，是一种比较合理有效的选择。

第三节 许可经营、特许经营和合约制造

许可经营、特许经营和合约制造都属于契约进入模式。这种模式是企业与国外市场的法人单位签订长期非股权性质的契约，通过向其转让技术或其他无形资产使用权而进入国际市场的方式。

一、许可经营

（一）许可经营的概念

许可经营（Licensing）是指企业（许可方）与国外市场的法人单位（被许可方）签订许可协议合同，允许该法人单位在合同期限内使用企业的专利、商标、服务标记、商品名称、原产地名、专有技术（Know-how）等无形资产，在一定条件下生产销售某种产品，企业则从该法人单位获得许可报酬（技术提成费用或其他补偿）。许可协议的主要内容见表6-1。

表6-1 许可协议的主要内容

序号	内容	序号	内容
1	许可费	8	有关终止和更新协议的问题
2	所负责的地区	9	许可企业对新发明的所有权
3	获准的销售价格	10	获得许可的企业具备哪些可能成为竞争对手的能力
4	质量管理措施	11	上缴收入的时间
5	保密要求	12	获得许可的企业在进行外包时应具备的条件
6	解决纠纷的程序，以及应根据哪个国家的法律执行协议	13	许可企业提供的必要支持（如培训等）
7	最低产量		

许可经营的关键是无形资产的授权使用，尽管企业可能在该法人单位所在国生产制造产品，但并不投入资金。一般在下列情况下，企业会选择这种方式进入国际市场：①为了保护企业无形资产在被许可方所在国不受损失；②企业与合作方建立了利益联盟；③在本国市场上，企业的产品生命周期已进入衰退阶段，而在被许可方所在国市场上仍处于成长阶段；④以许可经营作为出口和在国外生产的补充。

（二）许可经营的类型

1. 独占许可

被许可方拥有在合同规定的区域、时间内使用许可证标的生产和销售产品的独占权利，许可方在同时、同地无权使用许可证标的生产和销售产品，双方都不能向第三者转让许可证标的。

2. 交叉许可

许可证合同双方互为许可方与被许可方，在平等互惠的基础上，双方均可取得对方技术的使用权。交叉许可是为了交换技术，或是为了技术互补。

3. 普通许可

许可方和被许可方在合同规定的区域、时间内，有权使用许可证标的生产和销售相关产品，也可以把许可证标的再转让给第三者。普通许可转让的技术多为成熟的、标准化的技术。

4. 排他许可

许可方和被许可方在合同规定的区域、时间内有权使用许可证标的生产和销售相关产品，但不能把许可证标的再转让给第三者。排他许可实际上是排斥第三者，使用技术的权利由贸易双方共同分享。

（三）许可经营的优缺点

许可经营是一种低成本进入国际市场的方式，因为这种方式不需要投入大量的资金和人力就可以实现在进口国进行生产和销售的目的，而且能够避开关税和投资限制等进口壁垒，比起采用独资和合资经营方式，面临的政治风险较低。但是，采用这种方式，一旦被许可方生产经营的产品出现质量问题，就会直接影响企业的声誉，并且被许可方也有可能被培养成自己的潜在竞争对手。因此，这种方式也同其他进入方式一样，存在各种优缺点。许可经营的优缺点见表6-2。

表6-2 许可经营的优缺点

优点	缺点
1. 避开进口国限制，是产品转换形式的最佳途径。当企业采用出口产品这一基本方式打入目标国家市场时，往往会受到进口国的种种限制，而输出技术等不受进口国家限制的无形资产则可以绕过出口壁垒，顺利进入目标国家市场	1. 与直接投资目标国家市场从事生产经营活动相比，收益减少。因为许可方只是将工业产权的使用权转让给被许可方，并收取一定的使用费，其收入终究有限，无法与直接投资相比
2. 避免和降低国际营销风险。由于只是许可方的技术而非资金进入了东道国市场，因此，在面临外汇管制、资产没收等政治风险时，企业不受影响	2. 许可方必须具备一定的条件。并非任何企业或任何技术都能进行许可经营，只有当企业拥有专利或者专有技术、驰名商标和良好商誉，并对受让方有吸引力时，许可经营才能实现
3. 节省高昂的运输费用，提高产品的价格竞争力。有时，企业的母国与目标国家市场有较大的空间距离，产品出口的运输费用很高，而通过将生产技术许可给当地企业，就会大大降低成本，从而提高产品在当地市场上的竞争力	3. 许可方对目标国家的市场运营难以控制。由于许可经营的双方并非从属关系，而是买卖关系，因此，不管被许可方的市场运营情况如何，许可方也不能对其加以直接干预和控制，充其量只能把对方作为自己在国外的经销商。而当目标市场的经营情况不佳时，可能对许可方及其产品的全球形象和声誉造成不良影响
4. 有利于特殊技术的转让。某些关系到东道国国计民生的产品，往往具有较高的政治敏感度，因此，企业无法采用投资或出口的方式将产品打入该国市场，而许可经营却能做到这一点	4. 许可方可能在国际市场上培养了自己的潜在竞争对手。许可经营实际上是许可方将一部分技术优势或独占权利转让给了被许可方，这就等于让出了一部分现实市场和潜在市场，这是许可方的风险损失。而且，一旦许可方的技术为被许可方所掌握，则在许可合同终止后，仍存在很大的市场风险
5. 便于服务性企业进入国际市场。许可经营为不直接从事有形产品生产的企业进入国际市场提供了可能	
6. 使小型制造企业也有机会进入国际市场。由于小型制造企业缺乏资金，不可能通过对外直接投资的方式进入国际市场，但只要它们拥有对市场具有吸引力的技术，就可以采用许可经营的方式进入国际市场	

【实例6-1】　美国喜达屋酒店及度假国际集团的国际营销模式

美国喜达屋酒店及度假村集团所有品牌均为高端及以上品牌，酒店集团的经营模式在不同发展阶段有不同的特点。伴随着集团化的发展，酒店集团在扩张方式和经营模式上具有明显的阶段性特征，总的来说，酒店大致有以下几种经营模式：全资酒店（Ownership）、特许经营（Franchise）、管理合同（Management Contract）、租赁经营（Lease Management）。目前在中国，管理合同模式占压倒性优势的比例。管理合同的经营模式是指通过合同的方式取得酒店的经营管理权，并明确酒店管理集团与业主（酒店真正持有方）的义务、权利及责任。通过这样的经营模式，各个酒店得以以"轻资产"的状态进行扩张。

（资料来源：根据网络相关资料整理，2021-03.）

二、特许经营

（一）特许经营的概念

特许经营（Franchising）是指企业（特许方，Franchiser）将工业产权及整个经营体系特许给国外市场上独立的公司或个人（被特许方，Franchisee）使用，被特许方必须按照特许方制定的政策和规定的方法经营，并支付初始费用和销售提成。特许经营通常包括以下一个或多个内容：

（1）技术、技能、技术诀窍、管理方法等。

（2）专利、商标、企业标志、经营理念等。

（3）产品设计、营销知识、商业秘密等。

特许经营是许可经营向深层经营领域的延伸和扩展，许可经营只是个别经营资源的授权使用，而特许经营则是整个经营体系的转移使用。目前，特许经营已经广泛应用于商业和服务领域，美国著名的跨国公司可口可乐、百事可乐、麦当劳、肯德基、希尔顿饭店等都通过特许经营方式进入了世界各国市场。

特许方要给予被特许方生产和管理方面的帮助，如提供设备、帮助培训、融通资金、参与一般管理等。在特许经营交易中，特许方提供产品、系统和服务，被特许方则提供市场知识、资金和管理人员。两者结合起来，既能灵活地适应当地的市场条件，又能使母公司保持一定的控制权。标准化的经营方式可以最大限度地扩大特许方商号、商标的影响力，用较少的资源迅速拓展国际市场并获得可观的收益，同时，这种合作方式的政治风险较小。但是，这种方式要求特许方的商号、商标及其产品、服务必须具有较大的吸引力。

（二）特许经营的优缺点

特许经营的优缺点与许可经营很相似，但由于特许经营中的特许方要为被特许方提供生产和管理方面的帮助，因此，采用特许经营方式可以使企业无须投入很多资源就能快速进入外国市场，而且对被特许方还拥有一定的控制权。如果被特许方未能达到协议要求或有损害企业产品形象的行为，特许方有权终止协议。这种方法不仅政治风险小，而且能激发被特许方的积极性，但收益比直接投资要小。另外，特许经营也有一定的门槛限制，有一些国家限制特许经营方式。特许经营的优缺点见表6-3。

表 6-3　特许经营的优缺点

优点	缺点
1. 经营方式可以最大限度地扩大特许方商号、商标的影响力 2. 以较少的资本迅速拓展国际市场 3. 特殊的合作方式可以激励被特许方的积极性，将原来的竞争关系转化为利益分享的伙伴关系 4. 与投资进入方式相比较，政治风险相对较小，原来经营不善的同行企业乐于接受这种方式	1. 不是任何企业都能以这种方式进入国际市场，只有那些拥有著名商号、商标等特有优势的企业才能采用这种方式 2. 特许方的收益水平不如直接投资 3. 对被特许方经营的控制权不如直接投资 4. 有一些国家的政策法律限制特许经营方式的运用

三、合约制造

合约制造（Contract Manufacturing）又称合同制造，是企业为了开拓国际市场，与国外市场的制造商企业签订订货合同，提供零部件由其组装，或者通过向其提供技术援助及机器设备，要求其按照企业提供的详细规格、质量标准按时按量生产产品，然后交由企业负责产品销售。这种方式实际上是利用当地的生产能力，当地生产、当地销售。在国际上，有很多品牌企业都采用这种方式扩大生产规模并占领国际市场。例如，IBM、惠普和 Digital Equipment 等品牌实际上是由合同制造商 SCI Systems、Solectron、Merix 等公司制造的。Compaq 公司与我国制造企业签订生产计算机的合约，然后使用 Compaq 的品牌在我国市场上销售。世界许多知名的手机品牌公司也采用合约制造方式。

与其他进入国外市场的方式相比，合约制造也有其自身的优缺点。其优点主要表现为：能够以最少的资金、时间、管理等投入快速进入市场；能够避免汇率风险和财务风险；由于是当地制造，容易受到东道国的欢迎；与直接在国外建厂相比，投资要小得多。其缺点是：生产利润被转让；易于培养竞争者；理想的合作企业不是很容易找到。合约制造的优缺点见表 6-4。

表 6-4　合约制造的优缺点

优点	缺点
1. 投入少，进入市场快。特别是在存在市场风险的地方，这种方式能使企业快速进入市场，避免了失去市场机会而带来的风险 2. 投资少。利用当地企业的生产能力，减少了企业直接建厂在固定资产方面的投入 3. 风险小。由于是当地生产、当地销售，避免了汇率风险；没有直接投资建厂，也减少了财务风险 4. 东道国容易接受。尽管使用企业品牌销售，但可以强调"当地制造"，这会受到东道国的赞许。实际上，市场和技术控制权仍然保留在企业手中 5. 便于技术输出。当企业的营销策略和服务水平比生产技术更为重要时，合约制造是一种非常合适的方式	1. 合同一旦中止，合作伙伴可能成为自己的竞争对手。因此，国际企业常常对其最新技术有所保留 2. 当地厂家生产的产品质量可能达不到要求，从而使国际企业的商誉受损 3. 国际企业必须将一部分利润转让给生产合作伙伴 4. 找到理想的合作企业并不容易，合作关系的保持也会受到各种考验

【实例 6-2】　万向集团的跨国之路

万向集团生产的汽车万向节打进美国市场是在 1984 年，是由美国舍勒公司这个同行

"师傅"领进门的。舍勒公司是一家主要在美国市场销售汽车零部件的经销商。早在1984年，舍勒公司给了万向一笔3万套的万向节订单，万向由此开始了汽车零部件生产之路。万向的产品在美国市场销售都冠以"舍勒"商标。后来，舍勒主动提出请万向购并的要求。结果，万向花了42万美元收购了舍勒公司的品牌、技术专利、专用设备及市场网络，而厂房、设备等由另一家公司买走。由于买下了此"店"，然后为这家国外公司做OEM。

万向集团是从浙江萧山的田野走向世界的。鲁冠球于1969年带着6个人、集资4000元创办的小农机修理厂，发展到现在已是拥有100多亿元资产、万余名员工、以汽车零部件制造与销售为主的现代企业集团，是国务院120家试点企业集团和国务院120个双创示范基地中唯一的汽车行业企业。

经过20多年的坚持和投入，万向集团建立了国际化清洁能源产业和技术平台，先后投资美国A123电池、KARMA豪华电动汽车，并联合国际顶尖科研机构开展清洁能源前沿技术的研究，抢占世界清洁能源的制高点。

据了解，万向实施"走出去"战略，经历了"产品走出去—人员走出去—企业走出去"三个阶段。现在，万向已先后在美国、英国、德国、加拿大等欧美7个国家设立、并购、参股了18家公司，构建了覆盖全球50多个国家和地区的国际营销网络。迄今已成功收购了英国AS公司、美国舍勒公司、ID公司、LT公司、QAI公司和UAI公司等8家海外公司。现在，万向的产品已成为世界汽车业巨头美国通用汽车公司的配套产品，万向直接或间接地成了福特、克莱斯勒、大众等的零部件配套厂。

鲁冠球感慨万千。他说，关起门来称王没意思，走出去，才知道自己的差距有多大。我们有志气，不自卑，不气馁，从给人家打下手做起，虚心向人家学习，慢慢地，本领大了，我们也就当"主角"了。

（资料来源：根据网络相关资料整理，2020-04.）

第四节　合资经营和海外独资经营

合资经营和海外独资经营是进入国际市场最为广泛的形式，又称股权进入方式。这种方式是企业将资本、管理技术、销售、财务以及其他技能转移到国外目标市场，建立受本企业控制的分公司或子公司，通过在当地生产、销售产品而进入国际市场。与许可经营相比，股权进入方式通过直接投资进入国际市场，拥有国外公司的经营权和所有权。与出口方式相比，进出口业务的很大一部分是国际化企业的内部交易，而不是不同企业间的贸易往来。因此，股权进入方式是企业进行国际市场营销的最高层次。企业选择股权进入方式主要受两种动机驱使：一是为了扩大产品市场，满足企业成长的需要；二是绕开贸易壁垒，获得当地企业待遇，避免关税和其他进口方面的限制。

采用股权进入方式时，企业首先要考虑如何在合资经营与海外独资经营两种直接投资方式之间做出选择。一般影响选择的因素有以下两个：

（1）企业的自身情况。处于国际市场营销初级阶段的企业大多愿意采用合资方式，而处于高级阶段的企业则倾向于采用独资方式或多数股权的合资方式。另外，如果企业自身的竞争优势明显，国际市场营销经验丰富，则倾向于采用独资方式。

（2）东道国的情况。如果东道国是发展中国家，当地政府多鼓励外资采用合资方式。

如果当地企业有可被利用的资源、技术及当地政府关系，也比较适宜采用合资方式。

一、合资经营

（一）合资经营的概念

合资经营（Joint Venture）是指互不相关的两个或多个组织互相交换和共同拥有各种资源，同时保持各自法律上的独立性的一种合作经营方式。其中，各种资源包括资金、技术、销售组织、设备和工厂等。参与合资的各方作为战略合作伙伴，共同经营、共负盈亏。合资经营有多数股权、少数股权和平等股权三种形式。

合资经营的成功与否关键在于选择合作伙伴。一般来说，合作伙伴应拥有资金、技术、设备、管理系统和优秀营销人才资源，且与当地金融机构、服务机构和政府部门之间有广泛联系。选择合作伙伴是一个系统的决策过程。首先，企业要提出合作伙伴的标准，除上述要求外，还要考虑声誉、过去的经营业绩等；其次，根据标准筛选潜在合作者，再同确定的合作者进行合资谈判；最后，双方之间达成合资协议。合资经营协议的内容见表6-5。

表6-5　合资经营协议的内容

序号	内容	序号	内容
1	出资额	7	转移价格的制定方法
2	组织结构	8	对各方提供信息的保密措施
3	盈亏分配	9	解决分歧的途径
4	用于投资的利润比例	10	股份能否转让给第三方
5	合资企业经营活动覆盖的地理区域	11	退出条款
6	获得的知识产品归谁所有		

在这个过程中，企业要了解合作者的动机、目标和战略，分析其在技术方面能否共同贡献，在感情方面是否有努力合作的愿望。只有经过认真、慎重考察后选择的合作伙伴，才能在合资经营过程中相互信任和理解，最终实现合资经营的成功。

【实例6-3】　上海贝尔的合资原则

1980年，在北京、上海这样的大城市还没有一台程控机，仅有JT801型长途电话交换机刚投入使用，其技术性能远不能满足国际电话通信的业务需求。

"引进程控交换机生产线工程项目。"当时，邮电部做出重要决策，并且走出国门，寻求合作伙伴。然而，"引进"谈何容易。20世纪80年代，西方很多发达国家都对社会主义国家实行战略物资和高科技的出口禁运和贸易限制，谈判屡屡受阻。比利时的贝尔公司最后同意技术转让谈判。合营合同的谈判前后历经了多次，从1980年开始接触，中方坚持提供的技术必须是最新的、生产必须最终国产化、中方必须控股三个原则。经过三年有余的中外多方努力，1983年7月30日，上海贝尔与ITT贝尔比利时公司合作程控交换机，在北京人民大会堂签订了上海贝尔电话设备制造有限公司合营合同，我国程控交换机实现了从无到有的突破。

（资料来源：上海贝尔：从引进到自主创新 中外合资企业探新路［EB/OL］. 人民网，2018-08-31.）

（二）合资经营的优缺点

1. 合资经营的优点

（1）容易进入国外市场。由于有当地人参与股权和经营管理，因此，采用合资经营方式进入国外市场的企业，一般在东道国面临的政治壁垒和排外意识障碍要比独资经营方式小。绝大多数引资国家更欢迎外资以合资经营方式进入本国市场，也常常采取各种措施为这种国外投资提供支持和帮助。

（2）风险小。由于东道国企业是共同经营的参与者，因此，以合资经营方式进入国外市场的企业能够享受东道国政府对当地合作伙伴的待遇，如担保贷款、低息贷款、免关税等财政和货币优惠政策，而且能够避免受到地方保护主义的抵制，遭受东道国政府没收、征用外资的政治风险也大大降低了。

（3）与合作伙伴可形成更大的整体优势。合资进入可以借助合作伙伴的力量，在当地原材料供应、人力资源利用、销售网络建立等方面，形成比独资进入更大的优势。另外，如果当地合作伙伴拥有知名品牌或较高商誉，则合资进入还可以利用其无形资产迅速占领和扩大当地市场。

（4）产业选择性强。世界上大多数国家对合资进入的产业限制要比独资进入相对宽松，这为以合资经营方式进入国外市场的企业提供了更大的产业选择机会。因此，许多国际企业采用合资方式进入目标国家市场。自改革开放以来，外国企业进入我国市场大多数采用合资方式，我国企业开拓海外市场也是以这种方式为主。

（5）有利于与当地政府保持良好的关系。采用合资经营方式，满足了东道国吸引外资又保护民族经济的要求，因此政府对这种方式非常欢迎。同时，企业可利用当地合作伙伴的社会影响和关系，与政府部门、金融机构和其他组织建立良好的关系，为自己创造有利的国际市场营销环境。

2. 合资经营的缺点

（1）利润分配易产生矛盾。合资经营的利润分配涉及合作双方的利益，因此必然会存在矛盾和冲突。这种冲突如果处理不好，不但不能发挥整体优势，而且可能影响双方的积极性，不利于合资企业的发展。

（2）缺乏完全的控制权。合资企业由国际企业与当地厂商共同经营，因此，国际企业不能完全控制合资企业的生产和销售，一旦合作伙伴之间在经营管理上存在较大分歧且不能及时消除，就可能影响合资企业的经营管理效率。

（3）不利于商业秘密的保护。合资企业难以保护双方的技术秘密和商业秘密，一旦"泄密"，国际企业的先进技术或营销经验就可能无偿地流失到合作者手中，从而失去其竞争优势，同时也为自己树立了一个潜在竞争对手。

（4）沟通困难。合资企业双方有不同的社会文化背景，在商业习惯、管理风格等方面都存在一定的差异。因此，合作双方在经营管理过程中必然存在沟通障碍，不仅可能因此产生误解，而且提高了管理成本。

（5）保持合资关系较难。合资经营双方在企业决策的各个方面都可能存在意见冲突，如战略、管理风格、会计和控制、市场政策和实践、产品、研究与开发、人事等。这些冲突直接影响双方之间的相互信任，从而削弱了合作关系，甚至会造成合资经营的失败。

【实例6-4】　福耀的国际化战略与启示

关于企业国际化战略，从发展状况来看，企业要经过非直接/特殊项目出口、积极出口和许可证贸易、积极出口和国外投资生产、国外研究与开发和生产、全方位的跨国营销和生产等阶段。从企业战略的内容来分一般包括市场国际化、人才国际化、技术国际化和理念等方面。

福耀玻璃工业集团股份有限公司（简称福耀）是一家专注汽车玻璃生产的大型跨国集团，目前的业务覆盖全球超过70个国家和地区，总资产高达317亿元。福耀集团从1987年初建时的乡镇小厂走向全球市场，其"走出去"的过程颇具所处时代的特征：

一、国际市场拓展战略：当好"配角"，积极尝试

1993年，福耀玻璃在A股市场上市，是行业内第一个上市公司，标志着它奠定了行业龙头地位。此时国内汽车玻璃市场趋于饱和，"走出去"拓展海外市场，是摆在福耀面前的必选之路。

福耀的国际化，一方面利用国内低廉的生产成本，通过价格优势拓展国际市场；另一方面不断（尝试）在海外设置机构，加强对外联络和对市场的了解，在实践中学习，达到研产销全部可以在海外完成的目标。

福耀通过不断尝试，在海外多国逐渐建立起多个研产销中心。1995年，福耀在美国南卡罗来纳州建立了自己的第一座海外工厂，正式开启了国际化的长征。早在1997年，福耀就选择在俄罗斯设立办事处，加强对当地市场的了解，而在14年之后才在俄罗斯设立了工厂。随着近两年俄罗斯和美国的工厂逐渐扭亏为盈，福耀"摸着石头过河"的国际化道路也逐渐走上了正轨。

二、技术驱动国际化战略：通过引进、合作、自主研发逐步推进国际化发展

20世纪90年代初，福耀进军加拿大汽修市场，因质量达不到加拿大国内销售的标准而被退货。惨痛的经历让福耀明白，自己闭门造车的产品与国际标准相差甚远。为了解决这一难题，福耀立刻从芬兰引进了先进的钢化炉，按芬兰的生产标准建立新厂，升级生产方式，优化产品质量，生产符合国际产品质量标准的汽车玻璃。

通过加强与巨头的合作，福耀初步走上了自主研发的道路。1996年，福耀与法国圣戈班合作，通过其先进的技术来培训员工。员工们在双方合作期间从法国圣戈班学习了先进的管理经验和生产技术，使福耀整体的运营、管理、理念等各个方面都开始与国际接轨。

1998年，福耀在福建福清成立了第一个研究中心，此后不断增加研究力量。近年来，福耀的研发费用占营收的比重一直保持在4%以上，高于主要国际竞争者旭硝子的3%、板硝子的1.5%和圣戈班的1.1%。福耀研发新产品，致力于不仅做供货商，还要做客户需求的创造者，超越客户的需求，用生产拉动需求。

三、坚持前瞻性的国际化理念

一是知己知彼。二是多国本土化。福耀的本土化策略是以产品先行，在70多个国家和地区增进市场和福耀的相互了解，等需求扩大时考虑建厂，建厂时积极雇用、培养当地人才，做到生产和管理的本土化，根据不同国家、不同区域的特点，灵活地调整当地分支企业的结构、功能、员工待遇等，做到在多国进行具有当地特色的本土化。三是坚持不断升级技术和生产方式。如今福耀结合智能化和信息化的生产设备和研究实验室已处于全球行业领先水平。

（资料来源：根据网络相关资料整理，2019-06.）

二、海外独资经营

(一) 海外独资经营的概念

海外独资经营（Wholly-owned Foreign Production）是指企业直接在海外目标市场国家投资建厂或并购该国的企业，从事单纯的产品组装，或者进行整个产品的生产制造。独资经营企业拥有百分之百的所有权和控制权，利润全部归自己所有，但也要独自承担风险。因此，采用这种投资进入方式，企业要最大限度地投入资金和管理力量，同时也能最大限度地进入国际市场。一些企业也可能从许可经营或合资经营方式转变为独资经营方式，以便在国际市场中得到更快的扩张、更多的控制权和更高的利润。

(二) 海外独资经营的具体方式

1. 兼并进入

通过收购兼并当地企业是进入目标国家最便捷、最经济的方式，能使企业以最快的速度开辟该国市场并获取收益。采用兼并进入方式的理由有以下几种：

（1）获取资源。这种资源往往是目标国家缺乏且难以公开购买获得的，如管理经验、技术素质等。

（2）降低成本。利用被兼并企业的设备厂房，减少新建工厂的投入。

（3）开拓市场。兼并能够直接获得原企业的产品和市场，为企业尽快进入市场奠定基础。

（4）获得新产品系列。

兼并进入的关键是能否合理选择被兼并企业，不同的兼并理由直接影响企业对被兼并企业的选择。例如，当企业为了开拓市场进行兼并时，一般会在市场容量大、购买力强的目标国家选择兼并对象；如果企业以获取资源为兼并目的，则会选择拥有先进技术、先进管理经验以及高技术素质的发达国家企业作为兼并对象。

2. 投资新建

兼并方式虽然能够达到快速进入目标国家的目的，但也存在很大风险。因为被兼并企业能否很好地按照投资者的意图开展国际市场营销活动，是一个十分现实的隐患。另外，兼并容易受到本地政府有关政策的限制，且会使财务评估存在很大风险，等等。这些因素的负面影响，会促使投资者自己投资新建企业。投资新建企业不存在兼并方式中的相互融合与相互适应问题，也不用四处考察寻找兼并对象，还可能得到当地政府的支持和帮助。更重要的是企业真正拥有完全控制权，能够保证独资企业与母公司在目标国家的运行完全实现一体化。实际上，有时投资新建是企业海外独资经营的唯一选择。

(三) 海外独资经营的优缺点

由于拥有百分之百的所有权和企业经营活动的控制权，海外独资经营进入方式使企业免除了合资方式中的利益冲突干扰，能够按照自己的意图开展经营管理活动并获得全部利润，同时也能更直接、全面地获得和积累国际市场营销经验，不断成长为真正的全球企业。但是，这种方式也是投入最大、风险最高、灵活性最差的一种进入方式。海外独资经营的优缺点见表6-6。

表6-6　海外独资经营的优缺点

优点	缺点
1. 可降低产品成本，且利润独享 2. 市场信息反馈迅速，便于调整营销计划及策略，企业的市场应变能力较强 3. 拥有绝对的国际市场营销活动控制权 4. 可以更直接地获得国际市场营销知识和经验 5. 能够保证其运行与母公司要求完全一致和同步化	1. 资金投入、其他资源投入大 2. 承担的风险较其他方式大 3. 改变方式的灵活性差 4. 不能充分利用当地企业的人才资源 5. 与当地政府搞好关系难度大 6. 得到当地市场的承认难度较大

【实例6-5】　日本理光公司进入中国模式分析

日本理光公司是在全球200多个国家和地区拥有分支机构的大型跨国公司。作为全球数字办公设备解决方案的领导者，该公司一直致力于世界各地的业务发展。1972年，理光公司通过贸易方式向我国销售复印机和传真机等商品，进入了我国市场。之后，开始分别在我国香港、深圳、上海等地成立销售公司，直接在我国销售理光产品。

随着我国经济的快速发展，理光公司开始考虑通过并购方式快速扩大自己在我国的市场份额。1996年，理光公司成功并购了基士得耶中国有限公司，成为集生产、销售于一体的独资公司。加入WTO后，我国的经济发展进入了国际化的新时期，理光公司也开始进一步加大在我国的投入。2004年7月，理光公司在北京成立了研发中心，人员规模超过欧美研发中心，仅次于日本本部；2005年，在深圳投资建设理光微电子厂，随后开始向我国转移开发设计业务；2009年，理光公司原进口数码印刷机全部实现了中国国产化。

（资料来源：日本理光进入中国模式分析：国际市场营销案例研究之十五［EB/OL］．（2009-07-23）［2022-08-31］．http://www.ampoc.org/Info/Article 1706.html.）

第五节　其他进入方式

国际劳务合作是无形贸易的重要组成部分，也是劳务产品进入国际市场的基本形式。其具体形式有国际工程承包和劳务输出（输入）。另外，加工装配贸易也是企业开拓国外市场的一种常用方式。

一、国际工程承包

（一）国际工程承包的概念

国际工程承包是指一个具有法人地位、从事国外建设项目的企业，按照一定的价格条件与国外筹资准备某项工程的单位签订工程承包合同，获得实施该工程项目建设的权利，并根据合同规定组织施工，最后将完工项目按期交付对方的方式。其中，工程承包合同就是工程建设所需的非资本要素的转让合同，主要内容包括劳动力、技术和管理，有的还可能涉及工程建设所需的原材料和设备的进出口贸易。合同双方中，筹资建设的一方称为业主（发包单位），实施项目建设的一方称为承包商（承包单位）。承包商的责任包括项目设计、工程建造、项目交付后的服务，如管理和工人培训等。

（二）国际承包工程的经营方式

国际承包工程的经营方式是指组织项目实施所需各种资源的来源及其组合方式。

1. 按资源的来源划分

按资源的来源，国际承包工程的经营方式可分为独资、合资和合营。独资是指项目实施所需的资源主要由承包商提供，承包商自己承担风险、自享利润。合资是指承包商与当地公司或其他国家的公司组成具有独立法人资格的实体单位，共同进行项目实施，合资各方共同出资、共担风险、共享利润。合营是指承包商与当地公司或其他国家的承包商就某一项目成立一个不具有独立法人资格的联营体，参加投标，中标后联营体负责项目实施，合作各方按项目划分分工，各自承担和收获自己负责那部分的风险和利润。

2. 按承包商与业主的关系划分

按承包商与业主的关系，国际承包工程的经营方式可分为总包、分包和劳务分包。总包是指与业主直接签订合同，承担项目的全部责任和风险。分包是指与总包单位签订合同，只承担分包部分的责任和风险。劳务分包是指承包者仅提供项目实施所需的劳务，并按完成的工程量收取劳务费用，即人员工资。

各种不同的经营方式都有其适用条件和有效范围，并没有一般条件下的优劣之分。例如，独资总承包可以增加对项目实施的控制，但要面临项目所在国政府以及国际金融机构对当地公司的保护。例如，由世界银行和亚洲开发银行提供资金的项目，这两家银行都对当地承包商提供 7.5% 的优惠，以保护当地公司。如果承包商与当地公司联营（合营方式），尽管可以获得 7.5% 的优惠，但增加了项目实施的难度，以及当地公司经营不善带来的连带风险。

【实例 6-6】　中工国际的国际承包工程项目

中工国际工程股份有限公司（简称中工国际）的核心业务是国际工程总承包、海内外投资和贸易，其具有丰富的国际工程总承包管理经验，截至目前，已完成近百个大型交钥匙工程和成套设备出口项目。

2017 年 8 月 22 日，《人民日报》要闻第 3 版报道了中工国际承建的尼泊尔博卡拉国际机场项目。

2018 年 8 月 15 日，白俄罗斯国家电视台一频道专题报道了中工国际承建的白俄罗斯 40 万 t 纸浆厂项目。

2020 年 8 月，《参考消息》对中工国际乌兹别克斯坦 PVC 生产综合体建设项目进行了特别报道。

2020 年 12 月，中工国际承建的孟加拉帕德玛水厂项目入选《"一带一路"绿色发展案例报告 2020》优秀案例。孟加拉帕德玛水厂项目在执行过程中，为实现当地绿色可持续发展，采取了一系列有效措施来应对水污染、固体废物污染和噪声污染等问题；采用水泵变频技术、生产用水循环利用技术提高水资源利用率，并在项目设计过程中遵循海绵城市理念。帕德玛水厂的建成有效提升了孟加拉达卡市地表水源供水系统的能力，惠及约 300 万名当地居民，推动了孟加拉国落实 SDG6（清洁饮水和卫生设施）的进程，有利于孟加拉国经济社会可持续发展。

2021 年，中工国际承建的埃塞俄比亚贝雷斯 1 号糖厂项目正式投产。

2021 年 8 月 12 日，中工国际下属北京起重运输机械设计研究院有限公司圆满完成苏门答腊岛首座超低温全自动立体仓库建设。

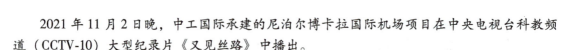

2021年11月2日晚，中工国际承建的尼泊尔博卡拉国际机场项目在中央电视台科教频道（CCTV-10）大型纪录片《又见丝路》中播出。

2022年1月21日，中工国际作为牵头方，与中海油石化工程有限公司组成的联合体与科威特能源巴士拉有限公司签署了"伊拉克九区原油CPF项目"总承包合同，在疫情背景下凭借强大的技术能力和信誉仍能逆风飞扬。

（资料来源：根据中工国际网站资料整理，2022-02.）

（三）国际承包工程的程序

国际承包工程比出口商品交易过程复杂，一般要经过工程发包、投标、开标、评标、中标、签订承包合同、组织工程设施、竣工付款和维修期满付款等众多环节。

1. 工程发包

工程发包是指国外筹建建设工程项目的单位（发包单位）通过适当的形式，将有关项目建设情况和要求通报给准备承包的单位。国际上，工程发包一般采用招标和委托两种方式。

（1）招标。国际招标有公开招标和秘密招标两种。公开招标是指业主将有关工程的规模、施工要求、承包条件、投标须知等写入招标启事，并在当地报纸、电台、电视台公开发布，或直接向有关方面发出招标通知。秘密招标是指业主对某些规模浩大、技术要求复杂，特别是保密性很强的项目，有选择地秘密邀请少数几家承包商参加投标。

（2）委托。委托也是国际上使用较多的发包方式。委托又有以下三种具体形式：

1）政府间委托。通过友好协商，一国政府将一项或一批建设项目委托给另一国政府组织实施。这种方式常见于一些大项目和一批项目的工程建设。

2）政府直接委托外国承包公司。在这种情况下，政府与筹资建设单位共为业主，同时与外国承包公司签订承包工程合同。

3）个人委托外国承包公司。

2. 投标

投标是指承包商向业主提出投标申请，并在通过资格预审获得投标书后，按照招标要求和条件对工程项目进行估算，然后按业主规定的时间和地点将投标书递交或寄送给招标人或其指定接收人的过程。

3. 开标、评标、中标

业主在规定的时间和地点邀请所有投标人，当众开启各投标书，宣读内容。投标书一旦开启，不得修改内容。开标后即由评标委员会对所有投标书进行全面的比较、评审。评标一般是秘密进行的，评标决定中标人后，业主向中标人发出中标通知。

4. 签订承包合同

承包公司中标后，按规定向业主缴纳一定金额的履行保证金，并与业主签订合同，作为确定双方权利和义务的法律依据。

5. 组织工程设施

承包合同签订后，业主向承包公司移交工地，工地移交即开始计算工期。施工期间，承包公司应定期向业主汇报施工情况。工程完成后，经业主验收合格并发给合格证书，承包任务才算完成。

6. 竣工付款和维修期满付款

按照国际惯例，签约后若干天，业主即要预付承包人相当于合同价格一定比例的款项作为施工准备金，以及按月根据施工进度付款。所付款项按一定比例扣还工程预付款和一定比例的保留金，用于工程维修。工程竣工后，业主把承包人以前缴纳的履行保证金全部退还给承包人，同时将每月保留金的 50% 付给承包人，另外 50% 在维修期满、承包人履行完一切义务后才还给承包人。

【资料阅读 6-2】　工程承包方式之 BOT

一、BOT 的含义

BOT（Build-Operate-Transfer）直译为"建设-经营-转让"，即以政府和私人机构之间达成协议为前提，由政府向私人机构颁布特许，允许其在一定时期内筹集资金建设某一基础设施并管理和经营该设施及其相应的产品与服务，当特许期限结束时，私人机构按约定将该设施移交给政府部门，转由政府指定部门经营和管理。例如，广西来宾电厂 BOT 项目，由法国电力国际公司占 60%，通用电气阿尔卑斯公司占 40%，总投资额 6.16 亿美元，运营 15 年后无偿转交给广西政府。

二、BOT 特许权协议（合同）的主要条款

1. 特许

①词语定义、其他说明；②特许及特许的授予，特许期；③营运项目的权利及项目公司的义务；④先决条件。

2. 项目建设

①土地购置成本、使用期限；②设计要求、标准审查与核准，设计变更的权利，项目公司的责任；③项目公司与主管局的义务，工程质量及其保证与管理，现场道路、人员、材料与设备、图纸与技术，工程承包与分包，以及工程的进度、延误、变更、报告、拒收；④检验的程序、证书，参加人，通知，争端，不免责条款；⑤工期延误赔偿，退还保证金。

3. 项目经营

4. 项目维护（3、4 根据不同性质的项目做不同规定）

5. 项目移交

①移交范围程序费用；②移交的合同、资料、配件；③技术移交与人员培训；④移交效力。

6. 当事人各方的一般义务（略）

7. 转让、核准的程序、效力

8. 争议及解决方法等

三、BOT 的基本形式及其演变

（1）BOT（Build-Operate-Transfer），即建设-经营-转让。政府授予项目公司建设新项目的特许权时，通常采用这种方式。

（2）BOOT（Build-Own-Operate-Transfer），即建设-拥有-经营-转让。这种方式明确了 BOT 方式的所有权，项目公司在特许期内既有经营权，又有所有权。项目公司对所建项目设施拥有所有权并负责经营，经过一定期限后，再将该项目移交给政府。这一模式在内容和形式上与 BOT 没有不同，仅在项目财产权属关系上强调项目设施建成后归项目公司所有。

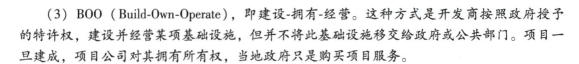

（3）BOO（Build-Own-Operate），即建设-拥有-经营。这种方式是开发商按照政府授予的特许权，建设并经营某项基础设施，但并不将此基础设施移交给政府或公共部门。项目一旦建成，项目公司对其拥有所有权，当地政府只是购买项目服务。

二、劳务出口

劳务出口又称劳务输出，是指劳动力从国内到国外的转移。劳务出口是根据劳务输入国的基本建设或其他项目的要求，由劳务输出国派遣有关设计人员、施工人员、技术人员、厨师、医生等各类专业人员到劳务输入国去，为有关项目进行技术服务或劳动服务，同时获得劳务报酬，赚取外汇收入。其中，劳务输入国为聘请方，劳务输出国为受聘方。

劳务出口一般有直接向国外输出劳动力和通过与国外有关组织办合作经营输出劳务两种形式。

1. 直接向国外输出劳动力

直接向国外输出劳动力有以下两种情况：

（1）国家鼓励本国劳动力出国自谋职业。这样既能缓解国内就业困难的压力，又能赚取外汇。这种出国自谋职业的劳动力中相当一部分成为外国移民。

（2）国家采取有组织的派出形式，向国外提供劳动力。例如，国家有关部门或企业根据国外企业工程建设项目的要求，派出从事专门行业生产的建设队伍；或根据国外有关部门的特聘，派出音乐教师、医生、体育教练、管理人员等中高级专家。

2. 合作经营输出劳务

合作经营输出劳务多见于饮食和服务业。我国近年来在世界各国与外商合作开餐馆，一般都由外方提供资金、场地和设施，而中方派出烹饪技艺高超的厨师提供服务。

三、加工装配贸易

加工装配贸易是指企业在国内生产产品的全部或大部分零部件运输到国外市场进行加工装配、形成成品的过程。加工装配贸易包括来料加工和来件加工装配两种业务。来料加工是指东道国企业（承接方）承接国外企业（委托方）的原料、辅料和包装物料乃至机器设备，按照委托方规定的品质规格、款式、技术标准等进行加工生产，加工出成品后按照规定时间交给委托方。承接方只收取加工费，不负责产品销售和盈亏与否。来件加工装配是指东道国企业（承接方）承接国外企业提供的元件、零部件、技术，必要时包括某些专用设备，按照合同规定的设计、工艺进行产品装配，完成后的成品按规定时间交委托企业。承接方只收取加工费，不负责产品销售和盈亏与否。

汽车和农用机械工业是经常采用国外加工装配方式的典型例子。尤其是当产成品的运输成本和关税较高时，企业采用国外就地加工装配，可以降低成本；同时为目标市场国提供了一定的就业机会，容易被当地政府接受。例如，美国的可口可乐公司在全球范围内开展这种装配业务。其具体做法是在美国国内生产出按可口可乐配方制作的可乐精，然后运往世界各地，由当地的瓶装商进行加水稀释和装瓶，并在当地市场上销售。这样，可口可乐公司只在国外市场上花费了较少的投资，就获得了占其总收入一半以上的利润。

　　承接加工装配业务在我国企业开拓国际市场的过程中发挥了重要作用，表现在以下几个方面：

　　（1）对外加工装配业务有利于扩大商品出口，增加我国企业的外汇收入。

　　（2）开展对外加工装配业务有利于提高我国企业的技术和管理水平。外商不仅向加工企业提供了加工设备，也输入了先进的管理模式，促进了我国企业向国际企业的转化。

　　（3）加深了我国企业对国际市场的了解。对外加工装配业务及产品质量、功能、款式、包装等各方面的变化，反映了国际市场需求特点的变化及其发展趋势，这不仅为我国企业提供了及时获得国际市场信息的重要渠道，而且使加工企业对国际市场变化做出敏锐反应，提高了企业适应国际市场变化的能力。

【实例6-7】　格兰仕的加工贸易

　　格兰仕公司的战略目标是做全球名牌家电的制造中心。为了实现这一战略目标，格兰仕采用了一种受让国际知名品牌生产线的扩张方式。这种方式是与国际知名品牌公司签订合同，将其生产线转移到中国，交由格兰仕组织生产，生产出的成品以比这些名牌在本国生产的成本价还低的价格再返销给这些名牌企业，由对方利用自己的品牌、销售网络在国外销售。利用这种方式，格兰仕同200多家跨国公司建立了合作关系，这些跨国公司中有许多已经将自己的国际知名品牌生产线转移到了格兰仕。此外，2000年以后，格兰仕也用自有品牌生产外销产品。现阶段格兰仕只做战略大客户的OEM，在新兴市场推广自主品牌是第一要务。格兰仕自主开发的空调、冰箱、洗衣机及各种小家电也源源不断地进入全球市场，为各国消费者提供便利。

　　截至2021年，格兰仕已在全球主要国家和地区市场建立了商务机构，在美国、英国、德国、日本、智利、加拿大、俄罗斯等10多个国家和地区成立了子公司，在150多个国家和地区注册了自主品牌商标，产品和服务从中国供应到全球近200个国家和地区。

　　在格兰仕的工业4.0基地，这里每条单线生产一个微波炉只需要6.7s，不同规格、参数、外观的产品在生产线上可以实现无缝对接、0秒转产。

　　2021年，格兰仕在北美市场继续保持高增长，第一季度订单同比增长75%，1月份出口额同比增长翻番。

　　（资料来源：根据网络相关资料整理，2021-02.）

第六节　影响进入模式选择的因素

　　西方企业在开拓市场时，一般经历"五阶段战略"。

　　第一阶段：通过贸易公司或经销商对国际市场进行试销，即小规模地将产品打入国际市场。

　　第二阶段：当市场看好时，该公司向国外市场派遣区域性贸易代表，协助经销商从事推销工作。

　　第三阶段：当区域性贸易代表向公司报告市场规模大、前景好时，该公司就开始在国外市场上建立自己的销售机构。

第四阶段：如果在国外市场上销售子公司取得的销售业绩很可观，公司便考虑在该市场上投资建厂。第一步是在市场上建立合成厂或组装厂；第二步建立完整的制造厂，即根据当地原料供应和市场需求等情况，生产自己的产品，然后就地销售或转售他国。

第五阶段：建立跨国公司，确立以全球市场为舞台、以追求全球整体利益最大化为目标的营销战略。

我国企业在国际化过程中，也要经历与上述大致相同的几个阶段：首先，通过其他企业从事出口业务，与国外市场建立间接业务关系；其次，拥有外贸进出口权的企业，可与国外市场建立直接业务关系，定期派员出国收集市场信息；再次，开始在海外直接投资，生产产品，提供劳务；最后，设置专门处理国际业务的部门，并在国外建立常设机构，使企业从内销型转变为跨国经营型。这就是说，我国企业在向国际化发展的不同阶段，应以不同的方式进入国际市场，任何企业都不可能指望一步实现跨国经营。日本的大企业在海外开拓市场就采用了稳步发展的方法。我国的首都钢铁公司（简称"首钢"）最初也是通过间接和直接出口自产产品进入海外市场，随着经验的丰富、企业的壮大，又采用参股、购买、新建等手段在海外建立起十几家独资、合资生产企业、销售公司，还通过工程承包方式进入国际市场。如今，积极开拓海外市场使首钢成为一家跨行业、跨地区、跨国经营的国际性企业集团。

企业在进入国际市场时，具体选择进入模式时，不仅要考虑所处的战略阶段、进入模式的优缺点，还要考虑各种因素的影响。

一、国际市场环境因素

影响进入模式选择的国际市场环境因素是指企业准备进入的目标国家的相关环境因素，具体包括该国的经济环境、市场环境、生产以及政治文化环境等因素。

1. 目标国家的经济环境因素

影响进入模式选择的目标国家经济环境因素主要包括该国的经济制度及经济规模。如果目标国家实施的是市场经济体制，进入模式选择就比较灵活，可以根据国内因素和企业本身状况确定进入模式；如果目标国家实施的是计划经济体制，则选择出口方式或契约方式比较适宜。经济规模一般用国民生产总值和人均国民收入来表示。如果这两个指标高，说明该国市场规模大，企业进入后发展空间大，故应选择股权投资方式；反之，则应选择出口方式或契约方式。

2. 目标国家的市场环境因素

目标国家的市场环境因素包括市场规模、市场竞争结构和营销基础设施三个方面。从市场规模看，如果该国市场规模较大，或者潜在市场规模较大，企业可以考虑选择股权投资方式；反之，则应选择出口方式或契约方式进入。从市场竞争结构来看，如果该国的市场竞争结构是自由竞争类型，则选择出口方式比较合适；如果是垄断竞争或寡头垄断型竞争结构，则应考虑以契约方式或股权投资方式进入。从营销基础设施方面来看，如果目标国家的营销基础设施较好且较容易获得，就适宜采用出口方式；反之，则以契约方式或股权投资方式为佳。

3. 目标国家的生产因素

生产因素包括原材料、劳动力、资金、基础设施等。这里主要应考虑这些要素的供应、质量和价格。如果当地的生产要素充足，质量能够满足企业生产要求，价格低于在母国生产的成本加上运至目标国家市场的运费，就可以采取契约方式或股权投资方式；反之，则应采取出口方式。

4. 目标国家的政治文化环境因素

政治环境主要考察目标国家政局是否稳定，法制是否健全，贸易与投资政策是否宽松，以及外汇管制是否宽松等。如果是，则可以采用股权投资方式；反之，则采用出口方式或契约方式较好。文化环境主要涉及目标国家与本国社会文化的差异程度。当两国社会文化差异较大时，最好采用出口方式或契约方式；反之，则可以采用股权投资方式。

二、国内环境因素

国内环境因素主要包括国内市场竞争状况、生产要素以及政府的对外经济政策三个方面。如果国内市场规模大，有进一步扩展的潜力，竞争并不集中在价格上，生产要素的供应紧张，则适宜采用契约方式或股权投资方式进入外国市场；反之，则应采用出口方式。从政府的对外经济政策考虑，当国内政府对出口采取鼓励和扶持的政策，或者对企业向境外投资有严格的约束时，可以采用出口方式；反之，则可以采用契约方式或股权投资方式。

三、企业本身因素

1. 产品因素

当企业的产品价值高、技术复杂时，选择出口方式比较适宜，因为高价值、技术难度大的产品直接转移到国外生产，可能会面临当地技术基础不能满足要求，或相关配套产业不具备的问题。如果是低值易耗品，如日用化工产品、食品和饮料等，则可以在许多国家建厂生产。另外，如果产品售后服务要求较高，则采用契约方式或股权投资方式较好。

2. 资源和投入因素

如果企业的资金较为充足、技术较为先进，并且积累了较丰富的国际市场营销经验，可以采用股权投资方式进入外国市场；反之，则应首先选择出口方式或契约方式进入国际市场，以便积累国际市场营销经验，当企业各方面实力提升后再采用股权投资方式。

第七节　国际市场营销企业的竞争战略

企业进入国际市场的目的是求得发展壮大。但国际市场竞争激烈，无论是大企业还是中小企业，都时刻面临着竞争对手的威胁。因此，对于已经进入国际市场的企业，若想继续保持和扩大国际市场，最佳办法就是要熟练地制定和运用各种竞争战略。

在国际市场上，每个企业的地位是不相同的，通常把企业划分为四大类，分别是处于领导地位的企业、处于挑战地位的企业、处于追随地位的企业和处于拾遗补阙地位的企业。由于企业在国际市场中的地位不同，所采取的市场竞争战略也互不相同。

一、市场领导者的竞争战略

绝大多数的行业中都有一个被公认的市场领导者，如汽车行业的通用汽车公司、摄影行业的柯达公司、钢铁行业的美国钢铁公司、计算机行业的 IBM 公司、复印行业的施乐公司、软饮料行业的可口可乐公司、零售行业的沃尔玛、快餐行业的麦当劳、洗化用品行业的宝洁公司等。这些公司在相关的产品市场中一般占有最大的市场份额，通常在价格变化、新产品开发、市场覆盖、促销强度等方面对其他公司起着领导作用。这些处于领导地位的企业成为其他公司挑战、模仿的导向点，因此，领导者稍不注意，就可能错失良机而下降为第二位或第三位的公司。如沃尔玛替代原零售大王"西尔斯"跃居第一。

处于领导地位的公司要想继续保持第一的优势，就需要从以下几个方面确定公司的竞争战略：

1. 扩大市场总需求

扩大市场总需求的措施是积极寻找产品的新用户、新用途和鼓励用户更多地使用。例如，汽车行业促使用户经常更换汽车，说服用户拥有更多的汽车，并通过提供微型小轿车使从不用车的老人、妇女也拥有汽车。又如可口可乐公司，通过开发新产品——减肥可乐、早餐可乐而扩大了可乐的用途，增加了新用户，扩大了销售量。再如，宝洁公司劝说用户，海飞丝洗发水洗头的效果，每次用两份比用一份更佳，从而促使用户更多地使用该产品。

2. 保护产品的市场地位

在努力扩大市场总需求的同时，处于领导地位的企业还必须时刻注意保护自己的现行业务不受竞争对手的侵害。

保护产品市场地位的最佳办法便是创新，即领导者不能满足现状，必须在产品开发、服务措施、分销渠道、降低成本、广告宣传等方面不断创新，掌握主动，捷足先登。

3. 扩大市场份额

市场领导者企业可以通过进一步扩大其市场份额而成长。扩大市场份额的方法一般有降低价格、扩大广告宣传、改进售后服务、提高企业形象。但需要注意，企业市场份额过大会受到政府限制和竞争对手的联合抵制，这种风险的上升将会削弱过分追求市场份额获利的吸引力。

二、市场挑战者的竞争战略

市场挑战者是指在市场竞争中处于领导者之后，属第二、第三位的企业。如百事可乐、福特、乐凯等。这类企业为了从市场领导者手中争取更大的市场占有率，获得更大的利润，往往采取各种进攻性战略，向市场领导者发起挑战。其主要竞争战略如下：

1. 低价遏制战略

低价遏制战略是指挑战者率先在国际市场上降低自己产品的价格，向市场领导者发起攻击，以占领更大的市场。如日本富士公司就是采用这种战略来攻击柯达公司在胶卷领域的领先地位的。富士胶卷的质量与柯达相当，但其价格却低 10%，结果富士获得了扩大市场份额的良机。又如，1981 年，美国克莱斯勒汽车公司已处于破产边缘。该公司所面临的挑战是，如何重新唤起用户购买克莱斯勒汽车的欲望，与世界一流企业，如福特和通用汽车相抗争。于是，克莱斯勒汽车公司决定采用低价遏制战略。公司设计出新型汽车并且大量做广告宣传，同时向用户提供低价优惠的汽车，使克莱斯勒"起死回生"。

如今国际市场上，薄利多销已成为各国企业普遍奉行的准则。例如，日本丰田汽车公司在国际市场调查和预测的基础上，不失时机地推出"轻便""节能"的小型汽车，在美国市场售价仅为16000美元/辆，一举击败美国汽车，成为世界最大的小型汽车生产公司。但要使低价战略成功，必须具备三个条件：第一，挑战者必须使用户相信其产品和服务可以与领导者媲美；第二，用户必须对价格差异敏感；第三，市场领导者拒绝降价。

2. 廉价品战略

廉价品战略是指市场挑战者用比同类产品低得多的价格向市场提供一般质量或低质量产品。这一战略适合拥有足够数量对价格感兴趣的消费者的市场。

3. 威望商品战略

威望商品战略是指市场挑战者推出质量更高的产品，制定比领导者产品更高的价格。

另外，竞争战略还有以下几种：产品扩散战略，即挑战者靠推出大量的产品品种给予用户更多的选择，来同领导者竞争；产品创新战略，即以新产品来攻击领导者的地位；改进服务战略，即以向用户提供新的和更好的服务方法来攻击领导者；分销创新战略；降低制造成本战略；密集广告促销战略，等等。

市场挑战者如果只依靠一种竞争战略，是无法提高市场份额的，要取得成功应设计一套灵活具体的整体战略。

三、市场追随者的竞争战略

市场追随者是指在市场竞争中居于市场挑战者之后，占有市场份额偏小的企业。这类企业可能赚钱，甚至可能赚得更多。这类企业往往纯粹以盈利为目的，不一定要向市场领导者挑战，而是根据自身的生产和营销能力，主动进行市场细分和集中市场，通常采用"模仿+创新"的战略来研究和开发新产品，并有坚强的领导班子。

采用"模仿+创新"战略，能使追随者少走弯路、减少开支，能利用别人的经验，见效快、成功率高，而且加上了自己的创新，更能赢得消费者好感，达到后来居上的目的。例如，日本索尼刚开发出一种新产品"VCR盒式录像带"，能连续录像2h，而松下电器马上模仿研制，结果不久就研制出连续录4h的VCR盒式录像带，结果后来居上，抢先占领市场。

采用"模仿+创新"战略时，创新更重要。因为一味地照抄照搬，效果适得其反。学形者死，学神者生。模仿只能仿制其制造原理、造型、结构、材料、功能、技巧等，更重要的是结合当地市场需求、购买力水平、消费者的爱好对产品加以创新。例如，日本尼西奇公司是一家尿布生产企业，当其得知外国有公司用边角料生产尿布获得成功时，就派人以参观为名买回样品回去仿制，结果推出的尿布质量更高、外观更精美、成本更低，成功打入外国市场并深受用户欢迎。相反，日本有几家生产玩具的企业，听说美国马特尔公司的玩具"芭比"很畅销，就开始仿制。可是在西欧、北美出尽风头的金发碧眼、细腰长腿"芭比"并不受日本孩子的欢迎。究其原因，原来日本孩子喜欢的是日本式的"芭比"。日本厂商为西洋"芭比"换上黑发黑眼、中等匀称的身材之后，"芭比"才走进日本千家万户。

市场追随者在采用"模仿+创新"战略时，一定要树立自己的个性，突出与众不同，这样才能便于消费者挑选，不断扩大销售。

四、市场拾遗补阙者的竞争战略

几乎在每一个行业中都有许多小企业为市场的某些部分提供专门的服务，这些占领一小部分市场的企业就称为市场补缺者。它们避免同大企业冲突，专门从事大企业想不到或想到而不想做的业务，以求在市场空白地带求得生存和发展。

一个理想的市场空白地带有下列特点：

（1）该空白地带有足够的规模和购买力，从而能获利。

（2）该空白地带有成长的潜力。

（3）该空白地带被大的竞争者所忽视。

（4）企业有足够的资源和技能，能有效地为该空白地带服务。

（5）企业能够靠已建立的顾客信誉，保卫自身地位，对抗大企业的攻击。

拾遗补阙竞争战略的关键点是专门化，即企业不分散使用人力、财力、物力，靠一招鲜取胜。因为，这种战略适用于处于弱势地位的小型企业，企业资源有限，只能采用专门化策略。

关 键 词

直接出口（Direct Exporting）　　　间接出口（Indirect Exporting）
许可经营（Licensing）　　　　　　特许经营（Franchising）
合资经营（Joint Venture）
海外独资经营（Wholly-owned Foreign Production）
合约制造（Contract Manufacturing）

思 考 题

1. 出口贸易有哪些方式？
2. 试比较直接出口与间接出口的优缺点。
3. 试比较许可经营和特许经营的概念及其优缺点。
4. 试比较合资经营和独资经营的优缺点。
5. 试分析企业如何选择合资还是独资方式进入国际市场。
6. 简述合约制造、国际工程承包和加工装配贸易的概念。
7. 简述影响进入国际市场模式选择的因素。

案例分析讨论

奇瑞成功进入海外市场

1997年，奇瑞公司成立于安徽芜湖。当时，这家由几个充满理想和创业热情的年轻人建立起来的汽车公司并没有引起人们的关注，由于生产规模太小，连登上国家汽车工业目录的资格都不具备。经过20多年的发展，奇瑞已经成为我国民族汽车工业的"东方之子"。2021年1~11月，奇瑞集团累计销售汽车85万辆，同比增长38.3%；营业收入1301.8亿元，同比增长 42.8%。无论是整体销量、营收，还是细分的海外出口、新能源，今天的奇瑞集团已经达到历史新高度，并且很快将抵达"新里程碑"——年销量突破 100 万辆、全球用户累计突破 1000 万人、年营业收入突破 1500 亿元。2022 年，奇瑞集团提出了确保年销量 150 万辆、力争 200 万辆，年营业收入 2000 亿元的目标。

奇瑞是我国第一个将整车、CKD 散件、发动机以及整车制造技术和装备出口至国外的轿车企业。2006 年，奇瑞被国家商务部、发改委联合认定为首批"国家汽车整车出口基地企业"。2007 年，奇瑞通过与美国量子等企业的合作，开始进入跨国经营阶段。截至目前，奇瑞已出口超过 170 万辆。公司在国际、国内建有十余个生产及 KD 基地，并在芜湖、上海、欧洲、美国、巴西等地区布局六个研发中心。

奇瑞是如何获得海外市场大丰收的？这主要基于以下几个原因：

一、两大机遇成就奇瑞

近年来，随着经济快速发展，我国已成为世界第二大经济体。国家地位的提升为中国品牌走向世界带来了机遇。2007 年，我国出口额占到世界出口总额的 8.8%，跃居世界第二位，"中国制造"在海外市场拥有了越来越多的消费者，也为中国自主品牌汽车的代表——奇瑞的国际化发展带来了重要机遇。与此同时，全球汽车市场呈现出两大不平衡发展状态：一是发达市场与欠发达市场之间的不平衡。全球汽车市场份额发达国家占 52%，而广大欠发达国家仅占 36%，欠发达国家汽车市场的需求远远未得到满足。二是发达市场内部的需求存在梯形结构。中低端汽车需求本来就大，世界金融危机又进一步扩大了这一需求比例。这两大不平衡均指向中低端汽车需求，从而为拥有生产高性价比中低端汽车优势的奇瑞提供了进入国际市场的第二个机遇。

二、三条路径打造国际品牌

21 世纪初，奇瑞公司就开始尝试"走出去"的国际化战略。奇瑞依靠自主品牌，通过以下三条路径进入国际市场：

路径一：通过国际贸易，扩大出口，打开国际市场大门。奇瑞最早出口汽车是别人送上门的生意。2001 年，叙利亚一家汽车经销商在北京看到奇瑞的一款汽车后，主动提出要进口。当年，奇瑞向其出口了 10 辆车；2002 年，奇瑞出口了 100 多辆；2003 年，出口了 1000 多辆。向叙利亚的出口又引来了伊朗客户，以及其他中东地区的客户。此后，奇瑞出口数量不断增加，出口市场也从中东扩展到世界 80 多个国家和地区。

路径二：通过海外建厂，建立开拓国际市场的根据地。在海外建厂方面，奇瑞采取了"摸着石头过河""小步快跑"的策略。为了选择海外建厂国家，奇瑞考察过很多地方，开始时小投入，效果好再决定加大投入。通过稳扎稳打的方式，奇瑞已经在俄罗斯、乌克兰、伊朗、埃及、印度尼西亚、乌拉圭、马来西亚等国家建立或在建 16 个工厂。海外建厂扩大了奇瑞产品全球市场的覆盖面，并有效地规避了贸易壁垒及人民币汇率变化带来的风险。

路径三：通过与国际一流企业进行资本与技术合作，全面进入世界市场。奇瑞从设计发动机开始就采取了国际技术合作方式，技术合作带动了奇瑞的技术队伍和有关零部件供应商队伍，使奇瑞在发动机领域走在了国内同行的前面。后来，奇瑞又与意大利设计公司合作设计整车，通过联合设计，节约了设计费用，提高了员工的技术研发能力，全面提升了奇瑞自主研发发动机、变速箱和整车技术的能力和水平。国际合作促进了奇瑞的自我研发，也完全

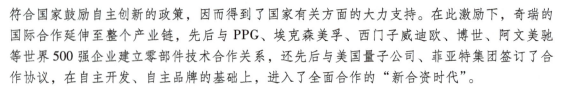

符合国家鼓励自主创新的政策，因而得到了国家有关方面的大力支持。在此激励下，奇瑞的国际合作延伸至整个产业链，先后与 PPG、埃克森美孚、西门子威迪欧、博世、阿文美驰等世界 500 强企业建立零部件技术合作关系，还先后与美国量子公司、菲亚特集团签订了合作协议，在自主开发、自主品牌的基础上，进入了全面合作的"新合资时代"。

三、奇瑞国际化的特点

与过去国内汽车企业通常采用的合资、合作协议相比，奇瑞的对外合资由过去的外方主导（掌握产品知识产权）完全转变为中方主导，故有人称之为奇瑞的"新合资时代"。这种模式有四个明显特点：①以开拓海外市场为主要目标；②以输出产品和技术为核心；③以坚持奇瑞品牌的独立性为特点；④以提升奇瑞全球竞争力为最终目的。这种新的合资模式也带来了奇瑞国际化的新发展，使奇瑞的海外市场销售呈现出两大特点：①出口产品结构变优；②出口数量逐年上升。

四、从"走出去"到"走进去"的国际化战略

自 2001 年第一批 10 辆奇瑞轿车出口叙利亚，奇瑞迈开了以开拓国际市场为标志的"走出去"步伐。

与此同时，奇瑞发现国际化越迈向纵深，越需要在全产业链展开国际合作，整合全球优势资源，提升自身体系创新能力，才能走向更广阔的国际市场。

奇瑞先后与博世、拜耳、富士通、法雷奥等 10 余家世界 500 强企业展开合作。合作内容涉及发动机技术、新材料技术、信息技术、汽车电子、内外饰、汽车照明等汽车产业链上下游的诸多领域。

随着在汽车核心技术创新方面的不断突破和积累，奇瑞在汽车核心零部件以及整个产业链上的影响力越来越大。奇瑞顺应国内外市场环境发生的巨大变化，实施从"走出去"到"走进去"的战略转型，逐步在一些重要市场建立生产基地。

奇瑞汽车的国际化之路在 2014 年 8 月踏入新征程，其首个海外独资工厂——巴西工厂落成投产，奇瑞汽车进入了海外本土化的新阶段。

2017 年布局全球市场，要"走出去"，更要"走进去""走上去"。2017 年 11 月 11 日，奇瑞发布了"WWW+计划"全球市场战略。"WWW+计划"包括全球智慧（World Wide Wisdom）、合作共赢（Win-Win）、智能互联（Wired）的计划，加号寓意可持续性、与时俱进和无限可能。奇瑞将实现两个目标、三个变革、三个聚焦。其中，两个目标是指用户满意和细分市场领先；三个变革是指客户理念变革、合作理念变革、营销模式变革；三个聚焦是指品牌向上、渠道突破、体系完善。2017 年，奇瑞与巴西最大的汽车制造与销售商 CAOA 集团现场签署了战略合作协议。

2021 年 2 月，美国汽车经销商 HAAH 控股发布公告称，已与中国汽车制造商奇瑞汽车达成北美地区的分销协议，将在美国推出高端 SUV 车型，最快将于 2021 年年底以 Vantas 品牌对外销售。2021 年 11 月 19 日的广州车展上，奇瑞汽车以一个系列——OMODA，首款车 OMODA 5，对话 Z 世代，瞄准全球化。未来，以 OMODA 全新产品系列及 OMODA 5 的全球首发为开端，奇瑞汽车产品将形成全球新产品矩阵，全力拥抱年轻化、全球化。

（资料来源：

[1] 开创国际化新模式，奇瑞海外市场大丰收 [EB/OL]．（2008-10-31）[2022-08-31]．http://www.pcauto.com.cn/news/changshang/0810/727363.html.

[2] 高旭. 走自主之路，创国际品牌——从劣势中崛起的奇瑞 [J]. 麦肯锡季刊，2008 (5).

[3] 奇瑞洋气又国际 OMODA 对话全球 Z 世代 [Z]. 360 搜索，2021-12.)

讨论题：

1. 奇瑞公司进入海外市场的方式有哪些？各种方式的优缺点是什么？

2. 在竞争激烈的国际汽车市场上，奇瑞的成功来自什么？

3. 奇瑞公司的国际化战略对企业有何借鉴作用？

第七章

国 际 产 品

▶ 导入案例

华为 5G 的产品竞争力

2020 年 12 月，全球 ICT 行业权威咨询机构 GlobalData 发布了 2020 年下半年《5G RAN 竞争力分析报告》。该报告对华为、爱立信、诺基亚等全球主流设备商的 5G RAN 产品竞争力进行综合排名，结果显示华为 5G RAN 综合竞争力排名持续第一，独家蝉联全球"5G RAN 领导者"桂冠。同时，在 2020 全球移动宽带论坛上，华为提出面向未来的"1+N"5G 目标网，发布了系列化的新产品和解决方案，进一步展示了华为在 5G 方面的创新能力。

该报告关于 5G RAN 产品竞争力的分析覆盖四个主要维度：基带容量、射频产品组合、部署简易度及技术演进能力。

在 5G 射频产品规格方面，华为拥有 94 款支持 5G 的射频产品，其中包括 22 款 Massive-MIMO 产品、32 款集成天线产品、14 款双频产品，且华为在这四个维度的数据均为业界第一。此外，华为 5G RAN 射频产品支持 35 个 NR 频段，在 Sub-6GHz 频段可支持 36 个 100MHz 带宽的小区，毫米波频段可支持 36 个 400MHz 带宽的小区。

该报告还研究了 5G RAN 市场的趋势和驱动力。移动用户的速率体验需求持续增长，促进运营商提供更好的移动体验，以避免用户流失。

根据评估结果，华为 5G RAN 在四个维度排名均为领导者。

在 2020 全球移动宽带论坛上，华为分享了最新的进展，提出面向未来的"1+N"5G 目标网：构建一张连续覆盖、大带宽的基础网，并发布了支撑"1+N"的5G系列化解决方案，旨在助力运营商应对5G时代多样化业务对网络能力的需求。

全球5G部署、发展及投资仍持续向前。100多家运营商已在超过40个国家和地区部署了5G商用网络，还有85个国家和地区的300多家运营商正在投资部署5G技术。

（资料来源：华为蝉联GlobalData《5G接入网竞争力分析报告》全球"5G RAN领导者"桂冠［Z］. 2019-12.）

第一节　产品概述

一、产品与整体产品的概念

我们身边到处都是产品，但给产品下一个准确的定义并不容易，问题在于相同的产品对不同国家消费者的意义不同。例如，冰箱在美国是必需品，因为美国人经常食用冷冻食品，并习惯一周采购一次。而在墨西哥以及一些发展中国家，人们习惯每天采购食品，因此冰箱是奢侈品，一般供富人用于短时间存放剩余食品和易腐品。

因此，从市场营销学的角度来看，产品（Product）是指能够提供给市场以满足需要和欲望的任何东西。产品在市场上包括实体商品、服务、体验、事件、人物、地点、财产、组织、信息和观念。

在为市场提供产品时，市场营销者需要考虑五个产品层次，如图7-1所示。每个层次都增加了更多的顾客价值，它们构成了顾客价值层次（Customer Value Hierarchy）。这五个层次的产品全方位地满足顾客的全部需要，构成了整体产品概念。

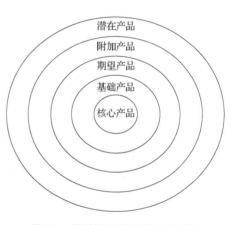

图7-1　整体产品概念的五个层次

最基本的层次即第一层次是核心产品（Core Product），即顾客真正购买的基本效用和利益。例如，在旅馆，夜宿旅客真正要购买的是休息与睡眠。市场营销者必须认识到自己是利益的提供者。

第二层次是基础产品（Basic Product），即产品的基本形式，包括品质、式样、特征、商标及包装。例如，一个旅馆的房间应该包括床、浴室、毛巾、桌子、衣橱、厕所等。市场营销者必须将核心利益转化为基础产品。

第三层次是期望产品（Expected Product），即顾客购买产品时通常希望获得的默认的一组属性和条件。例如，旅客期望干净的床、新的毛巾、台灯和相对的安静。由于大多数旅馆能满足这种最低期望，所以旅客通常没有什么偏好，会寻找更方便或更便宜的旅店留宿。在多数发展中国家，竞争主要发生在期望产品层次。

第四层次是附加产品（Augmented Product），即增加的服务和利益。在发达国家，品牌定位和竞争发生在附加产品层次。在附加产品层次上，差异化是比较重要的。附加产品使营销人员必须正视顾客的整体消费系统（Consumption System），即顾客在获得、使用、修理和处理产品上的行为方法。正如美国学者李维特（Levitt）曾说的："新竞争并不在于各家公司在其工厂中生产什么，而在于在工厂以外它们增加的形式，如包装、服务、广告、客户咨询、融资、送货安排、仓储，以及人们所重视的其他价值。"

第五层次是潜在产品（Potential Product），即该产品最终可能会实现的全部附加部分和将来会转换的部分。潜在产品指出了现有产品可能的演变趋势和前景。例如，彩色电视机有可能发展为计算机终端。

【实例7-1】　吉利的整体产品概念

吉利汽车满足了消费者购车的一组利益，所以赢得了消费者的热捧。这具体包括以下方面：

1. 安全需要

谈到汽车安全，不得不提到素以"安全"著称的著名汽车品牌——沃尔沃，而早在2010年，沃尔沃就被吉利收购，成为吉利大家庭的一员。于是有人说，吉利能有今天的市场成就，是因为吸纳了沃尔沃的安全科技和造车技术，沃尔沃功不可没。

吉利携手沃尔沃，更像是一场你情我愿的跨国联姻，二者互通有无，互相促进，成就彼此。"吉利在低成本方面的优势、吉利对中国市场的认知和洞见，都是沃尔沃相对欠缺的；而沃尔沃对欧美市场、豪华市场的产品定义，则是吉利所需要的。吉利也可以吸收更多的能量，因为吉利也要走向全球市场。"吉利自诞生之初，便一直将"安全"放在造车理念的第一位，并首创"安全识别圈"理念，从驾驶安全感、辅助驾驶系统、信息辅助及安全警示、主动避祸安全和被动碰撞安全五个层面（见图7-2），全面呵护驾乘者行车安全，成为中国车市的安全典范。

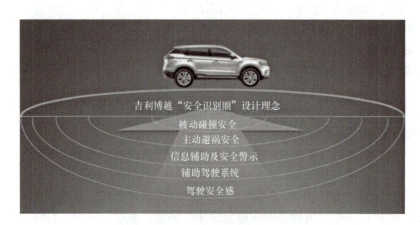

图7-2　吉利的"安全识别圈"理念

例如，吉利优先开发和应用了自动紧急制动功能；吉利努力让汽车安全技术迈向智能化，在被动防御上升级更多主动预防技术。

从吉利1.0时代的技术与经验的匮乏，到吉利2.0时代的技术与经验的积累，再到吉利3.0精品车时代，吉利在汽车品质上的腾飞有目共睹。2020年6月，吉利宣布正式进入"科技吉利4.0时代"。在这个新阶段，吉利与沃尔沃合作研发的CMA架构是最大的显性优势，

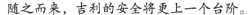

随之而来,吉利的安全将更上一个台阶。

2. 品质需要

吉利"死磕"每一个造车细节,对产品品质精益求精,对消费者高度负责。为了测试车辆的耐久性,豪越的整车路试里程超过 400 万 km,连起来可以绕地球 100 圈,确保车辆 10 年内在正常工况使用下,整车底盘永不松动、乘员舱永不漏水、车身关键部位永不锈穿。这种品质在同级车型中实属少见。

3. 健康需要

2020 年,吉利提出了"全方位健康汽车"理念。例如"方向盘抗菌",搭载具备车内病毒隔离和防范功能的 IAPS 智能空气净化系统,为用户提供医用 N95 级别的安全守护。

(资料来源:被消费者笃定选择的背后,是吉利"死磕"自己的精雕细琢 [Z]. 搜狐公共平台,2020-08.)

二、产品的分类

随着经济全球化的发展,越来越多的企业向国际市场拓展,并努力将自身发展成为全球性企业。在地域跨度方面,企业的典型做法是先在企业所处的当地市场上推广产品,然后再扩展到全国市场、区域市场,最后成长为全球产品。根据企业的产品从当地到全球的连续变化,可以将产品划分为四类:当地产品、国家产品、国际产品和全球产品。

1. 当地产品

当地产品是指在国内部分市场上生产和销售的产品。例如,我国各省的许多特色小吃仅在本省或本地区销售,它们就是一种当地产品。

2. 国家产品

国家产品是指某一特定的企业只在单一的国内市场生产和销售的产品。也有跨国公司为了迎合某些特殊国家的需求而推出相应的国家产品,以提高在这些国家的销售额。例如,麦当劳进入我国市场后,根据我国的饮食习惯和文化调整了一些烹饪方法,来迎合我国消费者。

3. 国际产品

国际产品是指在区域性的多个国家市场上销售的产品。处在这些区域内的国家一般具有相似的文化思维,并且具有人口的同质性和相似的经济发展速度。例如,随着欧盟经济的发展和一体化程度的加深,欧洲各国发展成为统一市场,因而欧洲许多产品的销售范围都遍及整个欧洲市场。

4. 全球产品

全球产品是指可以销售到世界任何一个地区和任何一种发展程度国家的产品。全球产品的市场是全球。例如,红牛紧密联系全球市场,在 100 多个国家和地区销售红牛品牌的饮料,占有世界能量饮料市场 70% 的份额。

第二节 国际市场营销产品策略

一、产品的标准化与差异化策略

国际市场营销是国内市场营销在地理范围上的拓展,但绝对不是单纯地将产品由国内市

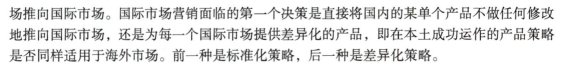

场推向国际市场。国际市场营销面临的第一个决策是直接将国内的某单个产品不做任何修改地推向国际市场，还是为每一个国际市场提供差异化的产品，即在本土成功运作的产品策略是否同样适用于海外市场。前一种是标准化策略，后一种是差异化策略。

（一）产品的标准化策略

1. 产品标准化策略的含义

产品标准化策略（Standardization Strategy）是指在一个国家、地区或全球市场上提供统一的产品。

实施产品标准化策略的前提是市场全球化。随着时代的发展，社会、经济和技术的发展使世界各个国家和地区之间的交往日益频繁，相互之间的依赖性日益增强，消费者需求也具有越来越多的共同性，相似的需求已经构成了一个统一的世界市场。因此，企业可以生产全球标准化产品以获取规模经济效益。例如，可口可乐、麦当劳、好莱坞电影等产品的消费遍及世界各地。

2. 产品标准化策略的意义

在经济全球化步伐日益加快的今天，企业实行产品标准化策略，对取得全球竞争优势无疑具有重要意义。

（1）产品标准化策略可以使企业实行规模经济，大幅度降低产品研究、开发、生产、销售等各个环节的成本而提高利润。产品的标准化使企业不必为各个不同市场研究和设计不同的产品，从而减少了研究开发、设计费用。大批量、少品种的生产会降低原材料、机械设备和其他生产成本，获得可观的规模经济效益。标准化产品在各国市场所使用的包装、广告及促销方法也基本相似，这也会大大降低营销成本。例如，百事可乐公司在不同国家市场中采用同一广告，估计每年因此可以节省1000万美元；高露洁公司在40多个国家和地区中销售高露洁牙膏，每个国家和地区只可在两个广告中选择一个。

（2）在全球范围内销售标准化产品有利于树立产品在世界上的统一形象，强化企业的声誉，有助于消费者对企业产品的识别，从而使企业在全球享有较高的知名度。卫星通信覆盖全球之后，统一的全球形象变得日益重要。例如，飞利浦公司赞助世界杯足球赛，同一个广告用6种语言在44个国家播放，对全球产品形象产生了巨大的影响。

（3）产品标准化还可以使企业对全球市场营销进行有效的控制。产品标准化一方面降低了市场营销管理的难度；另一方面集中了营销资源，使企业可以在数量较少的产品上投入相对较多的资源，从而提高对营销活动的控制力。

3. 影响产品标准化策略选择的因素

企业采用产品标准化策略可能成功，也可能失败。企业在选择产品标准化策略时要考虑以下因素：

（1）产品需求特征。工业消费品比生活消费品更适合标准化，如钢材、煤炭、石油产品、生产设备、汽车零部件等。在生活消费品中，耐用品比非耐用品更适合标准化，如奔驰汽车等多采用标准化的产品策略；某些满足共性需求的日用消费品也较适合标准化，如软饮料、胶卷、洗涤用品、化妆品、保健品、体育用品等。具有地方和民族特色的产品，如中国的丝绸、中药材、京剧，法国的香奈尔香水，美国的星巴克咖啡等特色产品，均有与众不同的品牌及内涵，其特色就是产品的竞争力，必须保持并且无须改变。

（2）产品生产特点。从产品生产的角度来看，适宜标准化的为在生产、采购、制造和分销等方面能够获得较大规模经济效益的产品。具体表现为技术标准化的产品，如电视机、录像机、音响、计算机硬件和软件等开发成本高的技术密集型产品。基于技术标准化的产品标准化，既是对产品研发的巨额投资的补偿，也有利于产品的全球推广与升级。例如，微软的软件、波音公司的飞机等。

（3）竞争条件。如果在国际目标市场上没有竞争对手，或市场竞争不激烈，企业可以采用标准化策略；或者虽然市场竞争很激烈，但本企业拥有独特的生产技能，而且是其他企业无法效仿的，也可采用标准化策略。

（4）成本与收益的关系。产品、包装、品牌名称和促销宣传的标准化都能大幅度降低成本，同时还要考虑收益情况，分析成本与收益之间的关系。比较产品标准化和差异化情况下的成本与收益关系，从而决定采用哪种策略。

（5）法律法规。全球产品所在国家的法令条款对产品设计的决策有直接影响。各国有关产品标准、专利保护、关税与税费的立法不同，这些法律可能会成为产品标准化的障碍。例如，在电视和录音机产业中，由于在世界上存在三种不同的广播电视系统，即美国的 NT-SC 系统、法国的 SECAM 系统和德国的 PAL 系统，面对全球市场的企业应该设计多系统的电视和录音机，让用户只要简单地按一下开关，就可以针对任何系统进行正确的选择。

尽管产品标准化策略对从事国际市场营销的企业有诸多有利的一面，但缺陷也是非常明显的，即难以满足不同市场消费者的不同需求。

（二）产品的差异化策略

1. 产品差异化策略的含义

产品差异化策略（Adaptation Strategy）也称定制化策略，是指企业根据不同市场改进产品，提供不同于国内市场的产品，使之适应当地市场的特殊需求。

顾客特点、期望、偏好以及气候等都会影响产品差异化。例如，从审美观来看，欧洲人喜欢尖头、窄跟的皮靴，美国制鞋商因此受阻，美国的大头鞋"实惠但不吸引人"；从顾客特点来看，通用电气为出口到日本的 X 光扫描仪进行专门设计，缩小了体积，因为日本医院和接纳病人的规模比大多美国医院小；从数字心理来看，以 4 为单位包装的产品在日本滞销（3、5 吉利），在西方，13 表示不幸，7 表示幸运。

气候和地理条件影响产品的各个方面。例如，销售巧克力会遇到天热发生变形问题：Toblerone 公司规定其巧克力产品在空调通风处出售；雀巢公司的办法是专门为亚洲生产一种脂肪较少的巧克力薄饼，以提高其融化点。还要保护产品不因运输和存储时间过长而变质。

尽管人类存在着某些共性需求，但在国际市场上，不同国家或地区消费者的需求差异可能仍然是主要的。在某些产品领域，特别是与社会文化的关联性强的产品领域，国际消费者对产品的需求差异更加突出。企业必须根据国际市场消费者的具体情况改变原有产品的某些方面，以适应不同的消费需求。例如，亨氏公司的婴儿食品有多种配方，在荷兰销售的婴儿食品是由褐豆提炼精制的，而在澳大利亚推销的婴儿食品则是由小羊脑髓提炼精制的。

2. 产品差异化策略的优劣分析

差异化策略的优势在于产品的研发、生产和修改都是以目标市场的环境要求和消费者需求为出发点的，是为每一个特殊的目标市场定制的。因此，在市场进入过程中，较少遭遇政策法规的限制，同时，由于产品可以充分满足当地市场的特殊需要，很容易赢得消费者的认同和喜欢。

差异化策略的劣势在于，对企业提出了更高的要求。这具体体现在：①要鉴别各个目标市场国家消费者的需求特征，对企业的市场调研能力提出很高的要求；②要针对不同的国际市场开发设计不同的产品，要求企业的研发能力能跟上；③企业生产和销售的产品种类增加，其生产成本及市场营销费用将高于标准化产品，企业的管理难度也将增大。

因此，企业在选择产品差异化策略时，要分析自身的实力以及投入产出比，综合各方面的情况再做判断。

3. 标准化策略与差异化策略的选择

虽然很多企业都努力推出各自的全球产品，但绝大多数产品都在标准化的基础上展示了某种差异性。例如，麦当劳的汉堡在墨西哥用辣椒酱代替番茄酱；可口可乐在各国的甜味也存在一定的差异。许多产品的差异化、多样化主要体现在外形上，如产品的形式、包装、品牌等方面，而产品的核心部分往往是一样的。一般来说，可以将全球核心产品或核心产品的主要部分标准化，而将其外围产品或产品的其他部分差异化，这样可以获得最大的效益。

选择标准化或差异化策略应考虑以下因素：

（1）市场环境因素。政府规范多、顾客特性不同、非关税障碍多、经济发展程度不同、竞争激烈、气候与地理不同等，适宜选择差异化策略；反之，选择标准化策略。

（2）产品因素。产品品牌认知差异大、包装形式差异大、调整成本不高、技术规格不一、要求服务水准高等，适宜选择差异化策略；反之，选择标准化策略。

（3）组织因素。组织能力足够、准入市场取得先机不重要、规模经济不大、全球性顾客占比不高等，适宜选择差异化策略；反之，选择标准化策略。

【实例7-2】　3M公司从全球标准化中获益

创立于1902年的3M这个"百年老店"业务非常广泛：3M公司使一切事物具有可黏性，该公司的核心竞争力在于胶和黏合剂的开发，几乎适用任何场所。即使明面上你家没有3M的产品，各种隐形的"3M制造"恐怕也逃不过，如挂钩背后的黏胶、补牙的材料、便利贴等。

3M把公司改组为全球标准化公司的决定印证了全球标准化策略优点的存在。

20世纪80年代初期，3M公司的磁性视听产品面临激烈的竞争。3M公司曾经是北美和欧洲市场的领头羊，当时却失去了很大的市场份额，于是，3M公司实行了全球标准化营销战略，对其生产的所有磁性产品采用全球统一的商标和包装。这种包装旨在向许多不同市场，传递Scotch-3M品牌的质量。所有分公司的产品及所有市场都采用了统一的包装，而在过去，则是不同国家采用不同的包装。为了使消费者知道这一设计上的变化，3M公司为新的标识语发起了全球广告活动。由于印刷品广告和电视广告都特别强调这一标识语，广告很容易适应不同国家和地区市场。广告被译成了日语、德语、西班牙语和意大利语，主题音乐根据国别差异做了改变。此外，建立了促进母公司和海外子公司之间沟通和协调的包装和广告标准化机制。

实施全球战略的结果是，3M公司在三大主要市场上都达到了目的，在欧洲和北美重新获得了领导地位，在日本显著地增加了市场份额。除了销售额上升和市场占有率增加外，统一的包装制度还降低了市场营销成本。总之，由于选择战略方式的最终决定因素是市场，所以遵循全球标准化战略并不要求所有活动都实行绝对标准化，可以是部分标准化，部分是经过修正的。如今以标准化主导的国际市场营销战略越来越显现出它的巨大优势。

（资料来源：王海忠. 国际营销为何流行标准化［J］. 中外管理，2001（4）：37-38.）

二、产品的适应性要求与适应性策略

（一）产品的适应性要求

企业销往国际市场的产品要适应各国市场营销环境的要求，这使得出口企业对大多数的出口产品都要做一项或若干项修改，包括产品特点、名称、标签、包装、颜色、材料、价格、促销、广告主题、广告媒体、广告技巧等方面。改进产品会影响企业的规模经济效应，增加成本，增加营销风险，但有些因素会迫使或吸引企业去改变出口产品。这些因素分为两类：强制性要求和非强制性要求。

1. 强制性要求

强制性要求是指目标市场国要求国际企业改进其产品以适应该国的一些强制性因素。各国政府为保护本国消费者的利益，维护已有的商业习惯，会对进口商品制定一些特殊的法律、规则或要求，有些是永久性的，有些是临时性的。强制性要求体现在以下几个方面：

（1）各国对进口产品的特殊规定。各国政府对进口产品在质量标准、包装、商标、安全等方面有特殊要求，特别是发达国家在这些方面的要求都非常高，不满足这些要求的产品无法进入该国市场。例如，欧盟规定，玩具、建筑材料、可移植器官的医疗器件、电信终端设备、简单压力容器、人身保护设备、电磁兼容产品、煤气炉具、使用流体燃料的锅炉、低压电器和部分机械类产品这 11 类具有安全敏感性的国际产品，必须符合欧盟有关安全指标的要求，并通过一定的合格性评定程序和加贴"CE"安全标志，才能被允许进入欧盟市场。制造商或其进口商必须回收所有不带"CE"标志的产品，同时可能被处以罚款。对于这些规定，出口企业必须遵守，必须改变原有产品以适应各国市场的相关规则和标准。

（2）各国对计量标准和某些技术标准有特殊规定。有些国家使用国际单位制的计量标准，因此，采用非国际单位制计量标准的国家将产品出口到这些国家，则必须改变其计量标准。例如，英国、美国等国厂商出口到中国的产品必须将英制改为国际单位制。某些特殊的技术标准，如电力计量体系，也因国而异。例如，匈牙利采用 60Hz、150~260V 的电力计量制度，而泰国则采用 50Hz、220~380V 的电力计量制度。这就要求出口的电器产品必须根据目标市场的电力计量制度做相应调整。

（3）各国自然条件的特殊性。目标市场国的气候、地理资源等条件也是企业必须改变原有产品的强制因素之一。例如，加拿大是一个寒冷的国家，出口到该国的汽车轮胎必须采用与出口到热带国家的汽车轮胎不同的原料成分进行生产。又如，松下公司对出口到不同国家或地区的电视机要进行专门的磁场校正，以确保获得最好的接收效果。

（4）政府法规影响产品调整。例如，瑞典规定禁止使用喷雾剂，因为会污染空气。这条规定自 1979 年 1 月 1 日实施后，涉及数以千计的喷发胶、除臭剂、空气清洁剂、杀虫剂、油漆、上光蜡等产品，唯一的例外是医药用喷雾剂。丹麦规定所有啤酒和饮料产品均要实行包装回收，这大大限制了国外小型啤酒商的进入。

【资料阅读7-1】 非关税贸易壁垒影响产品调整

非关税贸易壁垒有以下特征：

（1）更具灵活性、针对性。制定关税需要经过一定立法程序、手续，但制定非关税贸易壁垒一般会采取行政程序，方便快速，程序简单，可针对不同国家随时更换进口措施，达到限制进口的目的。

（2）更能直接保护本国产业。关税措施通过征收关说提高产品价格，削弱其竞争力，对本国产业的保护作用是间接的。但是，非关税措施可以直接有针对性地保护本国产业。比如进口配额，它需要预先限定进口数额，一旦超过限度，就会直接禁止进口，直接达到保护本国产业的目的。

（3）更具隐蔽性、歧视性。有些非关税措施透明度低、隐蔽性强，并且针对性较强，对其他国家实施差别措施；而关税措施歧视性较低，易受双边关系、国际多变贸易协定制约。

例如，日本要求所有的进口药品一律要在本国的实验室检验，因为日本人在生理上与美国人或瑞士人不同；类似的，国外的滑雪产品不能进入日本，因为日本的雪是特别的。

又如，欧盟以贴上不使用激素的标签作为牛肉进口的前提，限制美国牛肉的进口，虽然联合国权威健康机构已经宣称食用这种牛肉是安全的。2000年达成的一项国际贸易协定要求对世界范围内的转基因食品贴上标记；欧盟选择ISO 9000作为对各种工业品的基本要求。

（资料来源：根据网络资料整理，2022-02.）

2. 非强制性要求

非强制性要求是指企业为了提高在国际市场上的竞争力而主动对产品进行改进，以适应目标市场的社会文化、收入水平、需求偏好、受教育程度等要求。国际企业适应非强制性要求比适应强制性要求更难，因为非强制性要求的标准不明确、弹性很大，并且因企业而异。因非强制性要求而改变产品是企业从事国际市场营销成败的关键。非强制性要求主要源于以下因素：

（1）社会文化。消费者的价值观、道德规范、行为准则、宗教信仰、消费偏好和行为方式等受社会文化的影响。国际目标市场上的消费者是否接受新产品和新行为方式，主要取决于目标市场的社会文化。

（2）收入水平。收入水平的高低在很大程度上影响消费者对产品效用、功能、质量、包装以及品牌等的要求。低收入的消费者通常注重产品的基本性能，如要求价格低廉、经久耐用，而对包装、品牌则不重视；收入高的消费者则更多地追求产品的优质、精美的包装、品牌的知名度等，对价格没有过多的要求。

（3）需求偏好。需求偏好一旦形成就很难改变。消费者需求偏好的差异主要体现在对产品的外观、包装、商标、品牌名称以及使用模式等方面，而很少体现在产品的物理或机械性能方面。企业应使产品的外观样式、气味，以及包装的颜色、图案和文字等符合目标市场国消费者的偏好。

（4）受教育程度。发达国家的消费者生长在高度商业化、工业化和技术化的社会中，普遍文化水平较高，易于识别、掌握和使用技术复杂的产品；而在一些贫穷落后的国家，消费者受教育程度有限，难以掌握技术复杂的产品。对于后者来说，国际企业生产的产品应该易于操作，如果操作复杂，可能就难以打开市场。

（二）产品的适应性策略

美国学者基根（Warren J. Keegan）教授认为，国际企业要进行产品市场地理空间的扩张，即把既有的产品销售到国外市场，或者为国外市场设计新产品并销售出去，根据国际市场的产品设计和信息沟通的结合情况，具体可以采用以下五种策略：

1. 产品和促销直接延伸策略

产品和促销直接延伸策略是指企业对产品不加任何改变，直接进入国际市场，并在国际市场上采用相同的促销方式。如果使用得好，这是一种最经济、便捷的市场扩张方式，它可以大大降低企业的营销成本。典型的例子是可口可乐公司，它在全世界各个国家的产品和广告都是标准化的。

2. 产品直接延伸、促销改变策略

产品直接延伸、促销改变策略是指企业向国际市场推出同一产品，但根据不同目标市场的消费者对产品的不同需求，采用适宜消费者需求特征的方式进行宣传、促销，往往能达到很好的促销效果。例如，百事可乐和可口可乐，产品全球标准化，但广告代言人则各区域不同。

这种策略的适用情况有两种：一种情况是产品本身具有多种功能和用途，而不同的国家和地区的消费者倾向于不同的功能和用途，则企业可以保持产品不变，只改变宣传信息。例如，化妆品、保健品、食品饮料及药品等类产品可以采用这种产品策略。另一种情况是由于各国语言文字和风俗习惯不同，为了让消费者接受，需要在促销方式上做必要的调整。

3. 产品改变、促销直接延伸策略

产品改变、促销直接延伸策略是指对现有产品进行部分改进，而向消费者传递的信息不变。有些产品对国际消费者来说，用途、功效等基本相同，但消费习惯、使用条件有差异，所以，企业必须对产品的式样、功能、包装、品牌、服务等稍加改变，以适应各国市场的需要。例如，洗衣粉在各国的用途都是清洁去污，但各国的使用条件不同，发达国家多用洗衣机洗涤，发展中国家多为人工洗涤，且各国的水质也不尽相同，因而销往不同国家的洗衣粉应根据各国的不同情况设计配方，但宣传策略不用改变。一家美国糕点生产商向英国所提供的蛋糕完全是美国特色——蛋糕上面铺满了糖霜。英国人往往在喝茶的时候吃蛋糕，他们的习惯是右手端茶杯，左手拿蛋糕。蛋糕要不粘手，比较松软。而另一家美国蛋糕公司在进入英国市场之前，了解到这些方面的特点，对产品做了些改进，从而一举成功。

4. 产品与促销双重改变策略

产品与促销双重改变策略是指既改变进入国际市场的产品的某些方面，同时也改变促销方式。例如，某公司销往不同国家的咖啡采用不同的混合配方，英国人喜欢喝加牛奶的咖啡，法国人喜欢喝不加牛奶或糖的浓咖啡，而拉丁美洲人喜欢喝巧克力味的咖啡。与此相适应，也采用不同的广告宣传内容。

5. 产品创新策略

产品创新策略是指企业针对国际目标市场需求研究和开发新产品，并配以专门的广告宣传。如果新产品开发成功，获利将会很大。但是，新产品开发的风险也很大。企业通常对现有产品进行改进，如果仍然不能满足目标市场的需求，且目标市场发展前景好，企业又有能力开发新产品，在此前提下，才采取产品创新策略。例如，苹果公司1993年开发的创新产

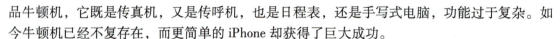

品牛顿机，它既是传真机，又是传呼机，也是日程表，还是手写式电脑，功能过于复杂。如今牛顿机已经不复存在，而更简单的 iPhone 却获得了巨大成功。

（三）标准化策略与差异化策略的平衡

标准化和差异化并非非黑即白的两极，而是需要寻找中间尺度。可以将标准差异化，如提供全球无差异产品的公司也会对产品进行差异化调整。例如麦当劳菜谱的差异化：德国增加啤酒，法国增加白葡萄酒，印度增加羊肉汉堡，芬兰增加黑麦面包汉堡，中国增加豆浆、油条等。也可以将差异标准化，如公司越来越努力地设计能吸收地区性和世界性差异的全球产品，即把对差异的适应性融入具有标准化核心的产品中。常用两种方法寻求平衡：

（1）模组法，即先发展出一些全球可以普遍适用的产品组件，通过这些标准组件来组装成各式各样的产品形态。

（2）平台法，即先设计出一个高度一致性的核心产品或平台作为基础，然后跨国公司再根据所在市场的独特需要，在此平台再加上一些附件，以产生差异。

第三节　国际市场新产品开发

一、新产品的定义和分类

市场营销中的新产品（New Product）是指能进入市场给消费者提供新的利益或新的效用而被消费者认可的产品。它具体包括新发明产品、改进的产品、改型的产品和新的品牌。按产品研究开发过程，新产品可分为全新产品、改进型新产品、换代新产品、仿制新产品、市场再定位型新产品和降低成本型新产品。

1. 全新产品

全新产品是指采用新原理、新技术、新材料，具有新结构、新功能的产品。这种新产品在全世界首先开发，能开创全新的市场。例如，计算机、摄像机、空调等产品最初上市时都属全新产品。全新产品的开发难度大，市场风险也大。

2. 改进型新产品

改进型新产品是指在原有产品的基础上进行改进，从而在结构、功能、品质、花色、款式及包装上具有新特点、新突破的产品。改进后的新产品能更好地满足消费者不断变化的需要。例如，环保、节能的电冰箱就是对传统电冰箱的改进。在原有基础上对老产品进行改进，有利于消费者迅速接受，开发资金少，失败的可能性也相对较小。

3. 换代新产品

换代新产品是指在原有产品的基础上部分采用新结构、新材料、新技术，使其性能显著提高的产品。例如，黑白电视机发展到彩色电视机，又发展到数字电视机。

4. 仿制新产品

仿制新产品是指企业仿制的国内外已经研制生产出来的新产品。在新产品开发中，合法的仿制是不可能排除的。开发仿制新产品一般投入相对少、风险小，但对本企业也是一种突破。

5. 市场再定位型新产品

市场再定位型新产品是指以新的市场为目标市场的现有产品。例如，强生公司将婴儿洗

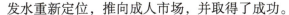

发水重新定位，推向成人市场，并取得了成功。

6. 降低成本型新产品

降低成本型新产品是指以较低的成本提供同样性能的新产品。企业利用新技术、改进生产工艺或提高劳动生产率来降低原有产品的成本，但保持原有产品的功能不变。

二、新产品的开发过程

国际市场新产品的开发过程是一个复杂的系统工程，它需要营销、开发、生产等各部门的参加，而且风险较大，因此，遵循科学的开发程序十分重要。新产品设计开发过程分为八个阶段：构思产生、构思筛选、概念发展和测试、制定市场营销战略、商业分析、产品实体开发、市场试销、商业化。

1. 构思产生

新产品构思源于消费者未被满足的需求。构思可以来自许多方面：国外消费者和用户对现有产品的反应及新的需求、公司技术人员和经理人员、国外经销商和企业海外营销人员、国外科技情报、国外营销调研公司、国际竞争对手的产品启示，以及国际产品展览会、展销会、博览会，政府出版的行业指导手册等。企业必须与这些构思来源建立起沟通渠道。

2. 构思筛选

构思筛选是指采用适当的评价系统及科学的评价方法，对各种构思进行分析比较，从中把最有希望实现的设想挑选出来的过程。构思筛选包括两个步骤：①确定筛选标准；②确定筛选方法。合理的评价系统、评价标准和科学的评价方法对构思筛选十分重要。

3. 概念发展和测试

经过筛选后保留下来的产品构思还需要进一步发展成具体的产品概念。进行产品构思时，应从企业的角度考虑希望提供给市场的可能的产品设想；产品概念则需要在产品构思的基础上，从消费者的角度用文字、图形或模型对这个构思做详尽的描述。例如，一家食品加工厂产生了一个芝麻粉产品的构思，它可以转化为几种产品概念，通常需要回答三个问题：谁使用该产品？可以是婴儿、儿童或少年。该产品提供的主要利益是什么？可以是口味、营养或保健。何时使用该产品？可以在早餐、午餐、晚餐、夜宵时。

新产品开发人员需要先对每一种产品概念进行测试、取舍。新产品概念测试主要是调查消费者对新产品概念的反应，测试内容如下：①产品概念的可传播性和可信度。如果得分低，就必须对此概念进行修改。②消费者对该产品的需求程度。③该产品与现有产品的差距。差距越大，预期的消费者兴趣越大；反之，则兴趣越小。④消费者对该产品的认知价值，即相对价值而言，价格是否合理。⑤消费者的购买意图，即消费者是否会购买该产品。⑥谁会购买此产品及购买频率。

4. 制定市场营销战略

市场营销战略包括三个部分：①描述目标市场的规模、结构和行为，新产品在目标市场上的定位、市场占有率，以及头几年的销售额和利润目标等；②对新产品的价格策略、分销策略和第一年的市场营销预算进行规划；③描述预期的长期销售量和利润目标，以及不同时期的市场营销组合。

5. 商业分析

商业分析主要是对新产品概念进行财务方面的分析，估计销售额、成本和利润。

（1）销售额估计。企业一般依据类似产品的销售情况、市场占有率等资料，通过对目标市场的竞争状况进行深入分析，来估算新产品的销售额。根据新产品性质不同，可分别估计各种销售额。例如，对任何类型的新产品都必须估计首次销售额；对经常性购买的新产品则还需要估计重购销售额，以此预测重复购买销售额。

（2）成本和利润估计。成本包括生产成本和市场营销成本，如果生产都在国内进行，则生产成本较易预测；如果企业在国外生产，对成本的估算就会困难一些。由于新产品在各国市场的市场份额不同、市场营销计划不同、经营类型不同，所以市场营销费用在各国也不相同，这将增加国际营销人员对新产品成本和利润估算的难度。企业常常借助外国经销商和分公司的帮助来完成新产品的商业分析，具体估算方法既可以采用现金流量表进行分析预测，也可采用损益平衡模式进行估计分析。

6. 产品实体开发

产品实体开发是指新产品概念转化为新产品实体的过程，主要解决产品构思能否转化为在技术上和商业上可行的产品这一问题，通过对新产品实体的设计、试制、测试和鉴定来完成。新产品开发过程是对企业技术开发实力的考验，能否在规定的时间内、用既定的预算开发出预期的产品，是整个新产品开发过程中最关键的环节。

7. 市场试销

只有通过市场试销将产品投放到有代表性的国家或地区的小范围目标市场进行试验，企业才能真正了解该新产品的国际市场销售前景。市场试销是对新产品的全面检验，可以为新产品能否全面上市提供全面、系统的决策依据，也为新产品的改进和市场营销策略的完善提供启示。但试销也会使企业成本增加。由于产品试销一般要花费一年以上的时间，这会给竞争者提供可乘之机，而且试销成功并不意味着市场销售就一定成功，因为各国及各地区消费者的心理本身就不易准确估计，同时由于竞争的复杂多变等因素影响，企业对试销结果的运用应考虑一个误差范围。

8. 商业化

如果新产品试销达到了预期的结果，企业就应该决定对新产品进行商业性投放。将新产品投放市场，企业会再次面临巨额资金的投入。一方面是批量生产产品所需要的生产设备及相应的设施投入，一般应把生产能力控制在所预测的销售额内，以防新产品销售收不回成本；另一个主要成本是市场营销费用，即在新产品的广告、促销等方面的费用。

三、新产品的采用与推广

（一）新产品的采用过程

新产品的采用过程是潜在消费者如何认识、试用和采用或拒绝新产品的过程。从潜在消费者发展到采用者要经历五个阶段：知晓、兴趣、评价、试用和正式采用。市场营销人员应仔细研究各个阶段的不同特点，采取相应的市场营销策略，引导消费者尽快完成采用过程的中间阶段，最终成为新产品的采用者。

不同的潜在消费者对新产品的采用过程所花费的时间长短不一样，为此，可将新产品采用者分为以下五种类型：

（1）创新采用者。这类人被称为时尚的带头人，对新事物极为敏感，有较高的收入、社会地位和受教育程度，极富冒险精神，信息灵通。通常创新采用者占总采用人数的5%

左右。

（2）早期采用者。这类人不像创新采用者那样具有冒险精神，但他们常常会主动搜集有关新产品的信息，善于利用广泛的信息来源，其社会关系比晚期采用者更广泛，而且具有一定的意见领袖能力。他们占总采用人数的 10%～16%，是新产品从首次投放阶段进入成长发展阶段的最重要动力。

（3）早期多数。这类人考虑问题较为小心谨慎，常在创新采用者和早期采用者勇敢行动之时持观望态度，希望从他们那里获得经验和某些权威的支持，但同时他们也不甘落后，紧跟创新采用者和早期采用者而成为新产品的采用者。这类人占总采用人数的 30%左右，研究他们的消费心理、消费习惯对加速新产品扩散意义重大。

（4）晚期多数。这类人是对新事物持犹豫、怀疑态度的后来者，一定是在大多数人都采用新产品并确信该产品值得消费后才决定采用的，同时，他们比早期采用者更容易放弃创新产品。这类人占总采用人数的 30%左右。

（5）落后者。这类人是新产品的最后采用者。他们对原有产品的钟情程度较深，是典型的守旧者，通常在新产品进入成熟后期或步入衰退期才开始采用。这类人占总采用人数的 20%左右。

（二）新产品的推广

国际市场新产品推广及普及过程的速度快慢和所需要的时间长短，是衡量该新产品是否成功的重要方面。国际市场营销者的目标是尽量缩短新产品普及过程的时间，加快新产品推广的速度。研究结果表明，影响新产品推广速度快慢的主要因素是国际目标市场消费者和新产品的特征。

1. 国际目标市场消费者

五种类型新产品采用者的价值导向不同，导致他们对新产品的态度也不同，这对新产品的采用和推广速度快慢起着重要的作用。不同国家或地区的这五种类型消费者由于所处的文化环境不同、经济发展水平有差异，接受新事物或新产品的速度和普及过程差异也较大。富有创新精神、接受新事物快的目标市场消费者将会加快新产品的采用和推广。例如，美国由于历史短，本国文化沉淀少，比其他有较长历史的民族更能接受新事物，而大多历史文化悠久的民族接受新事物的速度则相对要慢。经济发展水平高的国家的消费者接受新事物的速度一般要快于经济发展水平低的国家的消费者。

2. 新产品的特征

新产品的特征包括相对优势、相容性、复杂性、可试性及可传播性。

（1）新产品的相对优势。这是指新产品胜过它所替代或与之竞争的产品的程度。消费者感觉到的相对优势越多，产品被接受的过程就越短；反之，产品被接受的过程就越长。

（2）新产品的相容性。这是指产品与国际目标市场消费者的价值观、消费偏好及行为模式等的一致程度。如果产品与现行的价值观不相容，推广过程将花费较长的时间。

（3）新产品的复杂性。这是指新产品在消费者的认识或使用中相对困难的程度。产品越复杂，普及的时间越长。例如，个人计算机的使用较其他家用电器要复杂，故而需要较长的时间普及到一般家庭。

（4）新产品的可试性。这是指消费者在不需要承担风险的情况下，可试用产品的程度。可试性强的产品，其采用和推广的速度快。

（5）新产品的可传播性。这是指新产品的使用效果可被观察或向他人描述的程度。显然，新产品的优点越容易传播，采用和推广的速度就越快。

新产品的特征在很大程度上影响着新产品被接受及推广的快慢，而文化则对消费者理解新产品特征有着较大的影响。各国市场消费方式和行为模式的差异往往会导致同一新产品在某些国家或地区采用和推广的速度快，而在另一些国家或地区采用和推广的速度慢。例如，著名的法国男用香水在欧美国家采用推广的速度远远快于在中国的采用和推广。男用香水在中国采用和推广不快的原因在于中国人的传统价值观认为化妆是女人的事。因此，国际市场营销者应对不同文化背景下的国际目标市场阻碍新产品采用和推广的原因进行具体分析，从而最大限度地减少推销阻力和加速新产品被接受的过程。此外，新产品的初始成本、运行成本、风险和不确定性会影响新产品的采用率。市场营销人员在设计新产品和制订市场营销方案时，除重点考虑主要影响因素外，还应全面考虑这些影响因素。

【实例 7-3】　3M 公司的产品创新

3M 公司营销 6 万多种产品，从砂纸、胶黏剂到隐形眼镜，心肺仪器和新潮的人造韧带，几百种胶带，如创可贴、防护胶带、捆绑胶带，甚至还有一次性尿布、再扣紧胶带，3M 公司视革新为其成长的方式，视新产品为生命的血脉。公司的目标是每年销售量的 30%，从前 4 年研制的产品中取得。公司长期以来的目标都是 5 年内 25%，通常能够成功。3M 公司每年都要开发 200 多种新产品，它那传奇般的注重革新的精神已使其连续成为美国最受人羡慕的企业之一。

新产品不是自然诞生的，3M 公司努力营造一种有助于革新的环境，它通常要投资 7% 的年销售额用于产品研究和开发，这相当于一般公司的 2 倍。

3M 公司鼓励每一个开发新产品的人。公司有名的 15% 规则，即允许每个技术人员至少可用 15% 的时间来干私活，以及搞个人感兴趣的工作方案，不管这些方案是否直接有利于公司。当产生一个有希望的构思时，3M 公司会组织一个由该构思的开发者，以及来自生产、销售、营销、法律部门的志愿者组成的风险小组，该小组培育产品并保护它免受公司苛刻的调查。小组成员始终和产品待在一起，直到产品成功或失败，然后回到各自原先的岗位上，或者继续和新产品待在一起。有些风险小组在使一个构思成功之前，尝试了三四次失败。3M 公司每年都会把进步奖授予那些新产品开发后，三年内在美国销售量达到 200 万美元，或者在全世界销售量达到 400 万美元的风险小组。

在执着追求新产品的过程中，3M 公司始终与其顾客保持紧密联系，在新产品开发的每一个时期都对顾客偏好进行重新估价，市场营销人员和科技人员在开发新产品的过程中紧密合作，并且研究和开发人员也都积极参与整个市场营销战略的制定。

3M 公司知道，为了获得最大的成功，必须尝试成千上万种新产品构思，把错误和失败当作创造和革新的正常组成部分。正如后来的事实所表明的，许多大错误都成为 3M 公司最成功的一种产品。3M 公司很爱讲一个滑雪家的故事，他偶然地把一种新化学混合物溅到网球鞋上，几天后他注意到，溅到化学混合物的鞋面部分不会变脏。该化学混合物后来成为织物保护剂。

还有一个关于 3M 公司的科学家斯宾塞·西尔维的故事。西尔维想开发一种超强黏合剂，但是他研制出的黏合剂黏度不是很大，他把这种显然没有什么用处的黏合剂寄给了 3M

公司的其他科学家，看看他们能否找到什么办法来使用它。几年过去了，工作一直没有什么进展。有一次，3M 公司的另一个科学家阿瑟·弗莱伊因为遇到了一个问题而萌生了一个创意。弗莱伊博士是当地教堂的唱诗班的成员，他发现很难在赞美诗集中做记号，因为他夹的小纸条常常掉下来。他在纸边上试着涂了点儿西尔维博士的黏合剂，结果这张纸条很好地粘上了，并且撕下来后也没有弄坏赞美诗集。于是便诞生了 3M 公司的可粘便条纸，该产品现已成为世界办公设备畅销品之一。

（资料来源：根据网络相关资料整理，2017-02.）

第四节 国际产品生命周期

产品从进入市场到退出市场有一个过程，对这一过程进行研究就产生了产品生命周期理论。如果在国际市场上对产品生命周期进行研究，就会发现同一种产品在各个国家从该产品进入市场到退出市场的时间是不同步的，这是由于各国的科技、经济发展水平不同造成的。对此进行研究就产生了国际产品生命周期（International Product Life Cycle）理论。

一、产品生命周期

（一）产品生命周期的含义

产品从投入市场到退出市场的全过程称为产品生命周期，它分为导入期、成长期、成熟期和衰退期四个阶段。产品在不同生命周期阶段的市场占有率、销售额和利润额是不同的，必须针对产品生命周期的不同特点，采取相应的、适当的市场营销组合策略，以便延长产品生命周期，获取更多的利润额。典型的产品生命周期如图 7-3 所示。

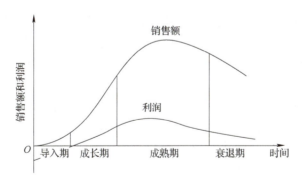

图 7-3 典型的产品生命周期

（二）产品生命周期各个阶段的特点及市场营销策略

由于产品生命周期各个阶段具有不同的特点，所以企业应采取不同的市场营销策略。

1. 产品导入期

产品导入期是产品经过研究开发、试销后正式投入市场的最初一段时间。该时期由于新产品投放市场，顾客对产品不了解，只有少数顾客追求新奇而可能购买，销售量很低。为了扩大销路，需要投入大量的促销费用宣传产品。另外，由于技术方面还不太成熟，产品生产批量小，生产成本高，销售额增长缓慢，企业利润微薄，甚至亏损。

在该阶段，企业应采取的市场营销策略主要有以下几种：

（1）快速掠取策略。该策略采用高价格、高促销费用的方式推出新产品，以期迅速扩大产品销售额。

（2）缓慢掠取策略。该策略采用高价格、低促销费用的方式推出新产品，以期获得更大利润。

（3）快速渗透策略。该策略采用低价格、高促销费用的方式推出新产品，以期迅速打入市场。

（4）缓慢渗透策略。该策略采用低价格、低促销费用的方式推出新产品，以期扩大市场，增加利润。

2. 产品成长期

经过导入期以后，消费者对产品逐渐熟悉，销售量迅速增加，生产规模扩大，生产成本下降，促销费用减少，利润增长比较快，有新的竞争者进入。

在该阶段，企业应采取的市场营销策略主要有以下几种：

（1）对产品进行改进。可以提高产品质量，改变产品款式，增加产品的新功能，以此强化产品特色，提高产品竞争力。

（2）进入新的细分市场。通过市场细分，寻找新的、尚未满足的细分市场，以满足其需要。

（3）适时降价促销。在适当的时候通过降价来进行促销。

（4）转移广告宣传的重点。把广告的重点由介绍新产品转移到提高产品知名度、树立产品新形象上来，以维系老顾客、吸引新顾客。

3. 产品成熟期

产品销售量经过一段时间的快速增长之后，开始缓慢增长，并逐渐达到最高峰，此后就缓慢回落。此时生产批量达到最大，生产成本降到最低，产品利润达到最大。但由于市场竞争激烈，促销费用增加，价格下降，产品利润呈下降趋势。

在该阶段，企业市场营销的目标是延长成熟期，以获取尽可能多的利润。企业应采取的市场营销策略主要有以下几种：

（1）对市场进行改进。寻找产品的新用途，寻找新的细分市场，对产品重新定位，以此扩大市场。

（2）对产品进行改良。可以提高产品质量，增加产品功能，改良产品款式，改进产品服务质量，以维系老顾客，扩大产品销量。

（3）对市场营销组合策略进行改进。对市场营销组合策略进行调整或重新进行组合，以延长产品成熟期。

4. 产品衰退期

在产品成熟期的后期之后，进入衰退期，产品的销售量由缓慢下降转为急剧下降，甚至出现产品积压；新产品代替老产品开始进入市场；价格竞争是主要竞争形式；企业盈利急剧减少，甚至为零；绝大多数消费者对产品的态度发生了改变。

在该阶段，企业应采取的市场营销策略主要有以下几种：

（1）收缩策略。大幅度降低促销投入，尽量减少销售和推销费用，以保证获得眼前的利润。

（2）维持策略。继续使用过去的策略，直至这种产品完全退出市场。

（3）集中策略。把企业的资源集中在最有利的细分市场和销售渠道上，放弃不获利的或亏损的其他细分市场，以尽可能为企业创造利润。

（4）放弃策略。对无任何获利希望的产品，企业只有选择放弃策略，并将所拥有的资源转而生产经营其他产品，以便获利。

（三）产品生命周期理论的意义

产品生命周期是现代市场营销学中的一个重要概念，对企业制定营销策略具有指导意义。这主要表现在以下几点：

1. 产品生命周期受技术进步、环境、管理和市场需求的影响

产品生命周期是一个抽象的概念，并不是一个很精确的概念，不同产品生命周期的长短各不相同，而且产品生命周期中各个阶段的时间长短也不一样。这主要是受到以下四个因素的影响：

（1）技术进步因素的影响。例如，引进了更优良的新产品，是原产品的替代品，就会加速缩短原产品的生命周期。

（2）环境因素的影响。例如，我国政府规定，2002年起禁止生产和销售容积为9L以上的坐便器，加速缩短了该产品的生命周期。

（3）管理因素的影响。例如，企业是否愿意花钱开展促销活动，以延长产品生命周期。

（4）市场需求因素的影响。例如，消费者已经对某种产品不感兴趣，就会加速缩短该产品的生命周期。

如果这四个因素中有一个因素发生变化，就会使产品的生命周期发生改变。

2. 可以使用不同的市场营销策略来延长产品生命周期

每种产品都有形式不同、时间不同的产品生命周期，这就为企业采取适当措施延长产品生命周期提供了依据。不同的企业可以根据市场上的实际情况，选择适合自身的延长产品生命周期的策略，以获取更多的经营利润。

3. 产品生命周期理论对企业的启示

（1）企业必须持续地开发新产品，以便于企业长期生存；否则，原产品的生命周期结束了，而新产品还没有开发出来，企业就可能垮台。

（2）产品生命周期阶段不同，应采取不同的营销策略，使企业获取尽可能多的利润。

（3）企业在规划产品组合时，必须考虑产品生命周期长短搭配，以免在产品组合时出现各个产品都在同一个时间达到衰退期的情况，使企业面临巨大的经营风险。

二、国际产品生命周期理论

（一）国际产品生命周期理论概述

美国哈佛大学教授雷蒙德·弗农（Raymond Vernon）在1966年以《产品周期中的国际贸易与投资》一文奠定了国际产品生命周期理论的基础。该理论以美国为例，对企业跨国经营的动因进行了分析。弗农认为，美国经济发达、技术先进、人均收入高，但劳动成本也高，其既有产品创新的强烈动机，同时也面临劳动成本上升的压力。这一特点决定了美国企业国际化经营的动机——本国创新、国际化生产。但究竟何时在国内生产、何时出口以及何时何地在国外生产，就取决于产品的生命周期。弗农根据美国的实际情况，提出了国际产品

生命周期的阶段模型，将产品生命周期从该产品进入市场时起划分为三个阶段：新产品阶段、成熟产品阶段和标准化产品阶段。国际产品的发展阶段如图 7-4 所示。

在新产品阶段，由于美国国内消费者的高收入以及国内创新型产品供不应求，产品的国内需求弹性很小，同时企业对产品拥有垄断，在国内市场处于垄断地位。因此，企业在此阶段的定位是国内创新、国内生产、国内消费。

进入成熟产品阶段后，随着经验和技术的积累，产品的设计和生产有了某些标准化因素，而此时模仿者（潜在的竞争对手）也开始出现。由此，企业的经营战略开始着眼于生产成本和市场占有率。这两方面因素使企业开始关注国际市场。按照利润最大化原则，当美国边际生产成本加上运输成本低于进口市场的预期平均生产成本时，美国企业会选择出口；当边际生产成本加上运输成本高于进口市场的预期平均生产成本时，美国企业会选择对外直接投资。由于西欧国家在经济发展程度、技术和消费水平等方面同美国接近，而劳动力成本相对低，因此，美国把西欧作为优先选择出口和对外直接投资的对象。

当进入标准化产品阶段后，企业优先考虑的

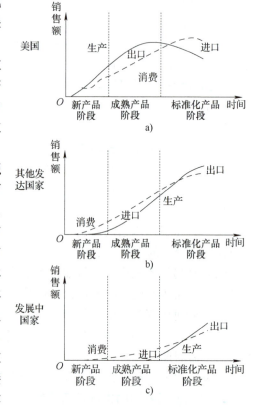

图 7-4　国际产品的发展阶段

是新一轮的技术革新和产品换代，原产品的成本成为企业在市场竞争中考虑的唯一因素。因而，企业的对外直接投资将选择成本最低的地点。由于西欧这样的发达国家也出现大量的模仿者，产品在西欧生产和销售变得越来越困难，从而使企业的战略性调整转向发展中国家。

弗农的产品生命周期理论的提出与第二次世界大战以后美国企业国际化历程是相当一致的。在 1950 年—1980 年期间，美国企业对外直接投资从 118 亿美元上升到 2000 亿美元；在 20 世纪 50 年代，这类投资的大部分集中在与美国相邻的拉丁美洲国家和加拿大；到了 20 世纪 60 年代初期，投资重心转移至欧洲，欧共体所占美国企业对外直接投资份额从 1957 年的 16% 增至 1966 年的 32%；在 20 世纪 70 年代，投资重心转移至发展中国家，它们所吸收的美国对外直接投资份额从 1974 年的 18% 增至 1980 年的 25%。

另外，小路易斯·威尔斯（Louis Wells）也提出了类似的国际产品生命周期的五个阶段：

（1）通过研究和开发，为国内市场发展新产品。

（2）将国内产品出口到海外市场。

（3）在其他工业化国家建立生产制造机构，由这些子公司或分公司将产品出口到发展中国家或地区。

（4）在发展中国家或地区建立子公司或分公司。

（5）从发展中国家或地区出口商品到美国市场。

威尔斯的第一阶段相当于弗农的新产品阶段；第二、三阶段类似于弗农的成熟产品阶段；第四、五阶段类似于弗农的标准化产品阶段。

（二）国际产品生命周期理论的现实意义

国际产品生命周期理论说明了国际经营的进步和国际产业结构的变化和转移。但是，这只是表明存在着这样一种趋势，并不是在任何产品、任何国家的任何时间和条件下都适用。正如弗农所说："它只是对世界贸易提供了部分解释，因为产品并不是必然遵循这种方式的。"它无法解释发达国家向最发达国家投资，以及发展中国家也向外投资的现象，也无法解释不具备技术产品垄断优势的企业向外投资的现象。

虽然国际产品生命周期理论有其局限性，但仍具有十分重要的现实意义：

（1）能够为企业进行国际市场决策提供科学依据，有助于分析国际市场形势，及时淘汰没有销售前途的老产品，及时推出新产品，加速出口产品的升级换代。

（2）利用产品在不同国家市场所处的不同阶段，调整出口产品的地区结构，将在某国市场处于下降阶段的产品，转移到尚处于上升阶段的另一个国家的市场，这实际上等于延长了产品的生命周期。

（3）了解国际产品生命周期理论还可以因势利导，及时投产由先进国家淘汰或转移的产品，及时占领国内外市场。

第五节　国际产品的品牌和包装策略

一、国际产品的品牌策略

（一）国际品牌的概念

1. 品牌

美国市场营销协会在 1960 年出版的《营销术语辞典》中把"品牌"（Brand）定义为：用以识别一个或一群产品或劳务的名称、术语、象征、记号或设计及其组合，以与其他竞争者的产品和劳务相区别。

品牌由品牌名称和品牌标志组成。品牌名称是指品牌中可以用言语称呼的部分，如 IBM、联想都是著名的计算机品牌名称。品牌标志是品牌中不能用言语称呼但可以被识别的部分，如符号、图案、色彩等。例如，可口可乐以红色作为品牌的部分标志，百事可乐则以蓝色作为品牌的部分标志。

商标（Trademark）是企业在政府有关主管部门注册登记的品牌或品牌的一部分。企业注册成功便获得商标专有权，并受法律保护，其他任何组织和个人都不得仿效使用。因此，商标是一个法律名词，是经过合法注册的产品名称、标志、图案和设计等；而品牌则是一个商业术语，没有经过合法注册，不受法律保护。

2. 国际品牌

从品牌发展的进程看，首先要成为全国性品牌（National Brand），然后再逐步成为国际品牌（International Brand）和全球性品牌（Global Brand）。

全国性品牌是指畅销本国的品牌，有大规模的、持续性的广告投入支持，市场占有率较高，消费者的熟悉度也较高，在大多数渠道皆有销售。

全球性品牌是反映品牌理想的一种最高境界。首先，全球性品牌具有同样的、鲜明的品牌本质、特征和价值观（品牌识别），使用同样的战略原则和市场定位，提供的产品或服务基本上相同；其次，在品牌的业绩和外在表现上，全球性品牌在全球各地广为分布，因此，在某种程度上可称为"无国籍品牌"，具有较高的国际知名度，享有很高的国际信誉度，具有强大的竞争优势和巨大的经济价值。

全球性品牌与国际品牌的概念容易混淆。它们的区别在于：全球性品牌要比国际品牌的相同程度高；国际品牌的范围包括在某一地区内标准化的品牌（但是在地区间存在差别），以及在这些品牌参与竞争的每个市场上都各不相同的品牌。在销售地区分布方面，全球性品牌要比国际品牌分布广。

（二）国际品牌名称的设计

国际产品品牌的命名和商标的设计应遵循产品品牌和商标设计的一般原则，如易于记忆、便于识别、简单易懂、方便发音、代表产品的利益或特性、易于引发消费者对产品质量的正面联想、构思独特新颖、引人注目、便于宣传等。此外，还应注意以下设计原则：

1. 符合各国消费者的传统文化和风俗习惯

国际产品的品牌设计应注意与各国和地区的文化和习俗相适应，要充分认识和了解各国消费者对颜色、数字、动物、花卉、图案、语言等方面的喜好与禁忌。

2. 品牌名称应符合有关法律规定，并及时注册商标以求法律保护

《巴黎公约》《商标国际注册马德里协定》《商标注册公约》等国际公约对商标的国际注册、商标权利在不同国家互不牵连、驰名商标的保护、商标的转让以及不能作为商标注册的内容等问题都做出了明确的规定。企业应了解这些国际公约，同时还要了解和遵守目标市场国的法律，尤其是商标法规，使企业的商标能够得到目标国的法律保护，以避免法律纠纷和蒙受经济损失。例如，美国采用"商标使用在先"的法律，而我国则遵循"商标注册在先"的法律。我国的一家玩具企业因不了解这一区别而蒙受了损失。该玩具企业于1993年10月向美国专利商标局申请注册一个玩具商标，并于1994年3月用这个商标向美国出口了第一批玩具。而一家美国企业在1994年1月注册并使用同一商标。根据美国"商标使用在先"的法律，这个商标应归这家美国企业所有，而我国的玩具企业不得不放弃已注册的商标。

（三）品牌的功能

1. 识别功能

识别功能是指把品牌作为区分的标志。这是一个品牌最基本的条件。品牌命名、设计、包装等可以突出品牌的个性，经注册的品牌同时还受法律的保护，成为享有专用权的商标。此外，品牌所提供的识别功能不仅依靠它的标志或名称，更依赖它提供的核心价值。

2. 信息浓缩功能

信息浓缩功能是指把品牌作为沟通的代码。品牌把各种象征符号合并到一起，使消费者在众多产品类别信息中搜索出特定产品的信息，最终实现购买行为。

3. 安全功能

安全功能是指把品牌作为承诺和保证。以品牌提供的特征和利益为基础，满足消费者的

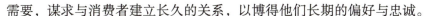

需要，谋求与消费者建立长久的关系，以博得他们长期的偏好与忠诚。

4. 价值功能

价值功能是指品牌作为一种无形资产的作用。品牌能提供给消费者比一般产品更多的价值或利益——功能和情感性利益，它产生于品牌与消费者的关系之中。消费者对品牌的忠诚说明品牌之中包含了产品功能价值外的其他无形价值，它能让企业获得一系列竞争优势，如消费者愿意为购买品牌而支付更多的钱，让企业能够抵御恶劣的市场环境、赢得分销渠道等。

（四）品牌价值

如今，品牌已经成为企业的一种战略资产——品牌资产，在国际市场竞争中发挥着巨大的作用。品牌资产的货币表现称为品牌价值（Brand Value），它是对品牌作为一种资产和权益的价值量化，是通过专业评估、测算出来的某一品牌的全部有形资产和无形资产价值的总和。

品牌价值的评价方法，典型的有两大类：财务评估法和市场表现评估法。其中，市场表现评估法在财务评估法的基础上引入了非财务因素，如市场领先度、国际化能力等。目前使用较广、影响力较大的是 Interbrand 与 Financial World 两家机构使用的方法。

Interbrand 认为，与其他资产的价值一样，品牌的价值也应该是品牌未来收益的折现。因此，品牌价值等于品牌收益乘以品牌强度。它先确定品牌收益和现金流，然后根据品牌强度来确定折现率。Interbrand 先后提出了两套计算品牌强度的模式：7 因子加权综合法和 4 因子加权综合法。品牌强度 7 因子包括市场领先、稳定性、市场特征（行业增长能力、进入障碍等）、国际化能力、发展趋势（与消费者的相关性）、品牌支持、法律保障。品牌强度 4 因子包括比重（同类产品中的市场占有率）、广度（市场分布）、深度（顾客忠诚度）、长度（产品延伸程度）。Financial World 使用的方法与 Interbrand 的方法类似，根据 Interbrand 的品牌强度 7 因子模型估计品牌强度系数，只不过它更多地以专家意见来确定品牌的财务收益等资料。

（五）品牌策略

品牌策略涉及的方面较多。企业在制定品牌策略时，可以侧重选择以下几种策略：

1. 品牌化策略

品牌化策略是指企业使用品牌与否的策略，包括使用品牌还是不使用品牌，以及品牌是否注册为商标。尽管品牌具有相当重要的作用，但是有些产品仍可以采取不使用品牌的策略，如直接供应给厂家的原料型产品、进入消费领域的低价值的普通产品、生产简单无差异性且选择性不大的产品、消费者习惯上不以品牌为购买依据的产品等。20 世纪 70 年代以后，一些企业对某些低价值的普通产品实行了"非品牌化"策略，即企业对某些产品不规定品牌名称和品牌标志，直接将产品在市场上销售，从而节省了品牌化业务等方面的费用，降低了经营成本和价格，提高了市场竞争能力，扩大了销售。

当企业做出使用品牌的决策后，要进一步确定是否向有关机构注册登记品牌，使品牌成为注册商标。企业的品牌注册成为商标后，就可以受到相应的法律保护，还可以用许可贸易的形式出售或转让商标的使用权，为企业带来更多的利润。

2. 品牌归属策略

企业在决定使用品牌后，应对使用谁的品牌做出决策。在品牌的选择与使用上可以有以下四种选择：

（1）使用生产者的品牌。生产者的品牌也称为制造商品牌、工业品牌。使用生产者的品牌是品牌策略中应用最为广泛的一种选择，因为制造商品牌一直在零售行业中占统治地位，绝大多数制造商都创立了自己的品牌。生产者使用自己的品牌出售产品可以建立企业的信誉和实施名牌战略；销售商使用生产者的品牌可以节省宣传费用，方便为消费者提供售后服务和保障。

（2）使用经销商的品牌。使用经销商的品牌是指产品在销售过程中不使用生产商的品牌，而使用经销商的品牌。经销商品牌也称为中间商品牌、商业品牌、私人品牌。在目前的国际市场上，一些实力超群的中间商都建立了自己的品牌，以树立良好的企业形象，利用顾客的信任和良好的商誉，增强对供货企业的控制，从而降低进货成本，提高市场竞争能力。

（3）使用特许品牌。对于实力较弱、产品的市场占有率较低和企业声誉尚待建立的生产企业来说，可以考虑利用特许的形式使用其他制造商的品牌，以促进企业的产品销售，提高市场占有率。生产者可同其他品牌制造商签订品牌使用许可协议，在一定期限内支付给对方使用许可费，在自己生产的产品上使用对方已经创立的品牌名称或符号。

（4）使用共同品牌。共同品牌是指将两个已经创立的不同企业的品牌名称共同用在同一个产品上，如一汽-捷达汽车、索尼-爱立信手机等。绝大多数共同建立品牌的情况是，由一个企业将获得特许的企业的知名品牌与自己的品牌合并后共同使用。

3. 品牌名称策略

如果企业决定其大部分或全部产品都使用自己的品牌，就要进一步决定其产品是分别使用不同品牌，还是统一使用一个或几个品牌。企业可供选择的品牌策略主要有以下三种：

（1）个别品牌策略。个别品牌策略是指企业决定其生产经营的各种不同产品分别使用不同品牌的策略。当企业的产品品种较多，生产条件、技术专长等在各种产品上又有较大差别时，采用这种策略较为有利。采用这种策略的优势在于企业可以分散风险。由于企业的品牌较多，当某个品牌的产品出现问题时，本企业的其他品牌产品不易受到牵连。采用这种策略的缺点主要是品牌业务的工作量较大，相关费用较高，创立名牌需要付出更多的努力和较长的时间。

（2）家族品牌策略。如果企业生产经营多个不同种类的产品，各产品之间的相关性很弱，可以采取对一类产品使用一个品牌的策略。采用这种策略可以避免不同大类的产品相互混淆，兼有个别品牌策略的优点，同时又在一定程度上弥补了个别品牌策略的不足。

（3）统一品牌策略。统一品牌策略是指企业将生产经营的所有产品都使用一个品牌的策略。当企业现有产品在市场上具有较高的声誉和知名度，市场占有率高，且本企业的所有产品都具有相同的性质和质量时，可以采用这一策略。采用这种策略的优势在于企业可以节省品牌业务的管理费用，尤其是在新产品促销宣传方面，可以利用原有产品在消费者心目中的品牌形象来节省促销费用。这样有利于建立消费者对新产品的忠诚和信任，借助原有品牌的声誉可以使新产品迅速占领市场，而且有利于扩大企业声誉，树立知名品牌的市场形象。

4. 品牌战略选择策略

企业通常有以下几种品牌策略可以选择：

（1）产品线扩展策略。产品线扩展策略是指企业在同样的品牌名称下，在相同的产品种类中引进、增加新的项目内容的策略。它一般可分为三种策略：向上扩展，即产品往更高端的市场发展；向下扩展，即产品往更低端的市场发展；双向扩展，即产品同时向高端和低端市场发展。但是，产品线扩展也有一定的风险，容易使品牌失去原有的含义和意义。

（2）全球统一品牌策略。全球统一品牌策略又称品牌延伸策略，是指企业利用现有的品牌名称来推出新项目的策略。例如，日本本田公司利用其品牌知名度，相继推出了摩托车、海上发动机、助动车、割草机等产品。品牌延伸可以使新产品很快被消费者认识和接受，促使新产品尽快进入新的市场，同时也节约了新产品的市场推广费用。采用品牌延伸策略的风险在于，如果新产品的质量不能保证或不符合消费者的需要，则有可能降低消费者对企业其他产品的信任度。

（3）合作品牌策略。合作品牌策略是指两个或更多的品牌在一个产品上联合起来的一种策略。每一个品牌的发起人都希望与另一个品牌结合，以强化消费者对其中一个产品的偏好或购买欲望，从而达到双赢的目的。例如，英特尔公司对消费者开展品牌宣传活动，使消费者逐渐认同了英特尔芯片的高品质特征，最终使一些主要计算机制造商（如IBM、戴尔等）为了促进本公司个人计算机的销售，在对消费者进行宣传时特别强调本品牌内置英特尔芯片。

（4）适应当地需要的品牌策略。该策略又称多品牌策略，是指企业在同一类产品中建立两种或几种品牌的策略。其目的是建立不同的产品特色，以迎合不同的购买动机。这样，企业可以使产品向各个不同的市场部分渗透，以促进企业销售总额的增长。一些海外因素可能促使企业修改品牌名称，以适应当地的条件。例如，雀巢在欧洲推出几种新产品，并在每个国家的市场修改了品牌名称，如在德国推出的速盈咖啡，品牌名是 Nescafe Gold，而在英国采用的品牌名称是 Nescafe Gold Blend。

（5）品牌重新定位策略。在现有品牌影响力逐渐丧失的情况下，企业可以创立一种新的品牌，进行重新定位；也可以通过收购来获取新产品种类中的新品牌。在做出重新定位的选择时，企业必须考虑将品牌转移到另外一个细分市场的费用，包括产品的广告宣传费用、包装费用、品牌管理费用，以及处于新位置的获利能力等。例如，七喜的"非可乐"定位就是品牌重新定位的一个成功案例。

【实例7-4】 宏碁集团的多品牌策略

宏碁是集团军，旗下有 Gateway（捷威）、Packard Bell（柏德）和 eMachines（易美逊）等多个计算机品牌，它们有各自不同的战略任务：Packard Bell 主打欧洲市场；eMachines 意味着低价；Gateway 则倾向那些注重外观设计的客户。

宏碁拟在未来深化多品牌策略，并根据这一主题对公司结构进行重新调整。调整前，宏碁是按照笔记本电脑、台式机、显示器等产品门类划分公司结构的；重组后，将用四大品牌来划分公司结构。至此，宏碁旗下的四个品牌将完全独立。

宏碁总裁认为，深化多品牌策略，可以进一步提升笔记本电脑的市场占有率。这样做的好处是能让消费者认识到，低价并不等同于低端，销售低价计算机的宏碁也有高端产品。

（资料来源：丁飞飞. 宏碁平衡打造4大PC业务多品牌战略气势大难度也大［J］. IT时代周刊，2016（2）.)

二、国际产品包装策略

（一）包装的概念和作用

1. 包装的概念

包装是指为产品设计和生产容器或包扎物的行为。包装可分为三种类型：①产品的直接包装（产品的基本容器），如牙膏的软管；②中层包装或次要包装，这种包装是消费者使用时会丢弃的包装物，产品的直接包装和中层包装也称为内包装和销售包装，在设计上不仅要考虑保护产品，而且要考虑介绍产品、便于使用、指导消费、美化产品、塑造产品形象、提高企业声誉、促进产品销售、增加产品附加值等问题；③装运包装，这是产品在储存、识别和运输时所必需的包装。

2. 包装的作用

包装具有保护商品、保护消费者、使商品便于携带和使用的作用，同时还具有重要的促销作用。从企业的角度来说，包装是促销环节的重要组成部分。据统计，75%的消费品配有包装，而且包装费用占消费支出的7%。虽然精美的包装会使产品成本上升、支出增加，但如果包装得当，不仅可以消化这部分费用，而且可以为企业带来更多的利润。根据美国某公司的统计，平均每个消费者每年目睹产品标签76次，这个数字相当于在电视中广告出现次数的2倍，而且可以节约3000多万美元的广告费用。

（二）国际产品包装的影响因素

在国际市场上，产品的包装、设计除了满足基本的美观、经济、实用的要求和传递商品信息和品质之外，还要考虑以下因素的影响：

1. 国家政策、法规和相关标准的限制

世界各国一般都根据自己的需要出台了不同的包装法规，对产品的包装有明确的规定。

2. 经济收入的不同

对于低收入国家，跨国公司需要考虑适当减小产品的包装，以适应目标市场的经济收入和消费水平。例如，菲多利公司在某些国家销售的奇多膨化食品，采用15g的小包装，定价也较为低廉，使儿童基本都能买得起。

3. 环保的要求

欧洲很多发达国家对环保的关注程度较高。包装的环保要求一方面来自国家的法规、条例的规定，另一方面来自消费者的认同和选择。有数据显示，欧洲消费者更倾向于购买对环保有益的产品，并且愿意为环保产品支付比普通商品多15%的价钱。

4. 社会文化因素的影响

企业应考虑颜色、形状、图案、文化禁忌、宗教信仰等多种因素对包装的影响。

5. 气候和自然条件差异

炎热、潮湿、寒冷、干燥、多雨等气候环境都会影响产品的质量保持。因此，在产品包装设计中应考虑这些因素，在包装材料选取、包装工艺等方面应做出相应的调整。

6. 基础设施的不同

国际产品的包装还要考虑国际运输的特殊性、不同国家和地区储运条件的差异、分销时间的长短和销售条件的不同等。例如，在非洲和拉丁美洲一些国家，由于路况差，用玻璃作为包装材料就不太适用。如果消费品在分销渠道中的滞留时间较长，对包装的质量要求也会

更高一些。

7. 灰色市场的存在

灰色市场（Grey Market）是指通过未经制造商授权的渠道分销产品的市场。在灰色市场中通过非法渠道进入国际市场的产品，称为水货。在国际市场营销中，企业常常会遭遇水货的干扰。防止干扰的最好办法是针对不同的市场采用差异化包装，从而帮助目标市场国的消费者能够轻松识别水货。

（三）国际产品包装策略

1. 类似包装策略

类似包装策略是指企业的所有产品在图案、色彩、形状、风格等方面均采用相同或相似包装形式的策略。采用这种策略可以降低包装成本，扩大企业影响，特别是在推出新产品时，可以利用企业的声誉，使消费者首先从包装上辨识出产品，从而使产品迅速占领市场。

2. 组合包装策略

组合包装策略是指企业将若干有关联的产品放在同一包装物中的策略。例如，化妆品的组合包装、节日礼品盒包装等都属于这种包装策略。组合包装有利于企业推销产品，能促进消费者购买，特别是在推销新产品时，企业可将其与老产品组合出售，创造条件，使消费者乐于接受、试用。

3. 附赠品包装策略

附赠品包装策略是指企业在产品的包装物中附赠一些能引起消费者购买兴趣的物品，从而诱发其重复或多次购买的策略。例如，在包装中附赠玩具、优惠券、小礼品等。

4. 再使用包装策略

再使用包装策略是指企业将包装物制作得比较精美，除包装产品的功能外，当产品使用完毕后，包装还可另作他用的策略。例如，设计精美的酒瓶，还可用作花瓶。这样，顾客可以得到一种额外的满足，从而激发其购买欲望。包装物在继续使用的过程中，还可以起到广告宣传的作用，以增加顾客重复购买的可能性。

5. 改变包装策略

企业一般在产品销量下降、市场声誉跌落时采取改变产品包装的策略。首先改进产品的质量，同时适时地改变产品的包装形式，以新的产品形象出现在市场上，从而扭转产品在消费者心目中的印象，以高质量的产品、全新的包装恢复企业的声誉，重新占领市场。

关键词

产品（Product）　　　　　　　　顾客价值层次（Customer Value Hierarchy）
品牌（Brand）　　　　　　　　　商标（Trademark）
品牌价值（Brand Value）　　　　 品牌策略（Brand Strategy）
包装策略（Packing Strategy）　　 国际品牌（International Brand）
差异化策略（Adaptation Strategy）新产品（New Product）
标准化策略（Standardization Strategy）
国际产品生命周期（International Product Life Cycle）

思考题

1. 如何理解国际产品整体概念？

2. 试比较国际产品的标准化和差异化策略。

3. 国际产品的适应性策略主要有哪几种形式？

4. 影响国际产品的适应性改变的因素有哪些？

5. 简述国际产品生命周期中各阶段的市场营销策略。

6. 简述新产品的开发程序。

7. 如何认识中间商自有品牌的建设问题？

8. 企业可以采用哪些包装策略？

▶ 案例分析讨论

吉利汽车的国际品牌策略

李书福 1963 年出生于浙江台州，高中毕业后开始创业，和很多民营企业的小老板一样，先从"小买卖"做起。刚开始他拿着父亲给的 120 元买了一部海鸥牌相机，走街串巷帮人拍照，半年攒下 1000 元，然后开了照相馆，掘到了"第一桶金"。

到了 20 世纪 90 年代，有一次，李书福让一个员工去买五金件，他借来一辆踏板摩托车，结果在路上发生了撞车事故。事后，李书福在查看这辆摩托车的受损程度时，发现踏板摩托车的配件其实很简单，自己也能造。当时踏板摩托车在国内还是"无人区"，进口摩托车又非常贵，敏锐的李书福觉得这是一个商机。于是他把当时八一厂的总工程师找来，花一年多时间把踏板摩托车造了出来，因为价格远比进口车便宜，结果一上市就卖疯了，1996年销量突破 20 万辆。

1996 年 5 月，希望事业顺风顺水的李书福成立了"吉利"集团，摩托车事业发展得风生水起，不但占领了国内市场，还远销海外。1997 年，吉利正式宣布投资 5 亿元进军汽车。在对奔驰、宝马、丰田、红旗、夏利等中外汽车进行深入研究后，吉利把它们与红旗的发动机、底盘结合起来推出了"吉利一号"。1998 年 8 月 8 日，第一台真正量产的吉利汽车"豪情"诞生。

2007 年，吉利在宁波与 80 家经销商联合发布了《宁波宣言》，做出从单纯的成本领先向技术先进、品质可靠、服务满意全面发展的决定。李书福投入 8 亿元将原来的"老三样"豪情、美日、优利欧的生产线全部淘汰，从日本、瑞典和韩国引进全套的现代化设备，建立了"新三样"远景、金刚、自由舰的生产线。2009 年 3 月，吉利以 4740 万澳元收购了澳大利亚的自动变速器公司 DSI，提升了自己在核心零部件上的竞争力，在市场上有了更大的话语权。

在战略转型启动后，吉利的使命也由"造老百姓买得起的好车，让吉利汽车走遍全世界"转变为"造最安全、最环保、最节能的好车，让吉利汽车走遍全世界"。战略转型的进程分为三个阶段：2007 年—2009 年为第一阶段，让吉利汽车成为"有知名度"的品牌；2010 年—2012 年为第二阶段，让吉利汽车成为"有竞争力"的品牌；2013 年—2015 年为第三阶段，让吉利汽车成为"有影响力"的品牌。

为了成功实现战略转型的历史重任，吉利制定了多品牌的发展战略。全球鹰、帝豪、英伦三大子品牌相继面世，各自有不同的品牌定位、目标消费群体、产品线结构以及销售渠道。总公司将权力下放，每个品牌独立运作，分别成立三大品牌事业部，各自有职能部门，将来都要承担起年销 20 万~40 万辆的营销任务。2014 年 4 月 18 日, 吉利汽车公布了最新的品牌战略, 并亮出了全新 LOGO——蓝金色 "六块腹肌" 标识。在新的品牌架构下, 吉利将帝豪、全球鹰、英伦三个子品牌汇聚为统一的吉利品牌, 子品牌取消。

自此, 吉利回归一个 "GEELY" (吉利) 品牌, 在其下设立六个产品系列: 熊猫系列 (A00 级)、金刚系列 (A0 级)、远景系列 (A-级)、帝豪系列 (A 级)、KC 系列 (B 级)、GX7 (SUV)。各个产品系列并不只限于一款车, 而是按照平台战略分设不同车型, 进入不同细分市场。

品牌 "三合一" 能使公众的焦点更多地关注于 "吉利", 也减少了三个品牌共同宣传带来的资源浪费。同时, 吉利旗下的三个子品牌经销商也逐步整合为统一的吉利品牌经销商。

吉利平台形成两套体系: 一套体系是在吉利原副总裁赵福全带领下形成的平台体系; 另一套则是在沃尔沃技术支持下形成的新的平台体系。

2015 年, 借助沃尔沃的技术, 吉利先后推出博瑞、博越。在设计、安全、供应链、质量体系上, 这两款车都受益于对沃尔沃的收购, 销量表现可圈可点, 成功实现了品牌升级。

2016 年, 在 CMA 平台基础上, 新品牌 "LYNK&CO" (领克) 诞生, 市场销量很成功, 改变了国人对于国产车 "低端" 的印象。吉利旗下的四大品牌也各有分工: 吉利品牌定位为中国的大众化品牌; 英国锰铜走专业的小众品牌道路; 沃尔沃坚持走豪华车路线; 领克的使命是成为全球具有竞争力的品牌。

根据吉利汽车 2019 年战略规划, 吉利继续推出 16 款车型投放市场, 覆盖轿车、SUV、MPV 和新能源领域, 全面实施多品牌战略。

通过资本收购, 吉利成了中国拥有著名国际品牌最多的民营汽车企业, 旗下拥有吉利、领克、宝腾、路特斯、沃尔沃、英伦、远程、Terrafugia 等十多个大品牌。

吉利多产品线的本意是为了全面参与竞争, 但是过于复杂的产品线和过于接近的产品定价容易在销售过程中互相牵制, 形成内耗, 不利于爆款产品和品牌的打造。

(资料来源: 根据网络相关资料整理, 2022-03.)

讨论题:

1. 影响吉利的品牌归一的因素有哪些?

2. 吉利汽车采用多品牌战略对企业有何重要意义?

国际市场定价策略

导入案例

一个街道柠檬水摊的定价策略

约翰·克利普从市场学学习班上心烦意乱地回来。他刚刚在课堂上讨论了定价策略，谈论了边际成本、边际收入、需求调整定价等。他认为很少有公司会真的做这些计算，所以他认为那些作业也十分乏味。

之后几天，约翰的 7 岁的小弟弟吉姆想在街边摆个柠檬水摊。夏天天气炎热，街区里的每一个人不是出去割草、骑自行车，就是在聊天。吉姆已经将柠檬水制好并设了个小摊，现在要给产品定价。约翰决定运用所学的知识来进行这项工作。他和吉姆定出了一张他们认为合理的价格表，见表 8-1。

表 8-1　价格表

每杯价格（美元）	该价格下的需求量（杯）
0.50	1
0.49	2
0.48	3
0.47	4

（续）

每杯价格（美元）	该价格下的需求量（杯）
0.46	5
0.45	6
0.30	7
0.20	8
0.10	9

柠檬水成本每杯 0.09 美元，杯子成本每只 0.01 美元，吉姆想尽可能多地盈利。请思考：如果吉姆想使收入最大，价格应定为多少？你推荐哪种价格？在安排过程中的固定成本是什么？什么是变动成本？如果吉姆定价为 25 岁以上成人 0.45 美元，15~25 岁 0.30 美元，15 岁以下 0.20 美元，你能否画一张图表示吉姆怎样才能多赚钱？

第一节　影响国际市场产品定价的主要因素

价格是市场营销组合的一个重要因素，产品价格的高低直接决定着企业的收益水平，也影响到产品在国际市场上的竞争力。没有人不希望买到物美价廉的产品，有时候企业不是通过价格出售产品，而是在出售价格。

国内定价原本就很复杂，当产品销往国际市场时，由于关税、汇率波动、政治形势等因素，国际定价的难度更大。企业在进行国际市场营销定价时，通常会与其定价目标发生冲突。例如，国际营销经理关心其定价是否具有竞争力，财务经理则会注意成本收益是否划算，而法律顾问则担心过低的定价是否会引起倾销控诉。至于生产与营销部门之间的冲突，更是由来已久。总而言之，在进行国际市场营销定价时，任何企业组织都会出现定价目标的冲突。企业内部的分歧和利益冲突加上国际环境复杂多变以及需求测量的有限性，使得制定国际市场营销的最佳价格异常困难。

要有效地管理国际市场营销定价，企业必须熟知影响定价决策的主要因素，以及制定国际营销价格策略的基本架构。

一、企业定价目标

定价目标是指企业通过定价策略所要达到的目的。确定定价目标是企业进行国际市场营销定价的前提，企业目标越明确，制定价格就越容易。企业通过定价追求以下主要目标：

1. 当期利润最大化

当期利润最大化的定价能使企业制定的价格产生最高的当期利润、现金流量或投资回报率，它以实现最大限度的当前营销利润或投资收益为定价目标。但是，过高的价格往往会导致市场需求减少。企业在强调当前的经营状况时，若不考虑其他市场营销组合因素、竞争对手的反应和对价格的法律限制，就会忽略它的长期效益。

2. 维持生存

企业在生产力过剩、竞争激烈、消费者需求改变时，会把维持生存作为其主要目标。只

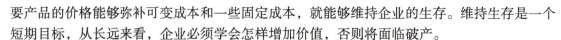

要产品的价格能够弥补可变成本和一些固定成本，就能够维持企业的生存。维持生存是一个短期目标，从长远来看，企业必须学会怎样增加价值，否则将面临破产。

3. 最高市场占有率

市场占有率是指企业某种产品的销售量占国际市场同类产品销售量的比重。跨国企业在开拓国外市场之初，往往以提高市场占有率为其先期目标，通常采取低价渗透策略，以吸引更多的消费者，使企业获得长期利润。以低价提高市场占有率需要具备以下条件：市场对价格高度敏感，低价会推动市场成长；随着生产的积累，产品的生产成本和销售成本下降；低价可以阻止现有的和潜在的竞争。

4. 稳定市场

相对稳定的价格能够在国际市场上树立企业产品的良好形象，增加消费者对本企业产品的信任感和认同感，从而使产品销售量增加。在国际市场上，实力雄厚或市场占有率很高的大企业，为了长期有效地经营某种产品，避免因价格波动带来不可预料的后果，稳定地占领国际市场，通常会保持价格的相对稳定性，这种价格被称为"领先者价格"。为了避免引起政府干预和消费者的不满，处于领先地位的企业在制定价格时也较为克制，如石油输出国组织（OPEC）的限产保价石油价格策略等。领先者价格适用于能左右市场的大企业，其他小企业可以采取追随领先者价格的方式定价。

5. 产品质量领先

有些高质量、高品位的产品，其价格也比较高，同时让顾客感到容易接受。例如，星巴克咖啡、宝马汽车、劳力士手表等都将自己作为本行业产品质量的领先者，集质量、奢侈、高价为一体，并拥有稳定、忠诚的顾客群。

此外，企业的定价目标还有开拓国际市场、增加出口创汇、提升产品形象等。企业的定价目标并不是单一的，而是综合的，通常有主要的定价目标，还有附属的定价目标。定价目标合理与否关系到能否给企业带来最终效益。

就国际市场营销的实践而言，许多企业都采取国别差异定价策略。例如，美国 2/3 的耐用消费品和 1/2 的工业品企业在国际市场营销中采用差异化定价策略。很多相同产品在不同国家和地区采用不同的售价，见表 8-2。

表 8-2　相同产品在不同国家的市场价格　　　　　　（单位：美元）

产品名称	国别				
	意大利	德国	英国	比利时	法国
吉列刀片	0.527	0.735	0.326	0.286	0.348
飞利浦录音机	94.18	74.40	76.87	89.55	61.18
米其林轮胎	14.77	19.49	16.72	17.20	14.86
雀巢咖啡（50g 装）	0.866	1.00	0.359	0.683	0.537

（资料来源：特普斯特拉. 国际营销学 ［M］. 郭国庆，译. 北京：中国人民大学出版社，2006.）

二、成本

成本是国际市场营销定价的一个基本依据。在通常情况下，企业制定的产品价格应高于或等于成本，否则企业就要亏损。当然，有时企业为了一定的目的（如占领市场），产品价

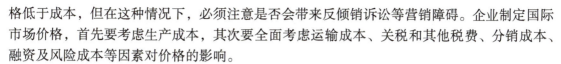

格低于成本，但在这种情况下，必须注意是否会带来反倾销诉讼等营销障碍。企业制定国际市场价格，首先要考虑生产成本，其次要全面考虑运输成本、关税和其他税费、分销成本、融资及风险成本等因素对价格的影响。

1. 生产成本

生产成本主要包括产品的制造成本和期间费用两部分，它是产品定价的最直接依据。生产成本包括原材料、辅助材料、备品备件、外购半成品、燃料、动力、包装物、管理人员的工资、职工福利费等。期间费用包括管理费用、财务费用和销售费用。在这方面，国际营销产品与国内营销产品基本相同，但出口产品为了适应外国的一些特殊要求，如包装要求、技术要求等，可能会造成生产成本的增加；如果出口产品去掉某些功能，会使生产成本降低。

2. 运输成本

进行国际市场销售的产品，其运输费用的支出要远远高于国内销售产品。据统计，国际贸易的全部运输成本平均可占到全部产品价值的10%～15%，有时，长距离的高额运输费用甚至可能成为该产品国际市场价格的主要构成部分。

3. 关税和其他税费

关税和其他各种税费会直接增加产品的成本，因此在很大程度上提高了国际市场产品的最终价格，进而影响外国产品在当地市场上的价格竞争力。关税是进出口货物通过一国关境时，由政府所设置的海关向其进出口商所征收的一种税。一国对进出口商品征收关税的目的主要包括：增加财政收入；保护国内产业与市场；调节进出口货物结构。关税通常分为进口税、出口税和过境税三种。目前，世界各国为了鼓励出口、增加收入，通常不征收出口税和过境税，以征收进口税为主。除关税以外，许多国家还征收签证或其他行政管理费用，大多数国家还征收适合各类产品的进货税或消费税，以及针对产品分销渠道的增值税或周转税、零售营业税等。

4. 国外分销成本

企业出口的产品在国际市场营销中可以选择自销或借助国外的分销渠道销售。国际市场营销企业如果在进口国采取自销的渠道系统，不仅要承担全部流通费用，而且会面临改善分销渠道系统基础设施和条件的各种难以预料的成本问题。所以，在国际市场营销中，只有少部分实力雄厚、在国外销售能力强的企业通过建立自销系统将其产品推向国际市场，而大部分企业需要借助进口国代理商、批发商、零售商等中间商，经过多个中间环节向国际市场推销产品。这样会增加大量的中间商费用，从而增加了国际市场营销成本。

例如，其丝绸服装厂的服装出厂价为10美元，国内外销售的最终价格见表8-3。

表 8-3　国内外销售的最终价格 （单位：美元）

出厂价	国内价	国外价
国内运费	1	1
码头保管、装卸费、出口办公费		1
出口运费和保管费		1
进口关税到岸成本加成12%		1.56（＝13×12%）
进口商或代理商加成25%		3.64（＝14.56×25%）

（续）

出厂价	国内价	国外价
批发商加成15%	1.65（=11×15%）	2.73（=18.20×15%）
零售商加成40%	5.06（=12.65×40%）	8.37（=20.93×40%）
合计	17.71（=11+1.65+5.06）	29.30（=13+1.56+2.73+8.37）

5. 融资及风险成本

在国际营销活动中，从接订单到交运、付款，花费时间较国内营销要多得多。在有些国家，进口商为了申请进口许可证，必须缴纳一笔保证金，等收到货物再出售或使用时，时间上可能相隔半年以上，这在利息高的国家，成本非常可观，因而也就增加了融资及各种风险的成本。企业进行国际市场营销活动可能要比国内市场营销活动遭遇更多的风险，如汇率风险、金融风险、信用风险、政治风险等。

国际主要货币之间的汇率是浮动的，变动幅度也较大，没有人能够准确地预测某种货币在未来一个时期内的确切价值。企业如果在长期合同中忽视了汇率变动的趋势，可能在不知不觉中付出 20%~25% 的代价。因此，不少西方国际企业在订立合同时，已越来越强调以卖方国家的货币计价，而以保值为目的的外汇期货交易也变得更为普遍。例如，由于汇率的变动，美国的惠普公司在一年中获额外利润近 50 万美元，而雀巢公司在 6 年中却损失了 100 万美元。

大多数国家都面临着通货膨胀的难题。在高通货膨胀率的国家或地区，通货膨胀率通常在两位数以上，有时甚至超过三位数，成本可能比价格上涨得更快，而且政府为了抑制通货膨胀，会对价格、外汇交易等进行严格的限制。所以，企业在进行出口产品定价之前，应该对成本价格和通货膨胀率进行详细的调查、预测，并尽量缩短向买方提供的信用期限，在此基础上再做出定价的决策。

三、市场供求

产品供给与需求关系是企业进行国际市场定价的重要依据。国际市场营销企业必须对国际市场的供求状况进行深入的分析研究。

（一）市场供给

国际市场营销企业要分析本企业生产产品的自身条件，包括产品在成本、质量、品牌等方面的优势，以及企业在管理、资金、技术、生产、营销上的能力；还要研究在目标国市场上，东道国产品及国外产品的供应能力；同时，要考虑在市场上是否有替代品及替代品的数量，如果有替代品，则企业产品价格不能定得过高。

（二）市场需求

市场需求决定了产品价格的最高界限，如果超过了这个界限，产品价格就不会被消费者认同，销售量就会受到限制。所以，国际市场营销企业必须认真研究市场需求。

（1）国际市场营销企业首先要清楚所售产品的市场需求与价格之间的关系，将需求弹性作为定价的基本依据。对于需求弹性大的产品，适当降价可以扩大市场需求，增加企业总收入，如国际市场上的汽车、电视机、计算机等一些耐用消费品，通常可降价促销，以提高市场占有率，增加收益；相反，对于需求弹性小的产品，可以适当提高价格，增加收入，如日用品，就不宜降价出售。

（2）需求程度与收入水平也应作为国际市场营销企业制定价格的依据。需求迫切的消费者通常愿意为所需的产品支付较高的价格，所以企业可以把价格定得高一些。同时，随着一国收入水平的提高，人们对产品的需求也越来越大。通常用人均收入来衡量消费者的实际支付能力，各国经济发展水平的不同决定了各国人均收入有很大的差别。

（3）需求习惯和偏好也是国际市场营销企业要考虑的因素。由于各国的文化背景差异很大，需求习惯和偏好会影响人们对某种产品的需求量。例如，在美国，对浅色火鸡肉的需求大于对深色火鸡肉的需求，因而后者一般以低价出售；但是，深色火鸡肉在欧洲市场却很受欢迎。因此，美国公司每年都要向欧洲出口大量的深色火鸡肉，价格也比美国市场高出许多。

四、竞争

企业要了解目标市场的竞争程度。如果所处的目标市场没有竞争者，企业就可以制定一个比国内市场高得多的价格，以获取高收益。如果目标市场的竞争对手比较少，企业也可能有较大的定价自由。在这种竞争条件下，各竞争企业对其他企业的定价策略是非常敏感的，任何一家竞争企业调整价格，都会立即影响其他竞争者的定价策略。因此，企业在制定价格时，要密切注意其他竞争企业的反应与决策。同时，还要了解竞争对手的规模和实力，以选择对自己有利的目标市场。另外，国际市场营销企业还要研究目标市场竞争对手提供产品的质量、价格水平与定价策略等情况，以确定自己的价格。若两家企业的产品质量相同或类似，则价格也应大体一致；若本企业的产品质量较高，则价格可以定得高一些；反之，若本企业的产品质量较低，则价格应定得低一些。

在国际市场上，价格的竞争是最主要的竞争。若企业没有足够的实力与竞争者展开价格战，可以利用非价格竞争优势，以达到占领市场的目的，如提高产品质量、提供优良的服务、增强产品的适应性等。这样可以避免由于价格竞争引起对手的强烈报复反应。

五、政府干预与集团管制

由于各国的经济发展水平、竞争能力、国内资源情况等各不相同，多数国家政府都制定了一些政策和法规来影响企业定价。国际市场营销企业必须考虑各国政府对价格的调控政策，以制定相应的价格。政府进行宏观调控的政策手段主要有规定毛利、规定最低限价和最高限价、限制价格的变动、政府直接参与国际市场竞争及政府垄断、实行价格补贴、反倾销、反垄断、反托拉斯法的制定等。

一些垄断集团出于保护本集团利益的目的，会采取一定的方式控制价格。它们对价格的控制程度取决于它们对市场的垄断程度。其手段主要有签订专利授权协定、卡特尔协定、联合协定、国际协定等，以及对某些产品的生产、销售和原料来源进行控制等，来操纵国际市场价格。

【实例8-1】 受俄乌冲突影响，欧洲天然气价格飙升

受俄乌冲突影响，荷兰TTF基准天然气期货价格连续第四个交易日上涨，涨超22%至

109.08 欧元/(MW·h)，日内涨幅一度达到 41%。

2022 年 2 月，俄罗斯总统普京授权在顿巴斯地区进行特别军事行动。以美国为首的七国集团领导人，宣布对俄罗斯采取进一步的惩罚措施。因此，任何限制俄罗斯获得外汇的制裁都可能颠覆石油、天然气、金属和农作物等大宗商品市场。

欧洲超过 1/3 的天然气供应依赖于俄罗斯。德国已经暂停了北溪二号天然气管道的认证，美国也已于周三将该管道加入对俄制裁措施之中。高盛、世界权威能源调研机构 Wood Mackenzie 以及石油研究及顾问机构 Rystad Energy AS 等机构的分析师们表示，由于用于发电、工业和供暖的煤炭短缺，预计 2022 年剩余时间内煤炭价格将持续走高。

Wood Mackenzie 欧洲天然气研究首席分析师卡特里纳·菲力皮科（Kateryna Filippenko）表示："如果供应长期中断，天然气库存在今年整个夏季都无法重建。明年冬天，我们将面临天然气库存接近零的灾难性局面，天然气价格会高得离谱。工厂将关闭、通货膨胀将螺旋上升，欧洲能源危机很可能引发全球经济衰退。"

（资料来源：俄乌冲突致欧洲天然气价格飙升 22%［Z］. 智通财经，2022-02.）

第二节　国际市场的定价方法

企业在进行国际市场产品定价时常采用的方法有三类：成本导向定价、需求导向定价和竞争导向定价。

一、成本导向定价

成本导向定价（Cost-Oriented Pricing）是以成本为着重考虑的因素来制定价格。成本因素包括生产成本（含有固定成本和变动成本）和经营成本（含有运费、关税、促销费等）。成本导向定价的方法通常可分为成本加成定价法、目标收益定价法、边际成本定价法等。

1. 成本加成定价法

成本加成定价法（Cost-Plus Pricing）是指在总成本的基础上加上一定的利润加成，来确定产品价格的定价方法。加成定价法包括完全成本加成定价和进价加成定价。如蔬菜、水果的定价普遍采用完全成本加成定价。具体方法是首先确定单位变动成本，再加上平均分摊的固定成本组成单位产品成本，在此基础上加上一定的加成率（毛利率）形成销售价格。计算公式为

$$P = C(1 + R)$$

式中，P 表示产品售价；C 表示单位产品成本；R 表示成本加成率。

进价加成定价是零售业（百货商店、连锁零售店等）流行的一种定价方法。此外，建筑公司提出的承包工程投标价格就是通过估算总项目成本，再加上一个能获利的标准加成而确定的。计算公式为

$$P = \frac{C}{1 - R}$$

式中，P 表示产品售价；C 表示单位产品成本或进货价格；R 表示成本加成率。

以彩电为例，若一台彩电的变动成本与单位固定成本的总和（即单位产品成本）为 4000 元，企业期望销售额中有 20% 的利润加成，则彩电的加成价格为

$$P = \frac{4000\ 元}{1-20\%} = 5000\ 元$$

该生产商以 5000 元的价格将彩电卖给经销商，每台赚 1000 元。经销商将会再加成，如果他想从销售额中获得 20% 的利润，就会将每台售价定为 6250 元 [5000 元÷（1−20%）= 6250 元]。

成本加成定价法的优点有以下方面：

（1）与需求相比，成本比较容易确定，所以根据成本决定价格可以大大简化企业的定价过程。在企业对国外市场的需求和竞争因素了解不多的情况下，根据成本加成制定的价格，只要能卖得出去，就能保证企业正常经营、有利可图。

（2）在同一行业中，如果所有企业都采用这一定价方法，在加成相当的情况下，同类产品价格基本相差不大，价格竞争就会降到最低程度。

（3）这一定价法对买卖双方都比较公平，即使买方需求强烈，卖方也不会随意涨价，获取额外的报酬，而只是获取公平的投资报酬。

成本加成定价法的缺点有以下方面：

（1）由于我国劳动力成本低，所以在国际市场上使用成本加成定价法时，将产品价格定得比较低，而目标市场国政府可能倾向于认定为是倾销，导致我国企业蒙受反倾销的损失。因此，在使用该方法时，必须考虑这一因素。

（2）该方法没有考虑市场供求关系的变化对产品价格的影响。如果市场出现供大于求的情况，而企业已经对产品定了高价，那么产品就卖不出去；如果市场出现供不应求的情况，而企业已经定了低价，那么产品投资利润率未能及时提高，则不能加快回收投资的速度。这两种情况都会使企业蒙受损失。

2. 目标收益定价法

目标收益定价法（Target-return Pricing）也称目标利润定价法、投资收益率定价法。它是指根据企业的总成本和计划的总销售量加上按投资收益率制定的目标利润，作为销售价格的定价方法。例如，通用汽车公司使用目标收益定价法，把汽车价格定为使它的投资能取得 15%~20% 的投资收益。这种定价方法也被公用事业单位所使用。计算公式为

$$P = \frac{C+R}{Q}$$

式中，P 表示目标收益价格；C 表示总成本；R 表示目标利润；Q 表示总销售量。

假定制造烤面包机的厂商的相关数据如下：变动成本为 10 元/台，固定成本为 500000 元，预计销售量为 5000 台，烤面包机制造商在企业中投资 100 万元，想要制定能获得 20% 投资收益的价格，即 20 万元，则可用下式求出目标收益价格：

$$P = \frac{（10×5000+500000+20\%×1000000）元}{5000\ 台} = 150\ 元/台$$

目标收益定价法将产品价格和企业的投资活动联系起来，一方面强化了企业管理的计划性，另一方面能较好地实现投资回收计划。不足之处在于价格是根据估计的销售量计算的，而在实际中，价格的高低反过来对销售量有很大的影响。销售量的预计是否准确，对最终市场状况有很大的影响。企业必须在价格与销售量之间寻求平衡，从而确保用所定的价格来实现预期销售量的目标。

3. 边际成本定价法

边际成本定价法（Marginal Cost Pricing）是指企业在定价时只考虑变动成本，不计算固定成本的定价方法。只要所定的产品价格高于变动成本，企业即可获得对固定成本的边际贡献。

例如，单位产品的固定成本为25元，单位产品的变动成本为20元，则单位总成本为45元。现假定购买者愿意以单价35元购买10000个单位的该种产品，此时售价低于45元，意味着要亏本经营。那么，企业是否应该利用这一机会？如果按照成本加成定价法，企业不会利用这一机会。可是如果企业按照边际成本定价，则不会失去这一机会。因为固定成本不随产量的变动而变动，只要在生产能力之内，企业是否生产这10000个单位的产品所发生的固定成本是一样的。企业若利用这一机会，只增加变动成本10000×20元＝200000元，而销售额却增加了10000×35元＝350000元，增加的利润额为150000元。可见，在这种情况下，利用边际成本定价法可以为企业增加总利润率，尽管平均利润率降低了。

边际成本定价法的优点是，由于价格水平要比正常价格低得多，可以增强企业产品的价格竞争能力。因此，企业若想用低价开拓海外市场，或为了反击竞争对手和保护市场份额，常采用这种定价方法。此方法的局限性在于：①企业除满足原有市场外，还有剩余生产能力为新市场服务。否则，企业为利用这一新的市场机会还要增加固定资产投资，相应地增加了产品的固定成本，边际成本定价法也就失去了应用的基础。②这一新的市场与原有市场是彼此隔绝的，否则会影响产品在原有市场的销售。③新市场上的政府不能迅速进行干预，不能以低价倾销而征收反倾销税。④仅以变动成本为依据，不计固定成本，只能是短期的，不宜长期使用，不应在总销售额中占有较大比重。

二、需求导向定价

需求导向定价（Demand-oriented Pricing）是指企业在制定出口产品的价格时，主要根据国外市场对某一种产品的需求强度来确定价格。如果目标市场的需求强度大，顾客愿意出较高的价格购买产品，则价格可以定得高些；反之，如果目标市场的需求强度低，顾客不愿意以较高的价格购买产品，则价格定得低些。这种定价方法认为重要的是顾客能够接受的价格，而不是产品的成本；即便产品成本一样，只要需求不一样，就可制定不同的价格。一般具体采用以下几种方法：

1. 倒推法

企业首先要清楚地了解国际市场上的供求关系，估算出国外市场的最佳价格，然后倒推出出厂价。表8-4列举了一个具体的推算实例。国外市场价格40美元，去掉40%的零售毛利，零售商成本为24美元，去掉15%的经销商毛利，则经销商成本为20.87美元，去掉12%的增值税，到岸价（CIF）加关税为18.63美元，去掉9%的关税，到岸价（CIF）为17.09美元，去掉运费和保险费2.09美元，离岸价（FOB）为15美元。

表8-4　倒推法实例　　　　　　　　　　　　　　　　　　（单位：美元）

定价的主要因素	计算流程
国外市场价格	40
去掉零售商毛利40%	40×（1-40%）＝24

（续）

定价的主要因素	计算流程
零售商成本	24
去掉经销商毛利15%	$24 \div 1.15 = 20.87$
经销商成本	20.87
去掉增值税12%	$20.87 \div 1.12 = 18.63$
到岸价加关税	18.63
去掉关税9%	$18.63 \div 1.09 = 17.09$
到岸价（CIF）	17.09
运费和保险费2.09美元	$17.09 - 2.09 = 15$
离岸价（FOB）	15

假设表中估计国际市场售价为40美元，扣除中间利润、增值税、关税、运费和保险费后，推算出的最后FOB价为15美元。根据这一推算，企业可以对出口机会进行评估：如果FOB价高于这一产品在国内售价，则企业有进行国际营销的必要；如果FOB价低于国内售价，则企业可能无利可图，甚至亏损，无须进行国际营销。

【实例8-2】　宜家的定价机制

宜家的定价机制是"先设计价签，再定产品"。宜家的设计人员参考了所有宜家商店的销售记录，以及同类竞争产品的状况，按照"价格矩阵"设计产品，并且保证这个产品的价格是最有利于销售的，比如低于市场价格30%。

然而，即使FOB价低于国内售价，仍有些企业继续从事该项产品的国际市场营销活动。其动机可能如下：①国内市场该产品竞争激烈，企业试图通过开拓海外市场求生存；②企业着重考虑国际市场营销的目标和策略，即使无利可图甚至亏损，也要在目标市场上保持一定的地位；③企业生产能力尚未得到充分利用，尚有剩余生产能力，只要出口定价水平高于产品的变动成本，仍可对固定成本做出贡献；④企业增加出口产品，扩大生产规模，以获得生产规模效益；⑤企业可以减少国际市场营销活动费用支出，以避免企业单位产品成本高于出口单价。

2. 认知价值定价法

测定国外市场上顾客对产品价值的感受和需求强度的方法主要是认知价值定价法（Perceived Value Pricing）。它是指企业根据顾客对产品的认知价值（Perceived Value）来制定价格的一种方法。很多企业采用这种方法定价。企业利用其他营销组合因素（如广告），在顾客心中建立并加强认知价值。认知价值由很多因素构成，包括买方对产品功用的预期、分销渠道、有保证的质量、顾客支持，以及其他软件方面的标准，如供应商的声誉、可信度和声望等。

【实例8-3】　卡特比勒拖拉机的认知价值

卡特比勒（Caterpillar）公司使用认知价值观念为它的建筑施工设备制定价格。它将一台拖拉机定价为 100000 美元，而竞争者的拖拉机为 90000 美元。但是，卡特比勒公司却会获得比竞争者更高的销售额！一个潜在顾客询问一位卡特比勒公司的经销商为什么要为他们的拖拉机多支付 10000 美元时，这位经销商的回答如下：

90000 美元	拖拉机价格（相当于竞争者的拖拉机价格）
7000 美元	为产品优越的耐用性增收的溢价
6000 美元	为产品优越的可靠性增收的溢价
5000 美元	为产品优越的服务增收的溢价
2000 美元	为零配件较长期的担保增收的溢价
110000 美元	卡特比勒的总价格
−10000 美元	折扣
100000 美元	最终价格

经过经销商的解释，顾客认识到，虽然他被要求为卡特比勒的拖拉机多支付 10000 美元的溢价，但事实上它增加了 20000 美元的价值！因此，他最终选择了卡特比勒拖拉机，因为他确信卡特比勒拖拉机在试用期内的操作成本将较低。

（资料来源：科特勒，莱恩．营销管理［M］．梅清豪，译．上海：上海人民出版社，2006．）

三、竞争导向定价

竞争导向定价（Competition-oriented Pricing）要求企业依据竞争对手产品的价格来确定自己产品的价格。例如，中国江民科技有限责任公司的产品 2003 年打入日本市场获得成功就是采用了这种方法。当时日本杀毒软件市场前三强诺顿、趋势、McAfee 的定价在 5700～5900 日元（约合人民币 400 元）；同时也有韩国的警备队软件，定价较低，在 2900 日元左右（约合人民币 200 元）；而江民则插其空隙，定价 4000 日元左右（约合人民币 250 元），从而获得了成功。竞争导向定价的方法通常包括随行就市定价法、投标竞争定价法、拍卖式定价法等。

1. 随行就市定价法

随行就市定价法（Going-rate Pricing）是指企业的价格主要基于竞争者的价格。这种方法一般在下列情况下采用：①企业对市场需求、渠道成本等各方面情况还不熟悉，只好模仿竞争者产品的价格；②企业打算与竞争者和平共处，便制定一个同行业通行的价格；③在近似完全竞争的市场上，某些大宗商品，如小麦、咖啡、石油等，其国际价格是经众多的交易双方多次交易后达成的，是众所周知的，一般情况下企业只能随行就市。

2. 投标竞争定价法

投标竞争定价法（Sealed Bid Pricing）也称为公开投标定价法、密封投标定价法。政府部门、企事业单位在进行大型商品或大批量商品采购时，往往采用公开招标的方式进行，即采购方通过刊登广告或发出函件说明拟采购商品的品种、规格、数量等具体要求，邀请供应商在规定的期限内投标。采购方在规定的日期内开标，选择报价最低、最有利的供应商成交并签订采购合同。某供应商如果想做这笔生意就要投标，即在规定的期限内填写标单，填明可供应商品的名称、品种、规格、价格、数量、交货日期等，密封送给招标人（采购方）。其中的价格是供应商根据对竞争者报价的估计制定的，而不是按照供应商自己的成本费用或市场需求来制定的。供应商的目的在于赢得合同，所以在其他条件相同时，其报价不应高于竞争对手（其他投标人）的报价。这种报价方式就称作密封投标定价法。

企业参加投标竞争能否取得成功，很大程度上取决于报价的高低。一般情况下，企业不能为了赢得合同而将报价定得低于边际成本的水平，这样将导致其经营状况恶化；同时，报价也不能远远高出边际成本的水平，这样虽然潜在利润增加了，但减少了得到合同的机会。因此，企业在报价时既要考虑实现一定的目标利润，又要结合竞争状况分析中标概率，以便找出目标利润与中标概率之间的最佳结合点作为最佳报价。

3. 拍卖式定价法

拍卖式定价法（Auction-type Pricing）有三种主要的拍卖形式，并有各自的报价过程。

（1）英国式拍卖（加价法）。这种方式有一个卖家和多个买家。例如，在雅虎、eBay等网站上，卖家出示一种商品，买家不断加价竞标，直到达到最高价格。

（2）荷兰式拍卖（减价法）。这种方式有一个卖家和多个买家，或者一个买家和多个卖家。在一卖多买中，拍卖人先宣布一个最高价格，然后逐渐降低价格，直到出价人接受为止；在一买多卖中，买方先宣布想购买的商品，多个卖方不断压低价格，以寻求最后中标。

（3）封闭式投标拍卖。这种方式是企业与众多同行竞争者组成一个卖方集团，对同一个买主的公开招标进行竞价投标，密封报价，由买方从诸多卖方报价中选择一个质量可靠、价格合理的投标者签订合同。

竞争导向定价法的特点是，采用此方法定价，即使成本或需求发生变动，只要竞争者的价格不变，企业的价格也不动。美国学者曾对 484 个获得国内外营销成功的企业按产品定价方法进行了综合分析，得出结论为竞争导向定价法的使用率最高，几乎达到 55%，而市场需求导向定价的使用率很低。

第三节 国际市场的价格修订策略

一、新产品定价

在新产品上市的时候，由于消费者对产品不熟悉，企业定价的自由度很大，既可以采用撇脂定价策略把价格定得很高，又可以采用渗透定价策略把价格定得很低。究竟采取哪种定价策略，则取决于企业的市场目标。

1. 撇脂定价策略

撇脂定价策略是指把产品的价格定得很高，远远高于成本，以求短期内获取最大利润，尽早收回投资的策略。在新产品刚刚推出时，市场上缺乏有力的竞争者，又由于是新产品，价格缺乏可比性，产品需求弹性小，而有些购买者可能主观上认为这类产品具有很高的价值。

撇脂定价策略的优点在于：

（1）便于快速收回投资。

（2）便于价格调整。由高价向下调整，顾客总是乐于接受的。

（3）便于控制需求。给新产品定一个较高的起始价，有助于企业把需求保持在生产能力的限度内。

具备以下条件的企业，可以采取撇脂定价策略：

（1）市场有足够的购买者，需求缺乏弹性，即使把价格定得很高，市场需求也不会大量减少。

（2）虽然高价使需求减少，单位产品的生产和营销成本增加，但不至于抵消高价所带来的利益。

（3）行业存在较高的进入壁垒，在高价情况下，企业在一段时间内仍能独家经营，其他竞争者难以进入。尤其是有专利保护或有技术诀窍的产品，可以采用这样的定价策略。

（4）企业希望通过较高的产品价格树立高档产品的形象。

（5）企业的生产能力有限，通过高价限制消费者的需求量。

2. 渗透定价策略

渗透定价策略是指企业把新产品投入国际市场时价格定得相对较低，以吸引大量顾客，迅速打开市场，短期内获得比较高的市场占有率，同时通过接近成本的定价，吓退其他打算进入该领域的竞争者的一种定价策略。日本企业成功开展国际营销活动的秘诀之一，就是采用新产品低价策略，迅速占领国际市场，提高市场占有率。

采用渗透定价策略的优点是能够使产品迅速占领国际市场，并有效地阻止新竞争者进入。其缺点是低价不利于投资的尽快收回，也不利于日后提价，并且有可能给顾客造成低价低质的印象。

从国际营销实践来看，企业采取渗透定价策略需要具备以下条件：

（1）市场需求弹性大，顾客对价格比较敏感。

（2）生产该产品的规模经济效益明显，企业的生产成本和经营费用会随着销售量的增加而下降。

（3）低价不至于引起竞争者的报复和倾销的指控。

（4）目标市场的宏观营销环境必须是稳定的，使企业有一个稳定的、较长时间的投入产出期。

二、心理定价

1. 声望定价策略

声望定价策略是指企业利用消费者仰慕名牌产品或名牌经销商的心理，对产品制定较高价格的策略。例如，高级汽车、珠宝饰品等，消费者购买此类产品并非只看重其核心价值，还希望得到其附加价值，即能够表明身份、地位等，从而得到心理满足感。因此，这类商品在定价时可以根据消费者的期望价值定出比同类产品高出数倍的价格。企业利用声望定价可以获取较多的利润。

采用声望定价策略必须考虑以下两个方面的问题：

（1）声望定价产品面对的是少数人的市场，因为大部分人接受的是普通产品或者平均价格。因此，企业采用声望定价策略时，一定要先预测该定价所面对的目标市场的大小，是否足以支撑企业的规模产量或者符合企业的经营目标。

（2）采用声望定价策略的企业在进行产品线延伸或者品牌延伸时要非常谨慎，若延伸不当，则会破坏企业或者品牌在消费者心中已经建立的声望。

2. 尾数定价策略

尾数定价策略是指利用消费者对数字认知的某种心理，在价格上故意添加零头，让消费

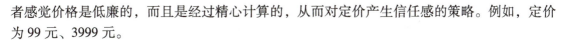

者感觉价格是低廉的，而且是经过精心计算的，从而对定价产生信任感的策略。例如，定价为 99 元、3999 元。

3. 招徕定价策略

招徕定价策略是指企业对部分产品制定比较低的价格以吸引消费者的注意，而通过另外一些产品的高价来弥补低价产品损失的策略。消费者常常会由于几种产品的低价而产生企业所有产品的价格都比较低的感觉，从而对该企业的其他产品也予以关注，最终使企业达到扩大销售的目的。

三、折扣或折让定价

企业为了鼓励消费者及早付清款项、大量购买或者淡季购买，可以酌情降低其基本价格，这种价格调整称为价格折扣或折让。价格折扣或折让有如下几种情况：

1. 现金折扣

现金折扣是企业为了改善现金流状况，降低因为催收欠款而相应增加的成本和减少呆坏账的发生，根据不同购买者的付款方式和付款时间，按原价格给予一定的折扣。这是国际上十分流行的一种价格策略。例如，要求 30 天付清货款，若购买者 10 天内即付清，则给予 2% 的折扣。

2. 数量折扣

数量折扣是企业给予那些大量购买某种产品的消费者的一种减价，以鼓励消费者购买更多的货物。

采用数量折扣，应该事先对以下三点做出准确判断：

（1）数量折扣能在多大程度上刺激消费者从本企业购买而不再寻找其他卖主。

（2）数量折扣的金额定为多少才不会抵消大量销售而使企业降低的成本。

（3）在国际市场营销实践中，采取数量折扣还要注意特定国家的有关法规。

3. 功能折扣

功能折扣又称贸易折扣，它是企业给某些国外批发商或零售商的一种额外折扣，促使批发商或零售商愿意执行某种企业在国外市场上不便于执行的市场营销功能，如市场调研、储存、售后服务等。

企业常常对处于不同渠道的中间商或者同一渠道中不同环节的中间商，按照他们在渠道中所发挥功能、作用的不同，在交易时给予不同的折扣，达到充分发挥中间商潜在功能的目的，以取得渠道的最佳使用效果。

4. 季节折扣

季节折扣是企业给予那些购买季节性强的商品和服务的消费者的一种减价，使企业的生产和销售在一年四季保持相对稳定。生产厂商利用这种折扣鼓励批发商、零售商提早进货，从而使自己获得资金并维持稳定的生产，如某些产品在淡季打折销售。

5. 折让

折让是企业为了促进消费者对购买的产品升级换代的一种促销折扣。企业可以把消费者在原来购买产品时所支付的价格折算成一定金额，当其付款购买新产品时，在价格中扣除旧产品的折价部分，从而让消费者获得优惠。

企业在实行折扣策略时，应考虑企业流动资金的成本、国际金融市场汇率的变动、消费

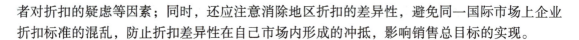

者对折扣的疑虑等因素；同时，还应注意消除地区折扣的差异性，避免同一国际市场上企业折扣标准的混乱，防止折扣差异性在自己市场内形成的冲抵，影响销售总目标的实现。

【实例8-4】 奢侈品折扣店的"新花样"

一、快闪门店引客流

随着奢侈品牌以极低的价格将过剩的库存注入中国市场，中国的折扣零售商和奥莱购物中心看到了发展机遇。"一些品牌以全价推广和清仓为目的，向中国市场投放了大量产品做快闪门店，让消费者感到惊喜和高兴的同时，也给门店带来了新的零售体验。2012年—2016年，中国奥特莱斯购物中心的销售额增长了2倍，达到491亿元人民币。

OnTheList 尚列选址则位于上海市中心静安区，其门外在早上8点之前就排起一列长队，数百名戴着口罩的消费者希望先人一步入内购物，他们能以一折的折扣价买到 Sergio Rossi 或 Thom Browne 等品牌的产品。价格绝对是使消费者打开钱包的关键所在。该公司的闪购模式与其他奥莱购物中心的40%~50%折扣不同，其将自己定义为过季库存清仓的"最后一站"销售点，折扣不低于70%。

二、在线玩家也有所成长

根据国家统计局的数据，中国在线销售额于2018年增长了24%，2019年增长了16.5%。阿里巴巴的奢侈品项目布局还延伸出了自己的折扣平台——Luxury Soho。天猫时尚与奢侈品欧洲业务负责人 Christina Fontana 表示，该平台的推出是为了满足品牌对库存管理的需求，同时也是为了让更年轻的消费者群体接触到这些品牌。

在2020年"618"购物节期间，天猫奥莱店铺成交同比增长144%，其中，当年4月入驻的 COACH（蔻驰）官方奥莱旗舰店成交额超过千万元人民币，位列所有天猫奥莱店销量之首。

各项调查数据显示，中国奢侈品消费的2/3乃至一半都发生在海外。但在最近5年中国市场发生了巨大变化，就是消费者对不同市场和不同渠道的价格差异非常敏感。将奢侈品与折扣策略相结合，显然会得到那些渴望去海外旅游购物的消费者的欢迎。但对于品牌而言，在以折扣价去库存的形式获取短期利益的同时，从长远看，可能会牺牲品牌此前塑造起来的价值认知及形象定位。

（资料来源：根据网络相关资料整理，2020-08.）

四、地理定价

企业在国际市场上销售产品，由于各目标市场距离原产地远近不同而带来了成本费用的差异，因此需要对销售到不同地区的产品制定差异价格，即地理定价（Geographical Pricing）。其形式有如下几种：

1. 离岸价（FOB）与到岸价（CIF）

FOB（Free on Board）的意思是原产地定价或离岸价。按照这种价格，生产企业负责将这种产品运到某种运输工具（如货车、火车、船舶、飞机等）上之后，交货即告完成。此后，从产地到目的地的一切风险和费用都由顾客承担。采用这种定价方法，与企业相邻国家的顾客负担的费用少，离企业远的国家的顾客负担的费用多，可能导致离得远的国家的顾客不愿意购买该企业的产品，而选择购买距离近、费用低的企业的产品，使该企业失去地理位置较远的市场。

CIF（Cost Insurance and Freight）的意思是包括成本、保险费和运费在内的价格条款，又称到岸价。与离岸价不同，按照到岸价格交易，出口企业要提供海外运输与保险。

2. 统一交货定价

统一交货定价与 FOB 正好相反，它是指企业对卖给不同地区顾客的产品，都按照相同的厂价加相同的费用（按平均费用什算）定价，以保证企业在全球市场上的顾客都能以相同的价格买到同一产品。这种策略便于企业的价格管理，有助于企业在各国的广告宣传中保持价格的统一。很明显，这种策略有利于巩固和发展离企业远的目标市场的占有率，但对距离较近的部分市场显得有些不公平。

3. 区域定价

区域定价是指企业把销售市场划分为若干区域，对不同区域的顾客分别制定不同的地区价格。例如，出口到美洲各国用一种价格，在欧洲各国用另一种价格，在亚太地区用第三种价格。因此，产品在同一地区的价格相同，在不同地区的价格有差异，离得远的区域产品的价格略高一些。采用区域定价有利于企业在同一个大的市场区域内保持价格的一致，同时在不同的大区域之间体现价格差别。

五、控制价格升级

产品在从出口国到达进口国的过程中，由于各种附加成本的增加，导致最终在进口国的售价比出口国的价格高出很多，这种现象称为价格升级。附加成本主要包括产品的装运费、保险费、再包装费、关税、中间商毛利、各种专门税费、汇率波动等，因而最终造成产品在国外目标市场的售价相当高。价格升级导致企业产品在国际市场上的竞争力下降，这也是国际市场营销企业面临的主要定价障碍之一。因此，企业要想在国际市场的激烈竞争中取胜，就必须控制好价格升级，尽量减少价格升级的幅度。控制价格升级主要有以下几种途径：

1. 降低出口产品的生产成本

降低出口产品的生产成本可以有效地控制价格升级，降低产品的价格。通常采用的方法有以下几种：

（1）取消出口产品的某些成本很高的功能特性，甚至降低产品质量。例如，在美国市场销售的洗衣机需要有自动漂白、定时响铃、温度调节、分配肥皂等功能，而在许多发展中国家可能是毫无必要的。所以当企业将产品出口到发展中国家时，就可以通过取消这些功能来降低成本，从而减少价格升级的幅度。

（2）在目标市场国家建厂生产和销售产品。在出口国与进口国的价格差异非常大的情况下，企业可以考虑在目标市场国家建厂，就地生产和销售。如美国、日本等许多发达国家都在发展中国家建厂生产产品并就地销售，以减少进出口之间的中间费用。

2. 降低运费和关税

运费和关税在价格升级中起着很大的作用，所以企业都在寻求降低运费和关税的途径。通常采用的方法有两种：

（1）改变产品形式。将整件产品的运输和销售改为出口零部件，然后在进口国组装或深加工。许多国家进口整件产品比进口零部件的运费和关税都要高，如拆分成零部件的汽车从英国运到远东地区的海运费比整辆汽车的运费低 30%～50%，同时关税也会有所降低，并且可利用当地的廉价劳动力进行组装。通过这种方式，整辆车的成本要比直接从英国进口原装车低25%~30%。

（2）修改产品类别。属于不同类别的产品在进口国的关税是不一样的，因此，出口企业可将产品从关税高的类别转入关税低的类别。例如，美国一家公司所销售的通信设备在澳大利亚被归类为计算机设备，税率为25%。该公司说服澳大利亚政府把产品归类为通信设备，税率仅为3%，从而大大降低了企业应缴纳的关税。

3. 降低分销渠道成本

降低分销渠道成本的主要途径是缩短分销渠道，减少中间商环节及其数量，从而减少中间商的加价，以减少产品价格升级的幅度。当然，并不是中间商越少越好，因为中间商在市场发挥着重要的功能。企业要对取消中间商前后的利弊得失进行比较，才能做出正确的决策。

【实例8-5】 海尔"出海"之路

出海大潮中的中国企业从输出自主制造到资本大举收购，再到 IoT、AI、和5G 等前端技术浪潮实现引领，构建新型科技生态品牌……无数中国科技制造品牌在日新月异的移动互联和万物智能浪潮中，不断整合"资本+技术+人才+产品"的综合竞争力，灵活调整"出海"脚步，在全球市场格局中日益走向更为复杂多元、深耕细作与基础研发的方向，成为中国社会软实力的一个具象体现。

其中有一家不可忽视的中国企业——海尔。

海尔当年开启国际化征程时，中国还未摘掉"廉价世界工厂"的帽子，如今，海尔靠着积累多年的产品声誉和品牌价值扬名国际市场，成为引领工业智能化时代的"中国智造"领军者。

从互联网进入物联网，竞争的下半场将是抢占工业互联网制高点。海尔领导推动的COSMOPlat 成为全球首家将用户引入全流程最佳体验的工业互联网平台：通过构建交互定制、开放创新、精准营销、模块采购、智能生产、智慧物流、智慧服务等覆盖全流程的七大模块，积累泛在物联能力、知识沉淀能力、大数据分析能力、生态聚合能力、安全保障能力五大能力，实现COSMOPlat 灵活部署、跨行业快速复制，赋能企业转型升级，核心是从大规模制造转型大规模定制模式，通过持续与用户交互，将硬件体验变为场景体验，将用户由被动的购买者变为参与者、创造者，将企业由原来的以自我为中心变成以用户为中心。

物联网生态的意义在于孵化、赋能与品牌增值：不仅聚焦于夯实自身的产品技术研发，更要整合优质资源，盘活与驱动整个上下游产业的数字化业务发展进程，使各行各业从孤立单一的传统业务模式走向广连接、强协同的智能化业务革新。

海尔智家已成为物联网全场景解决方案的提供商，打造出名副其实的生态型品牌，覆盖家庭的每一个空间、每一个与用户息息相关的生活场景，也就是海尔智慧家庭所提出的"5+7+N"。其中，"5"是指智慧客厅、智慧厨房、智慧卧室、智慧浴室、智慧阳台五大生活空间；"7"是指全屋空气、全屋用水、全屋安防等七大全屋解决方案；"N"是指用户个性化定制，形成以"成套""定制""迭代"为核心关键词的三大差异化特点。

智能家居生态落地场景，在海尔全球体系中有很多鲜活的成功案例：如 Fisher & Paykel 打造的"社交厨房"、日本 AQUA 的智慧"社区洗"、意大利 Candy 的互联家电等，都在各国当地市场颠覆了固有模式，取得了令人瞩目的本土化成功，从"流量交易"的扁平行为转化为"体验交互"的立体式生态型场景刻画。

目前，"海尔智家"已在全国布局3500多个体验中心，位于上海的海尔智家001号体验中心开业1个月，营业额已接近2000万元；在海外，"海尔智家"仅2019年4月就在英国、巴基斯坦落地体验中心，5月曼谷海尔智慧家庭品牌店也开门纳客。

海尔在高端化和全球品牌布局的投入正进入收获期，国内定价权和全球资源运营效率稳步提升，叠加成本及效率持续改善，目前正处在盈利能力提升起点。上调2019年—2021年每股收益（Earnings Per Share，EPS）至1.46/1.46/1.66元（原值1.45/1.45/1.65元，同比+1%/+1%/+1%），维持目标价22.84元，对应2020年15.6XPE。高端家电定价权持续提升，卡萨帝持续抢占外资高端品牌份额。整合全球优质资源带来的产品持续创新、智慧成套家电和高端前置渠道的全面布局及13年持续投入带来的高端圈层口碑沉淀已成为卡萨帝高端家电定价权的三重护城河。预计2023年卡萨帝收入约160亿元，利润约25亿元。SKU大幅降低+渠道体系再优化，成本及效率持续改善。2019年年底公司整体产品SKU降低50%，有效降低了成本。2019年再次推进渠道体系优化，由分销体系转为零售体系，带来渠道效率的进一步改善。预计2019年—2023年公司国内家电业务（不含卡萨帝）净利润增速约10.7%。预计2019年—2023年公司海外家电业务净利润增速复合年均增长率（Compound Annual Growth Rate，CAGR）约16%。

（资料来源：海尔的工业出海之路如何实现跨国共赢. 中国经济网，2019-10.）

第四节 国际市场的价格变更

国际市场营销企业处在一个不断变化的市场环境之中，在竞争激烈的国际市场上要想生存和发展，就必须适时地进行价格变更，争取市场销售的主动地位。企业进行价格变更的措施主要有提价策略和降价策略。

一、国际市场的提价策略

当国际市场营销环境发生变化时，企业就要考虑提高价格，以获得预期或更高的利润。企业提价的原因主要有以下三个：

（1）通货膨胀的发生，会使成本费用大幅度上升。这是产品价格上涨的主要原因。在这种情况下，企业要获得预期利润，不得不提高产品的价格。

（2）避免被外国指控为倾销。若企业长期将产品以较低的价格在国外目标市场出售，且市场占有率又很高，则很容易招致对方的倾销指控。这时，提价便成为企业采取的比较稳妥的价格调整策略。

（3）企业产品供不应求。当企业产品不能满足消费者的需求时，企业除了扩大生产量和销售量之外，所采取的策略通常是提价。

企业采取的提价方式包括直接提高价格和间接提高价格。后者包括减少或取消价格折扣、在价格不变的基础上缩小包装、减少服务项目、改变产品特性以降低成本等方式。

通常，提价会引起消费者、中间商甚至企业销售人员的不满，因此，企业在提价时应注意尽量做到有规律地小幅度提价，而不要大幅度提价，以免引起顾客的反感；在涨价前应通

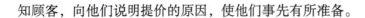

知顾客，向他们说明提价的原因，使他们事先有所准备。

二、国际市场的降价策略

在国际市场上，企业降价的原因主要有以下三个：

（1）国际市场上企业生产的产品供过于求，企业生产能力过剩，无法通过改进产品和加强销售等工作来扩大销售额。这时，企业就必须考虑降价。

（2）企业面临巨大的竞争压力，尤其是当竞争者率先降价，导致企业市场占有率下降时，为保持企业的市场占有率，企业不得不降价。例如，美国的照相机、手表等行业受到比其产品质量更好、价格更低的日本产品的冲击。为阻止市场占有率下降，一些美国公司不得不降价销售产品。

（3）由于生产技术和管理水平的提高，企业产品的成本费用下降，通过主动降价，可以提高企业的市场占有率，从而扩大销售额、增加利润。

降价虽然可以赢得更多的消费者，使企业销售额增加，但消费者常常有"低质低价"和"买涨不买降"的心理，所以应努力向消费者解释降价的原因，以获得消费者的理解。另外，降价也极易引发价格战，对此企业要有足够的应对能力并制定周全的应对策略。

【实例8-6】　苹果在中国的定价策略

为了刺激iPhone在中国的销量，电商平台接连对iPhone进行降价。2019年1月11日起，几大电商平台先后对iPhone 8/8 Plus、iPhone XR、iPhone XS、iPhone XS Max进行了降价。在苏宁最新的降价当中，2018款新品定价已经回归到与2017款相似的水平。

在财报发布后的电话会议上，库克曾表示："当我们进入1月份，对其中一些市场的宏观经济状况进行评估时，我们决定回到与一年前本地价格更相称的水平，以期提振这些地区的销售。"

苏宁最新调价后，512GB的iPhone XS Max目前在苏宁易购售价11099元，与苹果官网价12799元相比，降价幅度达到了1700元；同时，256GB的iPhone XS Max，苏宁售价9699元，也较苹果官网下调1300元。

128GB的iPhone XR苏宁售价为5588元，较苹果官网便宜1411元，在1月11日降价的基础上又降了211元。

参考2017年新机国行版的官网价格，iPhone X 256GB为9688元，iPhone 8 64GB版本为5888元。可见，在相同配置下的2018款新机，高端机型iPhone XS Max已经降低到与前一年相同水平，走量机型XR甚至比前一年还要更优惠。

京东也进行了类似的降价，1月11日0点开始，下调iPhone 8/8 Plus价格，iPhone 8低至3999元，iPhone 8 Plus低至4799元。后来又对iPhone XR、iPhone XS、iPhone XS Max进行了降价，iPhone XR比苹果官网便宜300~400元，iPhone XS便宜500元，iPhone XS Max便宜600~800元。

此外，天猫平台上的iPhone也进行了多次降价。1月11日0点开始，天猫平台苹果授权经销商大幅下调iPhone售价，iPhone XR、iPhone 8/8 Plus三款价格直降，分别下调至5549元、3899元和4788元，最多比苹果官网售价低1200元。

1月14日晚间，苹果天猫官方旗舰店首次针对以旧换新用户发500元券，变向调低

iPhone ⅩR 价格。自 1 月 28 日起，继 iPhone 官方降价后，天猫平台第三方商家 iPhone ⅩR 售价最低为 4499 元，再度下探至历史新低。

苹果 2018 财年（2017 自然年第四季度开始）的高价策略在 2019 财年未能成功延续。在美国，这种策略依然被市场认可，苹果在美国第四季度营收上涨了 5%；但在新兴市场，由于美元走强，放大了当地价格涨幅，这种策略惨遭折戟，大中华区第四季度营收大跌 27% 就是证明。

库克承认，高定价是新兴市场销量不振的原因之一，并宣布将下调部分地区 iPhone 价格。而价格下调确实对提振 iPhone 销售有一定效果。天猫给出的数据显示，自 1 月 13 日 iPhone 在天猫降价以来，截至 1 月 29 日，半个月来 iPhone 销量提升了 76%。

（资料来源：苹果在中国的定价策略全面修改，iPhone 价格降到 2017 年水平. 百度，2019-02.）

第五节　转移定价与倾销

一、转移定价

（一）转移定价及其产生

转移定价（Transfer Pricing）是指跨国公司的母公司与各国子公司之间或各国子公司互相之间转移产品和劳务时所采用的定价方法。

第二次世界大战以后，发达国家企业通过兼并和联合迅速发展，公司规模越来越大。同时，对外投资增长很快，跨国公司大量涌现。在这种情况下，公司之间的分工转向公司内部的分工，形成了大规模的公司内部贸易。据估计，现在国际贸易中还有 1/3 属于跨国公司内部贸易，转移定价也就应运而生了。

（二）转移定价的目的

由于跨国公司内部管理日益分散化，转移定价成为公司实行全球利益最大化的重要调节机制。其希望达到的目的有如下几种：

1. 减少税负

运用转移定价减轻税务负担表现在两个方面：一是减轻所得税负担；二是减轻关税负担。恰当地运用转移定价可以有效地减少跨国公司在全球的纳税额。

（1）减轻所得税负担。由于跨国公司的不同子公司分布在不同的国家，因此，跨国公司常常利用世界各国在税率方面的差异来减少公司的整体纳税支出。例如，某跨国公司在甲国和乙国分别设立了子公司，甲国的税率高于乙国，则母公司要求甲国的子公司在将产品卖给乙国的子公司时，将产品价格定得低一些；相反，若是甲国子公司从乙国子公司买进产品时，则将价格定得高一些。这样，甲国子公司利润减少，乙国子公司利润增加，从而在总体上减轻公司的所得税负担。这也是一些子公司虽然亏损却仍然扩大投资的原因。

有些国家为了吸引外资，甚至设立了避税港。在避税港内，外国公司的税率很低，甚至完全免税。这时，跨国公司往往先在避税港设立子公司，然后要求位于其他高税率国家的子公司低价出售产品给位于避税港的子公司，避税港子公司再以高价将产品卖给高税率国家的子公司，这样就将大部分利润转移到了位于避税港的子公司，使跨国公司的整体利润增加。

（2）减轻关税负担。从关税方面来看，世界各国的关税也有很大不同。由于关税多是从价计征的比例税率，即产品价格越高，应缴纳的关税越多。若一国某类产品的关税税率较高，则母公司在将产品出售给该国的子公司时，应采取较低的价格，以降低关税。另外，跨国公司还可以利用区域性经济同盟的优惠规定，达到降低关税的目的。例如，欧盟成立了自由贸易区，规定产品若是在欧盟自由贸易区外生产的，则由贸易区的一个成员运往另一个成员时需缴纳关税。但是，若产品的价值一半以上是在自由贸易区内的成员中增值的，则在自由贸易区内销售是免交关税的。例如，一个位于非欧盟成员的跨国公司要将一批半成品运往其设在欧盟一成员的子公司，将此半成品生产成制成品后在自由贸易区内销售，这时，跨国公司的母公司就可将半成品的售价定得低一些，使半成品生产成成品后的价值一半以上由在欧盟区内的子公司创造，这样该商品在欧盟区不同成员内销售就可免缴关税。当然，跨国公司要权衡所得税和关税，尽量使综合税率降低。

2. 转移利润

许多跨国公司在国外的子公司都是与当地企业共同投资兴建的合资企业。跨国公司可以运用转移定价将利润转移出去，但这就损害了合作伙伴的利益。例如，某个跨国公司拥有 60% 股份的合资企业当年本应获得的盈利为 100 万美元，但由于跨国公司已将利润转移给其国外其他子公司，结果该企业当年盈利为零。这样，跨国公司独占了 100 万美元的利润，也就是将本属于其合作伙伴的 40 万美元据为己有。

当然，转移利润时要考虑跨国公司在利润输入公司所持股份，还要计算所得税及关税的得失。国际企业只有在经过综合比较后才能制定出价格。

3. 规避风险

跨国公司在国外从事生产经营，面临各种各样的风险，如政治风险、经济风险、外汇风险及通货膨胀风险等。为了规避这些风险，跨国公司可以利用转移定价将资金转移出去，使其可能遭受的损失降到最低。例如，当地公司遇到较大的政治风险时，跨国公司可将易被没收的物资以低价转移到国外，或以高价购买其他子公司的产品，以达到将资金转移出东道国的目的。

大多数国家对外国公司产品或劳务的价格都有一定的限制，但是跨国公司可以利用转移定价摆脱东道国政府的这种限制。当东道国认为跨国公司的产品或劳务是以低于其成本的价格进行"倾销"时，公司可以尽量降低原材料、零部件的供应价，以降低其成本，使其较低的价格成为"合理"的价格，从而逃避东道国的限制和监督；当东道国认为跨国公司的产品或劳务价格太高、利润过多时，公司对海外子公司应尽可能提高原材料、零部件的供应价格，增加其成本，使其较高的价格成为"合理"的价格，这样也能有效地避免东道国的限制和监督。

4. 提高竞争力

跨国公司为提高海外子公司在国际市场或在东道国市场上的竞争能力，在向其子公司供应原材料、零部件时，常常设定极低的转移价格，使子公司能以低价击败竞争对手，并使该公司显示出较高的利润率，以提高其资信水平和市场形象。

（三）转移定价采取的手段

转移定价采取的手段是多种多样的，其中既有有形货物的转移，也有无形资产的转让。在支付方式上，既包括贸易性支付，也包括非贸易性支付。具体方法有如下几种：

（1）通过关联企业之间的购销业务转移定价。在国内，转移定价主要表现为"高进低出"或"低进高出"。例如，母公司向子公司低价提供材料，以降低子公司的产品成本，获取较高的利润；或者母公司向子公司高价出售产品，以增加子公司的产品成本，从而减少子公司的利润。到底是"高进低出"还是"低进高出"，主要取决于国内与国外市场上税率的差异。通常情况下，企业都会将收入和利润转移到低税率国家或者避税港。

（2）通过关联企业之间支付高额的管理、广告、咨询和劳务费用转移定价。

（3）通过关联企业之间的专利转让与技术服务转移定价。专利和技术服务的定价比较复杂，其所涉及的相关费用的收付具有一定的灵活性。据此，关联企业很容易操控内部的成本和利润。

（4）通过关联企业之间的资金往来转移定价。跨国公司内部贷款有较大的灵活性，在一定条件下可以获得避税好处。为了达到在一国少缴税的目的，跨国公司可按较高的利率将款项贷给该国子公司并收取利息，这样子公司偿还给母公司的贷款利息，就可作为子公司的费用而在税金中扣除。此外，如果该母公司是处于低税率国家，那么它所收到的利息收入就只要缴纳少部分的税金。这样一来就实现了集团企业整体利润的最大化。

（5）通过关联企业设备的提供转移定价。企业购置固定资产或者租赁费用的高低直接决定了企业利润的多少。通过关联企业之间购置固定资产的购置费或租赁费的高低，直接影响企业折旧费用提取的多少，最终也会影响企业间利润的分配。在跨国公司内部将一个公司的资产租赁给另一个公司，可达到减轻税负的目的。位于高所得税国的子公司借入资金购买一项资产，并以较低的价格租赁给低税率国家的一个子公司，后者又将此资产以尽可能高的价格租给另一个子公司，从而达到整个企业减少税负的目的。另外，出租企业还可以将设备出租给较难获得融资的关联企业，一来可以达到降低整体税负的目的，二来还能帮助企业获得资金上的融通。

（四）转移定价的特点

转移定价的形成与作用机制与市场价格有显著不同的特点，主要体现在以下几个方面：

1. 转移定价是在公司有计划、有意识地参与下形成的

第二次世界大战以后，跨国公司大都实行集中领导，为推行内部机构的计划管理，总公司通常要根据全公司的战略目标和长期计划目标，直接参与并制定和协调其内部的转移价格。

2. 转移定价是公司内部资源有效配置的重要工具之一

全球性跨国公司在经济利益的驱动和国际竞争的压力下，为了提高自身的竞争能力，近年来已由"金字塔"型管理转变为"森林"型管理，对内部实行严格的责任制，而各子公司往往成为硬预算约束的利润中心或半利润中心。制定有利的转移价格既能保证利润中心或半利润中心的最终生产和经济效益，也有利于合理地分配资源，从而引导利润中心或半利润中心的生产和经营不断优化。

3. 转移定价是实现公司长远目标和利润最大化的重要手段

转移定价服从总公司的整体利益、长远目标以及公司利润最大化目标，它不完全取决于外部市场的供求情况，而是常常与外部市场价格相背离。为此，跨国公司为使其利润最大化和实现长远目标，经常利用转移定价来调节资金流量和转移利润。

（五）转移定价的确定与限制

转移定价一般是根据公司的总目标来最后确定的。例如，增加公司的利润；便于对整个

公司实施控制，保证总战略的贯彻执行；使各公司成员单位的经营实际业绩在公司的总利润中得到合理的体现，以保护和提高它们的积极性。

对转移定价的限制主要来自以下两个方面：

（1）跨国公司内部。高低价格的利用，虽然能使公司整体利益达到最优化，但它以转移部分子公司的经营实际业绩为前提，在跨国公司管理实行高度分权的模式下，有些转移定价的政策会受到一些子公司的抵制。在国外的合资企业中，由于东道国一方决策权力的存在，通过转移定价实现公司整体利益最优化更难办到。为了解决公司集中管理与分散经营相对独立的矛盾，大型跨国公司往往通过设置结算中心来进行统一协调。

（2）东道国政府。各国政府都很重视外国公司通过转移定价来逃税的情况，因而通过税收、审计及海关等部门进行检查和监督，并在政策法规上采取一系列措施，以消除通过转移定价进行逃税的现象。目前国际上普遍采用的是"比较定价"原则，即将同一行业中某项产品一系列的交易价格、利润率进行比较，如果发现某一跨国公司子公司的进口货物价格过高，不能达到该行业的平均利润率，则东道国税务部门可以要求按"正常价格"进行营业补税。此外，很多国家政府还通过调整征税方法，建立严格的审计制度，加强海关的监督管理等措施，防止或限制跨国公司对转移定价的滥用。美国是全球第一个制定转移定价规则的国家，在其 1968 年的财政法规中就规定了将正常交易标准作为转移定价调整的基点，并创立了使用该标准对特定的公司间交易调整的不同方法。美国于 1994 年 7 月公布了关于转移定价的"最终条例"。经济合作与发展组织随后在 1995 年 7 月和 1996 年 4 月分别发布了最新指南——《跨国公司的转移定价方针和税收管理办法》。澳大利亚的国内法和双重税安排中都有国际转移定价规则，该规则使得税收专员可以对其认为没有采用公平价格的国际交易采用澳大利亚的税收标准进行补税，使之达到公平价格。

二、倾销与反倾销

（一）倾销

1. 倾销的含义

倾销（Dumping）是指出口到东道国市场上的产品按低于国内市场的价格销售，或者以低于生产成本的价格销售，致使当地市场上生产和销售同类产品的企业受到实质性的损害和威胁。

倾销的目的是以掠夺性的价格打击进口国国内的竞争对手，垄断进口国市场，进而采用垄断价格获取高额利润。因此，西方发达国家为了保护本国相关产业不受国外企业倾销损害，禁止国外产品在本国市场的倾销行为，从 20 世纪初起，先后制定了关于反倾销的法律，通过对国外企业以倾销低价输入本国的产品征收反倾销税或采取其他反倾销措施来抵消倾销对本国相关产业造成的损害。

2. 倾销行为的构成要素

在国际市场营销中，认定企业倾销行为的构成要素包括以下三个方面：

（1）产品以低于正常价值或公平价值的价格销售。

（2）这种低价销售的行为给进口国产业造成损害，包括实质性损害、实质性威胁和实质性阻碍。

（3）损害是由低价销售造成的，二者之间存在因果关系。

3. 倾销的基本特征

（1）倾销是一种人为的低价销售措施。也就是说，倾销由出口商根据不同的市场，以低于有关产品在出口国的市场价格，对同一产品进行差价销售。

（2）倾销的动机和目的具有多样性。倾销的动机和目的是多种多样的，有时是为了销售过剩产品，有时则是为了争夺国外市场，扩大出口。但是，只要对进口国某一产业的建立和发展造成实质性损害、实质性威胁或实质性阻碍，就会招致反倾销措施的惩罚。

（3）倾销是一种不公平的竞争行为。在政府奖励出口的政策下，倾销企业为了获得政府出口补贴，往往以低廉的价格销售产品，同时将产品以倾销的价格在国外市场销售，从而获得在另一市场的竞争优势，进而挤垮竞争对手，再提高价格以获取垄断高额利润。

（4）倾销结果的毁坏性。倾销的结果往往会给进口国的经济或生产者的利益造成巨大损害，特别是掠夺性倾销，会严重扰乱进口国的市场经济秩序，给进口国的经济带来毁灭性打击。

4. 倾销的类型

（1）零星倾销。零星倾销是指制造商抛售库存，处理过剩产品。这类制造商既要保护其在国内的竞争地位，又要避免发起可能损害国内市场的价格战，因此选择不论定价多低，只要能减少损失就大量销售的办法，向海外市场倾销。零星倾销仅在短期内对进口国的同类生产企业产生不利影响，但是为进口国的消费者提供了物美价廉的商品，因此，进口国政府对于此类倾销一般不加干涉。

（2）掠夺倾销。掠夺倾销是指企业实施亏本销售，旨在进入某个国外市场，而且主要是为了排斥国外竞争者。这种倾销持续时间较长，一旦企业在市场上的地位确立，便会依据其垄断地位而提价。这类倾销的危害极大，它打击了进口国的民族工业，阻碍了进口国同类企业的生存与发展，最终也将损害进口国消费者的利益。因此，许多国家的政府对于此类倾销均通过征收反倾销税等方法予以抵制。

（3）持久倾销。持久倾销是指企业在某一国际市场持续地以比在其他市场低的价格销售，是持续时间最长的一类倾销。为了避免长期亏损，这类倾销产品的出口价格至少要高于其边际成本。同时，倾销者还通过规模经济的做法扩大生产，以降低单位成本。在打垮竞争对手、完全占领市场之后，倾销者会再次提高价格，以赚取超额利润。

（4）逆向倾销。逆向倾销是指母公司从海外子公司输入廉价产品，以低于国内市场的价格在国内市场销售海外产品。它与其他倾销的区别是：首先，它是由国外向本国内的倾销，打击的是国内同行业经营者；其次，它是公司内部之间的物质流动，是跨国公司的倾销；最后，它有很强的隐蔽性，可以以物质在跨国公司的流动来掩盖倾销的目的，躲避关税。

（二）反倾销

反倾销（Anti-dumping）是指进口国政府为了维护正常的国际贸易秩序，保护本国工业的健康发展，通过立法以及对倾销产品征收高额反倾销税等措施来遏制倾销的一种手段。

反倾销立法始于欧美发达国家。关于国际反倾销的法律定义，在《关税与贸易总协定》中做出了权威的界定："将一国产品以低于正常价值的方法进入另一国市场内，如因此对某一缔约国领土内已建立的某项工业造成实质性损害，或者产生实质性威胁，或者对某一国内产业的兴建产生严重阻碍。这种倾销应当受到谴责。"

反倾销、反补贴是世界贸易组织认定和许可的贸易保护措施，是国际通行的保护国内产业的手段，也是用来对付非公平竞争的必要工具。它具有形式合法、宜于实施、能够有效排斥外国进口且不易遭受报复等特点，因此被西方国家视为保护本国产业部门利益的最佳方法之一而频繁采用。

▶ 关 键 词

成本加成定价法（Cost-plus Pricing） 目标收益定价法（Target-return Pricing）
差别定价法（Price Discrimination） 通行价格定价法（Going-rate Pricing）
拍卖式定价法（Auction-type Pricing） 地理定价（Geographical Pricing）
离岸价（FOB）（Free on Board） 反倾销（Anti-dumping）
倾销（Dumping） 转移定价（Transfer Pricing）
认知价值定价法（Perceived Value Pricing） 价值定价法（Value Pricing）
到岸价（CIF）（Cost Insurance and Freight）

▶ 思 考 题

1. 影响国际定价的因素有哪些？
2. 以成本为主要依据的定价具体包括哪些方法？
3. 地区定价的形式有哪几种？
4. 如何控制国际市场营销中的价格升级？
5. 如何看待跨国公司内部的转移定价问题？

▶ 案例分析讨论

康普拓公司的定价策略

1978年7月，康普拓公司欧洲销售部经理托马斯·兹姆曼正考虑向德国最大的化学公司 Konig & Cie 销售康普拓1000X数字计算机的报价问题。如果兹姆曼遵循康普拓公司的基本定价策略，即在产品成本上加33.333%的加成率，然后再加上运费和进口税形成最终售价，那么，报价将会是311200美元。然而，兹姆曼意识到，这样的报价无法为康普拓公司得到订购合同。

Konig & Cie 公司已经要求其他计算机制造商为这份合同提出报价。据可靠的信息，兹姆曼得知至少有一家公司的报价在218000美元左右，这将使康普拓311200美元的报价高出93200美元，或者说高出43%。在一次与 Konig & Cie 公司负责采购的副总经理的非正式会谈中，兹姆曼得知，只要他的报价不超过最低报价的20%，康普拓公司仍然有机会获得订单。

由于 Konig & Cie 公司是康普拓公司最重要的欧洲客户，因此，兹姆曼极力想达成这笔交易，他为运用什么样的定价策略费尽了心思。

一、康普拓公司的背景及公司产品

康普拓是一家美国公司，1976年在巴黎设立了欧洲销售办事处，托马斯·兹姆曼任经理。公司在美国和欧洲的主要产品是1000X计算机，这是一种专门为程序控制应用设计的

中型数字式计算机。

1000X 计算机是专门为程序控制设计的，用于化学工业和其他加工工业（石油精炼、造纸、食品制造业等），也用于发电厂，尤其是核动力发电厂。

除了 1000X 计算机外，康普拓公司还拥有一条生产程序控制计算机附属设备的小型生产线。不过，相对而言，它在公司的总销售量中无足轻重。

在设立的最初 6 个月中，欧洲销售办事处的营业额大约只有 100 万美元。然而，在 1977—1978 财政年度，销售明显增长，总销售额达到 500 万美元。这一年，康普拓公司的全球总销售额大约为 4400 万美元。在欧洲国家中，德国是康普拓公司最主要的市场之一，销售额为 120 万美元，占到 1977—1978 年度欧洲市场总销售额的 24%；英国和瑞士也很重要，分别占 22% 和 18%；剩下 36% 的销售额则来自欧洲其他国家。

康普拓公司销售给欧洲客户的计算机是在美国制造、装配，再海运到欧洲的。作为外国制造商，显然，当产品从一国销往另一国时，是要缴纳进口税的，德国这种型号计算机的关税是美国售价的 17.5%。

最初主要是出于避开进口税的目的，康普拓公司开始着手在法兰克福建立一家工厂，它服务于整个欧共体市场。初始这家工厂只组装 1000X 计算机，这可以使进口税降低到 15%，最终公司决定在法兰克福的工厂也生产元器件。在德国完成全部计算机整机制造，将可免去进口关税。

新工厂第一年雇用 20~30 人，最初的年度管理费用预期为 30 万美元。尽管已经进行了雇员培训，并且开工后 1000X 计算机引导线的装配和安装会占用两三个月的时间，但直到 1978 年 7 月，欧洲销售办事处仍没有向它提交订单。兹姆曼开始注意到，除非康普拓能够获得 Konig &Cie 公司的订单，否则，在最初的两三个月过去以后，这家新工厂将会闲置。

二、公司定价策略

康普拓一直致力于塑造公司在数字计算机行业中高质量、一流公司的形象。公司引以为豪的是，在同类计算机中，其产品在精确性、可靠性、适应性和易操作性方面均处于领先地位。

康普拓公司并不准备以基本价格销售 1000X 计算机，它的价格通常远远高于竞争者同类产品的价格。除了这一点以外，康普拓计算机优越的品质已经使它在美国和欧洲获取了竞争优势。

康普拓公司很少采用基本价格定价法，因为不同国家之间在关税上有差异，同时视特定用途，1000X 计算机在构造上也有差异。对适用于 Konig & Cie 公司的 1000X 计算机，兹姆曼已经计算出它的"正常"价格是 311200 美元，如下所示：

生产成本	192000 美元
33.333% 的成本加成率	64000 美元
以美国价格报价	256000 美元
进口税（报价的 15%）	38400 美元
运输费用和安装费用	16800 美元
"正常"总价格	311200 美元

33.333% 的成本加成率内有占报价 11% 的税前毛利，8% 的研究开发与折旧费用和 6% 的销售和广告补贴。公司最高主管的正式政策明确反对以削减加成率来获取销售数量，认为削

价"不仅降低利润，而且不利于公司的品质形象"。兹姆曼知道，公司总裁尤其期望不要在现在这个特殊时刻削价，因为康普拓公司 1977—1978 年度的全部税前利润只占销售额的 6%，而 1976—1977 年度曾达到 17%。因此，总裁已经声明，不仅要继续保持 33.333% 的成本加成率，而且期望再提高些。

尽管政策如此，兹姆曼仍然知道在美国发生的一些个别事例，他们把加成率降到与其他公司同样的 25% 的水平，以获取重要的订单。事实上，他还知道一个把加成率降到 20% 的例子。然而，在欧洲市场，康普拓从来没脱离 33.333% 的成本加成率。

三、客户

Konig & Cie 公司是德国最大的基础化学和化学产品的制造商和加工者，在全国拥有若干个化学工厂。它已经购买了三套数字计算机程序控制系统，而且全部是从康普拓公司购买的。这次购买是在 1977—1978 年度，为康普拓公司带来了价值 100 万美元的生意。因此，Konig & Cie 公司是康普拓公司最大的德国客户，占康普拓公司 1977—1978 年度德国市场销售额的 80% 以上。

兹姆曼认为，促使 Konig & Cie 公司购买康普拓系统的最初原因是康普拓在适应性、准确性和质量上享有的声誉。迄今为止，Konig & Cie 公司似乎对康普拓计算机一直非常满意。

回顾以往，兹姆曼认为 Konig & Cie 公司仍将是康普拓德国客户中最具潜力的客户。他估计在以后的两三年中，Konig & Cie 公司将需要一部价值 100 万美元的数字计算机设备。

Konig & Cie 公司正在招标的计算机将用于其新化学工厂的人员培训，这一培训活动将持续 4~5 年。培训活动结束后，计算机将废弃或者易手。其深思熟虑的结果是，对计算机只要求具有高度专业化的执行职能，而并不过分要求计算机的适应性。在给投标者的公开说明中，公司已表明其主要关注的是计算机的可靠性及合理的价格，而计算机的适应性和准确性较为次要，因为该计算机并不是用于生产线上的程序控制。

四、竞争者

在德国，大约有 9 家公司与康普拓公司竞争同等价位的数字程序控制计算机，其中 4 家公司在 1977—1978 年度获得了销售额的 80%。兹姆曼最关心的竞争者是下述公司：

（1）Ruhr Maschinenfabrik。这是一家正试图努力扩大其市场份额的德国公司。Ruhr 公司以大约低于康普拓公司 1000X 计算机 22.5% 的价格销售中价位、一般用途的数字计算机。由于 Ruhr 计算机全部是在德国生产的，所以与康普拓公司 1000X 计算机价格差别的 17.5% 可以用不存在进口税解释。迄今为止，Ruhr 仍旧只销售一种用途的计算机，但据可靠消息，Ruhr 公司正在为 Konig & Cie 公司的投标开发一种专门化的计算机，Ruhr 公司为这种专门用途的计算机制定的价格在 218000 美元左右。

（2）Elektronische Datenverarbeitungsanlagen（EDAG）。相对而言，EDAG 是一家新公司，但它已经开发出一种在质量上可与康普拓 1000X 相比拟的一般用途的计算机。兹姆曼认为，EDAG 作为计算机行业中的杰出企业，已经显示出对康普拓地位真正的、长期性的威胁。为了获取立足点，EDAG 公司已经以近乎成本的价格卖掉了它的第一台计算机，然而，从那以后，EDAG 公司仅以相当于康普拓计算机去掉承负的进口税的价格出售其计算机。

（3）Digtex。Digtex 是一家美国公司的子公司，它在德国拥有完整的计算机制造设备和一条宽泛的计算机设备产品线。Digtex 与康普拓 1000X 计算机进行竞争的优势是其良好的品质。Digtex 经常运用削价战术，曾有过比康普拓 1000X 低 50% 的价格。尽管两者的价格有

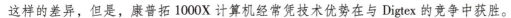

这样的差异，但是，康普拓 1000X 计算机经常凭技术优势在与 Digtex 的竞争中获胜。

五、德国市场

在德国，由康普拓公司制造的这种类型的中价位数字程序控制计算机市场的容量估计为每年 400 万美元左右。兹姆曼认为，在随后的几年中，这个市场将以每年 25% 的速率增长。他对 1978—1979 年度将有价值 130 万美元的新业务量持肯定的态度，并做了生产方面的相应安排。然而，除了向 Konig & Cie 公司出售计算机具有可能性之外，其他业务直到春末或夏初还没有实现的可能。

（资料来源：昆奇，多兰，科斯尼克. 市场营销管理 ［M］. 吕一林，等译. 北京：北京大学出版社，2000.）

讨论题：

根据以上资料，你认为康普拓公司若想一举中标，在价格和非价格方面应采取哪些策略？

国际市场分销渠道策略

1. 国际市场分销渠道的概念及主要结构模式
2. 国际市场分销渠道的成员构成
3. 影响国际市场分销渠道选择的因素
4. 中间商的选择标准和激励方法
5. 国际物流的概念及组成
6. 国际物流管理决策

导入案例

卡特彼勒的分销系统

卡特彼勒（Carterpillar）公司是世界上最大的工程机械和建筑机械生产商之一，也是世界柴油机和天然气发动机的主要供应商。该公司的高知名度主要是靠遍布全球、高效率的分销系统树立的。卡特彼勒在全球共有500多个制造、营销、物流、服务、研发和相关工厂，以及代理商网点，为公司分销产品并提供技术服务。

卡特彼勒的产品具有价格昂贵、销量较低，若运行环境恶劣易损坏，需要维修和更换零件等特点。因此，它选择当地分销商，并与所有分销商建立一种长期、稳定的合作关系，这些分销商都是独家代理。卡特彼勒选择分销商的标准比较严格，一般是当地的中小企业，具有一定的经济基础，信用良好，政策上相对连贯，它们买断卡特彼勒的产品再卖给客户。这些企业熟悉当地情况，接近客户，掌握需求，能为客户提供快捷、专业、稳定可靠的服务。公司承诺，对于世界各地的卡特彼勒产品，都可以在48h内获得所需的更换零件和维修服务。

卡特彼勒不仅严格选择分销商，而且与分销商之间的关系也堪称业内典范，有人称其为"家庭式关系"。卡特彼勒与分销商进行深入而坦诚的交流，除了提供产品和零部件外，还帮助分销商向客户提供分期付款等信用，并在存货管理、控制物流和设备维护工作程序等方面给予分销商支持。

卡特彼勒产品的主要市场在美国、英国、德国、中国和印度，它于1979年开始了在中国的业务。如今，在中国的大型项目工地上，到处可以看到卡特彼勒的机械化大军。卡特彼勒希望把成功的分销经验移植到中国，目前已在中国建立了 5 个独立分销机构。

分销代理制使卡特彼勒的分销商具有一般制造商代理所没有的特点：

（1）分销商是独立的商业组织，它们也执行制造商代理（MA）的功能，但是类似于销售代理商，它们从事卡特彼勒营销活动的职责范围比一般意义上的制造商宽，它们被卡特彼勒授予的权限也比一般制造商代理的权限大得多。

（2）分销商不同于一般的制造商代理，它们从卡特彼勒购买产品，从而对产品拥有所有权和控制权。

（3）分销商不得销售与卡特彼勒竞争的产品，也不得从事其他工程机械制造商的非竞争性产品销售。

（4）分销商不同于一般代理商只参与分销渠道的部分活动，它们参与几乎全部分销渠道活动，并且在大部分活动中执行主要功能。

（5）分销商自行确定最终客户，而无须卡特彼勒授权。

（6）分销商执行一般制造商代理不执行的部分仓储功能，它们密切与卡特彼勒全球或区域配送中心联系，并储备一定的产品，以备迅速向客户供货。

（7）卡特彼勒的分销商参与渠道资金流活动，提供产品销售分期付款或赊账销售，并承担相应财务风险。

（资料来源：卡特彼勒在中国的分销渠道分析. 360 文库，2020-05.）

第一节　国际市场分销渠道概述

一、国际市场分销渠道的概念

分销渠道又称营销渠道，是指产品从生产者到达消费者所经历的各个环节和途径。企业的分销渠道策略所要解决的问题，是如何将企业的产品在适当的时间以适当的方式转移到适当的地点，便于购买，扩大销售。在国际市场营销中，生产者和消费者不在同一个国家，双方不能面对面地交易，商品的流通大部分由中间商来完成。商品从生产者向国际市场消费者转移所经过的流通渠道、流通环节和流通方式，就称为国际市场分销渠道（International Distribution Channels）。

国际市场上的分销渠道通过市场沟通，及时有效地把商品转移到消费者购买地点，实现所有权在国际市场上的转移。它包括两方面的含义：一是实体转移；二是所有权的转移。从广义来讲，分销渠道一般应包括以下组织和个人：出口商、进口商、进出口代理商、进出口佣金商、经销商、批发商、零售商、与贸易有关的单位（如储运、银行、保险等）、销售服务单位（如广告公司、市场调研公司等）。在国际市场上，它一般具有采购、分配、加工、储存、运输、包装、融资、承担风险、销售和提供服务等十种功能。

二、国际市场分销渠道的基本模式及结构分析

在国际市场上，出口产品从出口国生产者流转到国外最终消费者手里，要经过出口国和进口国两个方面的分销渠道。虽然各国的营销环境差异较大，使国际市场上分销渠道呈现出

不同的特点，但在长期的国际市场营销活动中，仍然有基本的分销渠道模式和分销渠道选择惯例，如图9-1所示。

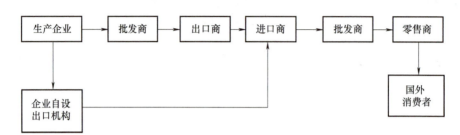

图9-1 国际市场分销渠道的基本模式

图9-1仅仅是出口商品的最基本模式或总体模式，在实践中可以省去中间若干个环节，生产企业直接交付给国外用户，如通过邮购等直接渠道。出口企业使用或不使用中间商、使用多少、使用哪些中间商，构成了国际分销渠道的不同模式，如图9-2所示。

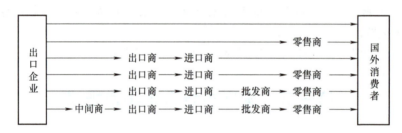

图9-2 国际市场分销渠道的不同模式

从图9-2中可以看出，国际市场营销者必须对两种渠道施加影响：一是国内市场分销渠道；二是国际市场分销渠道。在国内，营销者必须有一个机构来沟通国与国之间的各个分销环节。在国外，营销者还必须监督检查向最终消费者供应商品的渠道。最佳做法是营销者能够控制整个分销渠道或参与其中。但初期从事国际市场营销的企业往往重视进口国国内的分销渠道，认为把产品卖给进口商就完事大吉，仅把进口商作为销售对象。实际上，进口商是中间商，它们购买产品的目的是再出售，赚取差价。若本企业的产品不如竞争者的产品更能满足消费者的需求，它们就会转而去经营竞争者的产品。若出口产品卖给进口商，而它们不经过本国的适当渠道使产品与最终消费者见面，那么产品就没有与其他同类产品在消费者面前竞争的机会，即使质量再好，也无法被消费者所选购。因此，国际市场营销企业的任务并没有随产品抵达海外市场宣告完成，而应该关心从生产者到最终消费者的整个分销渠道，即使企业并不总能对所有中间环节的行为和政策施加直接影响。这就是现代营销学中的整体渠道的概念。

强调整体分销渠道概念有一定的现实意义。因为长期以来，很多出口企业最重视的就是出口创汇，而对产品卖给国外的进口商以后的情况就不再关心，诸如目标市场渠道结构如何，中间经历多少个层次中间商，各中间商的加成率如何，各渠道成员状况如何，最终消费者购买情况如何等。也就是说，很多企业没有整体渠道这一概念。实际上，渠道成员的效率会影响整个渠道的效率，从而影响产品的销售，影响企业营销策略的实施，所以，出口企业必须树立整体分销渠道观念。

【资料阅读9-1】　波兰、希腊和意大利的渠道结构

一、波兰的渠道结构

在波兰销售消费品所面临的一大障碍就是其分销体系。在波兰街头，小摊小贩如雨后春笋，层出不穷，波兰人的创业精神由此可见一斑。波兰零售业几乎全由这些夫妻店把持，而这些店铺大多数都是最近五年内才开张的。波兰有千千万万个这样的零售商店，遍及全国各地，给分销商带来很大的后勤供应问题。尽管这些商店一般都经营某一类商品，但是也有很多商店经营范围很广。譬如，一家玩具商店也可能同时出售文具和家用器皿。

波兰的确存在分销网络，尽管其中大多数都是新近成立的，在结构和规模上千差万别。对消费品的分销网络来说，大多数都是拼凑在一起的，专门经营某一种商品，结构上包括代理、批发和零售等不同层次。要想把商品送到千千万万个零售商店去，放到货架上，即使对大厂商来说，也是一件非常困难的事。

二、希腊的渠道结构

在希腊，零售和批发通常都是由家庭企业经营的，每一家企业只经营少数几种商品。希腊有30万家商店，有7700家公司从事批发业务，3200家公司从事零售业务。希腊的确有一些百货商店和若干个超市，但是有好几家百货商店因为不能适应新的购物趋势，已经关门大吉。仍在营业的百货商店也打算借鉴"店中店"的概念，开成小型的购物中心。商品零售主要还是由小的专门化店铺经营的。在过去几年里，欧洲好几家大型连锁店要么收购那些现有的百货商店和超市，要么建立自己的连锁店。

三、意大利的渠道结构

意大利的零售额总量很大，主要通过无数的家庭小店为顾客服务，而不是大型商场。意大利的分销体系由家庭小店、街头小贩、特大型商场、购物中心、专卖店和折扣商店组成。尽管有人认为传统零售商店已经过时，但是意大利的分销企业在很多情况下仍然太小，无法有效地同欧洲其他国家的大型连锁商店进行竞争。

倘若某种商品销售额大、利润低，意大利公司往往直接和制造商打交道。销售给百货商店、连锁商店或最终用户往往能获得最佳的销售结果，但是却需要更大的促销努力。从现有的销售观点来看，意大利存在着一种趋势，即销售将由家庭小店和街头小贩向分销连锁店转移。

如今，几乎没有任何国家能够完全封闭，不受国际经济和政治变化的影响。这些变化趋势正在改变经济结构的各个层次，包括分销结构。传统的渠道结构让位于新的形式、新的联盟和新的过程，虽然速度各不相同，但是无一不在变化。一个国家要求变革的压力既来自国内，也来自国外。跨国公司的营销人员正在寻求进入由昂贵的传统分销体系服务的那一部分细分市场并从中获益的方式。直销、上门兜售、特大型市场、打折商店、商场、邮购、互联网上的电子商务以及其他销售方式纷纷登场，以提供高效的分销渠道。

（资料来源：朱雪芹. 国际市场营销理论与技巧［M］. 呼和浩特：内蒙古大学出版社，2005.）

分销的一些重要趋势将最终导致各个国家的中间商彼此更加雷同而不是相异。例如，沃尔玛正在全世界扩张——从墨西哥到巴西、从欧洲到亚洲；雅芳正在挺进东欧。这些对传统

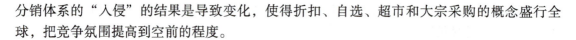

分销体系的"入侵"的结果是导致变化，使得折扣、自选、超市和大宗采购的概念盛行全球，把竞争氛围提高到空前的程度。

【资料阅读 9-2】 创建于 1611 年的三越百货公司，到 21 世纪还会存在吗？

在日本零售业中，日本的百货公司历史悠久、源远流长。作为零售业缩影的三越百货公司始建于 1611 年，经营百货。三越百货公司创始人三井高利先生在东京日本桥开了一家小小的和服店。那个时候，日本人几乎人人穿和服，所以，和服是人们生活的必需品。

三井先生当时制定了四条经营原则。第一条是明码标价。这在当时是一大创新。因为 400 多年前，人们做生意是看人定价的：顾客看上去是有钱人，于是要价高一点；顾客看上去像没多少钱，就要价低一点。但是，三井先生创建的这家和服店一律明码标价、老少无欺。第二条是现钞交易，不要汇票。这一点看上去会失去一些顾客，但是保证了店里每天的现金流量，也就是说，在经营上实行的是"安全驾驶"。第三条是想顾客所想。顾客需要什么，店里就卖什么。按照现在的观念，就是满足顾客一切需要。第四条是按需销售。不盲目进货，不搞库存，快进快卖。

光顾日本的百货公司就可以大致了解日本人的生活。在地下一层和地下二层，吃起来嘎吱嘎吱响的日式泡菜、精致的糕点及色彩柔和的日式糖果，各种食品琳琅满目；除了传统的男女服饰和家具层外，大多数百货公司还有专卖和服及相关产品的楼层，以及专卖儿童用品的楼层；在楼顶，也许还有供儿童玩耍的小型露天娱乐园。

但是请等一等，还远不止这些呢！百货商店并不仅仅满足于物品种类繁多，让人眼花缭乱，醉心于富有想象力的展示，出售商品而盈利，它们还努力提供一种文化。在服装层到楼顶之间，你很可能会在某个地方发现一个美食间、画廊、展览厅或者一到两层饭店，供应的食品应有尽有。百货公司的目标是成为"全方位生活方式企业"。一位经理说："我们力争包罗一切——艺术、文化、购物和时尚。我们重视衣食住理念。衣食住是生活的三大要素：穿什么，吃什么，如何居住。"日本的零售业由两种商店控制：三越那样的"巨无霸"和邻里小店。日本复杂的分销体系转化成为高价位，使得这两种商店能够同时并存。日本消费者付出了高价，得到了服务、多种选择机会以及日本百货商店特有的文化享受。

不过，如今也有了种种变化趋势。从 1992 年到 1995 年年末，日本百货商店的销售额连续 45 个月下滑。在提高营业税之前曾稍有回升，但是从 1997 年年中开始，下滑趋势又重新抬头。日本人喜欢百货公司的宜人环境，但是也开始注意"新的"廉价商店。这些廉价商店以价廉物美对传统零售体系发起挑战。银座是大多数有名百货商店的所在地，在银座的中心地带开设的一家廉价男士服装店青山贸易公司也许反映了未来趋势。店主从制造商那里直接进货，因此其服装价格只有百货商店的 2/3。经营著名的优衣库（Uni-Qlo）品牌服饰的迅捷零售公司则走了一条与美国服饰公司 GAP 类似的路，销售简洁的便装。很多人穿行在该公司的货架之间，以最低价格购买服装。另一个征兆也许是玩具反斗城（Toys"R"Us），到 2000 年它已经开设了 100 家廉价玩具店，是日本最大的玩具零售商。百货公司的回应是破天荒地将玩具打折销售，折扣率高达 30%。随着一家又一家的廉价商店将一种又一种商品廉价销售，百货公司还会继续成为"全方位生活方式企业"吗？三越百货公司到 21 世纪还会存在吗？

从创建以来，三越在任何时期都追求和实现"顾客需要什么？我们如何去满足？""为满足顾客的需求，我们需要如何创新和变革"，从创业之际就确立了真心诚意的服务精神。所以，三越的历史可以称作"顾客第一""向变革挑战"的积累、发展的历史，将最新商品、文化和服务三者融为一体，为人们的美好生活助一臂之力。如今，三越百货公司以高档消费、优质服务闻名于世界，是莅临日本的各国要人、富豪们必去的购物场所。

进入21世纪，日本的IT产业发展迅速，电商也迅速崛起，像乐天这样的网上交易平台在日本也是红红火火。但是，百货公司依然人头攒动、巍然屹立。

原因在哪里？

第一，良好的购物环境。三越百货公司的购物环境之好，并不是豪华，而是布局相当宽松，通道十分宽敞，不会有拥挤感。第二，商品的摆放采用展示的方式，而不是堆砌，能够让人产生一种欣赏的喜悦感。第三，各个楼层都有供顾客休息的沙发，还有咖啡店、饮品店。第四，除了金银首饰，几乎所有的商品都是体验式的，可以供顾客自由试穿试用。

面对电商的冲击，日本各大百货公司以温馨的服务和无微不至的购物体验，牢牢地抓住了顾客的心，让顾客在百货公司里购物时感受到舒适、安心。

近年来，日本的很多百货公司推出了电子商务平台和实体店同步销售的服务。消费者从电子商务平台上购买的商品可以直接送货到家，实体店内断货的商品也可通过电子商务平台选购。可见，日本百货公司面对新形势下的顾客消费需求，不是拒绝新的购物模式，而是与时俱进，积极打造网购平台和开展电子商务业务，以保持销售额的增长态势。

（资料来源：根据"日本的三越百货"网络资源整理，2022-02.）

第二节 国际市场分销渠道成员的类型

国际市场分销渠道主要由出口中间商、进口中间商、国外经销商等主要的中介机构组成，这些中间商执行着将产品及其所有权从生产者转移到国外用户的功能。从商品在国际市场营销中的流通顺序来看，国际中间商可分为国内中间商和国外中间商两大类。由于国际中间商在企业的国际市场营销中起着关键的桥梁和连接作用，因而企业既要将中间商看成顾客，又要将其看成战略协作伙伴。

一、国际中间商的任务

（一）产品实体移动

分散的生产商和消费者都希望能够迅速地运输和转移产品，因而实体移动是中间商的一项重要任务。在产品实体移动中，基本的指导思想是以最快的速度、最短的时间、最合理的路线，将产品进行空间转移，并实现其价值。

（二）调节生产与消费的矛盾

供需双方在地域、时间、信息沟通、价值评估，以及对商品的所有权上存在着许多矛盾，因而供需双方之间的交易存在许多困难，这些矛盾的存在客观上要求在生产商和消费者之间建立某种营销中介。中间商在生产和消费之间起着桥梁和纽带作用。

（三）减少交易次数，降低交易成本

中间商的介入可以减少直接交易的次数，大大降低交易成本。如图9-3和图9-4所示，在没有中间商介入的情况下，生产者直接面对消费者，交易十分复杂，每一个生产商都要与

每个消费者进行交易；如果中间商参与其中，整个交易过程和活动都得到了简化，不仅降低了成本，而且提高了效率。

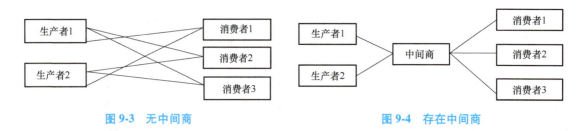

图9-3　无中间商　　　　　　　　　图9-4　存在中间商

（四）资金融通

国际中间商要利用自身的信誉和能力，向生产商提供金融服务。例如，帮助生产商融通资金，提供商业信贷，代替生产商催收货款等，从而为生产企业节省人力、物力和财力。

（五）分担风险

生产商在产品研制过程中已经进行了巨大的投入，中间商的加入可以帮助生产商开拓市场，降低经营风险。这种作用主要体现在以下几个方面：①中间商要根据市场和产品的要求，在流通环节对产品进行一些加工、整理和分装，从而使中间商的产品能够更方便地提供给国外最终消费者；②生产商在开发新市场时，往往会遇到缺乏经验和不了解市场情况的障碍，中间商可以利用贴近市场、了解市场行情、市场营销经验丰富的优势，在生产商开发新市场的过程中发挥作用；③生产商向市场推出新产品时，往往会由于缺乏营销经验、缺乏财力支持等而影响新产品的推广，甚至贻误市场的时机，中间商则可以利用营销的经验、已有的市场营销网络，帮助生产商推销新产品，从而使新产品的成功概率大大提高。

（六）信息反馈

中间商最了解市场情况，知道哪些商品在哪些市场畅销，哪些商品在哪些市场滞销。中间商可以利用这一优势，及时将市场信息反馈给生产商，使其能够根据市场情况组织生产，避免生产中的盲目性。

二、国际中间商的类型

（一）以母国为基地提供营销服务的出口中间商

1. 出口商

在国际市场上，凡经营出口业务的企业，无论是生产企业还是贸易企业，只要它以自己的名义在本国市场上购买产品，再出口到国外的贸易商，都称为出口商（Export Merchant），有的国家叫国际贸易公司，在日本则叫综合商社，在我国一般叫外贸公司或进出口公司。

出口商以自己的名义在本国市场上购买产品，拥有商品的所有权，自己选择货物的种类并决定买卖的价格。大的出口商自己备有运输工具、自办转运业务。有些出口商在国际市场上为自己经营的商品进行各种促销宣传，以广招客户。比较大的百货商品出口商，经营品种齐全，在国际市场上有巨大的销售网络、众多的国际商业关系和庞大的信息机构，有的还向国际市场派驻自己的或雇用的推销人员，有时也给国外买主资金上的融通。同时，它们一般还兼营进口业务。

出口商开展出口业务一般有两种形式：一种是先买后卖，即先在国内采购商品，再卖给国外消费者。这种形式要求出口商经常备有存货，一手交钱，一手交货，成交快，信誉好，但风险大且占压资金。另一种是先卖后买，即先接受国外订单，再依订单在国内购买相应商品。这种形式风险小，占压资金少，但由于没有存货，会因为买不到适合货物或不能按时交货而失去商机和信誉。

出口商最典型的形式之一是日本的综合商社。日本的综合商社是日本经营进出口业务的主要企业，兼营国内贸易，承担外汇风险和各种信贷风险，从事管理咨询并参与生产制造，经营范围广，资金雄厚，市场覆盖面大。它们在国内控制各种销售渠道，既代表制造商出口货物，也作为商人买进卖出，同时还为买主代理进口。它们的经销额占日本商品生产总量的25%、日本年出口额的50%和国际市场贸易额的9%。综合商社在国际上也有强大的销售网，商情灵通，有丰富的谈判经验和业务知识，并能给国内外买主和卖主资金上的融通和其他方面的支持。外商若绕过这些综合商社，是很难深入日本市场的。

从我国情况来看，出口商可分为专业进出口公司和国际贸易公司。专业进出口公司是指专门从事进出口业务的外贸企业。我国企业出口产品到某国市场，长期以来都是使用这种方法。这些公司在人才、资金、销售渠道、海外客户等方面的优势，是生产企业所不能比拟的。国际贸易公司是高度多样化的大型贸易企业。改革开放以来，我国已出现了相当一批处于发展壮大之中的国际贸易公司，其功能和经营范围类似综合商社，成为我国专业外贸公司的发展方向。

2. 出口代理商

出口代理商与出口商不同，它不以自己的名义向本国卖主购进货物，而只是接受卖方的委托，在规定的条件下代委托人向国外市场销售，交易成功后，收取一定佣金。它可以是一个机构也可以是个人。在国际市场上，出口代理商主要有三种形式：

（1）销售代理人。销售代理人是独立的中间商，它代理出口企业的产品销售，并为生产企业提供较其他出口商更多的服务，如负责全部促销活动，设置商品陈列处，召开订货会，参加国际展览会，开展市场调研，并提供咨询和产品售后服务等。

销售代理人与生产企业是委托代理关系，它没有商品所有权。在法律上，所有业务活动都是由生产企业做最后决定的，但销售代理人实际上又可以完全控制产品的定价、销售和促销，等于生产企业的销售经理。生产企业按销售额的一定比例付给销售代理人佣金，这笔佣金一般在汇付货款时予以扣除。

（2）厂商出口代理人。厂商出口代理人接受厂商的委托，从事商品销售，相当于执行厂商出口部的职能，但它在价格或营销策略上无决定权。它在收到外商的订单后转给有关企业，或由外商直接把订单交给厂商。厂商出口代理人须征得厂商同意才能正式成交。生产企业可将产品直接发运给买主，也可交给厂商出口代理人，由代理人办理出口运输和保险手续。

厂商出口代理人和销售代理人二者有明显差别：①厂商可同时使用几个厂商出口代理人，各限其于一定地区销售产品；而厂商只能使用一个销售代理人，且在地区上不加限制。②厂商出口代理人可以同时代理几个厂商互不竞争的产品；销售代理人则可以代理互相竞争的产品。③厂商出口代理人没有营销控制权，而销售代理人有。④厂商出口代理人通常只代理厂商产品类别中的一部分，或限定市场的全部产品；销售代理人则可代理全部产品。

厂商出口代理人的报酬，除由厂商按销售额付给一定比例的佣金外，还可付给一定的津贴，佣金和津贴的多少依具体情况而定。在美国，代理新产品出口一般收 10%～15% 的佣金，较畅销的产品只收 2% 的佣金。在国际市场上，中小型企业较多使用厂商出口代理人，因为它可代理多家厂商的产品，货源广，每种产品分担的推销费用较少。

（3）国际经纪人。国际经纪人是指经营进出口业务的经纪人。它只负责联系买卖双方达成交易，没有商品所有权，不持有商品，也不代办货物运输、保险等具体业务。因此，它只起牵线搭桥的作用，与买卖双方一般没有长期固定关系。

在下列情况下可选用经纪人：本小利微的小企业或缺乏国际市场营销经验的企业；季节性较强的产品；产品需求面广且分散；想开拓市场但缺乏相应销售机构的企业；不值得花费大力气促销的产品等。

和其他代理商比较，国际经纪人工作简单，且不承担风险，所以它收取的费用也较低，在美国一般不超过 2%，在西欧、日本低于 5%。

3. 出口佣金商

出口佣金商是一种接受委托代办出口业务的外贸中间商，它的报酬是委托人支付的佣金。其业务主要是代国外买主采购出口佣金商所在国的商品出口，有时也代理国内厂商在国外销售产品。

出口佣金商代国外买主办理委托业务时，是根据买主的订单或委托购物书进行的。委托购物书是买主寄给出口佣金商的购货单，受委托的出口佣金商接受后，买主就不能再变更委托，而受委托的出口佣金商也必须按照购物书内规定的条件进行采购，运交指定地点，由买方交付佣金，一切风险与费用都由买主负担。

出口佣金商在代国内厂商办理委托出口业务时，一般采用两种方法：一种是寄售，即厂商先将商品交佣金商，委托其寄售，由佣金商在国外寻找买主；另一种是佣金商先在国外买主处订货，然后由生产企业供应货物。

出口佣金商所收佣金因商品性质、交易额大小、国际市场供求状况、国际惯例等情况而定，一般占交易额的 2%～6%。

第二次世界大战后，佣金商的地位下降。目前，单纯从事出口代办业务的佣金商越来越少，一般都兼营其他业务。

除以上三种中间商外，国际上较大的工业和贸易组织的分支机构、厂商自设的出口机构也是非常重要的分销机构。

（二）以销售国为基地提供营销服务的进口中间商

1. 进口商

凡自国外进口商品向国内市场出售的贸易企业，都可称为进口商。它们从事买进卖出业务，承担一切贸易风险，并赚取商业利润。

进口商通常先买后卖，即先从国外买进商品，然后卖给国内中间商或用户，有时也可以先卖后买。进口商按经营的业务范围一般分为三种：第一种是从不同国家或地区购入某种或某类商品的专业性进口商；第二种是集中从一个或几个国家购入商品的地区性进口商；第三是广泛从多国购进各种商品的进口商。

2. 进口佣金商

进口佣金商是一种代办进口、收取佣金的贸易企业，又称进口代办行。其业务主要有三

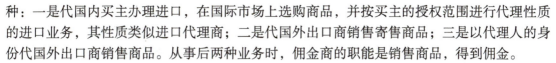

种：一是代国内买主办理进口，在国际市场上选购商品，并按买主的授权范围进行代理性质的进口业务，其性质类似进口代理商；二是代国外出口商销售寄售商品；三是以代理人的身份代国外出口商销售商品。从事后两种业务时，佣金商的职能是销售商品，得到佣金。

进口佣金商的业务很多是由进口商兼营的，因为许多进口商与国内买主关系密切，熟悉市场状况。但随着经营品种增多，风险会增大，从事一部分代理业务反而非常有利，有的进口商甚至从自营转向专门代办业务。

3. 经销商

生产企业可指定国外一家或多家商号销售其商品，并在价格上给予一定优惠，货源上给予一定保证，双方通过经销合同，建立经常性的买卖关系。这种经销产品的商号就称为经销商。

经销商独立从事商品经销业务，拥有商品所有权，以自己的名义购销货物，为用户提供服务，赚取买卖差价。不过，在购货数量、价格、服务、分销机构、广告宣传等方面，生产企业可以通过经销合同加以控制，经销商只能在一定限度内自行定价。对于市场地位重要、用户分散、需看样定货和大量广告宣传、售后服务的商品，如耐用消费品、汽车、高技术产品等，一般适合采用经销的形式。

（三）目标市场国国内的批发商

批发商是从事批发活动的中间商，是在目标市场国国内销售进口商品的重要渠道。批发商经营的商品主要由本国进口商或经销商供应，但也有一些批发商（如日本的综合商社、欧美的大型贸易集团）直接从国外进货。其销售对象是零售商、工业用户或政府购买者。批发商按其经营范围可分为综合批发商和专业批发商。综合批发商一般备有花色品种齐全的存货，雇有推销员，主要销售对象是零售商；专业批发商则以生产厂家为推销对象，主要经营生产设备、零配件和保养维修用品，经营品种相对较单一。

批发商的功能主要有以下几个：①购买，即大量买进各种商品作为存货；②销售，即直接配售给零售商，赚取差价；③分割，即分成小单位出售；④运输，即提供中间运输服务；⑤储存，即中间存货功能；⑥资金辅助，即可以给用户或厂商资金上帮助；⑦风险负担，即批发商拥有商品所有权，自承风险，在信用、赊欠方面也有风险；⑧管理服务，即可给零售商提供管理及咨询方面的服务。

对于从事国际营销的企业来说，各国的批发商的批发活动都是重要的分销模式，有些批发商对企业在国外市场上的经营成败起着决定性作用。例如，日本的批发商对零售商的控制力极强，国际企业在日本销售时，必须利用其提供的服务，若绕过它，就必须在财力上给当地零售商以大力支持，这就要提高成本。美国可口可乐公司和瑞士雀巢公司都是在日本直接销售，因此付出了极高的代价。

（四）目标市场国国内的零售商

零售商（Retailer）是向最终消费者出售商品的中间商，通常是商品分销渠道中的最后一环。由于它能较迅速、灵敏地反映消费者的需求变化，受到各地出口企业的普遍重视。近年来，出口企业为了减少出口中间商从中赚取差价，趋向于把货物直接卖给零售商。另外，零售业也趋向集中，愿意直接从国外进货，以获取更多的商业利润。

1. 零售商的服务范围

零售业是一个十分繁杂的行业，服务范围非常广，相对于生产者而言，可提供的服务一

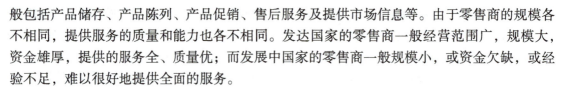

般包括产品储存、产品陈列、产品促销、售后服务及提供市场信息等。由于零售商的规模各不相同，提供服务的质量和能力也各不相同。发达国家的零售商一般经营范围广，规模大，资金雄厚，提供的服务全、质量优；而发展中国家的零售商一般规模小，或资金欠缺，或经验不足，难以很好地提供全面的服务。

2. 典型的零售商类型

（1）百货公司。它通常是指组织水平高、规模大、经营品种齐全的零售商。百货公司1830年始创于法国巴黎，很快传遍世界各地。它主要有两个特点：①商品种类多，各种消费品一应俱全，如美国、日本、英国、法国的百货公司商品品种都在万种以上，多的达50万种；②分部管理，各商品部自负盈亏，有的百货公司还设有辅助性的加工部门，形成一套完整的经营体系。

百货公司由于势力雄厚、经营规模大，故大多设有进口采购部，直接从国外进口商品。

（2）超级市场。它是一种自助服务式的大型零售商场。在国际市场上有以下特点：①商品陈列在货架上，自动售货；②实行薄利多销；③商品品种繁多，从食品到日用百货，无所不包；④四周有较大停车场，满足顾客停车需要。

超级市场在各国发展迅速。近年来，一些国家的超级市场正在向巨型超级市场过渡，它把仓库和售货市场连在一起，面积更大，货品更多，服务更周到。

（3）邮购商店。邮购商店是一种主要通过邮政销售产品的零售商店。其特点是不设门市部，但配有丰富的存货与宽敞的配货场地，采用邮寄方式销售商品。其零售方式有：①样本邮售，即寄送商品图片或样本给顾客，让其据此订货；②广告邮售，即通过电台、电视台做广告，说明产品特点，以供顾客来函或电话订货；③电话推销，即通过电话向顾客推销商品，并可电话订货。

在国外，邮购商店发展迅速，已成为一种大规模的零售活动。

（4）连锁商店。连锁商店通常是指在同一资本经营下，拥有多家店铺，分散于各地销售同类商品的一种大型零售商。它主要有两种形式：一种是由大工厂或大商店在各地设分支机构，各店门面装潢、陈列布置大致相同，经营管理权由总店掌握；另一种是许多独立的零售商店联合起来，在采购中心统一管理下，统一配送，各自销售。其特点是：大量进货，低价销售；分支机构多，强调规模经营；进货渠道广泛。由于其进货量大，店面多，营销费用低，成为许多出口企业选择的分销商。

（5）折扣商店。折扣商店是一种在实行明码标价的基础上，出售时给予一定折扣的零售商。这种商店从设施投资、进货规模、人员成本等方面减少开支，降低商品售价，以大众需求和廉价吸引顾客、扩大销售。它一般设备简陋，选址不在闹市区而在租金低廉的近郊地段，自助售货，服务较少，一般以削减10%～25%的价格出售商品。折扣商店在西方发达国家比较盛行。在美国，其销售额占全美零售额的30%。

（6）购物中心。这是一种规模很大、多店铺聚在一起吸引顾客选购商品和游览的场所。在购物中心有各行各业的店铺、门市，配备齐全，同时还有服务业。在西方发达国家，购物中心颇为流行。

除了上述零售组织之外，在国际市场上还有合作社、专业商店、特价商店、便利店、拍卖行等零售商。

3. 零售商的发展趋势

国际市场上的零售商和各国的政治、经济和文化相适应，也在不断变化。国际营销人员不仅要了解其现状，还应把握其发展趋势，只有这样，才能正确制定国外市场上的分销渠道策略。零售商的发展趋势主要表现为以下四个方面：

（1）国际化。这是指一个国家的零售商跨出国门，到其他国家经销商品，甚至采取国际连锁的方式进行跨国经营。例如，美国的西尔斯公司、派尼公司都在很多国家设立了分店。西欧的零售业大举进入美国，已占有美国杂货零售业务的 10%。日本的大荣、西友等已进入美国市场。美国的沃尔玛、法国的家乐福在中国也设立了分支机构。

（2）规模越来越大。近几十年来，西方发达国家零售商的规模越来越大，数量不断减少。在一些发展较快的新兴国家和地区也表现出同样趋势，如韩国等。发生这些变化的原因主要是收入增加、汽车增加、工作妇女数量的增加等。这一趋势对生产者来说意味着零售商对产品分销的控制权增大，以及在价格谈判中的实力增加。

（3）直销方式更加普及。直销是指通过电话推销、上门推销和邮售等手段将产品直接卖给顾客。近几十年来，这一销售方式表现十分突出，它主要适合于书籍、保险、大宗商品、家庭用品及化妆品等。例如，美国的雅芳、安利在亚洲直销业务非常发达。很多运动器材厂商通过电视直销传递信息。

（4）折扣商店迅速发展。折扣商店近年来规模越来越大，数量越来越多。在有些国家，折扣连锁店已取代百货商店，成为最大的零售组织，如日本。这一趋势必然会给生产者的定价、分销等决策带来很大影响。

三、国际中间商的选择

生产商在进行国际销售渠道设计时，只有准确选择理想的国际中间商，才能为今后的渠道建设工作打下坚实的基础。中间商选择是否合适直接关系生产企业在国际市场的经营效果。国际中间商的选择应建立在对国外市场详细考察和充分了解的基础上。例如，某公司在向国外销售其自动计量产品时，采取直接到国外销售的方式。该公司鼓励其销售人员积极到海外考察，以达到消除文化和语言障碍的目的。该公司在进入中国市场之前，其总裁曾多次到中国考察，了解中国人的特点和经商方式，以及对计量产品的一般要求等，为其采用合适的销售渠道和选择理想的国际中间商，从而使产品顺利地进入中国市场提供了充足的依据。

选择国际中间商要着眼于长远规划，不能简单地考虑中间商的知名度、经营实力等常用和静态的指标。国际中间商的选择标准一般包括目标市场的状况、地理位置、经营条件、业务能力、信誉、合作态度等。

（一）目标市场的状况

企业选择中间商的目的就是把自己的产品打入国外目标市场，让那些需要企业产品的国外最终用户或消费者能够就近、方便地购买或消费。因此，企业在选择销售渠道时，应当注意所选择的中间商是否在目标市场拥有自己需要的销售渠道，如是否有分店、子公司、会员单位或忠诚的二级分销商；是否在那里拥有销售场所，如店铺、营业机构。国际中间商应对自己的实力和特长有清楚的了解，有固定的服务对象，应与目标市场的顾客建立起良好的关系。国际中间商的销售对象应该与企业的目标市场一致，这样生产企业才能够利用国际中间商的这一优势，建立高效率的营销服务网络。

（二）地理位置

国际中间商要有地理区位优势，所处的地理位置应该与生产商的产品、服务和覆盖地区一致。具体地说，如果是批发商，其所处的地理位置要交通便利，便于产品的仓储、运输；如果是零售商，则应该具有较大的客流量，顾客比较集中，道路交通网络完备，交通工具快捷等特点。

（三）经营条件

国际中间商应具备良好的经营条件，包括营业场所、营业设备等。例如，零售商营业场所的灯光设施、柜台等设施应齐全，才能有效地支持零售商的业务经营。

（四）业务能力

国际中间商的业务能力是决定销售成功与否的关键因素。需要对中间商的经营特点及能够承担的销售功能进行全面考察。一般来说，专业性的连锁销售公司对那些价值高、技术性强、品牌吸引力大、售后服务较多的商品具有较强的分销能力；各种中小百货商店、杂货商店在经营便利品、中低档次的选购品方面力量很强。只有在经营方向和专业能力方面符合所建分销渠道要求的中间商，才能承担相应的分销功能，组成一条完整的销售渠道。在考察中间商的业务能力时，有以下几个方面的具体目标：

（1）经营历史。国际中间商应有较长的经营历史，在顾客心目中树立了良好的形象。

（2）员工素质。国际中间商的员工应具备较高的素质，具有较强的运用各种促销方式和促销手段的能力，并愿意积极地直接促进产品销售；要具备丰富的产品知识，对相关产品的销售有丰富的经验和技巧；要具备较高的服务技能，能随时解答顾客的疑问，并为顾客提供诸如安装、维修等服务。

（3）经营业绩。国际中间商要有良好的经营业绩，在经营收入、回款速度、利润水平等方面都有完善的规章制度和良好的效果。

（五）信誉

国际中间商还应该具有较高的声望和良好的信誉，能够赢得顾客的信任，与顾客建立长期稳定的业务关系。具有较高声望和信誉的中间商，往往是目标顾客或二级分销商愿意光顾甚至愿意出较高价格购买其商品的中间商。这样的中间商不但在顾客的心目中具有良好的形象，还能够帮助生产商树立品牌形象。

（六）合作态度

生产企业在选择中间商时，要注意分析有关分销商分销合作的意愿、与其他渠道成员的合作关系，以便选择良好的合作者。分销渠道作为一个整体，每个成员的利益来自成员之间彼此的合作和共同的利益创造活动。从这个角度来讲，每个成员共同承担分销商品的任务，通过分销把彼此之间的利益"捆绑"在一起。只有所有成员具有共同愿望、共同抱负及合作精神，才有可能真正建立一个有效运转的销售渠道。因此，生产商所选择的中间商应当在经营方向和专业能力方面符合所建立的销售渠道功能的要求，愿意与生产商合作，共同担负一些营销职能，如共同促销等。生产商与中间商良好的合作关系，不仅对生产商、顾客有利，而且对中间商也有利。

【实例 9-1】 爱普生公司的中间商策略

日本的爱普生公司是制造计算机打印机的大厂家。当时该公司准备扩大其产品线，增加经营各种计算机，该公司总经理杰克·沃伦（Jack Whalen）对现有的经销商颇不满意，也不相信他们有向零售商店销售其新型产品的能力，因此他决定秘密招聘新的配销商以取代现有的配销商。沃伦雇用赫展拉特尔公司（Hergenrather & Company）作为招募公司，并给予下述指示：

1）寻找在褐色商品（电视机等）或白色商品（电冰箱等）方面有两步配销经验（工厂到配销商再到经销商）的申请者。

2）申请者应是领袖型的人，他们愿意并有能力建立自己的配销机构。

3）他们将获得 8 万美元的年薪加奖金以及 375 万美元的资金用于帮助他们建立企业。他们每人各出资 25 万美元，每人均可持有企业的股票。

4）他们将只经营爱普生公司的产品，但可经营其他公司的软件。每个配销商将配备一名负责培训工作的经理和一个设备齐全的维修中心。

招募公司在寻找合格的和目的明确的有希望的候选人时遇到了很大困难。他们在《华尔街日报》上刊登的招聘广告（不提及爱普生公司的名字），吸引了近 1700 封请求信，但其中多半是不合格的求职者。于是，该公司通过电话簿上用黄纸印刷的商业部分电话号码得到目前配销商的名称，并打电话与他的第二常务经理联系。公司安排了与有关人员会见，并在做了大量工作之后提出了一份最具资格的人员名单。沃伦会见了他们，并为其 12 个配销区域选择了 12 名最合格的候选者。招募公司为其招聘工作得到了 25 万美元的酬金。

最后的步骤要求终止爱普生公司现有的经销商。由于招募是在暗中进行的，因此这些配销商对事态的发展一无所知。杰克·沃伦通知他们将在 90 天期限内交接工作，他们当然感到震惊，因为他们曾作为爱普生公司最初的配销商与之共事多年。但是他们并没有订立合同。沃伦知道他们缺乏经营爱普生公司扩大计算机产品线和进入必要的新流通渠道的能力。他认为舍此别无他法。

（资料来源：朱雪芹. 国际市场营销策略与技巧［M］. 呼和浩特：内蒙古大学出版社，2009.）

第三节　国际市场分销模式的设计与成员管理

根据一定的影响因素，选择合理的分销模式，是国际营销分销系统合理化的重要方面。分销模式主要是研究各国市场的中间商问题。中间商功能及其管理模式的不同，将会影响企业对中间商的选择。选择不同的中间商就构成不同的分销模式；在分销模式确定之后，在既定的分销系统中选择、激励和控制中间商。本节主要研究这两个方面的问题。

一、分销模式的选择

（一）标准化与多样化的选择

1. 标准化分销模式

标准化分销模式是指企业在国外市场上采取同样的产品销售方式。采用这一做法的主要优点是可以实现规模经济效益，营销人员能较容易地利用自己的经验来提高营销效率。但其缺点是忽视了各个目标市场的差异，从而丧失了市场机会。

2. 多样化分销模式

多样化分销模式是指企业根据所要进入的目标市场的国别不同，采用不同的分销模式，以增强企业产品在各目标市场的竞争能力。

采用该模式原因是多方面的。首先，各国的分销结构不同，如批发商、零售商的数量、特点不一样，要求企业在不同的国家采用不同的分销模式。例如，企业在甲国所采用的渠道，乙国根本不存在；在许多发展中国家，中间商数量较少，或已成为竞争对手的独家经销商。这时，企业就需要根据各市场国的不同情况，重新设计分销模式。其次，各国消费者的特点有所不同，也促使企业采用不同的分销模式。再次，竞争对手的渠道策略也可能要求企业采取不同的分销模式。如竞争对手长期在某国采用某种渠道模式，使得该国市场只接受这一模式，当企业进入该国时，也只能仿效竞争对手的做法。最后，企业自身的因素也会影响对分销模式的设计，如企业规模大小、产品组合、渠道经验及整体营销战略等。

总之，标准化与多样化各有利弊。但在实际中，采取多样化分销模式往往更适合各目标市场的不同特点。

【资料阅读 9-3】 欧美和日本的分销渠道模式

1. 欧美的分销渠道模式

美国是市场经济高度发达的国家，基本上形成了有秩序的市场。进入美国的产品，一般要经过本国进口商，再转卖给批发商，有的还要经过代理商，由批发商或代理商转卖给零售商，再由零售商将产品卖给最终消费者。欧洲国家进口商的业务通常限定一定的产品类别，代理商的规模通常也比较小，但欧洲国家的零售商主体，如百货公司、连锁商店、超级市场的规模都很大，而且经常从国外直接进口，大型零售商的销售网络遍布全国。企业若打算把产品销往欧洲各国，可直接将产品出售给这些大型零售商，以节省许多中间商费用，并利用它们的销售网络提高市场占有率。

2. 日本的分销渠道模式

日本也是高度发达的市场经济国家，但它的分销渠道结构却不同于欧美国家。日本的销售渠道被称为世界上最长、最复杂的销售渠道。其基本模式是生产商→总批发商→行业批发商→专业批发商→区域性批发商→地方批发商→零售商→最终消费者。日本的分销系统一直被看作阻止外国商品进入日本市场的最有效的非关税壁垒，任何想要进入日本市场的企业都必须仔细研究。日本的分销体系有以下几个显著特点：①日本的小商店密度高，导致中间商的密度很高；②生产商对分销渠道进行控制；③制造商和中间商之间形成了忠诚、和谐和友谊的日本经营哲学；④注重对小零售商进行保护；⑤传统的零售业正在让位给专门商店、超级市场和廉价商店，便利店与其他零售企业一样，正在给日本零售业带来一场革命。

（二）渠道长度的决策

渠道长度是指中间商层次多少。最短的渠道可由生产者直接将商品出售给最终消费者，称为直接分销。最长的渠道要经过出口商、进口商、批发商、零售商等诸多层次才能使产品抵达最终消费者，称为间接分销。对于企业来说，选择什么样的分销模式取决于多种因素，主要有：

1. 产品特点

一般来说，技术性强、价格高、需要较多售前售后服务的商品，如机械设备、汽车和家电等，采用较短的渠道，以避免层层转手，维修、服务等无人负责。保鲜要求高的产品，应

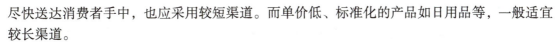

尽快送达消费者手中，也应采用较短渠道。而单价低、标准化的产品如日用品等，一般适宜较长渠道。

2. 市场状况

消费者数量少而购买力集中、购买量大时，宜用短渠道；反之，则宜用长渠道。此外，目标市场国的渠道结构也应考虑。多数发达国家渠道较发展中国家短。如尤尼莱佛公司在印度的分销渠道模式为尤尼莱佛公司→印度进口代理商→存货商→零售商→消费者。当然，有些发达国家中的渠道也较长，如宝洁公司在意大利的分销渠道和尤尼莱佛公司在印度的渠道几乎一样长。日本的渠道甚至更复杂、更长。

3. 企业条件

企业规模大，拥有较强的推销力量，可以少使用或不使用中间商，渠道较短；企业规模小，推销力量有限，则有必要使用较多中间商，渠道较长。

此外，渠道的长短还取决于企业的经营目标、业务人员素质、国家法规的限制等因素。

（三）渠道宽度决策

渠道的宽度是指分销系统中每个层次上使用中间商的数目多少。企业在制定渠道宽度决策时，有三种选择：

1. 广泛分销

广泛分销又称为密集性分销（Intensive Distribution），即在某一市场上使用尽可能多的中间商，加宽分销渠道。在国际市场上，日用品等价格低、购买频率高而量小的商品，工业标准件如小工具、螺母等，多采用广泛性分销。其优点是市场覆盖面宽；缺点是对价格、销售方式等难以控制，且中间商的责任心较差。

2. 独家分销

独家分销（Exclusive Distribution）是在目标市场上仅指定一家中间商经营其产品，授予对方独家经营权。名牌、高档消费品，技术性强、价格高的工业品，多采用这一分销模式。其优点是中间商积极性高、责任心强；缺点是市场覆盖面窄，风险较大，市场的开拓完全取决于一家中间商的经营成果。

3. 选择性分销

选择性分销（Selective Distribution）是指在目标市场上精选少数符合要求的中间商，经销本企业产品。它适用于许多商品，特别是消费品中的选购品、特殊品和工业品中的零部件。进入国际市场初期，当企业缺乏经验时，可采用该模式选择几个中间商进行试探性销售，等条件成熟后，再进行调整。采用该模式时，若中间商选择适当，可以兼得上面两种形式优点；反之，则难以避免其缺点。

国际分销模式的目标是提高效率以获得更多的利润。但要合理地进行分销模式选择与实施，还需要考虑：开发渠道和维持渠道的费用高低；建立渠道的预期资金规模；企业对整个分销渠道的控制程度；产品市场覆盖面；分销模式的适应性及连续性等。

二、渠道成员的管理

企业选择了渠道方案后，必须对每个中间商（即渠道成员）加以选择、激励和评估，并随着时间的推移，调整其渠道方案以适应环境的变化。这就是渠道成员的管理。渠道成员管理得好坏，直接关系渠道的分销效率。

（一）渠道成员的发展

对于初次从事国际营销的企业来说，与国外中间商建立联系，并从中发现、发展中间商是企业首先进行的工作。广泛、稳定的国外客户关系，是国际企业的宝贵财富。与国外中间商建立联系的方式，即渠道成员的发展途径如下：

（1）主动建立联系。①通过查阅国内外报刊广告、行业名录等，主动发函联系；②通过专业报纸、杂志登载广告，自我介绍，招徕客户。

（2）通过国外商会介绍。如请国外企业主联合会、商会、同业公会等介绍客户，请原有的国外客户介绍其他行业的客户等。

（3）通过银行介绍。如请我国经营外汇的银行和驻我国的外国银行介绍。银行信息灵通，对各国工商企业界非常熟悉，由其介绍客户较为稳妥。

（4）通过国内外的展览会、交易会建立联系。

（5）函请本国驻外商务机构和各国驻华商务机构介绍；函请联合国有关机构介绍。

（6）与国外企业直接挂钩。直接与国外大型的贸易公司、百货公司、跨国公司等联系，沟通业务关系。

（7）通过私人关系介绍。

（二）渠道成员的选择

制造商为选定的渠道招募合适的中间商，其吸引力有所不同。某些企业毫不费力就能找到不计其数的经销商，如丰田公司。但也有的企业历尽艰辛才能找到合适的中间商。如爱克发起初在日本市场上举步维艰，直至打入大荣连锁超市才得以好转。要在印度市场上站稳脚跟，分销合作是必不可少的，甚至大公司在寻找分销商或经销商时也有困难。可口可乐公司进入印度的案例无可争议地表明了正确选择分销商的重要性。可口可乐公司收购了印度第一号的软饮料制造商坦萨，才获得了整个分销系统和60个罐装厂，迅速进入了印度市场。

不管中间商发展是难是易，必须确定选择中间商的标准，因为这直接关系到产品在国际市场上的销路、信誉、经济效益和发展潜力。选择的一般标准如下：

（1）经济实力。中间商的经济实力在很大程度上决定了它的经营能力。没有足够的财力做保证，中间商很难履约、守信，特别是那些自负盈亏的经销商，一旦发生资金短缺，往往会弃信毁约。因此，选择中间商应考虑审查其经济实力、财务状况。这可以通过审查其资产负债表、注册资本情况、公司性质等情况得到。当然，对中间商的经济实力不能一概而论。比如，对于经销商，应重视其经济实力，成交额一般不宜超过其资产额，以免发生不测；对于一般国外经纪人，因他只起桥梁作用，并不涉及商品所有权，可不必过于关心其经济实力。

（2）中间商的经营能力。由于国外中间商的社会地位、经历、经营风格、人员素质和渠道分布等各不相同，其经营能力也各有差异。而经营能力的高低关系到产品销售量的大小，因此可以通过考察中间商历年的经营实绩来了解其经营能力。

（3）中间商的专业知识。中间商对自己经营范围内的产品、市场、分销渠道等有关情况的了解和专业知识，有助于产品销售。在科技日新月异、新产品层出不穷的今天，考察中间商的专业知识更为重要。特别是在高科技产品、机电产品、耐用消费品等方面，由于对服务要求高，缺乏专业知识的中间商很难做好营销。

（4）中间商的商业信誉。信誉是产品营销的灵魂。对中间商信誉的了解，可以通过国内外银行、咨询机构、驻外商务机构等进行。对于那些资信状况不清楚的中间商，应慎重对待，切不可急于求成。

（5）中间商的合作态度。买卖双方之间的友好合作是巩固业务关系和扩大市场销售的基础。双方合作是一个双向选择的结果。俗话说"强扭的瓜不甜"，所以企业应考虑中间商的合作态度，选择那些乐意合作、积极配合、努力经营的中间商。

以上各项只是选择分销渠道的一般标准。企业在选择时，还应考虑自身的经营目标、产品、市场和竞争等具体情况，拟定更为详细的考察标准，选择真正合格的中间商作为渠道成员。

（三）渠道成员的激励

给予中间商适当的激励，目的是促使双方友好合作、互惠互利，更进一步加强中间商的责任心，提高其积极性。激励措施主要有：

（1）降低价格。降低卖给中间商的价格，使其更有利可图。这种做法很有效，但是以后再调高价格很困难。同时，若渠道成员是代理商，降价有利于其推销产品。但在代理产品数额不变的情况下，代理商的收益可能会减少。所以，代理商有时不希望产品降价销售。

（2）授予中间商独家经营权。这样可以使经销商在同行业竞争中占有一定优势，从而提高其经营积极性，加强其对产品的促销宣传。若中间商是大企业或名牌产品的独家经销商，还可以树立在市场上的声誉和地位。

（3）为中间商培训推销和服务人员。当企业产品的技术性较强，推销和服务都需要一定的专门技术时，这种培训就显得尤为重要。如福特汽车公司在向拉美国家出售拖拉机的过程中，为其经销商培训了大批雇员。培训内容主要是拖拉机和设备的修理、保养和使用方法等。此举使福特公司加强了与经销商的关系，也提高了经销商的服务能力。在工业用品市场上，这种措施已成为重要的非价格竞争手段。

（4）广告促销方面的支持。企业出资在市场上做广告，或出资请中间商在当地做广告或给予广告津贴，都有利于促进中间商的销售。

（5）向中间商提供信贷帮助，或允许其延期付款。

（6）帮助中间商进行市场调研，提供经营咨询。

（7）给予成绩突出的中间商一定的奖励，如给予奖金或奖品，实行特别折扣，利润分成，开展经销竞赛，增加津贴等。

上述各种形式都能不同程度地激发国外中间商的经营积极性。企业在采用之前，要进行调查研究，比较其成本与收益，考察其可行性；同时，不同的中间商、同一中间商在不同时期，其需求是不同的，企业应具体分析，选择最能满足其需求的形式来激发其积极性。

（四）渠道成员的更换

没有一条渠道能保证产品在市场上永远具有竞争优势。当国外的中间商不能很好地贯彻企业的意图或不能完成既定的销售额，消费者的购买模式发生改变，新的分销渠道出现，市场扩大等情况出现时，更换渠道成员、修改渠道是必不可少的。

但是，在国外市场上更换中间商并非易事，往往要付出很大代价。如在洪都拉斯，企业如终止一个代理协议，必须向该代理商支付相当于五年的毛利，并补偿该代理商所进行的一切投资和各种附加开支。在比利时，则必须在实际终止前三个月通知将被终止的经销商或代理商，并赔偿其名誉损失费、开展业务费、辞退雇员费等。在奥地利，没有正当理由终止代

理协议可导致多达1~15年平均佣金的损失。因此，企业在做出这种决策时，必须权衡利弊，综合分析。

第四节　国际市场商品实体分配决策

一、国际市场商品实体分配的基本模式

商品实体分配又称实体流通、物流等，是指通过有效地安排商品装卸、储存、运输、加工、包装、整理，顺利实现商品的实体转移。市场营销不仅意味着发掘并刺激购买者的需求和欲望，而且意味着货物的实体分配。制定正确的实体分配决策，对于降低费用、刺激用户需求、提高经营效益具有重要意义。

商品实体分配的目的是实现产品从生产企业送到用户手中的空间移动，满足用户的需求并取得一定的利润。其基本模式是生产企业→仓库→出口商→进口商→仓库→经销商或代理商→仓库→零售商→用户。

该模式表明，一个企业要正常进入国际市场，必须有一套完善、畅通的实体流通系统。这个系统的中心是储存和运输管理，即商品实体转移的功能。储运作为联系生产企业、中间商和用户的纽带，二者互相影响、互相制约，运输量和环节会因用户需求增加、产量增加而增加，存货水平会因用户需求增加而降低。产品从装配线上下来，经过包装、厂内储存、进出口运输、国际市场中间商储存、运交用户与服务等程序。

在国际市场上，实施实体分配决策的难度比国内市场大，成本费用上升和决策失误是两个最主要的问题。按照国际市场实体分配系统的要求，该系统的各个部分、各个环节不能以自己在国内的业务范围为准则，重要的是与企业外部环境相协调，特别是与国际市场政治、经济、文化和法律环境相协调。要做到这一点，企业开展国际市场实体流通，应以市场为出发点。首先，考虑目标用户的位置，中间商和用户对产品流通的便利性需求，以及竞争者的服务水平等，据此制定一套全面、系统的实体流通决策，完成商品从国内到国外的空间转移，并向用户提供良好的服务。

由此可见，国际市场商品实体分配决策的主要内容包括订货方法、存货控制、仓库管理、运输方式的选择及相关的配套服务等。

二、国际市场商品实体分配决策的类型

（1）一个工厂，一个市场。企业只有一个生产厂，在国外只有一个销售市场。在这种情况下，企业可以把产品直接运交用户，也可以通过中间商把产品交付用户，还可以把产品直接送到市场，在当地租用仓库储存，随时供应给用户或经销商。这几种策略必须通过成本费用和收益比较，才能做出决策。

（2）一个工厂，多个市场。企业在国内有一个生产厂，却分散销售好几个市场。在这种情况下，企业通常可以采取的策略有：

1）把产品直接运到几个市场上销售。

2）通过中间商把产品转移给用户。

3）几个不同市场区别对待，分销策略各异。

4）把产品运到目标市场上储存起来，随时供应给用户。

5）对销量少、距离远的市场，可以把零配件送到靠近市场的外国企业，请它们装配，就地销售。

（3）多个工厂，一个市场。这种现象虽不普遍，但仍存在。如企业在国内一个厂家难以满足国际市场的需求，可以设几个厂同时生产，以满足国际市场需求；企业为拓展国际市场，也可能利用多个工厂生产，以满足一个大的市场需求。

（4）多个工厂，多个市场。许多企业，特别是跨国公司和大型联合企业，并不是只建立一个大工厂来生产，满足多个市场的需求，而是在国内外建立多个工厂、多个仓库，有多条流通渠道的国际分销系统。这种决策最为复杂，同时也需要最高效管理。比如，美国许多大公司如可口可乐、宝洁等在世界各重要国家和地区都设了分厂，以满足国际市场的需求。

三、国际市场商品实体分配系统的设计与选择原则

国际市场商品实体分配系统的设计与选择，应把握三个基本原则：服务性、经济性和系统性。所谓服务性，就是给国际市场用户提供高质量的产品和服务，并通过分销服务水平的提高吸引潜在消费者。随着物流的社会化，储运企业之间的竞争也日益加剧，从而促进物流功能得到进一步的补充和完善。作为专业化的储运企业及企业中的储运部门，除了向社会提供运输、保管、装卸、包装、流通加工等几大基本职能以外，还增设如分拣、组装、配货、维修、租赁、代办托运和保险，以及报关、保税仓库等相同的服务项目，实行系列化的分配服务，使物流向多功能、系统化、综合化方向发展。

根据物流活动的专业化发展和服务于整个社会的要求，在激烈的商业竞争中，物流活动将日益呈现出联合化的趋势。这种联合经营既可以减轻各联合企业的投资负担，又可以采用先进的技术设备，提高设备利用率，降低分配成本，从而实现实体分配系统的经济性。

企业实体分配的目标和宗旨是以最低成本提供顾客最满意的服务。但这仅是一种理想化的目标，在实际中缺乏具体的指导意义。物流系统的基本产出为对顾客的服务水平，其投入是物流成本。可见经济性、服务性、系统性都只是相对的，即要想使物流更系统化、服务水平更高，必须增加其成本；而成本的降低，必然会使服务水平随之降低。所以，企业在选择实体分配决策时，既要考虑自身的状况，又要考虑市场环境的变化，要进行投入产出的综合分析。

[资料阅读 9-4]　物流管理新趋势

（1）即时生产逐渐向储备生产转变。更多企业开始采取风险防控和制定应急预案等措施。一些企业也将单一采购源变为多采购源；一些大的生产制造商往往要求供应商增加储存量，以备不时之需。

（2）全球化向本地化转变。在过去的几十年中，企业将生产外包到劳动力成本低的国家，然后把货物运到市场需求地。但是，如今一些公司更倾向于本地化生产。首先是因为高昂且不稳定的运输成本。在美国，即使是 80 美元一桶的油价，从长远角度来说，也是一笔不小的费用。另外，人们越来越关注 CO_2 排放问题。美国运输行业的 CO_2 排放量占据全部排放量的 28%，仅次于发电行业。如果运输距离变短，排放量就会减少。本地化采购在食品行业非常突出，今后也将出现在其他领域。

（3）多渠道分销。如今，网上销售和商店销售的界限变得越来越模糊。运营一个新的渠道需要付出新的成本，需要物流基础设施、信息设施、专业的管理团队来运营新的渠道，需要定位竞争优势等。

（4）绿色物流。物流领域越来越多关注环境问题，物流企业也在探索减少环境污染的同时提高自己的利润。例如，利用太阳能源，选用清洁燃料，3R理论（即减少原料的使用、重复利用、循环利用），新型包装等。

（5）供应链的安全性越来越高。企业提高供应链安全性的一个重要原因是，为了保证货物能跨国界运输，就必须保证供应链的安全。

（6）数据分析的成果越来越有效。美国的沃尔玛公司应用供应链数据来提高企业效率：从各分店收集的数据可以在供应商之间共享，使沃尔玛的供应商能调节它们在各个分店产品的库存；配送中心也使用了著名的交叉配送系统。

（7）供应链的信息越来越透明。供应链信息透明化意味着企业的信息、供应商的信息和产品的来源信息对于终端用户和其他企业是容易获得的。

（8）越来越多的新技术得到应用。新技术的发展可以应用在物流管理中，技术应用的最终目标是提升效率和降低成本。新技术中包括ERP、MRP、CRM、电子商务、制造商快速反应、连续补充战略等。

（9）产品生命周期越来越短。成功的企业将能够在产品生命周期越来越短的同时，快速地适应多变的市场，获得资金的新渠道。

（10）产品的种类越来越多。企业需要采取新的策略来应对产品种类的增加，同时又不引起库存上升。可以利用一些标准的零配件、延迟策略、信息分享、更精准的预测，或者通过门店之间的调配以避免库存。

（资料来源：根据马丁·德雷内在十三届物流学会年会上的演讲"物流管理的十大趋势"整理，2014-11.）

第五节　互联网与分销渠道

互联网是跨国营销的一个重要分销手段，也是企业和消费者寻找产品的一个渠道。计算机软硬件公司、书籍和音乐零售商是最早使用这种销售方式的"电子营销者"（E-marketers）随着网络受众的急剧增加，网络分销（Network Distribution）越来越受到企业关注。

随着网络经济时代的到来，在企业经营管理模式的深刻变革中，企业的分销渠道变革与建设成为人们广泛关注和讨论的焦点议题。在激烈的市场竞争中，企业拥有的分销渠道网络及其发展成为获得竞争优势的关键资源。有研究表明，分销渠道创造的价值通常要占到商品和服务总价值的15%~40%。这表明了通过变革分销渠道来创造新的价值空间和竞争力的潜力。

一、互联网对传统企业分销模式的深刻影响

网络经济是以互联网的发展和广泛应用为核心的经济。互联网对传统企业分销模式的深刻影响表现在以下方面：

1. 改变了传统的分销渠道结构

互联网将过去诸多环节的传统分销渠道转化为电子化的互动高效的渠道系统。在网络渠道中，形成了两种渠道类型：一是网络直接销售渠道，传统中间商的职能由过去环节的中间力量变成为直接渠道提供服务的中介机构，生产者和消费者能直接连接和沟通；二是网络间接销售渠道，传统中间商由于融合了互联网技术，大大提高了交易效率、专门化程度和规模经济水平。

2. 改变了中间商的性质和功能

在网络间接渠道中，电子中间商的崛起改变了中间商的性质和功能。随着互联网信息技术的发展，传统直销的直接交易成本比通过电子中间商达成交易的成本高，因此，电子中间商是对传统直销的替代，是中间商职能和功效在新领域的发展和延伸。电子中间商作为一个独立主体，不直接参加交易活动，但提供媒介和场所，提供和传递信息，高效促成生产者和消费者的具体交易的实现，具体的物质、资金交换等实体交易活动则由生产者和消费者直接交换；电子中间商主要进行信息交换，是虚拟交换，可以替代部分不必要的实体交换。

3. 降低了分销成本

（1）利用网上直销可降低销售交易费用。互联网的信息交换可以跨越时间和空间限制，以低廉的费用实现任何地点、任何时间的一对一交流。企业借助网上订货系统，可以自如地组织生产和配送产品。

（2）利用网上促销的高效性可降低促销费用。互联网作为第四类媒体，具有传统媒体无法比拟的交互性和多媒体特性，实现了实时传送声音、图像和文字信息，同时可以直接为信息发布方和接收方架设沟通桥梁。

（3）降低销售管理费用。网络信息技术实现了各环节的自动化管理和运行，减少了人员需求和各项支出。

4. 提高了分销效率

网络分销可以大大减少过去传统分销渠道中的流通环节，提高分销运行效率。对于网上直接销售渠道，生产者可以根据顾客的订单按需生产，实现零库存管理。对于网上间接销售渠道，通过信息化的网络营销中间商，生产商可以进一步扩大规模，实现规模经济，提高专业化水平；通过与生产者的网络连接，网上营销中间商可以提高信息透明度，最大限度地控制库存，实现高效的物流运转。

5. 形成了高效的订货、结算与配送系统

（1）订货系统。它实现了网上自动订货、订单自动接收和处理及信息的实时沟通与传递。

（2）结算系统。它实现了网上直接付款，直接传递信用卡、银行账号信息等，避免了大量的时间耗费，极大地方便了用户。

（3）配送系统。无形产品如服务、软件、音乐等产品可以直接通过网上进行配送。对有形产品的配送，由专业物流配送机构提供的物流服务能使企业顺利突破网上分销的瓶颈。专业物流配送机构建有完善健全的物流配送网络体系，网络上点与点之间的物流配送活动保持系统性和一致性，可以保证整个物流配送网络具有最优的库存总水平及库存分布，运输与配送快捷、灵活。

二、网络经济时代我国企业分销渠道建设的对策

在网络经济时代，任何企业如果不主动利用互联网、不积极投身于电子商务、不顺应网络经济的要求构建新的企业分销渠道模式，必将在21世纪的市场竞争中遭遇生存危机。

我国企业应以积极的态度，把握网络经济发展的机遇，以客户导向与互联网构建和整合企业的分销系统，以赢得21世纪市场竞争的优势。

1. 坚持客户导向，发挥提供产品和服务的双重功能

在互联网时代，交易方式的最大特征是"客户主导"，即购买意愿完全掌握在客户手中。这就要求我国制造企业的经营管理模式必须由原来的以产品为中心转向以客户为中心，同时也迫使渠道必须提供新的服务形式来适应这种新需求的出现。

销售渠道不仅包括产品的销售，而且包括服务的销售，渠道应该具备为客户提供产品和服务的双重功能。例如，柯达数千家彩扩店的迅速推进，目标就是要让客户得到"您只须按下快门，其他由我们来做"的便利。对产品售后的延伸服务，为柯达迅速占据彩色胶卷市场的半壁江山提供了保证。

2. 建立扁平化的渠道结构

渠道扁平化成为趋势，是市场规则使然。它可以最大限度地减少供应链环节，降低成本，提高利润，同时给渠道合作伙伴盈利空间，是当代企业渠道建设和发展的方向。例如，IBM公司面对经销商的直销计划和电子化支持的渠道策略就顺应了时代的潮流，也使得IBM渠道更加扁平化。分销渠道扁平化，缩短供应链，降低成本，这应是今后我国企业建设分销渠道的共同追求。

3. 建立客户关系管理系统

在网络经济时代，企业可以利用互联网技术正确分析客户的需求，为客户提供尽可能多的服务，从而能够在最大范围内抓住客户，提高客户的忠诚度。企业通过构建客户关系管理系统，改善与客户关系有关的商业流程，提供个性化的服务，提高效率和客户满意度，缩短销售周期和销售成本，增加收入，开拓市场。如在国际市场享有盛誉的甲骨文（Oracle）公司的客户关系管理系统包括采用客户智能、融会贯通的交流渠道和基于互联网技术的应用体系结构，从而帮助企业实现高效率的客户关系管理，通过提高客户的价值、满意度和忠诚度拓宽市场，提高企业的盈利幅度。

4. 实现供应链管理

供应链管理是在ERP基础上构筑与客户、供应商的互动系统，它可以实现产品供应的合理、高效以及高弹性。经销商可以通过网络了解产品的供货周期、订单的执行情况等；企业则可以及时了解各经销商的产品库存、销售情况，提高决策的准确性、及时性，缩短供应链的运作周期，降低交易成本。企业通过构筑产品信息数据库，建立统一的产品研发系统平台，可以使参与设计的人员共享信息，共同完成开发设计工作，而企业的最终用户和合作伙伴也能参与到研发设计环节中来。同时，产品的设计信息将直接进入生产制造系统，与供应链上的采购、销售等环节连接起来，简化工作流程，缩短上市周期。

5. 建立关系型渠道

在渠道市场上，有效的渠道伙伴关系将是企业与渠道伙伴共同赢得竞争优势、获取更大销售收入和夺取更大市场份额的关键所在。关系营销的核心是建立长期的合作关系。基于长

期合作、长期利益而建立的关系营销，将使渠道成员和企业共同致力于产品的成长和发展、市场的拓展和延伸、品牌的培养和维护等，双方将会从提高产品市场占有率的高度来共同落实渠道的促销策略，实现渠道增值。

渠道关系营销可采取以下形式：①联合促销，包括合作广告、样品、联合销售访问、回扣或返利等。②联合库存管理支援，包括联合加入 EDI 项目，联合加入准时生产库存管理计划，制造商或批发商参加对中间商的紧急送货活动，以及制造商帮助批发商和零售商筹措库存资金等。③专门产品。提供专门产品既可以增强渠道凝聚力，也可以减少消费者购买时对价格的比较。有时，制造商会为同种产品设计不同的型号或品牌，以减少价格比较。④信息共享，包括制造商、批发商和零售商共同加入 EDI 项目，渠道成员共享市场调查、竞争形势、渠道动态等方面的信息等。⑤培训，包括批发商和零售商参加制造商的销售培训及产品培训活动。⑥经销区域保护。制造商为批发商和零售商确定独家销售区域，可以在很大程度上加强渠道合作。

6. 实现分销渠道电子化

渠道电子化是指制造商通过互联网实现与各级经销商的网上订购、发货情况查询、付款情况查询等一系列商务活动，实现库存共享、信息共享及经验交流等功能，提高厂商和代理商之间的物流、资金流和信息流周转速度。实现渠道电子化，电子商务将成为制造企业手中的利器，可以使它们在原有分销渠道的基础上，巩固自身承上启下的地位：承上，可以迎合供应商实行网上交易的需要；启下，可以更好地发展各级经销商，实现广泛的扁平化渠道管理。如果与企业内部的管理信息系统结合起来，就能使管理完全实现电子化。

7. 实现网络营销整合

网络营销整合是指通过网络与原料商、制造商、客户建立密切联系，并通过网络收集和传递信息，从而根据消费者的需求，充分利用网络伙伴的生产能力，实现产品设计、制造及销售服务的全过程。

新形势下，综观国内外企业，无不重视渠道整合，提升渠道竞争力，以保证在激烈的竞争中长盛不衰。在世界知名企业 Cisco 公司的管理模式中，网络无孔不入，它在客户、潜在购买者、商业伙伴、供应商和雇员之间形成"丝丝入扣"的联系，从而成为一切环节的中心，使供应商、承包制造商和组装商队伍浑然一体，成为 Cisco 的有机组成部分。其 70%的产品制造通过外包方式完成，并由外部承包商送至客户手中，而且对于寻求技术支持的要求，有 70%是通过网络来满足的。这些客户的满意程度比通过人际交往的要高，不仅节约了开支，也节省出更多的人力资源充实到研发部门，进一步加强了竞争优势。爱立信公司已将分布在全球 20 个国家的多个研究中心的上万万名工程师串联在一个单一的网络中，这种专家网络的整体效应已成为该公司的竞争优势之一。总之，企业通过互联网络实现营销整合，可以集成企业信息，实现定向服务，并整合企业资源，获取效益。

【实例 9-2】　一汽大众汽车线上销售采用了哪些思维整合

1. 创立了自己的汽车官网

在官网上，有关于大众汽车文化的介绍，以及汽车新闻、汽车产品的介绍。很多消费者在购买汽车前会进入大众汽车的官网看一看，领略大众汽车的产品文化。网站里还有所有大众汽车的车型，消费者进入网站之后可以点开每一款车型进行了解。

2. 会员制

如果你是车主，可以直接加入大众汽车俱乐部；如果你不是车主，也可以注册成会员，然后开始享受一系列的大众汽车优惠活动。在大众汽车俱乐部里，设有专门的论坛，可供会员们就汽车进行有针对性的沟通交流。

在开通会员之后，大众汽车就会开展"病毒式营销"。会员可以推荐亲戚朋友加入大众汽车俱乐部，这样就会获得一定的积分，推荐的人数越多，积分也就越多。会员可以凭借积分兑换大众汽车官网列出的相关产品。

正是这种会员制和积分制的产品兑换诱惑，让更多的人加入大众汽车俱乐部当中，从而更好地了解大众汽车，慢慢养成了一个经济化的服务链，更加刺激需求、刺激消费。

3. 电子邮件营销

它与会员制是紧密联系在一起的。很多车主都会通过电子邮箱注册成会员。大众汽车会在每周定期向会员们发放关于大众汽车的新闻、优惠大促销活动，以及会员和会员之间的通信信息。

4. 在比较专业的汽车网站进行推广

目前有很多专业性非常强的汽车网站，例如汽车之家，在该网站中搜索大众汽车，会出现一系列有关大众汽车的项目。在汽车之家可以观看关于大众汽车的视频，或者在汽车商城中寻找想要的大众汽车款型，同时还可以了解关于该款汽车的团购活动，以及二手车等其他相关信息。除了汽车之家外，还有太平洋汽车网等比较专业的网站。

5. 在网页弹出汽车广告

弹窗广告的投放会给人带来非常大的视觉冲击力。大众汽车在腾讯网等网站上投放弹窗广告，给消费者留下了非常深刻的印象。有的消费者会点开大众汽车打出的广告进行翻看，即使很多人关闭了广告，但是大众汽车还是在他们脑海里留下了印象。

6. 开通官方微博与博客

一汽大众汽车开通了属于自己的官方微博，并把企业微博链接放在官方微博的主页，可供更多的用户点击观看。除了官方微博之外，大众汽车还在搜狐网上开通了博客，有时会给用户们分享一些用车心得，并定时发表一些关于大众汽车的文章，吸引广大消费者的眼球，可以让消费者了解大众汽车的最新相关资讯。

7. 与建设银行合作，参与积分回馈等活动

消费者可以持上海大众龙卡在汽车俱乐部用积分兑换超值礼品，这也是大众汽车宣传的一种形式。

除了以上网络营销形式之外，大众汽车还开通了自己的微信公众号，拥有固定的用户群，同时，大众汽车还采用了人们最常见的"广告标志牌"宣传方式。传统营销方式和互联网营销相结合，让大众汽车的整个营销思维更加一体化。

（资料来源：根据网上相关资料整理，2017-04.）

三、网络分销优势显著

传统的分销渠道是指某种商品和服务从生产者向消费者转移的过程中，取得这种商品和服务的所有权或帮助所有权转移的所有企业和个人。传统的渠道强调的是商品或服务从生产者向消费者转移时所经过的流通途径。然而，网络分销渠道的功用却不止于此。

从渠道的作用来看，网络分销具备传统渠道所不及的大容量信息传递、快捷的产品销售与理想的售后服务"场所"的特点。首先，在企业的网站上，客户一般可以找到从企业概况、企业最新动态到企业各个种类、型号、价格的几乎所有产品，甚至企业主动透露的关于其经营状况的全面信息，这显然是传统渠道难以做到的。其次，排除网络故障不谈，网络分销为客户提供了迄今为止最快捷的、足不出户的产品销售流程。这相当于为客户节省了时间、体力、精力等各种成本。最后，在企业的客户服务部门，将各种客户常见问题放到网站上，并成功推荐客户去网站的自助系统寻求答案后，企业网站将成为减轻售后服务人员工作压力和提高工作成就感的有力工具。同时，客户也逐渐发现，从售后服务的角度来看，企业网站会帮助他们减少金钱和时间的支出。

从渠道的构成来看，尽管网络分销也可以分为直接分销渠道和间接分销渠道，但是相对于传统渠道，网络分销的渠道构成要简单明了得多。

四、网络分销的基本思路

企业进行网络分销的途径主要有自建网站直销，利用商务中介站点，或二者并用。在这里仅介绍借助商务中介站点的分销。

在现实的网络分销思路的选取上，企业应该采取自建网站直销与注册商务中介站点二者并用的策略。这是因为仅用企业网站直销和仅用商务中介站点都分别存在着种种不利之处。

如今企业拥有自己的网站已是寻常之举，互联网上企业域名数量成倍增长，吸引目标客户来企业站点访问已经成为"注意力经济"的核心论题——这并不是一件容易办到的事情。随之而来的局面是，网民们没有耐心去逐个访问企业站点，甚至他们轻度需要的时候也不去；对于知名企业以外的中小企业站点而言，情况就更为尴尬——其访问者寥寥，即便访问，逗留时间也不长。这就使得仅凭企业网站直销的收效并不令人满意。

另一方面，完全依靠商务中介站点也是不符合现实需要的。企业没有自己的网站，就缺少了在互联网上的根基，任何可能指向企业网站并最终带来成功交易的链接或页面都毫无着落；同时，企业也失去了经由互联网传播和推介自己的机会，这种机会对于中小企业更具重大意义。

所以，同时并用企业网站直销和商务中介站点就成为必然趋势，这时的关键问题是如何找到使用二者的平衡点。可以从以下几个方面入手：

1. 产品性质

如果企业产品属于使用价值较低、购买过程中不需要慎重地比较同类产品的习惯购买型产品，那么企业选择较多商务中介站点的优势更大，反之结论亦然。举比较极端的例子加以说明，假设企业的主营产品是图书，则企业注册的商务中介站点越多，销量就很可能越大；若企业是专业性、技术性很强的机床生产厂家，则利用商务中介站点收效显著的可能性不大。

2. 市场性质

如果企业产品定位于对产品差异性要求不高的同质性消费群体，则商务中心在推动销量增加上的作用会更加明显；如果消费者的个性化需求较强烈，热衷于产品差异和希望突出产品的与众不同，那么，着重提高企业网站直销的信息服务水平和产品服务水平能带来更理想的销售业绩。例如，若企业产品是标准化的男用剃须刀片，则商务中介站点因其覆盖面广、

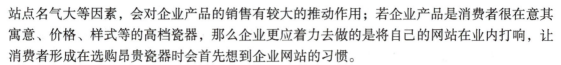

站点名气大等因素，会对企业产品的销售有较大的推动作用；若企业产品是消费者很在意其寓意、价格、样式等的高档瓷器，那么企业更应着力去做的是将自己的网站在业内打响，让消费者形成在选购昂贵瓷器时会首先想到企业网站的习惯。

3. 竞争对手策略

遍布网络的各式各样、功能强大的搜索引擎系统和网络链接的可回溯性为企业跟踪竞争对手甚至行业龙头企业的策略创造了前提，并在一定程度上增加了竞争企业间信息的透明度。当企业不知如何在自建网站直销和利用商务中介站点之间分配力量的时候，参考一下竞争对手的做法不失为一种好的策略。在很多情况下，行业龙头企业的做法具有一定的前瞻性和有效性——当然要在同时考虑了企业自身的资源状况的情况下，而不能自不量力强出头。

▶ 关 键 词

国际市场分销渠道（International Distribution Channels）
出口商（Export Merchant）
零售商（Retailer）
密集性分销（Intensive Distribution）
独家分销（Exclusive Distribution）
选择性分销（Selective Distribution）
网络分销（Network Distribution）

▶ 思 考 题

1. 什么是国际市场分销渠道？国际市场分销渠道的模式有哪些？
2. 国际中间商的类型有哪些？
3. 影响国际中间商选择的因素有哪些？
4. 国际市场分销渠道模式的选择原则是什么？
5. 在国际市场营销中如何选择、激励和评估中间商？
6. 什么是国际商品实体分配？它的基本模式是什么？
7. 国际商品实体分配决策有哪些类型？
8. 国际商品实体分配系统的设计与选择原则是什么？
9. 网络分销的基本思路是怎样的？

▶ 案例分析讨论

沃尔玛深耕全渠道

对于沃尔玛中国来说，2015年是变化比较大的一年。除了对传统门店的整体升级，沃尔玛在2015年5月首次推出了App，并于7月全资控股1号店，11月，沃尔玛33亿元收购华润深国投合资的21家公司的少数股权，并在全部门店引入支付宝支付。

这些举动大部分都是在线上领域。此后，除继续加大门店扩张、促进门店改造升级、跨界自持购物中心、推广自有品牌、完善进口商品产地直购等工作外，沃尔玛中国的线上工作仍继续发力，并计划在App上做跨境电商。

App 是沃尔玛尝试 O2O（线上线下渠道融合的全渠道）的重要一步。沃尔玛 App 首先在深圳、广州、东莞三家城市开通，仅在深圳的下载量就已经达到 30 多万次。

沃尔玛 App 上的商品涵盖生鲜食品、粮油干货、个护美妆、家居清洁、服装、玩具、家电等多个品类的 2 万多个单品。

沃尔玛 App 为顾客提供送货上门或到门店自提，而提供送货上门服务的团队来自 1 号店。自 2015 年 7 月沃尔玛全资控股 1 号店以来，双方一直在寻求更多全方位整合资源等合作机会，实现线上线下的协同发展。深圳、广州、东莞的沃尔玛在线订单均由 1 号店的物流团队负责递送。

沃尔玛的跨境电商项目以跨境电商平台的形式出现，通过沃尔玛 App 平台来做跨境电商。

据悉，2015 年，沃尔玛直接进口商品销售较 2014 年翻了一番。目前，沃尔玛准备了来自全球近 20 个国家、超过 4000 个单品的进口商品，以满足节日市场消费需求，其中直接进口商品超过 500 个。

经过 20 多年在中国的发展，沃尔玛已经在中国 170 多个城市开设了 400 多家门店。其目前经营多种业态和品牌，主力业态仍旧是沃尔玛大卖场和山姆会员店。其中，山姆会员店于 1996 年 8 月 12 日落户深圳。截至 2021 年 6 月，山姆会员店已在中国开设了 27 家商店，分别坐落在北京、上海、深圳、广州、福州、大连、杭州、苏州、武汉和常州等。

一、WMX 数字化平台让沃尔玛惠及双方共同的客户

2014 年 7 月初，沃尔玛宣布酝酿一年多的 Walmart Exchange（WMX）平台开始投入试用，并向自己的 200 多家供应商进行推介。据沃尔玛介绍，这个利用大数据进行广告程序化购买的数字化平台，将利用沃尔玛所掌握的大量消费者数据，帮助供应商有效地定位消费者，节省在广告和媒介购买上的浪费，从而达到帮供应商省线的目的。

WMX 既是沃尔玛数十年大数据应用的必然，也始终服务于沃尔玛"为顾客省钱"的核心理念，然而，它并没有改变沃尔玛作为一家零售机构服务顾客的本质。

二、WMX——供应商的省钱利器

WMX 可以定义为一个数字化平台，主要用于数字化定位、数字广告购买和优化，利用对消费者的大数据分析，在销售、社交媒体数据以及支出计划等业务上给沃尔玛及其供应商提供便利。每一周有数百万名消费者涌入沃尔玛实体店购物，再加上光顾沃尔玛在线（Walmart. com）和使用沃尔玛 App 的消费者，每周约有 2.4 亿名消费者与沃尔玛发生直接或者间接的联系，产生大量的数据。

沃尔玛还推出一个 Savings Catcher 项目，鼓励购物者把他们在线下实体店内消费的收据输入到沃尔玛 App 上。沃尔玛会对清单中各类产品的价格与周边其他竞争者的价格进行比较，如果发现竞争者有更低的价格，就会将差价返回给消费者。通过这种形式，沃尔玛将大量的线下数据引导到线上，同时还吸引了更多竞争对手的顾客。

WMX 还是沃尔玛与供应商分享数据的平台，主要将利用沃尔玛所掌握的数据以及来自第三方的数据，向消费者发送相关信息，并检测销售结果。

WMX 可以通过分析店内采购数据，掌握购物者的消费习惯，从而判断供应商的广告怎么投放、何时投放效果才是最好的等。例如，数据分析证实，一些西班牙裔购物者通常都是一家人一起购物，或者会选择大号的产品。在针对这部分消费者时，WMX 将根据他们的

习惯发送特定品牌特定产品的信息，或者为这类消费者量身打造促销信息。

沃尔玛的数据库将对其供应商开放，供应商可以利用这些数据库对消费者进行分类。沃尔玛也可以利用它的沃尔玛实验室已经开发出来的各类系统，与 WMX 一起代表供应商进行媒介购买。

WMX 通过沃尔玛的媒介购买店 MeidaVest 来完成数字广告的程序化购买。而对于广告的效果，沃尔玛也已经开发出一套系统来分析自己以及供应商在网上和店内广告的效果。

WMX 也会给发行机构带来新的机会。它给发行机构一个直接与沃尔玛供应商的营销人员互动的机会。在这个平台上，与各个品牌的营销人员直接交流，发行机构可以开发出一个目录包以同时服务于买卖双方，并且可以通过现有的程序化购买框架进行交付。

三、沃尔玛的"顾客导向型"转变

WMX 是沃尔玛的撒手锏。由于沃尔玛的绝大部分顾客都可以通过多个渠道购物消费，它也通过多渠道对每个顾客都进行深入的观察。为了最大化自己的机会，挖掘潜在顾客，沃尔玛需要搭建一个自己的网络平台，这个平台扮演着意见交换中介的角色，根据参与者留下的意见、行为等各类数据，帮助沃尔玛挖掘出潜在顾客。当越来越多的顾客在这个平台上互动时，沃尔玛就能撬动竞争对手的市场份额。

（资料来源：

[1] 周瑞华. 沃尔玛大数据 WMX 落地：零售渠道启示性变革 [EB]. V-MARKETING 成功营销，2014-09-16.

[2] 沃尔玛深耕全渠道 [EB]. 中国商网，2016-01.）

讨论题：

1. 为什么 WAX 平台并不会改变沃尔玛服务顾客的本质？

2. 沃尔玛是如何深耕全渠道的？

3. 预计一下未来零售业渠道发展的趋势。

国际市场促销策略

导入案例

妮维雅：德国百年"大宝"的年轻态营销

妮维雅（NIVEA）是德国拜尔斯道夫（Beiersdorf）公司所有的大型全球护肤品与身体护理品品牌。1911年，拜尔斯道夫拥有 EUCERIT 的油基乳剂皮肤软膏后成立了该公司，该乳剂为同类产品中第一种稳定的乳剂。该公司所有人 Oskar Troplowitz 将公司命名为 NIVEA，其中的灵感来自拉丁语 niveus，-a，-um（雪白之意）。20世纪30年代，拜耳斯道夫开始生产防晒油、剃须膏、洗发水和面部护理产品，其品牌形象——"妮维雅能给肌肤最温和的呵护"已深入人心。

（1）产品推广。妮维雅面部护理产品实行双赢的营销模式"品牌＋媒体"。品牌主导消费行为的时代现在正受到消费者自我意识的强大挑战，合理引导、迎合消费者的行为和体验，才能使品牌的营销效果得到最大限度的释放。新时代妮维雅的品牌营销模式也不再像以往那样控制所有的品牌体验和传播资源，它开始了全新的尝试。比如，妮维雅于2004年和网易女性频道展开的双赢模式。

利用媒体网络的宣传效应加强对妮维雅品牌的推广，提升品牌的知名度，尤其是在特定的女性、时尚网站，更加强了消费者对妮维雅品牌的信任与喜爱。

（2）产品组合策划。妮维雅面部护理打造出四季皆宜的护肤品牌，拥有成熟且完整的产品线，产品类型主要有霜、露、乳液、凝露、化妆水、洗面奶、面膜等。

（3）价格策略。55%的消费者认为美体护肤产品单价在51~100元最为合适，这恰恰是妮维雅所符合的。50%购买妮维雅产品的顾客就是因为它价格适中，并且具有较高的知名度。

妮维雅在同类产品中属中低档平民化产品，而其价格与产品质量的配合程度属于高质量低价格的配合。妮维雅会坚持它的平民化定位。

（资料来源：根据网络资料整理.）

第一节　国际市场促销组合策略

一、国际促销的概念及功能

国际促销（International Promotion）是指国际企业以多种方式向国际目标市场传递企业及其产品信息，通过加强与消费者的沟通，吸引并促成消费者购买企业产品的一切活动。国际促销是企业与国际客户之间的一种信息沟通行为，与国内市场营销一样，国际促销是国际市场营销组合的一个重要因素。

在国际市场营销中，一方面，生产者不可能完全清楚谁需要什么商品、何地需要、何时需要、何种价格能被消费者接受等；另一方面，广大消费者也不可能完全清楚什么商品由谁供应、何地供应、何时供应、价格高低等。正因为客观上存在着这种生产者与消费者间"信息分离"的"产""销"矛盾，国际企业必须通过沟通活动，利用各种促销手段，把生产、产品等信息传递给消费者和用户，以增进其了解、信赖并购买企业产品，从而达到扩大销售的目的。因此，国际促销具有以下主要功能：

（一）告知信息

国际企业可以通过各类促销手段告知消费者或市场中介产品（或公司）的存在，产品的工作原理，如何获得产品，以及产品的价格等有关信息，从而引起消费者的兴趣，激发他们的购买欲望，并影响消费者的购买行为。

（二）说服与劝说

一个新产品刚刚进入国际市场，难免受到目标公众的质疑。国际促销的目的在于通过各种有效的方式，说服目标公众，使其坚定购买的决心。例如，国际市场中的同类产品往往只有细微的差别，消费者难以察觉。企业通过促销活动，宣传自己产品的特点，使消费者认识到企业的产品可能给他们带来的特殊效用和利益，并劝说他们进行品牌转换，购买本企业的产品。

（三）扩大需求

随着国际市场竞争日益激烈，国际企业加大了新产品开发研究的力度，新产品产生的数量和速度大大超过以往，而消费者往往意识不到新产品在满足其潜在需求方面的作用。企业必须利用各种促销手段向消费者提供新产品或产品的新用途等信息，以激发和引导消费者的需求，把潜在的需求转化成现实的需求。

（四）树立企业形象

由于种种原因，企业产品的销售量可能时高时低，出现波动，这是产品市场地位不稳的

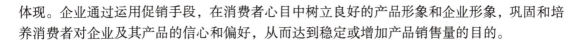

体现。企业通过运用促销手段，在消费者心目中树立良好的产品形象和企业形象，巩固和培养消费者对企业及其产品的信心和偏好，从而达到稳定或增加产品销售量的目的。

二、国际促销组合的组成要素

在国际市场营销活动中，企业为了实现销售目标，往往整合多种促销手段，搭配和协调使用促销组合（Promotion Mix）。国际市场营销环境复杂多变，企业必须因时因地制宜，细心规划、执行和协调各种促销沟通手段，使其形成系统的促销策略，从而达到促进企业与消费者沟通、推动产品销售的目的。广告、公共关系、销售促进和人员推销是国际促销组合的基本组成要素。

广告（Advertising）是指以付费的形式，通过大众媒体向目标消费者和公众进行信息沟通，以达到促进产品销售的一种非人员促销活动。广告能够树立企业形象、沟通市场和产品信息，且具有覆盖面广、渗透力强等特点，是企业的主要促销手段之一。

公共关系（Public Relations）是指企业为改善与社会公众的关系，通过新闻报道、赞助、新闻发布会等一系列活动促进公众对企业的认识、理解和支持。公共关系能争取对企业有利的宣传报道，树立良好的企业形象和声誉，以及消除和处理对企业不利的谣言和事件。

销售促进（Sale Promotion）又称营业推广，是指企业为了刺激需求、扩大销售而采取的能迅速产生激励作用的促销措施。销售促进以让利的形式诱导消费者迅速地做出购买反应，对刺激需求具有立竿见影的效果。

人员推销（Personal Selling）又称派员推销或直接推销，是指企业派出或委托推销人员向国际市场消费者和潜在消费者（包括中间商和用户）面对面地宣传产品，以促进购买。这是一种古老但很重要的促销方式。

上述四种促销方式各有优缺点，见表10-1。

表 10-1　各种促销方式的优缺点比较

促销方式	优点	缺点
广告	抵达面广；单次联系相对成本低；能针对微细分市场；对最后的信息能严格控制	总成本高；效果难以衡量
公共关系	创造对产品（企业）的正面态度；提升产品（企业）的声誉	无法准确衡量效果
销售促进	产生即时消费者回应；容易衡量效果；增加短期销量；引起品牌注意	难以与其他竞争者区分，易被模仿、报复
人员推销	容易衡量效果；产生即时消费者回应；为消费者量身定制信息	受销售人员能力差异的影响；单次接触成本高

国际企业为了实现特定的促销目标，将以上各种促销方式予以合理选择、有机搭配，使各种促销方式相辅相成、取长补短，从而实现整体最佳效能，即为促销组合。企业如何正确地选择和运用促销组合，即为促销组合策略。而在每一种促销方式下，促销组合又可以划分成多种具体形式，见表10-2。

表 10-2 促销组合及其具体形式

广 告	销售促进	公共关系	人员推销	国际会展
电视和电台广告	竞赛	赞助	推销人员演示	年会
报纸和杂志广告	抽奖	捐赠	现场试用	商务会议
网络广告	优惠券	宣传手册	电话推销	展销会议
包装广告	加量不加价	研讨会	家庭聚会	文化交流会议
邮寄广告	赠品派送	新闻发布会	……	度假型会议
海报和招贴广告	展销（览）	演讲		专业学术会议
路牌广告	示范表演	公益活动		综合展览
陈列广告	销售竞赛	参观工厂		专业展览
POP 广告	折扣	社区活动		宣传性展览
灯箱广告	低息融资	年度报告		贸易展览
交通广告	以旧换新	……		……
……	……			

三、影响促销组合的因素

国际企业在开展促销活动时，必须根据总体分销目标的要求制订相应的促销方案，综合运用多种促销方式，以取得最佳沟通效果。为制定最佳促销组合，必须综合考虑以下主要影响因素：

（一）促销目标

企业促销包含很多具体的目标，如提高企业和产品的知名度，使消费者了解本企业的产品并产生信任感，扩大产品销量和提高市场占有率等。相同的促销手段在实现这些不同的促销目标上，或不同的促销手段在实现同一促销目标上，其成本效益大不相同。广告和国际会展在提高企业知名度和声望方面远远超过人员推销；在促进消费者对企业及产品的了解方面，广告和人员推销的成本效益最大；在促销订货方面，人员推销的成本效益最大，国际会展则起协调辅助作用。

（二）目标市场的特性

目标市场的特性决定了其对信息的接受能力和反应规律，国际企业面对不同的市场状况，应采取不同的促销组合。

（1）应考虑市场的规模大小和地理位置。规模小、距离近的本地市场，应以人员推销为主；而在规模较大的市场（如全国市场）进行促销时，则应采用广告和公共关系进行宣传。

（2）应考虑市场类型。消费品市场的买主多而分散，不可能由推销人员与消费者广泛接触，主要靠广告宣传介绍产品来吸引消费者；工业品市场的用户数量少但购买量很大，应以人员推销为主。

（3）还应考虑市场上不同类型潜在消费者的数量。

（三）产品性质

各种促销方式对不同类型的产品所起的作用是不相同的，因此，产品的性质会最终影响企业促销组合的选择。通常，工业品购买者希望在掌握大量信息的基础上进行选择，人员推销可以更好地满足这方面的要求，销售促进、广告和公共关系常用作辅助手段；消费品购买

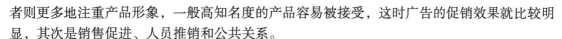

者则更多地注重产品形象，一般高知名度的产品容易被接受，这时广告的促销效果就比较明显，其次是销售促进、人员推销和公共关系。

（四）产品生命周期

企业对处在生命周期不同阶段的产品，促销活动的目标与侧重点往往不同，促销方式的组合也不尽相同（见表 10-3）。在导入期，企业的促销目标主要是提高产品的知名度，而促销方式主要以广告为主，辅以相应的公共关系和销售促进。为了鼓励消费者试用产品，可在销售地点进行适度的销售促进活动。在成长期，促销目标是增加消费者的兴趣，促使他们购买产品。因此，广告仍是企业促销活动的主要手段，但在内容和形式上应有所改变，例如，以说服型广告为主，应把促销重点放在产品的差异化优势上，以建立和维护消费者对品牌的忠诚度。在成熟期，竞争更加激烈，促销目标是培养消费者对企业品牌的偏好，增加产品的使用量，销售促进的作用则进一步增强，并逐渐成为主要的促销手段，这时广告的作用有所下降，主要起到提醒消费者对品牌的注意和加深印象、加强偏好的作用。在衰退期，促销目标是维持市场销售量，因此销售促进是企业促销活动的主要方式，以维持日渐下降的销售量，广告作为辅助手段，起到提醒消费者购买的作用。

表 10-3　产品在生命周期不同阶段的促销组合

生命周期阶段	促销组合
导入期	以广告为主，辅以公共关系和销售促进
成长期	以说服型广告为主
成熟期	以销售促进为主，辅以广告
衰退期	以销售促进为主，辅以广告

（五）促销费用

促销费用常常制约促销组合策略的制定，因为任何一种促销方式的运用都要花费一定的成本，如果没有一定数量的促销费用，再好的促销方式也难以实施。而各种促销方式的费用各不相同，不同的促销组合所需费用往往相差很大。因此，企业在选择促销方式、制定促销组合策略时，应当考虑企业的资金承受能力。应当指出，企业促销策略仅仅是市场营销策略的一个组成部分，它们都必须为企业的营销战略服务。因此，企业制定的促销策略必须与产品策略、渠道策略和价格策略密切配合，做到目标统一、步骤协调。

（六）特殊因素

国际促销策略的制定除受到上述一般因素的影响外，还受到许多特殊因素的影响，如不同的国家和地区对促销方式、宣传媒体、广告信息等的控制程度和限制政策有很大的差异，不同国家和地区消费者的收入水平、消费习惯、语言文化等也有明显的不同。这些环境条件的差异使得同一种促销组合在甲国可能行之有效，而在乙国则可能收效甚微或者根本行不通。所以，企业必须针对不同国家和地区的环境条件来制定与之相适应的国际促销策略。

四、促销的基本策略

按促销作用的方向，促销策略可以分为推动策略和拉引策略。

（一）推动策略

推动策略（Push Strategy）是指企业以中间商为主要促销对象，通过推销人员的工作，把产品推进分销渠道，最终推上目标市场，推向消费者。其运作程序如图 10-1 所示。

图 10-1　推动策略运作程序

推动策略的运用条件是企业与中间商对商品的市场前景一致看好，双方愿意合作。运用推动策略对企业来说风险较小、销售周期短、资金回收快，但同时需要中间商的理解与配合。一般来说，推动策略多用于以下情况的市场促销：①目标对象比较集中，目标市场的区域范围较小；②处于平销状态，市场趋于饱和的产品；③品牌知名度较低的产品；④投放市场已有较长时间的品牌；⑤需求有较强选择性的产品，如化妆品；⑥消费者购买容易疲软的产品；⑦购买动机偏于理性的产品；⑧需要较多介绍消费和使用知识的产品。

（二）拉引策略

拉引策略（Pull Strategy）是指以最终消费者为主要促销对象，通过运用广告、销售促进、公共关系等促销方式，向消费者展开强大的促销攻势，使之产生强烈的兴趣和购买欲望，纷纷向经销商询购这种产品，而中间商看到这种产品需求量大，就会向制造商进货。其运作程序如图 10-2 所示。

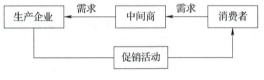

图 10-2　拉引策略运作程序

当新产品上市时，中间商往往因过高估计市场风险而不愿经销，这时企业只能先向消费者直接推销，然后拉引中间商经销。因此，拉引策略多用于：①目标市场范围较大、销售区域广泛的产品；②销量正在迅速上升和初步打开销路的品牌；③品牌有较高知名度、感情色彩较浓的产品；④容易掌握使用方法和有选择性的产品；⑤经常需要的产品。

第二节　国际广告策略

一、国际广告的概念及发展状况

在产品促销中，广告是一种应用最为广泛的促销方式。国际广告是企业为了配合国际市场营销活动，在东道国或地区所做的企业及产品的广告。国际广告以本国的广告发展为母体，通过进入国际市场进行广告宣传，从而使出口产品能快速进入国际市场，实现国际企业的促销目标。与其他促销方式相比，国际广告具有以下优势：

（1）广告一般出现在大众媒体上，因此可以增加国外消费者对企业和产品的信任度，特别是对于刚进入陌生国家和地区的企业和产品尤为重要。

（2）广告可以通过大众媒介的传播，迅速为企业和产品打开销路，扩大知名度。

（3）广告通过丰富的表现力和感染力体现出企业和产品的价值，更容易吸引国外的消费者。

因此，广告作为企业国际促销策略的重要手段，可以帮助将国际企业及其产品有效地传递给各国消费者，树立良好的企业形象和公众地位，从而达到建立新市场、扩大需求、培育消费者和增加销售的目的。

随着国际化的进程，市场竞争日益激烈，全球广告支出不断增加。全球广告支出在1970年为720亿美元，2019年达到6250亿美元。网络广告依然是支出的主导力量，2019年的份额超过40%；移动广告仍然是增长最快的广告渠道，2019年增长19.2%。在我国，移动广告首次占网络广告支出的3/4。2019年，我国广告支出增长7.0%，是平均增长速度的2倍。在全球广告市场中，由于文化背景、教育、经济的发展不同，广告费用的支出也不尽相同。一般来说，经济发达国家广告支出的费用高。特别是西方发达国家，广告费用一般要占国民生产总值的1%~3%，许多产品的广告支出超过产品销售额的30%以上。人们每天都生活在广告的海洋之中，广告已成为人们生活的一部分，充斥在社会生活的各个层面。

广告策略是企业在分析环境因素、广告目标、目标市场、产品特性、媒体可获得性、政府控制以及成本收益关系等的基础上，对广告活动的开展方式、媒体选择等做出的决策。通常，国际企业的广告策略需要在广告目标、广告预算、广告信息、广告媒介和广告效果评估五个方面做出决策。

二、国际广告的制约因素

在促销组合的所有因素中，广告策略更易受不同国家和地区环境的影响。由于广告是通过消费者的需求、欲望、渴望来诠释产品或服务满足需求的特征，其情感诉求、象征符号、说服方法必须与文化规范相一致，因此，广告设计必须考虑目标市场的社会环境、语言和文化环境、政治法律环境等因素的限制。

(一)社会环境

社会环境包括目标市场国家和地区的风俗习惯、宗教信仰、价值观、审美观及心理因素等。广告要重视对社会环境的研究，认识和适应目标市场的社会环境，这是广告宣传成败的重要环节。不同的国家与地区有不同的风俗习惯和消费观念，也形成了对广告不同的心理要求。因此，国际企业要特别注意广告与目标市场国家和地区的社会环境相适应。

(二)语言和文化环境

语言对国际广告的限制最为直接也最为明显，因为目前世界上还没有一种在各个国家都通用的"世界语"。尽管某些语言（如英语）在很多国家使用，但更多的情况则是在一个国家使用着多种语言。例如，在泰国做广告，要使用英语、汉语、泰语；在新加坡做广告，要使用英语、汉语、马来语和泰米尔语。国际市场营销人员不可能掌握所有国家的所有语言，但又必须使用这些不同的语言与潜在消费者进行信息沟通。即使在国际广告中使用标准化的广告主题，即通过广告向各国消费者传递同一信息，也必须使用各国当地的语言。广告信息可以是标准化的，但广告语言必须是当地化的。

此外，一个国家和地区消费者的受教育水平不同，对广告的欣赏与理解水平也不同。如果不按照广告地区的实际情况设计广告，即使广告制作得再好，也不能引起共鸣。例如，在受教育水平高的国家和地区可以多用报纸、杂志做广告，而在文化水平低的国家和地区则不行。受教育水平较高的国家和地区，对广告的创意要求也高，不够水准的广告不会受到消费者的重视，当然也会影响购买行为；而在文盲率较高的国家和地区，由于当地生产条件的限制，广告制作也受到较大的制约。

（三）政治法律环境

国际广告除了受社会环境、语言和文化环境等的影响外，还受到各个国家和地区对外贸易政策和其他相关的政策法令，以及国家和地区政局变化的影响。很多国家和地区设立了广告管理机构，制定了有关法规，以维护本国和本地区消费者的利益，维护本国和本地区中小企业的竞争力。近年来，各国政府对广告活动的控制或限制的趋势还在加强，如果国际企业不了解东道国政府对广告管理的政策和法律法规，不仅广告不能起到预期的促销效果，反而可能受到相应的处罚。

【资料阅读 10-1】　各国对广告的限制规定

一、比较广告的限制

在欧洲，比较广告的限制法律因国而异。例如，德国不允许使用比较词语，比利时和卢森堡公开禁止比较广告。在亚洲，比较广告也受到严格控制。例如，我国香港地区规定比较广告应避免使用任何包含与其他产品进行比较的类似的未经证实的最高级形容词；印度规定比较广告不得进行虚假的、误导性的比较，也不得对其他竞争对手的产品或者服务进行贬损。

二、对广告内容和播放时间的限制

在科威特，政府控制的电视网每天只允许播放 32min 的广告，而且是在晚上。商业广告不允许使用最高级形容词进行描述，不允许使用粗俗的词语，以及恐怖、色情、凶杀或者让人震惊的画面。

三、对某些特定产品广告的限制

大部分国家禁止烟草广告的播放，有的国家对酒类和药品广告也有不同程度的禁止规定。

四、对广告征收特别税的规定

有些国家对广告征收特别税，通过制定不同媒体的费用，限制广告对媒体的自由选择。例如，在奥地利，除了伯根兰州和蒂罗尔州外，其他各州都规定插入广告要交 10% 的税；对于海报，不同的州和市征收的税率在 10%~30% 不等；广播广告的税率是 10%，在蒂罗尔州则要交 20%。

五、对广告媒体的限制

许多国家政府禁止一些传播媒介登载广告。例如，瑞典、挪威、丹麦、比利时等国家政府规定严禁电视台播放商业广告。

六、对儿童广告的限制

整个欧洲至少有 50 条规定限制向儿童做广告。在荷兰，糖果广告不准以儿童为对象，广告中不得使用不满 14 岁的儿童。在希腊，上午 7 点至晚上 10 点之间禁止播出任何玩具广告。法国禁止在广告中让儿童展示产品或者无大人陪伴。在瑞典，禁止电视广告以 12 岁以下儿童为对象。

（资料来源：凯特奥拉，格雷厄姆. 国际市场营销学 [M]. 北京：机械工业出版社，2000.）

三、国际广告决策内容

（一）目标决策

在国际广告决策中，确定广告目标是基础和首要任务。国际企业制定广告目标时，必须充分考虑面对的目标市场、市场定位和促销组合等策略。广告目标明确与否将直接影响广告效果，以及企业促销目标的实现。企业的广告目标取决于企业经营的总体目标。按照目标的不同，国际广告可分为通知型广告（Information Advertising）、说服型广告（Persuasive Advertising）和提醒型广告（Reminder Advertising），见表 10-4。

表 10-4　国际广告的类型及目标

广告类型	广告目标
通知型	向市场告知有关新产品的情况；揭示一种产品的新用途；通知市场有关价格的变化情况；介绍产品功能
说服型	建立品牌偏好；鼓励消费者转向企业的品牌；改变消费者对产品属性的直觉
提醒型	提醒消费者不久可能会用到此产品；提醒消费者购买的地点

（二）预算决策

确定了广告目标之后，企业应制定出广告预算，即确定在国际广告上投入的资金及其使用规划，以实现企业特定的销售目标。企业一般可采用四种方法制定广告预算，即目标任务法、销售百分比法、竞争比照法和量入为出法。

1. 目标任务法

目标任务法（Objective-task Method）是企业依据已制定的广告目标，进一步制定实现该目标所需完成的各项任务，然后把完成这些任务所需的开支之和作为企业广告费用的总预算。目标任务法层次分明，具有较强的逻辑性和成本节约性，是预算中使用较为广泛的一种方法。使用该方法前必须保证广告目标的合理性，并将目标恰当地分解成各项任务，才能准确地估算广告费用，以保证企业的广告资源得到最为合理的使用。目标任务法的实现步骤为：①确定广告目标；②决定为达到该目标而必须执行的各项任务；③估算执行各种工作任务所需的费用，这些费用的总和就是计划的广告预算。由于该方法直观易懂，所以被很多企业使用。

这种方法的主要缺点是没有从成本的观点出发来考虑某一广告目标是否值得追求的问题。例如，企业的广告目标是下一年度将某品牌的知名度提高 20%，这时所需要的广告费用也许会比实现该目标后对利润的贡献额还要多。因此，如果企业能够先按照成本来估计各目标的贡献额，然后再选择最有利的目标付诸实施，则效果更佳。

2. 销售百分比法

销售百分比法（Percentage-of-Sales Method）是依据企业当前或预期的销售额来确定广告预算的方法，一般是从销售额中提取固定比例作为广告费用。使用销售百分比法来确定广告预算的主要优点是：①暗示广告费用将随着企业所能提供的资金多少而变化。这可以促使那些注重财务的高级管理人员认识到企业所有类型的费用支出都与总收入的变动有密切关系。②有利于保持竞争的相对稳定。因为只要各竞争企业都默契地同意让其广告预算随着销售额的某一百分比而变动，就可以避免广告战。

该方法的最大缺点是颠倒了销售额和广告投入之间的因果关系，将销售的结果作为广告预算的依据。实际上，广告投入的高低是决定销售额大小的一个重要因素，如果企业的销售额不能达到预期的水平，可能恰恰是广告投入不足所致。

3. 竞争比照法

竞争比照法（Competitive Comparison Method）是根据国际市场上竞争对手的广告费用来确定自己的广告费用支出的方法。许多企业在进入国际市场之初，缺乏国际广告经验，难以确定自己的广告预算，在这种情况下，企业就仿效竞争对手的做法，与其保持大致相等的广告额，并且这种方法还能避免或减少"广告战"。但这种方法不一定科学，因为竞争对手的广告预算不一定科学合理；而且，企业与竞争对手在资源、营销目标、市场机会以及在市场上的竞争地位等方面各不相同，所以对方的预算标准不一定符合本企业的实际。

4. 量入为出法

国际广告通常需要相当大的投入，而过大的广告开支会给企业增加沉重的负担，影响企业的经营。因此，支付广告费用要考虑企业的能力。量入为出法（Affordability Method）是根据企业的财务状况，用企业可能提供的广告支出来确定广告的预算，是一种能拿得出多少就花多少的做法。这种方法虽然简便，但不合理，它忽略了促销与整个企业销量的关系，且企业每年财力不一，促销预算波动也就较大，这使企业实施长期规划变得很困难。此外，该预算方法对广告在当今国际市场营销活动中的重要性缺乏足够的重视，加上这样做会使企业年度广告或促销预算具有很大的不确定性，容易使企业在激烈的竞争中处于不利的局面。

广告预算科学合理才能提高广告的效益。因此，国际企业不仅要确定广告的预算方式，还要对广告预算进行科学的分配。这就涉及广告预算在媒体间的分配，在同一媒体内的分配，以及根据地域、时间等不同指标进行预算分配等多方面的问题。

（三）信息决策

1. 国际广告形式策略

国际广告形式策略可分为标准化策略和差异化策略两种。标准化策略是指企业在不同国家的目标市场上使用主体相同的广告宣传。差异化策略是指企业针对各国市场的特性，向其宣传不同的广告主题和广告信息。从事国际化经营的企业都要面临国际广告标准化和差异化的选择。

（1）标准化策略。企业采用标准化策略还是差异化策略应取决于消费者的购买动机。当不同地域市场的消费者具有相同的购买动机时，企业就可以采取标准化策略。例如，美国万宝路香烟和麦当劳快餐店的广告宣传基本上采用的都是标准化策略，使不同国家的消费者看到美国西部风景和牛仔就想到万宝路香烟，看到金色的"M"标识就想到麦当劳。但标准化策略并不意味着不能因为地区差异对广告进行一定程度的修改，而是强调广告的定位是相同的。其优势在于可以降低企业广告促销活动的成本，易于保持企业的统一形象；其劣势主要是没有考虑各国市场的特殊性，特别是当市场的特殊性成为矛盾的主要方面时，相同的广告不易被不同的文化所接受。

（2）差异化策略。由于不同国家和地区有着不同的政治、经济、文化和法律环境，消费者对产品的需求动机差异很大，因此，应该根据不同的市场特点，设计不同的广告主题，传递不同的信息，以迎合不同消费者的需求。例如，价值观影响广告诉求：Schwinn自行车公司在美国以欢乐为广告主题，在北欧则以安全为主题；紫色在拉美与死亡相关，白色在日本是丧服的颜色，绿色在马来西亚和疾病相关，所以要改变颜色以避免禁忌；与妇女、儿童、动物有关的广告内容要注意符合宗教信仰；某些国家法律限制比较广告，如德国禁止使用形容词最高级，等等。国际广告的差异化策略是指企业针对各国市场的特性，向其传送不同的广告主题和广告信息。其优势在于可以适应不同文化背景的消费者需求，以及克服东道国市场的进入障碍。其缺点是促销成本比较高；另外，对各国市场广告宣传的控制程度差，甚至出现相互矛盾的情况，从而影响企业形象。

（3）模式化策略。模式化策略是介于标准化策略和差异化策略之间的一种广告策略。

由于标准化策略在促销上的针对性不强，差异化策略又导致促销成本太高，模式化策略的运用可以兼顾针对性和低成本的优点，因而越来越受到人们的重视。模式化策略就是规划上的全球化，执行上的本土化。具体是指将众多处于不同市场中的企业在品牌传播方面的共同点进行归纳，形成一套模式化的体系，一方面既能帮助企业低成本地实现品牌传播与知名度塑造，另一方面也为服务商的规模化运作与持续经营创造条件。例如，李维斯（Levi's）公司改变了过去多样化的策略，采取模式化策略，产品广告中传递标准化的基本信息，但允许根据当地情况进行独特的修改。在全球销售量超过35亿条的李维斯牛仔裤统一强调时尚潮流和独立、自由、冒险、性感的精神。但是，随着时代的演变和不同国家环境的不同，李维斯被赋予了更多的精神和文化艺术气质，并在广告上有所侧重。例如，在英国的广告中突出美国产品，强调牛仔形象；在澳大利亚的广告中则强调产品的卓越品质，"看上去紧但实际上不感觉到紧，穿着很舒服且不会脱线"的广告词强调了产品的质量形象。

2. 国际广告内容策略

广告内容的设计是一项较为复杂的工作，既要有科学性，又要有艺术性，而且必须与广告目标紧密相连，为实现广告目标服务。设计一则成功的广告，要求广告设计者具有较高的创造力和想象力。广告设计者还必须将企业的广告目标融于广告内容之中。广告目标是广告设计的指导思想，广告创意是广告目标的信息传递和体现形式。在进行广告内容的设计时，应该把握好以下几点：

（1）内容的真实性。广告只有内容真实，才能获得目标消费者的信任，达到扩大企业产品销售的目的。如果广告内容失真，欺骗消费者，不仅损害了消费者的利益，而且会使企业名誉扫地，甚至会受到法律的制裁。

（2）表达的思想性。广告不仅是促进商品销售的手段，而且是传播社会意识形态的一种重要工具，内容健康的广告会引导人们积极向上。因此，企业在广告内容的制作和表现手法上，应该具有引导人们奋发向上、积极进取的意识形态，同时也要考虑目标市场国家和地区不同意识形态的要求和体现。

（3）制作的艺术性。广告的制作必须主题明确、布局合理、色彩协调、健康美观，给人以美的享受。为此，广告制作语言要生动有趣、幽默易懂，图文布局要合理，色彩要协调，以引起人们的注意，从而启发联想，得到美的享受。

【实例10-1】 绝对的创意经典

伏特加酒是俄罗斯的象征。1978年，美国Carillon公司为代理1879年首创于瑞典的绝对伏特加，投资6.5万美元进行了一场专门调查，结论是：如果代理，将绝对失败。然而，公司总裁却凭直觉果断决定杀入市场。他认为，强劲的广告将赋予品牌独特的个性。

（1）绝对的产品。以酒瓶为主，第一则广告是在酒瓶上加光环，标题为《绝对的完美》；第二则广告是在酒瓶上加一对翅膀，标题为《绝对的天堂》。

（2）绝对的物品。将各种物品扭曲或修改成酒瓶状：某滑雪场的山坡，从山顶到山脚被滑成一个巨大的酒瓶状，标题为《绝对的山顶》(意味着酒的品质是绝顶的)。

（3）绝对的城市。1987年，绝对伏特加在加利福尼亚州热销。为此，广告人员特地修建了一个酒瓶状的游泳池——"绝对的洛杉矶"。没想到不少城市纷纷要求也来一个该城市的特写，如绝对的西雅图、绝对的迈阿密。

（4）绝对的艺术。公司先后与300多位画家签约，为绝对酒瓶作画，并制成广告，树立全新的形象。

（5）绝对的节目、绝对的惊人之举。为营造圣诞气氛，绝对牌平面广告暗藏机密，或一副手套、一双丝袜，或放一块能以四国语言祝贺的芯片。

（6）绝对的口味。除蓝色的纯伏特加外，还有柑菊、辣椒等多种口味，绝对吸引人。

几十年以来，广告以标准格式——瓶子加两个词，做了500多种，主题多达12类，如产品、物品、城市、艺术、节日、口味、服装、影片与文学、时事新闻等。

结果，到1996年该品牌已成为美国进口伏特加市场的领导品牌，占有率达65%。

（资料来源：绝对的创意经典〔Z〕. 原创力文档，2016-11.）

（四）媒体决策

1. 决定触及面、频率和影响

媒体选择就是有关寻找向目标受众传达预期展露次数的成本效益最佳的途径问题。展露对于目标受众知晓度的作用取决于它的触及面、频率和影响。触及面是指在一定时期内，某一特定媒体一次最少能触及的不同人或家庭的数目；频率是指在一定时期内，平均每人或每个家庭见到广告信息的次数；影响是指使用某一特定媒体的展露质量价值。当广告的触及面较小、展露频率较高、影响较大时，目标受众的知晓度也就相对提高。因此，企业在做广告时，应清楚地认识到触及面、频率和影响之间的重要权衡点。

2. 选择广告媒体类型

广告效果的好坏在很大程度上取决于广告媒体选择得适当与否。广告媒体是广告主为了推销商品，以特定的广告表现将自己的意图传达给消费者的工具或手段。广告媒体主要有报纸、电视、广播、杂志、直接邮寄、户外广告牌、网络等，此外，随着互联网的普及和发展，网络逐渐成为一种新兴的、有效的广告媒介。不同的广告媒体具有其自身的优点和局限性（见表10-5），也限制了广告主意图的表达和目的的实现。

表10-5 主要广告媒体的优点和局限性

媒体	优点	局限性
报纸	灵活、及时；本地市场覆盖面大；能被广泛接受；可信度高	保存性差；复制质量低；传阅者少
杂志	地理、人口可选择性强；可信并具有一定权威性；复制率高；保存期长；传阅者多	有些发行数是无用的；版面无保证
电视	综合视觉、听觉和动作，富有感染力；能引起高度注意；触及面广	成本高；干扰多；转瞬即逝；观众选择性少
广播	大众化宣传；地理和人口方面的选择性较强；成本低	不如电视引人注意；非规范化收费结构；转瞬即逝
直接邮寄	接收者有选择性；灵活；在同一媒体内没有广告竞争；人情味较浓	相对成本较高；可能造成滥寄"三等邮件"的印象
户外广告牌	灵活；广告展露时间长；费用低；竞争少	观众没有选择；缺乏创新
网络	覆盖面广；费用低；快捷、无时限；互动性强；多媒体动感；信息承载量大	效果评估困难；广告位有限；受众面相对窄小；对受众对象的控制力较弱

企业在选择国际广告的类型时，应考虑以下几个方面：

（1）目标受众的媒体习惯。例如，对青少年来说，电视和互联网是最有效的广告媒体。

（2）不同产品应选择不同的媒体。例如，女士服装应在彩色印刷杂志上做广告，相机最好通过电视广告进行示范演示。各类媒体在示范演示、形象化解释、可信度和色彩等方面具有不同的潜力。

（3）广告信息的紧急程度和重要性决定了媒体类型。

（4）不同类型的媒体费用不同。如电视广告费很昂贵，而报纸广告相对便宜。

3. 选择具体的媒体工具

选择具体的媒体工具，就是选择一个成本效益最佳的媒体工具。企业在实际选择时，应考虑以下几个方面的衡量尺度：

（1）发行量，即刊登广告的实体的数量。

（2）目标受众，即接触到媒体的人数。如果媒体是可传阅的，则受众要比发行量大得多。

（3）有效目标受众，即接触媒体的具有目标特点的目标受众人数。

（4）每千人成本标注，即要计算某一特定媒体工具触及 1000 人的平均成本。企业应根据媒体每千人成本的高低排列成表，对千人成本最低者加以考虑。

4. 决定媒体的时间安排

为了决定采用哪种媒体，企业面临总体安排问题和短期安排问题。在总体安排方面，企业必须决定如何根据季节变化和预期的经济发展来安排全年的广告；在短期安排方面，企业应在短时期内部署好一系列的广告展露，从而达到最大影响。企业在国际市场推出一种新产品时，必须在广告的连续性、集中性、时段性和节奏性中做出选择。

【资料阅读 10-2】　各国如何规定广告时长

巴基斯坦对广告每小时总时长超过 12min 的非国有卫星电视台进行了惩罚。事实上，世界各国对电视广告时间的限制和规定虽各有不同，但每小时总时长 12min 是一个较为普遍的约束。

在欧盟，规定广告总时长每小时不得超过 12min，两次广告时段的最短间隔依节目内容不同为 20~30min。不过，欧洲各国针对自身的不同情况，规定会稍有偏差。例如，在德国，国有电视台在周一到周六的全天内，只可以播放总共 20min 的广告，晚上 8 点之后不允许播放任何广告。对于电视广告的播放频率，无论国有还是私营电视台，每小时内最多只能播放总共 12min 的广告，每次播放广告时间不得超过 6min，在两次播放广告的时间段内至少要有 30min 的间隔。英国也有"12min 限制"，而与其比邻的爱尔兰则只能容忍 10min 的广告时长。

俄罗斯联邦中央和地方对广告的时长限制非常不同，分别为 4min 和 15min。大洋洲的澳大利亚和新西兰的广告时限则是每小时 15min，在黄金时段（指每天下午 6 点到晚上 12 点，由各电视台任选 3h 的播出时间），每 30min 节目内广告插播不得超过两次；如节目时间超出 60min 的，则每增加 30min，可增加广告插播两次。每 60min 的节目中，电视广告时间不得超过 9.5min。非黄金时段的电视广告也被限播，每 60min 的节目中，其广告不得超过 16min。此外，与许多西方国家一样，美国也要求必须在节目"自然中断"时才能插播广告。

（资料来源：杰基. 电视剧不是电视"锯"——各国如何规定广告时长［N］. 中国文化报，2010-01.）

四、国际广告效果的评估

做广告的目的是促进销售。关于广告做出后是否达到了预期目标，效果如何，企业必须进行评估。评估的内容很多，主要有两个方面：一是对信息传递效果的评估；二是对销售效果的评估。

（一）信息传递效果的评估

信息传递效果的评估是评估广告是否将信息有效地传递给目标受众。常用的评估方法有以下两种：

1. 事前评估

在广告作品尚未正式制作完成之前进行各种测验，或邀请有关专家、消费者小组进行现场观摩，或在实验室采用专门仪器来测定人们的心理活动反应，从而对广告可能获得的成效进行评价。事前评估可以根据评估当中产生的问题，及时调整已定的广告策略、改进广告制作，从而提高广告的成功率。事前评估的具体方法主要有消费者评定法、组合测试法和实验室测试法。

2. 事后评估

广告刊播后，邀请一定数量的消费者，了解他们是否听到、看到或谈到已做出的广告，能否回忆起广告的内容，对这则广告有何想法和意见等，用来评估广告出现于媒体后所产生的实际效果。事后评估的主要方法有回忆测定法与识别测定法等。

（二）销售效果的评估

销售效果的评估是评估广告使产品销售额增长了多少。这种评估很困难，因为产品销售额的增长不仅取决于广告的作用，而且取决于许多其他因素，如经济发展、消费者可支配收入的增加、产品质量的提高、渠道成员更有效率、价格定得更合理以及其他促销方式（如人员推销、公共关系、销售促进）的效果等。可见，在上述诸多因素中，单独确定广告在其中的作用难度是很大的。目前，企业对销售效果的评估主要采用以下两种方法：

1. 历史分析法

历史分析法是指由研究人员根据同步或滞后的原则，利用最小平方回归法求得企业过去的销售额与广告支出二者之间关系的一种测量方法。用此方法对广告的促销效果进行评估，并以此作为以后广告促销的依据。在影响销售额的其他因素不变的条件下，采用这种评估方法较为有效。

2. 试验分析法

试验分析法是指选择几个条件相同或相似的市场，分别采取不同的广告宣传，如有的市场使用广告，有的市场不使用广告，有的较多使用广告，有的较少使用广告等，然后比较各市场的销售额变化，从中评估广告作用的一种测量方法。这种方法也可用来评估不同媒体的促销效果，即在不同的市场采用不同的广告媒体，如在甲市场采用电视广告，在乙市场使用杂志广告，在丙市场采用报纸广告，然后比较各市场的销售额变化。

第三节　国际市场人员推销策略

人员推销（Personal Selling）是指企业的推销人员向客户面对面地介绍产品，以达到传递产品信息、促进产品销售的活动。人员推销是采用广告策略之后的主要促销工具，通过推销人员与客户面对面地沟通，可以有针对性地向客户介绍产品，展示产品的性能，解答客户的疑问，促成交易，并借机收集较为翔实的商业情报。但同时人员推销占了促销预算的绝大部分比例，开支大、费用高，从而可能会影响企业其他促销方式的使用。发展中国家相对廉价的劳动力正为企业在国际市场重点发挥人员推销的作用创造了有利的条件。从某种意义上讲，人员推销在国际市场上的地位比在国内市场显得更为重要。

一、人员推销的任务与步骤

推销人员是企业与客户最直接的联系纽带。在大多数客户眼中，推销人员就是企业的代表。作为企业产品的提供者及客户信息的收集者，推销人员是企业促销策略取得成功的关键环节。

（一）人员推销的任务

人员推销的根本任务是销售产品，但由于人员推销的费用较高，所以许多企业还要求推销人员在推销的过程中承担与销售有关的其他任务，具体如下：

（1）寻找并招徕潜在客户。这要求推销人员具有一定的开拓能力，能发现市场机会，发掘潜在市场的需求和客户。

（2）确定联系目标。要求推销人员决定如何支配有限的时间，对消费者或潜在客户进行拜访。

（3）积极沟通。将本企业的有关产品或服务传递给客户，以及可能影响他人购买的一般公众，让他们了解企业的产品和服务，树立企业的形象和信誉。国际推销人员不仅要销售产品，还要传递与反馈信息，进行市场调查和情报收集工作。

（4）做好服务工作。推销人员的服务工作主要包括为客户提供技术帮助、融通资金、加快交货、帮助安装等。这要求国际推销人员熟悉业务和专业技术，更好地为国外客户提供各种销售服务。

（5）提供分配建议。当产品短缺时，分析并评估各类客户，然后提出分配短缺产品的建议。

（二）人员推销的主要步骤

世界上没有一种在任何情况下都有效的推销方法，但任何一个成功的人员推销过程都包括一些共同的步骤，具体如下：

1. 寻找潜在客户

推销工作的第一步就是寻找潜在客户。主要方法有：向现有的客户打听；从供应商、经销商、非竞争者的推销人员、银行、同业公会等机构或人员中探询；加入潜在客户所在的组织；参与能引人注意的演讲等公关活动；查阅工商名录、电话号码簿等资料。找到潜在客户以后，还必须对该客户的财务能力（支付能力）、营业量、特点要求、地点、继续交易的可能性等情况进行进一步的了解，鉴定其购买的可能性及购买量的大小，决定联系目标。

2. 接触前的准备

在正式推销之前，推销人员要具备以下三方面的知识：

（1）产品知识，即关于本企业产品的特点及用途等方面的知识。

（2）客户知识，包括潜在客户的个人情况、所在企业的情况，尤其是哪些人参与企业

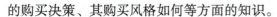

的购买决策、其购买风格如何等方面的知识。

（3）竞争者知识，即竞争对手的产品特点、竞争能力和竞争地位等方面的知识。

推销人员还应制订访问计划，包括工作日程、访问名单、有效路线和访问时间表。走访前，一般应该通过信函、电话等形式先与客户预约，约定在客户方便的时间见面。准备工作除了知识准备外，还有心理准备、仪容准备和物质技术准备。

国际营销人员在推销准备工作中还必须考虑当地的行为习惯、时间观念、交谈方式、肢体语言的含义，以及宗教信仰、价值观等，避免在沟通过程中出现理解偏差，甚至由于不了解当地的文化背景而损害企业的形象，造成恶劣影响。

3. 接触客户

接触客户是指推销人员与客户进行面对面交谈，这是决定整个推销活动能否成功的一个比较关键的步骤。此时，推销人员应有三个目标：①给对方留下一个好的印象，包括会见客户时要注意仪表端庄、举止得体，懂得如何向客户问候和致意；②验证在准备阶段所设想的所有情况；③为后面的产品介绍做好铺垫和准备。

4. 介绍企业及产品

在问候客户之后，推销人员要灵活巧妙、自然轻松地即时引入推销话题，向客户宣传推销产品，刺激其需求，引发其购买动机。对于没有推销经验的人员来说，可以在介绍之前将所要谈话的主要内容背诵下来，在正式谈话时，按事先准备的内容有重点、有步骤地向客户说明。对于经验丰富的推销人员来说，可以根据交谈的内容，及时发现客户的真正需求，采取有针对性的推销宣传。

在推销洽谈过程中，国际推销人员的语言要简洁、准确、通俗易懂，提供的信息要可靠，身份、口气要平等，主动营造和保持和谐、合作的气氛，鼓励客户参与，让客户积极反应，努力谋求一致。不管推销何种产品，包括无形产品（如保险业务），推销人员尽量借用图形、小册子、幻灯片、电影、录音、录像、产品样品等辅助工具来增强推销效果。洽谈时间长短要适宜，在整个介绍过程中应着重介绍产品会给客户带来何种利益。

【实例 10-2】　**珠宝商的幼稚**

荷兰东部一个名为德布尔的珠宝商，为庆祝 10 周年店庆，别出心裁地向 4000 名客户寄出邮件，其中 200 个信封里装有钻石，其余的则是看起来像钻石，但价格要便宜多的锆石。邮件寄出后，他就开始等待他期待的人们的赞美和谢意。

可是，每次邮递员来，带给他的都是失望。怎么回事呢？难道大家收到了不要钱的宝石，连写封感谢信都没有兴趣？左等右等，他终于沉不住气了，于是开始打电话向一些客户询问到底是怎么一回事。得到的结果使德布尔又好气又好笑：原来，客户早已对邮箱中的广告邮件不胜其烦，他们中的绝大多数人只要见了某某公司或某某商家的邮件，就直接把它们扔到垃圾桶里去。自然，德布尔那些装有宝石和锆石的邮件也被当作垃圾邮件扔掉了。得知这一结果后，德布尔在当地媒体上表示："我实在是太幼稚了，我忘了现在的人再也不相信这种邮件了。"

启示：

（1）哪怕是珠宝商的"别出心裁"，也有非常愚蠢的时候。

（2）宝石的光芒穿透不了人们的习惯思维。

（3）一个人如果过于沉得住气，有些事情他将永远也弄不清楚真相。

（4）将一件东西变成垃圾的首先是人的大脑。

（资料来源：陈大超. 珠宝商的幼稚［N］. 市场报，2005-12.）

5. 应对异议

在介绍产品过程中或要求客户订货时，客户经常会表现出抵触情绪。这种抵触既有心理上的，也有逻辑上的。心理上的抵触包括：对外来干扰的抗拒；喜欢已建立的供应来源或品牌；生性淡漠；对陌生人的不愉快的联想；对金钱敏感。逻辑上的抵触包括对价格、交货条件或产品或公司特征存有异议等。为了应对这些异议，推销人员要采取积极对策，如请客户说出反对的理由，并向客户提出一些问题，将对方的反对意见转化为购买理由等。

6. 买卖成交

买卖成交是推销人员要求客户购买的阶段。接触客户和买卖成交被很多人认为是推销过程中两个最困难的阶段。推销人员应知道如何识别客户发出的交易信号，这些信号包括他们的动作、语言、评论和问题。推销人员可以使用一种或几种达成交易的方法，如重新强调一下协议要点，帮助填写订单，询问客户是要 A 产品还是 B 产品，或让客户对颜色、尺寸进行选择，向客户说明现在不买将会失去什么等。推销人员也可以给予客户特别的条件，如特价、赠送额外数量、附送礼物等，来促成买卖成交。

7. 事后跟踪

交易一旦达成，推销人员就应着手做好交易后的各项工作，如交货时间、购买条件及其他问题，确定后续访问进程，以保证客户能得到及时的指导和服务，目的是保证客户满意并有后续交易。

二、国际推销人员的管理

（一）国际推销人员的招聘

1. 国际推销人员的来源

（1）本国外派人员（Expatriate）。这是指企业选用本国人员去国外专门从事推销和贸易谈判业务，或定期到国际市场调研考察和访问推销。这是国际市场人员推销的一般形式。这种人员推销的优势是具有更好的技术训练、更了解企业以及产品生产线、更强的独立工作能力和更高的工作效率，有时在外国消费者心目中更具有权威性。当然，企业派出的推销人员也存在一些劣势，主要是文化和法律方面的障碍。愿意到国外长期生活的人较少，尤其能力强的人更是缺乏。

（2）东道国当地人员（Local Nationals）。这是指企业录用东道国人员作为企业的推销人员。与本国外派人员相比，当地人员能绕过文化和法律的双重障碍，更了解东道国的商业结构和商业习惯，从而能更好地利用当地错综复杂的分销体系和销售网络。使用当地人员的另一个优势是较低的成本。外派人员需要生活补贴、搬家费、税收和其他一些维持在国外工作的费用，所以费用要高出很多。

使用东道国当地人员的主要问题是企业总部的员工容易忽视他们的建议，即便多数外籍员工都非常审慎地与企业维持着密切的关系，但常常由于语言交流能力有限，以及对总部决策制定程序缺乏了解，其影响力大打折扣。另一个明显缺点是当地可能缺乏合适的推销人员，特别是既懂外语又具有产品销售经验的人才。如果选择了不当的推销人员，反而会影响企业的销售业绩，损害企业在当地的形象。

（3）第三国人员（Third-country Nationals）。这是指离开自己的国土到别的国家为第三国的企业工作的推销人员，其国籍不同于所工作的国家和企业。过去在国外度过大部分职业生涯的第三国人员较少，而现在则已经开始出现真正的全球经理。第三国人员具有前面两种推销人员所不具备的优点：由于具有很多国家的生活经历，他们精通多种语言，受自我参照准则的影响很少，而且熟悉行业在各个国家的发展状况。因此，越来越多的企业选择第三国人员作为推销人员。

2. 国际推销人员的招聘标准

国际推销人员除了要具备一般推销人员的特征，如有冒险精神、有使命感、有解决问题的能力、关心客户、对访问进行认真计划等，还应具备以下素质：

（1）果断的决策能力。这是因为国际推销人员工作在国外，难以及时与企业管理部门随时沟通，而国外市场环境又是复杂多变的，营销的风险和机会都比国内市场大得多。这就要求推销人员在自己的职责范围内，能够根据市场环境的变化及时做出决策和调整决策。

（2）调研能力。能否及时收集信息并抓住市场机会是搞好国际推销的重要条件，因此，要求国际推销人员必须熟练掌握市场调研技能。

（3）文化适应能力。外国的社会文化和风俗习惯与本国不同，推销人员必须能适应并了解异国文化，掌握不同民族的特点及心理特征，最好还能掌握目标市场国的语言。

（4）忠诚可靠。国际推销人员往往是独立工作的，企业管理者难以对其实施有效的监督，因此，其忠诚与否在很大程度上取决于本人的职业道德。

3. 国际推销人员的招聘方式

企业的管理层决定了选择标准后，接着就需要招聘。招聘的途径有很多，可以由现任推销人员推荐，也可以利用职业介绍所或刊登招聘广告。与企业其他员工的招聘方式一样，国际推销人员的招聘也需要经过简历筛选、笔试、面试等程序，通过角色扮演、情景模拟等方式考核应试者的判断能力、快速反应能力及团队合作能力。

企业在招聘当地人员时，还必须了解当地的相关法律。大多数发展中国家和许多欧洲国家都制定了强有力的法律来保护员工的权利，对解雇员工制定了相应的惩罚措施。选拔的失误不仅会造成企业资金的浪费，同时也会浪费企业的时间和机会，代价将非常高昂。

（二）国际推销人员的培训

为提高推销人员的素质和工作能力，使其更好地完成推销任务，企业应对推销人员进行培训，培训的内容主要围绕推销人员应具备的条件。由于国际市场的推销人员来源不同，培训的侧重点也有所不同。对于本国推销人员，应重点进行外语、礼仪、国外生活习俗和商业习惯等方面的训练；对于外籍推销人员，应侧重让他们了解本企业及产品的特点、经营历史和目标、组织机构设置和权限、主要负责人、企业财务状况和设施、主要产品和销售市场等。

（三）国际推销人员的激励与评估

1. 国际推销人员的激励

对国际推销人员的激励同样可分为物质奖励与精神鼓励两个方面。物质奖励通常是指薪金、佣金或者奖金等直接报酬形式；精神鼓励有进修培训、晋级提升或特权授予等多种方式。企业对推销人员的激励应综合运用物质奖励和精神鼓励手段，充分调动国际推销人员的积极性，提高他们的推销业绩。

对国际推销人员的激励还要考虑不同社会文化因素的影响。国际推销人员可能来自不同的国家或地区，有着不同的社会文化背景、行为准则与价值观念，因而对同样的激励措施可能会做出不同的反应。例如，对来自北美地区的推销人员，可以给予直接的金钱奖励和晋升机会；而日本的推销人员则会更关心集体的荣誉，并考虑同事之间的关系；对发展中国家的推销人员，提供免费的海外旅游或度假机会也是一种重要的激励措施，因为对他们来说，难得到海外旅游或度假，若是因其努力工作而给予这样的机会，无疑是一种有效的激励。

2. 国际推销人员的评估

对国际推销人员的激励建立在对他们的推销业绩进行考核与评估的基础上。但是，企业对国际推销人员的考核与评估不仅是为了表彰先进，而且要发现推销效果不佳的市场与人员，并且要分析原因，找出问题，从而加以改进。

国际推销人员推销效果的考核评估指标可分为两个方面：一是直接的推销效果，如所推销的产品数量与价值、推销的成本费用、新客户销量比率；二是间接的推销效果，如访问的客户人数与频率、产品与企业知名度的提升程度、客户服务与市场调研任务的完成情况等。

企业在对国际推销人员的推销效果进行考核与评估时，还应考虑当地市场的特点以及不同社会文化因素的影响。例如，产品在某些地区可能难以销售，则要相应地降低推销限额或者提高酬金。若企业同时在多个海外市场上进行推销，可按市场特征进行分组，规定小组考核指标，从而更好地分析、比较不同市场条件下推销人员的推销业绩。

第四节　国际营业推广策略

国际营业推广（International Sales Promotion）又称国际销售促进，是指企业运用各种短期诱因，鼓励购买或销售企业产品或服务的促销活动，是一种短期内刺激消费者购买或提升中间商和零售商效率的促销活动。营业推广的主要目的是诱导消费者试用或直接购买新产品，刺激现有产品销量增加或库存减少，鼓励经销商采取多种措施扩大产品销售，配合与增强广告与人员推销的作用等。目前，国际市场营业推广的总费用有超过广告费的趋势，原因是营业推广对刺激需求有立竿见影的效果。

一、国际营业推广的特点和类型

（一）国际营业推广的特点

国际营业推广的主要特点有：

（1）直接性。营业推广促销见效快，可以在短期内刺激目标市场需求，使之大幅度增长，尤其对于一些优质名牌和具有民族风格的产品效果更佳。

（2）灵活多样、非连续性等。销售推广的方式灵活多样，规模可大可小，企业往往可以根据销售的实际情况采取促销的新方法。销售推广多是企业短期、暂时性的行为，一般不会对企业的长期营销政策产生实质性的影响。

（二）国际营业推广的类型

在国际市场上，营业推广一般可分为三类：针对消费者的营业推广、针对中间商的营业推广及针对推销人员的营业推广。

1. 针对消费者的营业推广

针对消费者的营业推广（Consumer Promotion）的目的是吸引新客户，留住老客户，动员现有客户购买新产品或更新设备，引导客户改变购买习惯，或培养客户对本企业的偏爱行为等。其营业推广的方式包括赠品、样品试用、优惠券、促销包装、抽奖、现场示范和展销等。其中，赠送样品或样品试用是介绍一种新商品最有效的方法，但费用很高。例如，DHC在我国长期提供免费试用品，以吸引消费者尝试产品；立顿通过赠送 Q 果趣奶茶杯吸引消费者购买一定数量的奶茶；可口可乐常年鼓励消费者收集瓶盖或易拉罐的拉环，参与网上的抽奖活动，从而促销产品。

2. 针对中间商的营业推广

针对中间商的营业推广（Intertrade Promotion）的目的是鼓励批发商大量购买，吸引零售商扩大经营，积极购存或推销某些产品。其营业推广的方式包括批发回扣、推广津贴、销售竞赛、交易会或博览会、业务会议和工商联营等。在我国的汽车销售中，汽车制造商常常采用返点销售和销售竞赛的方式鼓励中间商的销售行为。

3. 针对推销人员的营业推广

针对推销人员的营业推广（Salesforce Promotion）旨在鼓励推销人员热情推销产品或处理某些老产品，或促使他们积极开拓新市场。其营业推广的方式包括销售竞赛、比例分成以及免费的人员培训和技术指导等。

二、国际市场营业推广的影响因素

企业在国际市场采用营业推广这一促销手段时，应特别注意当地政府对营业推广活动的限制、经销商的合作态度以及目标市场的竞争程度等因素的影响。

（一）当地政府的限制

许多国家对营业推广方式在当地市场的应用加以限制。例如，很多国家对销售促进的形式、规模以及审批程序有一定的限制。有的国家规定企业在当地市场进行营业推广活动要事先征得政府有关部门的同意，有的国家则限制企业营业推广活动的规模，还有的国家对营业推广的形式进行限制。对销售促进活动实施严格限制的国家有奥地利、比利时、丹麦、德国、意大利、日本、韩国、墨西哥、荷兰、瑞士和委内瑞拉等，法国则规定赠送物品的金额不得超过促销商品价值的一定百分比，且规定赠送的物品必须与推销的商品有关。

（二）经销商的合作态度

企业国际市场营业推广活动的成功，需要得到当地经销商或者中间商的支持与协助。例如，由经销商代为分发赠品或优惠券，由零售商负责进行现场示范或者商品陈列等。对于那些零售商数量多、规模小的国家或地区，企业在当地市场的营业推广活动要想得到零售商的有效支持与合作就要困难得多。因为零售商数量多、分布散、不容易联系，商场规模小，无法提供必要的营业面积或者示范表演场地，加上缺乏营业推广经验，难以获得满意的促销效果。

（三）目标市场的竞争程度

目标市场的竞争程度以及竞争对手在促销方面的动向或措施，将会直接影响企业的营业推广活动。例如，竞争对手推出新的促销举措来吸引客户、争夺市场，若企业不采取相应的对策，就有失去客户而丧失市场的危险。同样，企业在海外目标市场的营业推广活动，也可能遭到当地竞争者的反对或阻挠，甚至通过当地商会或政府部门利用法律或法规的形式来加以禁止。例如，美国通用电气公司通过与当地企业合资的方式，成功地打入日本的空调市场。其主要采取的两项有效促销措施是：对推销成绩突出的经销商提供海外免费旅游度假的机会；对购买数量达到一定额度的客户赠送彩电。但随后，当地电器生产厂商利用贸易协会通过决议，禁止以海外旅游形式作为奖励措施，并限制赠品的最高价值。这些决议得到了日本公平贸易委员会的许可。

三、国际营业推广策略的制定

企业要制定一套良好的国际市场营业推广策略，不只是选择一种或几种推广方式，还要结合产品、市场等方面的情况，慎重地确定营业推广的地区范围、鼓励的规模、参加人的条件、推广的途径、推广的期限、推广的时机、推广的目标和推广的预算。在营业推广的实施过程中和实施结束以后，企业还要不断地进行营业推广效果的评价，以调整企业的营业推广策略。

（一）营业推广鼓励的规模

营业推广面并非越大越好，鼓励的规模必须适当。通常情况下，选择单位推广费用效率最高时的规模：如果低于这个规模，营业推广就不能充分发挥作用；高于这个规模，或许会促使营业额上升，但其效率会递减。

（二）营业推广鼓励对象的条件

在国际市场上，营业推广鼓励对象可以是任何人，也可以是部分人，通常鼓励是商品的购买者或消费者。但有时企业可以有意识地限制那些不可能成为长期客户的人或购买量太少的人参加。

（三）营业推广的途径

企业在确定了上面两个问题以后，还要研究通过什么途径向国际市场上的客户开展营业推广。营业推广的途径和方式不同，推广费用和效益也不一样。企业必须结合自身的内部条件、市场状况、竞争动态、消费者需求动机和购买动机等进行综合分析，选择最有利的营业推广途径和方式。

（四）营业推广的时机和期限

不同的商品，在不同的市场、不同的条件下，进行营业推广的时机是不同的。市场竞争激烈的产品、质量差异不大的同类产品、老产品、刚进入国际市场的产品、滞销产品等，多在销售淡季或其他特殊条件下运用营业推广策略。至于推广期限，企业应考虑消费的季节性、产品的供求状况及其在国际市场的生命周期阶段、商业习惯等，适当确定。

（五）营业推广的目标

营业推广的目标主要是指企业开展营业推广所要达到的目的和期望。推广目标必须依据企业的国际市场营销战略和促销策略来制定。营业推广的目标不同，其推广方式、推广期限等都不一样。

营业推广介于广告和人员推销之间，用来补充广告和人员推销。与经常性有计划地进行国际市场广告和人员推销不同，营业推广主要是针对国际目标市场上的一定时期、一项任务，为了某种目标而采取的短期的、特殊的推销方法和措施。例如，为了打开产品出口的销路，刺激国际市场上的消费者购买，促销新产品，处理滞销产品，提高销售量，击败竞争者等,往往使用这种促销方法来配合广告和人员推销,使三者相互呼应、相互补充、相得益彰。但是,营业推广在国际市场上不宜经常使用,否则会引起客户的观望和怀疑,反而影响产品销售。有这样一种说法:一个品牌为了提升销售量所投入的促销费用如果高于广告投入,就会非常危险。久而久之,促销会使积累起来的品牌资产在消费者心目中渐渐变得模糊甚至消失。

第五节 国际公共关系策略

一、国际公共关系的含义

公共关系(Public Relations)是指企业为获得公众信赖、加深顾客印象而用非付费方式进行的一系列促销活动的总称。塑造形象是公共关系的最终目标,也是公共关系的重要职能。20世纪80年代以后,随着经济全球化进程的加速,越来越多的企业参与到国际市场营销中,国际公共关系的价值和作用得到认可和重视。国际公共关系是指国际企业为增进东道国公众的信任和支持,利用传播的手段以及各种形式的国际交往,树立企业在国外的良好形象,协调企业与社会、企业与消费者以及企业与其他同行关系的活动。国际公共关系受到东道国政治、经济和文化环境的影响,企业必须针对东道国的具体环境特点开展公共关系,才能与东道国市场各方面建立融洽的关系,从而有利于企业的长远发展。

国际公共关系所涉及的对象十分广泛和复杂,包括股东、企业员工、消费者、供应商、中间商、竞争对手、当地政府部门、各社会团体、公共舆论媒体等企业在国际经营活动中会发生联系的各个方面。其中,企业员工和竞争对手是企业国际公共关系中两个极为重要的对象。员工的凝聚力和使命感是企业对外公共关系形象的原动力,而处理好与竞争对手的公共关系则有助于缓和竞争,优化资源配置,取得"双赢"。

二、国际公共关系的任务

作为促销组合重要手段的公共关系,无论是在国内营销还是国际营销中,其主要任务基本相同,包括以下几点:

(一)树立企业良好的形象

树立企业良好的形象是国际公共关系的核心任务。从公共关系的一般定义可以看出,其最终目标和重要职能就是塑造和维持企业良好的公众形象。企业通过各种媒体的宣传,以及参加各种赞助和社会公益活动来体现企业良好的社会形象,从而起到间接促进产品销售的目的。

(二)加强与社会各方面的联系与沟通

通过公共关系,国际企业可以加强与东道国政府、各社会团体、消费者等的联系,有的企业还建立了与国际市场目标公众固定的公开往来制度,经常说明企业即将或已经做出的社会贡献,并通过一些赞助、捐赠活动支持东道国政府的文化、教育、卫生、环保事业的建设。

(三)推广企业的产品或服务

公共关系作为国际市场促销策略的一种手段,包含了保持企业形象及推广产品的各种方案。其主要目的之一就是要运用各种宣传推广,向公众提供企业的产品、政策和人员信息,引起公众的广泛注意,使公众相信企业的产品和服务质量优良,最终达到推广企业产品和服务、促进销售的目的。

（四）化解企业或产品危机

国际企业面临的内外营销环境十分复杂，一旦在经营过程中出现差错，或由于他人故意中伤诽谤，加上企业沟通不良、信息失真，就可能导致产品销售和企业生存面临危机。如果出现重大危机，国际企业可以借助公共关系对错误进行及时补救，对不利舆论进行纠正和反驳，防范和平息风波，重新树立企业和产品形象。

三、国际公共关系的内容

企业开展国际公共关系，常见的内容主要包括以下几个方面：

（一）企业内部的公共关系

企业要对外搞好公共关系，必须先在内部达成一致。企业员工必须在凝聚力、使命感、产品质量、企业形象等方面达成共识，才能共同为企业的发展努力，成为企业对外公共关系的直接原动力。

（二）加强与媒体的公共关系

新闻媒体承担着传播信息、引导舆论等社会职能，国际企业必须充分利用媒体为其服务，主动提供信息，与媒体建立相互合作的关系，通过媒体向目标市场国的公众宣传企业和产品信息，使当地公众对企业和产品产生深刻印象，从而达到促进销售的目的。一旦发现企业形象受损，应借助各种媒体（如召开新闻发布会、发表声明等），迅速采取有力措施予以弥补和挽回。

（三）加强与政府和公众的公共关系

企业在进入国际市场过程中，往往会遇到各种问题和障碍。企业加强与当地政府的沟通和联系，取得政府的信任和认同以及当地民众的支持和理解显得非常重要。企业通过公共关系加强与东道国政府的联系，了解相关法律法规和政策导向，积极调整自己的营销策略以适应政策变化，从而避免可能的冲突和矛盾；同时，企业应收集和听取目标市场国的公众对产品和服务等方面的意见和态度，及时处理和消除公众的负面情绪。

四、危机公关

（一）危机的定义及特点

危机是指使企业遭受严重损失或面临严重损失威胁的突发事件。这种突发事件在很短的时间内波及很广的社会层面，对企业或品牌会产生恶劣影响。危机具有意外性、聚焦性、破坏性和紧迫性等特点。为使企业在危机中生存，并将危机所造成的损害程度降至最低，决策者必须在有限的时间限制内，做出关键性决策和采取具体的危机应对措施。

（二）危机公关及处理原则

危机公关（Crisis Public Relation）是指企业针对危机所采取的一系列自救行动，包括消除影响、恢复形象等。广义地讲，它是指从公共关系角度对危机的预防、控制和处理。危机公关属于危机管理（Crisis Management）中的危机处理部分。

一旦发生危机，企业在进行危机公关时应遵循五个基本原则，即承担责任原则、真诚沟通原则、速度第一原则、系统运行原则和权威证实原则。这五个基本原则也称为危机处理的5S原则。

1. 承担责任原则

承担责任原则（Shoulder the Matter）是指当危机发生后，公众会关心两方面的问题：一方面是利益问题，利益是公众关注的焦点，因此无论谁是谁非，企业都应该承担责任；另一方面是感情问题，公众很关心企业是否在意他们的感受，因此，企业应该站在受害者的立场上表示同情和安慰，并通过新闻媒介向公众致歉，解决深层次的心理、情感关系问题，从而赢得公众的理解和信任。

2. 真诚沟通原则

真诚沟通原则（Sincerity）是指当企业处于危机之中时，企业应该主动与新闻媒体联系，尽快与公众沟通，说明事实真相，促使双方互相理解，消除疑虑与不安。真诚沟通是处理危机的基本原则之一，具体是指有诚意、诚恳、诚实。

3. 速度第一原则

速度第一原则（Speed）是指在危机出现的最初 12~24h 内，消息会像病毒一样快速传播，但可靠消息不多，社会上充斥着谣言和猜测，企业的一举一动将是外界评判其如何处理危机的主要根据，因此，企业必须当机立断、快速反应，积极与媒体和公众进行沟通，从而有效、迅速地控制事态。

4. 系统运行原则

系统运行原则（System）是指在逃避一种危险时，不要忽视另一种危险。因此，企业在进行危机管理时必须注意系统运行，绝不可顾此失彼。只有这样才能透过表面现象看本质，创造性地解决问题，化害为利。

5. 权威证实原则

权威证实原则（Standard）是指当危机发生后，企业不要一味地为自己辩解，而最好请权威的第三方或专业的危机公关公司为企业解释和证实，使社会公众消除对企业的警戒心理，重获他们的信任。

（三）危机公关的流程和内容

危机公关主要包含以下流程和内容：

（1）问题管理。对可能对组织产生影响的问题进行系统化监控和评估。

（2）危机规划与预防。针对可能发生的危机情景进行预案研究与处理，建立危机管理机构。

（3）危机应对。面对爆发的危机，实施全面管理方案，掌握危机管理的主动权。

（4）善后事宜。判断危机的损害程度，评估危机预案的效果，做出调整和修订。

此外还要强调，危机公关的效果直接取决于是否得到企业高管层的重视和支持，是否有制度化、系统化的问题管理项目与危机公关项目，以及危机沟通系统是否高效、通畅。

【实例 10-3】 乔布斯改写危机公关套路

一部普通手机出现一些信号丢失问题根本不会成为新闻，但这是 iPhone 4，是让所有人惊叹的产品。这一故障问题被称为"天线门"。2010 年 7 月，《消费者报告》（Consumer Reports）进行了一些严格的测试，表示鉴于天线问题，不推荐消费者购买 iPhone 4。此举将"天线门"事件推向高潮。

就在"天线门"炒得沸沸扬扬之时，乔布斯正和家人在夏威夷康娜度假村度假。最开始，他还在为自己和苹果公司辩护。有人认为苹果将成为另一个微软，自满又傲慢。第二天，乔布斯转变了态度。"让我们把这个问题弄个水落石出，"他说。他打了几通电话，召集了几个值得信赖的老手。周五，乔布斯在苹果公司礼堂举办了新闻发布会，他用了四个简短的陈述句："我们不完美。手机不完美。我们都知道这一点。但是我们想要让用户满意。"

他表示，如果有人不满意，可以退货或者免费获得苹果提供的胶套。结果，iPhone 4 的退货率只有 1.7%，还不到 iPhone 3GS 和大多数其他手机退货率的 1/3。

在发布会上，他又接着报告了一些数据，表明其他手机也有类似问题。苹果的天线设计让 iPhone 4 比大多数手机的天线都要差一点，包括之前的 iPhone 版本。但是，媒体对 iPhone 4 信号丢失的报道确实夸大其词了。"这捏造出来的数据令人难以置信，"他说。对于乔布斯既没有卑躬屈膝，又没有责令召回，大多数消费者并没有感到震惊，相反，他们认识到乔布斯是对的。iPhone 4 的存货已经售罄，排在等候名单上的人们现在要等上三周时间——之前还只需要两周的时间。

某网站的迈克尔·沃尔夫（Michael Wolff）写道："通过一场大胆的表演，乔布斯向人们展示了他的坚定、正义及无辜，从而成功地回避了问题，消除了批评，并将火引到了其他智能手机厂商身上。这是现代营销、企业公关和危机管理的新高度，你只能目瞪口呆、充满敬意地问他们：'你们是怎么成功摆脱问题的？或者更准确地说，他是如何摆脱问题的？'"沃尔夫将其归功于乔布斯的"洗脑"能力，称他是"最具有魅力的人"。换作其他 CEO，可能会谦卑地进行道歉，并大量召回问题产品，但乔布斯不必如此。

"苹果对 iPhone 4 问题的回应并未遵循公关套路，因为乔布斯决定重新改写规矩。"亚当斯写道，"如果你想知道天才什么样，研究一下乔布斯的措辞吧。"通过宣称手机都不完美，乔布斯用一个不争的事实改变了争论的语境。

（资料来源：艾萨克森. 史蒂夫·乔布斯传［M］. 北京：中信出版社，2011.）

第六节　国际会展

会展业是指以会议、展览为媒介，以在一定时期内聚集大量的人流、物流、资金流和信息流为手段，达到促进产品销售和经济发展目的的行业。其中，会议泛指在一定的时间和空间内，为了达到一定的目的所进行的有组织、有主题的议事活动。目前还没有对展览的统一界定。结合实际情况，展览是指参展商通过物品或图片的展示，集中向观众传达各种信息，实现双向交流，扩大影响，树立形象，达成交易、投资或传授知识、教育观众目的的一种活动。展览往往是展中有会、会中有展、展会结合，所以也被称为展览会。

一、国际会展业的发展现状

20 世纪 90 年代以来，伴随着经济全球化的浪潮，世界经济快速发展，各国之间的技术、贸易、文化、经济等往来日益频繁，为国际会展（International Convention&Exhibition）业的发展提供了巨大的机遇。国际协会联合会（UIA）的统计数据显示，全球会展业成为全球经济中占有相当比重的新兴产业，并呈现出专业化程度高、市场化程度高、展会面积规模化和会展产业集中度高等特点。

经过 100 多年的积累和发展，欧洲会展经济历史最为悠久、整体实力最强，具有规模大、国际化程度高、专业化强、重复率低、交易功能显著等特点。在欧洲，德国、意大利、法国、英国都是世界级的会展业大国。美国和加拿大是世界会展业的后起之秀，每年举办的展览会近万个。如今美国已成为举办国际贸易博览会的主要国家，吸引着世界各国的客商。亚洲会展经济的规模和水平仅次于欧美，其中日本会展业发展水平遥遥领先。我国香港也是亚太地区重要的会展中心之一，被誉为"国际会展之都"。

国际大会及会议协会（ICCA）的《2019 年度国际协会会议市场年度报告》按照各个目的地在 2019 年所举办的国际协会类型会议的场数进行了排名（见表 10-6）。2019 年调查报告显示，北京、上海、杭州的位次占据国内前三。其中，杭州在 2019 年举办国际会议数量为 38 场，居全球第 74 位（提升 23 位）、亚太第 17 位（提升 4 位）、中国第 3 位。

表 10-6　2019 年国际协会会议市场国家和城市排名

名次	国家	会议（次）	城市	会议（次）
1	美国（U.S.A）	934	巴黎（Paris）	237
2	德国（Germany）	714	里斯本（Lisbon）	190
3	法国（France）	595	柏林（Berlin）	176
4	西班牙（Spain）	578	巴塞罗那（Barcelona）	156
5	英国（United Kingdom）	567	马德里（Madrid）	154
6	意大利（Italy）	550	维也纳（Wien）	149
7	中国（China）	539	新加坡（Singapore）	148
8	日本（Japan）	527	伦敦（London）	143
9	荷兰（Netherlands）	356	布拉格（Prague）	138
10	葡萄牙（Portugal）	291	东京（Tokyo）	131

（资料来源：2019 年度国际协会会议市场年度报告 ［R］. ICCA.）

如今，会展业出现了一些新的特点和趋势，主要表现为会展一体化、规模大型化、内容趋于专业化、信息技术与实物展览相结合、集团趋势增强等。

【资料阅读 10-3】　2019 年全球展览业经济影响力报告

全球展览业对 2018 年全球经济的总体影响主要体现在：2751 亿欧元（3250 亿美元）的产出（商业销售），324 万个工作岗位，总共拉动 1672 亿欧元（1975 亿美元）的国内生产总值（GDP）。分区域来看，2018 年，北美的展览业创造了 1188 亿欧元（1404 亿美元）的总产出，占全球展览业总产出的 43.2%；欧洲和亚太地区的展览产生了 923 亿欧元（1090 亿美元）和 566 亿欧元（668 亿美元）的总产出，分别占该行业全球产出的 33.5% 和 20.6%，如图 10-3 和表 10-7 所示。

2018 年，展会创造了 2751 亿欧元（约合 3250 亿美元）的总产出（商业总销售额），根据全球总室内总展览空间 3468 万 m^2 计算，每平方米场馆产出约为 7933 欧元（9370 美元）。北美以每平方米场馆 14544 欧元（17179 美元）的产出位列第一；亚太地区每平方米场馆产出为 6874 欧元（8120 美元）排名第二；欧洲每平方米场馆产出要低于亚太地区，为 5877 欧元（6942 美元），见表 10-8。

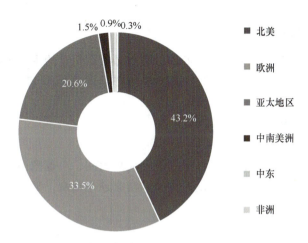

图 10-3　展览业分区域总产出

表 10-7　参展商产出

地区	参展商数量（万个）	总产出		每个参展商产出	
		亿欧元	亿美元	欧元	美元
全球总计	453.4	2751	3250	60680	71671
北美	160.0	1188	1404	74268	87720
欧洲	134.0	923	1090	68858	81331
亚太地区	121.0	566	668	46757	55227
中南美洲	21.7	41	49	18989	22428
中东	12.5	24	28	19104	22564
非洲	4.2	9	11	22362	26412

表 10-8　每平方米场馆产出

地区	场馆容量/万 m²	总产出		每平方米场馆产出	
		亿欧元	亿美元	欧元	美元
全球总计	3468	2751	3250	7933	9370
北美	817	1188	1404	14544	17179
欧洲	1570	923	1090	5877	6942
亚太地区	823	566	668	6874	8120
中南美洲	120	41	49	3434	4056
中东	85	24	28	2809	3318
非洲	53	9	11	1772	2093

　　总体而言，全球展览业拉动的总 GDP 约等于全球第 56 大经济体，比匈牙利、科威特、斯里兰卡和厄瓜多尔等国的经济规模还要大，显示了展览业对社会、经济的影响力十分巨大。

　　（资料来源：陈广玉. 2019 全球展览业经济影响力报告［R］. 2020-08.）

二、会展营销的特点和功能

会展营销已成为各企业展示产品、形象、服务和收集信息的重要渠道。企业通过举办各种形式的展览会、博览会或其他会议，进行自身产品的推广与宣传，以达到促进销售的目的。

（一）会展营销的特点

1. 信息高度集中

会展营销之所以不断发展，主要在于它能够在短时间、小范围内聚集大量的信息，包括大量的供求信息和会展产品信息。无论是买家、卖家还是观众，都可以节约大量的时间和精力，从会展营销中获得大量的重要信息。

2. 选择空间大

会展聚集了大量的买家和卖家，为买卖双方提供了广阔的交易空间。事实上，通过会展营销，卖家可以面对大量的订购型买家，选择最优的对象进行合作；会展中的大量同类卖家使得卖家间竞争激烈，买家不仅可以从会展中获得大量同类商品或者替代品的信息，还可以对不同卖家的同类商品进行性能、质量及价格的比较，从而进行采购活动。

3. 涉及行业最新前沿

会展营销不仅要提供新会展产品和服务，还要聚集最新的思维与理念，以及行业的最新发展态势。因此，"新"成为会展营销过程的主旋律。

（二）会展营销的功能

1. 展示品牌并提高企业知名度

企业通过参与国际会展，能够直接与国外的目标客户群接触。这种与客户面对面的交流使得客户能够在较短的时间内认知本企业的品牌。此外，会展展示的不仅仅只是产品，还宣传了本企业的文化。通过参与会展，能够使目标受众加深对本企业的印象，提高企业在国外客户中的知名度。

2. 检验参展产品是否适销

同一产品在不同目标国的消费群体中会面临不同的需求。在企业决定是否正式将一种产品打入一个国外市场之前，企业可以通过参与会展的方式，小规模地试探目标市场对该产品的反应。同时，新产品在展会上亮相，企业将接受不同受众从多种不同角度对其产品进行评价，这也为企业提供了宝贵的市场信息，有利于企业对其产品进行改进，并最终成功进入国外市场。

3. 节约营销成本

会展作为企业的一种营销方式，其费用远远低于人员推销、公关、广告等营销手段的费用。根据英联邦展览业联合会的调查，通过一般渠道找到一个客户，大概需要花费219英镑；而通过会展方式，却能将成本降低至35英镑。会展不仅大大降低了企业的营销成本，而且能让企业获得比其他营销方式更好的效果，如在会展中可以综合运用广告、人员推销、公共关系等多种营销手段。

三、会展营销策划的步骤和策略

会展营销策划是参展商进行会展营销的依据，是参展商实现参展目标的保证。而会展组

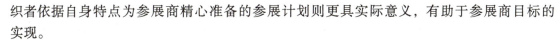

织者依据自身特点为参展商精心准备的参展计划则更具实际意义，有助于参展商目标的实现。

（一）行业调查

行业调查是指参展商的专业结构调查，尤其是参展行业发展趋势的信息调查。通过为参展商提供这些信息，可以帮助参展商了解市场动态，获取与企业经营活动密切相关的市场信息，从而使企业把握行业发展的脉搏，准确找到市场切入点，及时调整营销策略。对重点参展商而言，这是具有实际价值的"增值"服务。

（二）统计分析

统计分析是指历届展览专业观众的分类与构成比例。展会招商和招展是互相影响、互相作用的。一方面，如果展会的招商效果好，到会观众数量多、质量上乘，参展商的展出效果就有保证，企业就更乐意参展；另一方面，如果展会的招展效果较好，参展企业，尤其是行业知名企业较多，展品新，信息集中，观众到会参观就会更加踊跃。对历届会展专业观众的统计分析可以协助重点参展商评估展览，预测参展价值。

（三）场地规划

场地规划是指明确指出重点参展商可优先选择的特色区域，为重点参展商进行场地规划和展台设计提供建议。展位选择至关重要，选择合适，可以事半功倍；选择不合适，则事倍功半。一般来说，确立标准、选好展位、设计好展位造型，这是参展商必须考虑的。

展位最好选择以下地点：开幕式主席台对面及两侧；入口处的正门口或正门口的两侧；出口处的后门口或后门口两侧；主要人行干道的两首或"十"字干道的中心四角处；上述四个地方的邻近处；知名大企业及有影响力的团体或组委会附近。总之，参展企业要多留心观察，分析和比较展馆内的不同位置给企业带来的影响，争取利用好选择展位的有限权利。

（四）参展价值分析

参展价值分析是指分析重点参展商的会展营销可能取得的成果。利用国际会展这一营销工具，企业可能实现很多营销目标，要通过对成本和效益的分析，判断此次参展营销带来的价值，除了信息价值、产品价值等之外，还有增值服务价值及媒体价值。

【实例10-4】　2021年中国家电及消费电子博览会（AWE）的三大亮点

中国家电博览会（Appliance World Expo，AWE）由中国家用电器协会创办。AWE作为亚洲规模最大、全球三甲的国际家电及消费电子展览会，汇聚了全球顶级的产品体验场景、贸易商洽机会、技术战略交流环境、品牌传播声量、多维度用户人群、跨界交流平台、资本市场关注，提升产业社会关注度和影响力，为参展品牌和合作伙伴全面赋能。近年来，AWE以每年30%的规模增长。2021年中国家电及消费电子博览会展示规模达到了15万 m^2，有近千家国内外知名企业参展，展示规模和展商数量双双创下全新纪录，并设立了多个主题。

本次展览以"AWE新十年，智竞未来"为主题，再次以空前的规模、超豪华的品牌阵容、数以万计融合最前沿科技和时尚设计的产品与解决方案，全面展示了全球家电与消费电子行业最新创新成果，定义了数字化时代的智慧互联生活方式。呈现出三大亮点。

亮点一：智能科技致力家电服务。

多款明星产品亮相本次博览会，亮点纷呈。比如，在创维体验开车，体验康佳家庭智慧服务平台。现场体验智能家居，如全自动门锁，通过手机App、蓝牙等控制，指挥智能家居互联互通，通过情景开关打开空调、床帘等一系列全景体验。海尔提出智慧家庭"5+7+N"全场景定制化解决方案，把智慧厨房、智慧客厅等五大生活空间以及七大全屋方案"搬到"现场，让参观者现场体验智慧家居的魅力。

在AWE上，海尔、海信、TCL、博世、松下、索尼等家电巨头带来了多样的智能生活图景，更积极地为行业的未来描绘出更多可能性。

亮点二：体验有品质和设计感的小家电。

科技感给予人更多的是便捷，但追求更有品质的生活，还需要各种智能小家电的辅助。在此次AWE上，除了大品牌的炫技，各种原创品牌、小家电也成为重要角色。

比如，"一人食"的智能电饭煲、更追求体验感的吹风机、更具品质的电动牙刷、加热茶壶，甚至内衣烘干机等。这些独特设计更彰显了对品质生活的追求。

亮点三：有奖互动体验，现场参与。

"体验感"也是这次AWE的亮点之一。AWE通过各种智能化的产品体验，为参展人群提供"只有你想不到的"娱乐体验，从而大幅度提升观众的参与度与体验感。展会现场的优质体验也是区别于线上展会的独特优势。

比如，人们可以在逛展会的同时发现美食、体验美食，如空气炸锅制作的厚多士、红枣蛋糕，现场制作、品味美食，享受科技家电带来的便利生活。

（资料来源：根据2021年中国家电及消费电子博览会网络资料整理，2022-03.）

四、参加国际会展的注意事项

（一）了解各国会展的规则

企业在参加国际会展之前，一定要充分收集与会展有关的信息，了解各国会展的规则。亚洲的商品交易会有许多不成文的规定。为了防止被竞争者仿制，许多最好的产品可能没有被展示出来，想看到令人感兴趣的产品的唯一方法是同高级销售人员交谈。美国的绝大多数商品交易会只持续3~5天；我国的广州商品交易会每半年举办一次，持续一个月。绝大多数美国商品交易会的开放时间是从早9点至下午4点或5点；而墨西哥的商品交易会通常到下午2点或3点才开门，于晚上8点或9点结束。墨西哥的商品交易会参观的高峰时间是下午6点或8点，拉丁美洲绝大部分地区的情况都是类似的。巴西的商品交易会通常在下午开始，有时甚至到下午4点，交易会一直开放到晚上，偶尔会在晚上12点才结束。

（二）参加国际会展的展品选择

由于国际会展在地理上位于国外，而且大多数参观者是会展所在国的当地人，因而参展商在展览期间最好适应当地的文化传统；另外，要考虑会展所在国对产品包装、运输等方面的要求。

（三）做好参展商品的物流管理工作

对于参展交易的商品，视同一般的进出口贸易对待，企业可选择不同的贸易条件和运输方式，同时选择有利的报税方式。

（四）做好商品交易会的费用预算

在英国，制造企业将其几乎 1/4 的促销预算都用在商品交易会上。许多欧洲公司常常会为商品交易会花费高达 50% 的促销预算，而美国公司的平均花费只有不到 1/6。欧洲方式的交易会被描述为"聆听和学习"，而美国方式则是"展示和销售"。

关 键 词

促销组合（Promotion Mix）　　　　　　公共关系（Public Relations）

销售促进（Sale Promotion）　　　　　　推动策略（Push Strategy）

拉引策略（Pull Strategy）　　　　　　　通知型广告（Information Advertising）

说服型广告（Persuasive Advertising）　　提醒型广告（Reminder Advertising）

人员推销（Personal Selling）　　　　　　国际营业推广（International Sales Promotion）

国际会展（International Convention &
　　　　　Exhibition）

思 考 题

1. 什么是促销和促销组合？简单分析影响促销组合的因素。

2. 结合某一产品，简述人员推销的步骤。

3. 通过对自身的分析论述，谈谈如何才能成为一名成功的国际市场推销人员。

4. 企业应该如何对推销人员进行有效的激励和评估？

5. 试比较各广告媒体的优缺点，并举例说明如何运用媒体组合策略达到最好的广告效果。

6. 举例说明在国际营销中进行营业推广需要考虑哪些因素。

7. 公共关系在国际促销组合中有何重要意义？

8. 参加国际会展要注意哪些问题？可采取哪些主要策略？如果你是一家快速消费品市场的营销主管，你如何通过会展进行营销？

9. 简要分析国际会展营销给企业带来的功能效应，并举例说明。

案例分析讨论

惠普与豪马克的整合营销传播

越来越多的公司已经认识到精心策划的整合营销传播可以带来巨大的效益。下面举两个例子说明。

一、惠普的整合营销传播

惠普对企业市场实行整合营销传播。它利用一套充分协调好的广告、事件营销、直销和人员销售的组合，把计算机智能终端销售给大企业。在最广的层面上，企业形象广告（电视形象广告）和行业杂志上的定向广告把惠普定位成一个给顾客的智能终端问题提供高质量解决办法的供应商。在广告的大伞下，惠普还利用直复营销来给它的形象润色，注意更新自己的顾客数据库，并推动其直销队伍来开发销售发端。最后，公司的推销员会完成销售并建立客户关系。惠普开展的"互动有声电话会议"计划极其成功，显示它已经熟练掌握了整合交流。这种电信会议就像大型会议电话一样，在会上，惠普的销售代表与实际的和潜在的客户讨论重大的行业问题及惠普的做法。为了吸引更多的人参与该计划，惠普采用了一个长达五周、分七步走的"登记过程"。首先，在会议召开的四周前，惠普寄出一封介绍性质的直接邮件，里面有一个800号码和商业回复卡。在对方收到邮件一两天后，惠普的电话营销人员给可能参与的人打电话，让他们登记参加会议，登记将立即用直接邮件确认。会议前一周，惠普寄出详细的介绍资料；其次，会议前三天，惠普会再次打电话确认他们是否会参加；电信会议的前一天还会打最后一次确认电话；最后，会议召开后一周，惠普利用后续直接邮件和电话营销来准予销售发端并为销售代表建立生意轮廓图。这项一体化营销宣传工作的结果如何呢？回复率高达12%，而使用传统邮件和电话营销得到的回复率仅为1.5%。而且，那些说要参加的人之中有82%的人确实到会，相比之下，过去非同步的会议仅有40%的人参加。这项计划取得了比预计水平高出200%的合格的销售发端，平均的智能终端销售额则增长了500%。不用感到奇怪，惠普就是靠整合营销传播来进行销售的。然而，惠普的经理们却告诫说，整合营销需要投入巨大的精力，在实际操作中要十分严谨。要取得成功，最严峻的挑战可能是对公司的许多部门的工作进行认真而又周密的协调。为了做好协调工作，惠普指定一个由销售、广告、营销、生产和信息系统的代表组成的具有交叉职能的队伍来监督和指导它的整合交流工作。

二、豪马克的整合营销传播

豪马克公司普通的品牌广告和节目赞助在美国是人人皆知的。多年来，公司主要依赖大众传媒电视和印刷广告，把豪马克定位成"当你关心时就请送上最衷心的祝福"的卡片。公司还赞助了评价颇高的《豪马克名人堂》电视特别节目，用以加强其有益于健康、面向家庭的形象。然而，在过去的五年里，豪马克已经把自己从一个做传统广告的公司转变成一个已经掌握整合营销传播的带头人。豪马克现在利用精心设计的网络电视、印刷广告、随报附赠的优惠券、商场促销、销售点资料和直销等的组合吸引顾客光临它的商场。20世纪80年代后期，豪马克这个第一贺卡营销商意识到它的核心顾客——职业女性——在发生变化。这些女性变得比以前任何时候都忙，因此通过传统的大众传媒广告影响她们就更难了。而且，豪马克公司的产品线已经从贺卡发展到礼品、收藏品、家庭娱乐和装饰产品。为了与职业女性重建联系，豪马克开发了三个极其成功的数据库营销计划，直接与它的总体广告计划连成一体。它们分别是："最衷心的祝福"，一份彩色的业务通信，一年六次寄给350万名顾客；豪马克金冠卡，一项拥有1300多万名顾客的消费有奖计划；豪马克金冠目录，主要面对亲临商场的顾客，同时也针对500万~1000万名邮购顾客。"最衷心的祝福"计划是为了与豪马克最频繁、最忠诚的顾客建立良好的关系，这些顾客会定期收到含有关于新产品信息的公司专用邮件，附有优惠券和小奖品，从而把他们拉向全国范围的5000家豪马克金冠商场。这些邮件还提供有关度假娱乐和赠送礼品的信息。豪马克的目标是与重要客户建立更加亲密、更富人情味的关系。"我们要把宣传做得富有感情，而且目的明确，"豪马克的广告主管依拉·斯图尔兹说。"我们要让我们的'最衷心的祝福'计划名单上的每位女性觉得她接到的是她的姐妹的来信。"据斯图尔兹先生说，结果"绝对不同寻常。人们真心愿意被列在我们的邮寄名单上，在重点群体中我们收到了令人难以置信的反馈"。豪马克在每封邮件中都请顾客谈到对该计划的看法，因此在公司与顾客间建立了一种积极的对话。豪马克特别注意让它的营销交流的不同部门协力工作，负责监督媒体广告、商场营销和直接邮件。这种整合工作将许多新"武器"集中到了豪马克的宣传"军火库"。"在过去，我们可能会说，'现在有个营销问题，我们用电视和印刷广告来解决吧，'而且也只能这么办了，"斯图尔兹先生说，"现在我们有许多种解决办法，在赢得目标顾客方面有极富创造性而又行之有效的手段。"

（资料来源：根据"科特勒营销案例"网络资料整理，2020-03.）

讨论题：

1. 惠普与豪马克是如何实现整合营销传播的？
2. 结合案例谈谈整合营销传播有哪些优点和注意点。

第十一章

国际市场营销管理

本章要点

1. 国际市场营销组织设计的原则、程序及影响因素
2. 国际市场营销组织结构的形式
3. 国际市场营销控制的模式、程序及影响因素
4. 国际市场营销控制的内容和类型

导入案例

福耀玻璃走向国际

1976 年，福耀玻璃厂是福清市高山镇一家乡镇企业。2020 年，福耀在国内汽车玻璃市场的占有率已达 65%以上，是我国最大的汽车玻璃生产商。福耀的国际化市场拓展战略可以总结为两个方面：一方面，利用我国低廉的生产成本，通过价格优势拓展国际市场；另一方面，不断尝试在海外设置机构，加强对外联络和对市场的了解，在实践中学习，实现研产销全部可以在海外完成的目标。

一、国际化历程第一步：向外发展

1995 年，上市两年的福耀公司在我国汽车玻璃领域已经是当之无愧的老大，其产品在 OEM 市场上占有 50%的市场份额，在配件市场的占有率也高达 40%。但产值还是无法进一步提高，于是福耀集团选择了国际化道路：海外发展，进军美国市场。

二、国际化历程第二步：营销管理差距

1994 年，福耀建立海外销售分公司美国绿榕玻璃工业有限公司，选址在美国南卡罗来纳州。它的地价只有中国的 1/3，而且电力充沛，在税收方面还有很多优惠政策，但人力成本很高，且存在文化上的差异，具体如下：

（1）美国人长期形成的对中国的偏见，他们认为中国很落后，不相信中国企业的产品。

（2）美国人的工资很高，不管老板是否赚钱，工人每周都必须拿钱。这造成了企业人力成本的大大增加。因此，要"利用发挥外籍人士、海外华侨华人以及留学生力量，扩大国际化人才在董事会、独立董事会中的比例，加强人力资源管理国际化，建立企业研发中心，扩大国际交流合作等措施来培养国际化人才"。

福耀没有认识到市场分销渠道的特征和价值。分销是一个行业，是另一种系统，它需要强大的资本作为后盾，这种商业性很强的物流和生产玻璃是完全不同的概念。这一决策上的失误暴露了福耀和成功跨国公司在营销管理上的差距。

三、国际化历程第三步：分销渠道改革

福耀在美国建立分公司，过去是按客户的要求进行开包、整理、重新包装。其最初的想法是将玻璃一箱一箱地卖出去，但美国客户总是几片几片地购买。这种分销所产生的费用极其昂贵，它完全吃掉了中间的差价。所以四年时间里，公司连续亏损，已经超过 500 万元人民币。

在公司亏损 500 万元之后，1998 年，曹德旺亲赴北美调研，并聘请美国的顾问公司。经调研，顾问公司认为福耀有两个选择：一个是彻底关闭，退出美国市场，以亏损几百万元了结；另一个是改变分销渠道。但如果继续自己销售的话，调研公司认为仍会亏损。曹德旺果断采纳了他们的意见，关闭仓库，改变经营方式，将货物从福耀的工厂用集装箱直接发给美国的大客户。渠道的改革让福耀的美国绿榕公司起死回生，销量连续 3 年以超过 30% 的速度增长。

2014 年，董事长曹旺德提出了两大战略："技术领先、智能生产"；2015 年 4 月，又提出口号"让工业 4.0 在福耀落户"。

福耀的成功无疑是其在国际化进程中根据环境适时调整营销战略计划，走专业化、本土化经营的结果。

（资料来源：根据《福耀玻璃的国际化战略与启示》、中国与全球化智库等资料整理，2022-03.）

第一节　国际市场营销计划

战略计划过程包括确定企业目标、制订业务经营组合计划、确立新业务计划和企业今后的发展道路，所有这些都是对未来前景的描绘。企业的每个部门都有责任向战略计划部门提供本部门业务发展前景的情报和建议，并制订本部门的业务计划，以保证企业战略计划的实现。

所谓企业的国际市场营销计划（International Marketing Planning），就是国际企业在将来一定时期内所要达到的营销目标和实现这些营销目标所采取的方法和手段。具体包括：分析国际市场机会；研究和选择目标市场；制定营销组合策略；修订营销战略计划；规划营销战术；执行和控制营销计划。企业国际市场营销活动的过程如图 11-1 所示。

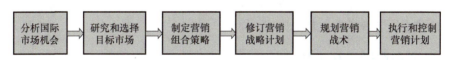

图 11-1　企业国际市场营销活动的过程

一、分析国际市场机会

不管是初次开展国际市场营销还是涉足已深，对潜在的市场进行评估、发现市场机会，是国际市场营销管理取得成功的第一步。国际市场营销管理的首要问题是决定对哪一个国家

市场进行投资。企业的优势、劣势、产品、宗旨和目标必须与一国的市场潜力和限制因素结合起来考虑。在国际市场营销管理的第一阶段，通过分析筛选，淘汰那些缺乏足够潜力的市场。针对筛选中出现的特殊问题，例如许多新兴市场缺乏必要的营销设施，分销渠道尚未建立，收入水平低和收入分配不均等问题，需具体情况具体分析。

下一步是建立筛选标准。根据这些标准，可以对有关市场进行评价。这些标准是在对企业目标、资源、其他能力和限制条件进行分析的基础上确立的。其目的是搞清进入某国市场的原因，以及从这一投资中能获得多少预期收益。在制定评价标准的过程中，企业对开展国际业务的决心和走向世界的目标起着重要的作用。奉行全球营销观念的企业寻求不同市场的共同点和标准化的市场机会，而奉行国内市场延伸观念的企业寻求能接受在本国实施的营销组合的市场。评价标准包括最低限度的市场潜量、最低限度的利润、投资收益率、可接受的竞争水平、政治稳定性、可接受的法律法规，以及其他与企业产品有关的标准等。

评价标准一旦确立，就可对计划的实施环境进行全面分析。营销环境包括微观环境和宏观环境。企业的微观环境包括供应商、销售中间商、顾客、竞争者和各类公众。企业需要研究竞争对手的动向，顾客的需要，分销渠道的变化，哪些供应商提供零部件最有效等。企业面临的宏观环境包括人口、经济、物质、技术、政治和社会文化发展等因素。企业只注意微观环境，对国际市场中的宏观因素不闻不问，这是近视营销。面对宏观环境，企业应注意国际国内哪些地区正在发展，哪些地区正在衰退，经济前景如何及其对企业产品销售有何影响，有何新技术能提高产品效率，消费者的价值观念有何变化等。这些宏观因素对企业的市场有着深远的影响，因此，企业必须做好市场调查及信息收集工作。

第一阶段提供的信息可以帮助企业开展以下工作：①评估有关国家的市场潜力；②发现足以使母国淘汰的重大问题；③确定需要进一步分析的环境因素；④确定营销组合中哪一部分可以实施全球标准化，哪一部分必须做出调整及如何调整以适应当地市场的需求；⑤制订和实施营销计划。

第一阶段获得的信息可以帮助企业避免一些国际化时所犯的错误。有这样一个故事：吉白（Gerber）公司在非洲是如何把原本可以占领的市场丧失殆尽的。吉白公司耗费数十万美元资金宣传产品，但在该地区的销售几乎为零。

管理小组发现，由于该地区文盲率极高，而用来装婴儿食品的盒子上印有一个白人孩子，因此，吉白公司所瞄准的目标顾客——当地妇女认为，容器、盒子和里面的东西与其外部图像所描述的信息是一致的，是专门喂养白人孩子的，因而产品无人问津。吉白公司的失败源于其对当地的不可控因素缺乏了解。

第一阶段分析工作完成后，决策者面临选择目标市场这一更具体的任务，发现这些市场中的问题和机会，并着手制订营销计划。

二、研究和选择目标市场

国际市场容量大，需求千差万别，任何企业都不可能全部占领它，而只能有效地占领其中某一市场的一部分。因此，企业在选择了有吸引力的市场机会后，就需要选择目标市场，而市场细分是选择目标市场的基础。所以，企业要选择目标市场，并使产品和企业在消费者心目中树立特定形象，必须做好以下工作：国际市场细分；确定目标市场覆盖策略；市场定位。

三、制定营销组合策略

目标市场选定以后，应根据第一阶段获得的数据资料对营销组合进行评估。在何种情况下产品、促销、价格、分销可以标准化？在何种情况下必须做出调整以满足目标市场的要求？这一阶段的决策失误可能因没有标准化而降低效率，或产品不适合当地的市场，或不恰当的定价、广告、促销而造成严重的损失。这一阶段的目的是选定某种营销组合，使其适应由环境不可控因素形成的文化制约，从而有效地实现企业目标。

雀巢公司的做法可以用来说明本阶段的分析。在该公司，每一位产品经理都有一本"国家信息手册"，上面记载着第一阶段提到的大部分信息。该信息手册详细分析了与文化有关的各种问题。例如，在德国，咖啡产品经理必须回答下列问题：德国人对咖啡品牌的排名如何？德国咖啡销量是高还是低？德国人怎样饮用咖啡（是用咖啡豆，还是用研磨过的，或者用咖啡粉）？如果是研磨过的，是如何调制的？德国人喜欢哪一种咖啡（巴西与哥伦比亚的混合咖啡，还是科特迪瓦出产的巴斯特咖啡）？等等。雀巢生产了200种速溶咖啡，从拉美国家喜欢的深色咖啡到美国人喜爱的淡色混合咖啡，应有尽有。其分布在世界各地的四个研究所每年花费5000万美元，研究颜色、香型、口味略有不同的新品种咖啡。有了这么多信息，产品经理就可以根据"国家信息手册"所提供的信息评估营销组合了。

这一阶段还可以增加营销人员评估标准化的可能性。把所有国家集中在一起寻求共同点，可以清楚地看出能够实现标准化的市场特点。进一步研究还可以为在两个或两个以上的国家市场中采用标准化的营销提供信息。

这一阶段的分析结果还可能是，营销组合需要调整的幅度太大，以至于不得不做出不进入这一市场的决策。例如，一个产品不得不改变包装尺寸以适应某一市场的需求，而这样做额外成本又太高，或者盈利所需成本太高，超出了企业的承受力，如果没有办法降低价格，则在较高价格下销售市场潜力太小而不易进入该市场。

总之，通过本阶段的分析可以得到以下答案：①营销组合哪些因素可以标准化？在哪些国家由于文化差异大而不可能实行标准化？②对营销组合因素做出怎样的调整才能适应目标市场的文化和环境条件？③考虑到调整所需要的费用，进入某一市场是否仍然有利可图？根据本阶段分析的结果，可以进行第二轮筛选，再淘汰一些国家。

四、修订营销战略计划

当产品被推入市场后，原先确定的战略计划应该做出相应调整。首先，当产品经过其不同的生命周期阶段，即导入期、成长期、成熟期和衰退期时，必须对战略加以修订；其次，根据企业在市场中的不同地位，如市场领导者、挑战者、追随者或拾遗补阙者，战略也将相应变动；再次，根据通货膨胀和萧条期等不同环境，战略也应做相应调整，以适应当前环境；最后，战略还必须考虑全球市场机会变化和发展动态，走跨国公司经营的道路。

五、规划营销战术

营销策略的确定不仅要确定达到企业营销目标的一般战略，还要求适当地协调包含在营销组合中每个变量的战术。如果战术失误，良好的战略也会失败。

最基本的营销变量是产品，它给市场提供有形物体和无形服务，包括产品特色、包装、品牌、服务政策；营销决策的另一个重要变量是价格，即顾客得到某个产品所必须支付的资金；地点是指企业为使目标顾客能接近和得到其产品而进行各种活动的场所，如各类批发商、零售商、储运公司；促销是企业将其产品的优点告知目标顾客，并说服其购买而进行的各种活动，如做广告，采取销售促进措施，安排宣传，以及派遣推销人员推销产品。

企业要善于在细枝末节上做文章。比尔·盖茨常常说："微软距离破产永远只有 18 个月。"从企业需要强调和重视管理细节的角度，企业稍大一点就存在此类风险。例如，韩国的大宇集团资产达 650 亿美元，但于 2000 年倒闭了。因为企业大，所以小事没有人做；因为事情不大，所以小事做不透。如果把工作中小事的失误比作一只老鼠，老鼠多了，破坏力就十分巨大。工作中一系列的麻烦频频出现，一连串的失误势必在某天酿成大祸。

六、执行和控制营销计划

国际市场营销管理过程的最后一个环节是执行和控制营销计划。执行营销计划离不开两方面：一是建立营销组织；二是发挥控制职能的作用。

（一）建立营销组织

一项营销计划要转化为行动并最终实现，就必须设立一个能执行计划的营销组织。在小企业里，一个人可以兼管营销调研、推销、广告、顾客服务等一切营销工作。但国际市场营销计划任务是复杂的、多层次的，并且存在一定幅度的控制跨度。企业必须设置若干个部门、层次，如推销部门、调研部门、广告部门、产品部门、服务部门，还有总经理、营销副总经理、推销经理、推销人员等，共同完成企业开拓国际市场的重大使命。

国际市场营销部门通常由一位营销副总经理负责，他肩负两项使命：一是协调全体营销人员的工作；二是配合财务、制造、研究和开发、采购和人事等副总经理的工作，促使全企业同心协力，以满足顾客需要。

国际市场营销部门的有效性不仅有赖于有效的组织结构，也取决于对国际营销人员的选择、培训、指导、激励和评价。

（二）发挥控制职能的作用

在营销组织实施营销计划的过程中可能会出现许多意外情况。企业需要有一套控制程序，以确保营销目标的实现。各级经理除了行使计划、指挥、执行职能以外，还必须履行控制职能。

所谓控制，就是把企业活动维持在可以允许的范围内。这种控制的基本程序包括三个步骤和三种类型：步骤包括确立标准、衡量结果、纠正偏差；类型有年度计划控制、利润控制和战略控制。

作为国际市场营销企业，鉴于国际业务距离遥远、文化差异大以及营销组织复杂，更要运用好协调与控制职能，这样方能使企业及时了解各国市场的发展动向，以做出正确的营销决策，使企业不断发展壮大。

第二节　国际市场营销组织

企业的组织又叫组织结构，是由相互配合的若干部门所构成，它规定了企业中每个部门的任务、业务范围、权利、责任和义务，组织本身不是目标而是达成目标的手段，是控制的

基础，是执行营销计划的工具。企业的决策层和规划人员花费了大量的时间和精力制订出国际营销战略计划，如果没有一个适合的、有效率的组织去执行它，或执行不力，那将是徒劳的。适当的国际市场营销组织（International Marketing Organization）是必要条件。

一、国际市场营销组织的演变

如果国际营销战略计划有变化，与之相应的组织结构也需调整。美国学者钱德勒提出"结构紧跟战略"，即战略具有先导性，组织结构具有滞后性，结构随战略计划的变动而调整。在实际中，随着产品打入国际市场、国际业务的扩大，其营销组织从国际市场营销机构的附属逐步演变为出口部、国际部、子公司，并最终发展为全球结构。

第一阶段是企业经营国际化的初级阶段，即间接或被动出口阶段。此阶段国外营销是被动的、次要的或间歇性的，企业主要利用其他公司的服务与国际市场建立业务关系，没有明确的国际营销战略目标。因此，这一阶段的企业组织结构一般与国内企业并无两样，出口业务隶属于销售部门，尚未独立出来。

企业国际化的第二阶段即直接的或主动的进出口阶段。此阶段企业更加积极、主动、直接地寻找供货商或客户，与他们保持联系，建立销售网络，开拓海外市场。因此，需要建立独立的出口部来处理其涉外业务，出口部与国内销售部平级，随着海外业务量扩大，出口部又将向前迈进一步。

企业国际化的第三阶段即以各种投资和非投资模式进入国际市场阶段。此阶段企业将大量的人力、物力、财力，以及管理和技术资源投入海外经营，向跨国公司发展。在这一阶段，企业开始在海外建立若干个生产性和销售子公司或分公司，并与海外经营单位建立较为正式的关系。在这种情况下，有必要在国内母公司组织内设置国际部，代替原有出口部，以加强与海外子公司的联系和协调。

在国际化第四阶段，企业实行全球战略，将国内经营与国际经营融为一体。此阶段企业在海外生产和经营扩张很快，产品不断创新和多样化，一般国际部对繁多的业务已不堪重负，无法协调和处理母公司与子公司之间的矛盾和冲突，有必要建立新的、与企业国际营销战略相适应的组织结构。在全球战略指导下，企业或建立产品组织结构，或建立地区组织结构，或建立职能组织结构，或建立顾客组织结构、矩阵组织结构及其他混合结构，以追求全球合理化。

总之，随着企业地区多样化和产品多样化战略的展开，以及海外销售比例的增加，企业组织结构也从简单走向复杂。

二、国际市场营销组织结构的形式

（一）出口部

当企业发展到一定规模，国内市场已经无法满足企业的发展需求时，企业就会寻求在国际市场范围内进一步发展。企业走向国际化的第一步往往是在原有组织结构的基础上设立从事出口业务的国际营销分部，即出口部。国际营销分部负责所有产品的所有国际客户，通常由国际营销分部的管理人员控制对国际市场的产品定价与促销。该部门的人员具备特定国家或产品的专门知识，由国际营销分部的经理负责处理与出口管理公司、国外分销商和国外客户之间的关系。图 11-2 所示为出口部的组织结构。出口部的组织结构便于经理人员积累国际市场营销经验，减少管理障碍，抓住有利时机，扩展业务。出口部形式的不足之处在于，它涉及的国际业务范围十分有限，如果企业参与更深程度的国际市场营销，如在海外进行技术转让，建立合资企业或独资企业等，出口部的形式就不能适应要求，这时应该采用其他组织形式来管理已经发展的国际市场营销业务。

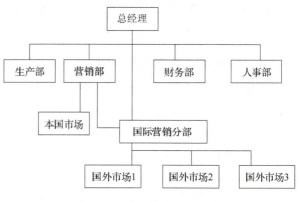

图 11-2　出口部的组织结构

（二）国际部

随着国际业务不断发展，企业进入国际市场的方式日趋多样化，因而使得协调国际市场活动的职责超出了出口部的范围。同时，出口部在国际业务方面与日俱增的权力也会引发与国内营销部之间的摩擦。因此，出口部的组织形式已不足以解决这些问题，而需要建立一个能统一管理和协调各职能部门之间差异的组织结构，这个结构在许多企业中被称为国际部，如图 11-3 所示。在这种结构下，企业中的活动被分为两部分：国内部和国际部。其中，国际部的主要职责是分管企业在国外的业务活动。国际部与企业中的其他职能部门平级，它由营销、生产、研发、财务、计划及人事等部门组成，由国际部经理负责。

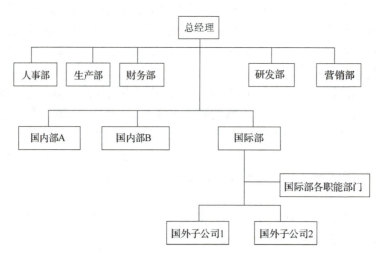

图 11-3　国际部的组织结构

与出口部相比，这种组织结构的主要优点是，国际部经理拥有更大的权力，能在更大程度和范围引导企业拓展国际市场，使企业能充分利用自己的资源和能力在国际市场上施展拳脚。但是，这种组织结构也有缺点：①国际部仍然是从属于企业的一般业务部门，那些在国内市场上占绝对重要地位的企业可能会限制其国际部在国外市场上的拓展；②国际部往往不能参与企业整体战略的制定，这就导致国际部得不到足够的资源用于开发特殊产品、实施促销计划和开拓国外市场；③随着国外业务的发展，高层管理者之间的摩擦也将增加；④由于企业的研发以国内市场为导向，国外市场的研发往往沦为简单的产品改良。因此，达到一定

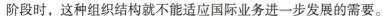

阶段时，这种组织结构就不能适应国际业务进一步发展的需要。

（三）全球性组织结构

随着企业的国际市场营销业务进一步发展到全球性规模，需要企业总部将决策权集中到上层，从全球角度将国内业务与国外业务统一起来，这就需要一种新的组织结构取代原有的国际部组织结构。这种新的组织结构就是全球性组织结构（Global Organization）。全球性组织结构是指由总公司最高领导层来制定企业总的经营目标和战略，在各业务部门之间合理地分配资源，并建立一套有效的联络、协调和控制系统，在全球范围内组织和管理业务。全球性组织结构大体上可分为以下五种形式：全球职能型组织结构、全球地区型组织结构、全球产品型组织结构、全球混合型组织结构和全球矩阵型组织结构。

1. 全球职能型组织结构

全球职能型组织结构是指跨国公司按营销、生产、财务、研发等职能分部，各部门由一位副总经理负责该项职能在全球范围内的活动，如生产部负责全球范围内各种产品的生产活动等。通常这种组织结构适用于那些产品系列不多、企业规模不大的跨国公司，其特点是集权度高，决策权主要集中在企业的高级管理层手中。因为一种产品的生产经营要涉及各个职能管理部门，这些职能管理部门必须相互协调才能正常运作，而它们的地位相当，所以这种协调必须依赖企业的最高管理层来进行。全球职能型组织结构如图 11-4 所示。

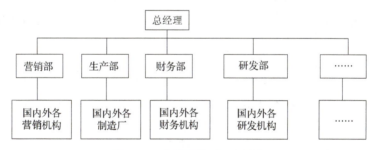

图 11-4　全球职能型组织结构

全球职能组织结构的优点在于，这种组织结构的专业性强，各职能部门只承担某一职能方面的管理，可获得规模效益和专业化分工的效益，而且既减少了管理层次，又加强了企业的统一成本核算和利润的考核。但它的缺点在于，高度的专业化分工会形成不同的职能思维方式，从而有可能给各职能部门之间的沟通和联系带来困难，这些困难就需要由高级管理层来协调，从而增加了高级管理层的协调负担。此外，各职能部门都不直接对最终利润负责，不利于培养各部门之间的竞争意识，当发生问题时也会出现互相推诿的现象。这种组织结构一般适合企业规模较小、产品种类不多、市场不确定性较小和高级管理层能力较强的企业。

2. 全球地区型组织结构

全球地区型组织结构以营销机构所在地区或顾客的地理分布为标准来设置。地区经理负责该企业在世界某一地区的经营活动，总部负责全球的经营计划与控制。每个地区经理均负责所有的主要管理职能，因而可以在该部主管的区域内协调营销、生产和财务等方面的工作。在组织结构上采取以地区为中心的国际企业，其国内经营部只是企业的许多不同的地区性分支机构中的一个，如图 11-5 所示。

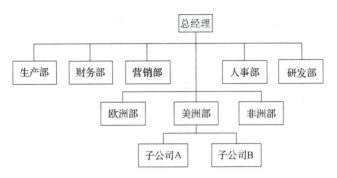

图 11-5 全球地区型组织结构

全球地区型组织结构的优点在于，明确了总部和分部之间的关系与责任，减少了公司总部协调和管理的工作，有利于产品销售和生产的协调发展，并实现了在某一地区范围内企业资源的共享，使企业既能面对市场灵活应变，又能拥有统筹规划的整体优势。它主要适用于那些各地区市场之间差别大，而地区间的企业内部交易和产品转移程度低的企业，以及以地区为单位能够实现规模经济的企业。这一组织结构的缺点主要有：①专业性较差，当企业业务增多并出现差异化时，就很难协调多种产品和业务的经营活动；②各地区设置很多相似的机构，需要配备大量具有国际营销经验的管理人才，造成人才浪费；③由于各地区相对独立、各自为政，利润成为衡量其业绩的主要指标，因而会导致企业产品和资源在各地区间移动困难，进而牺牲企业的整体利益。

3. 全球产品型组织结构

全球产品型组织结构是指依据跨国公司所经营的产品系列来划分部门，各产品系列部门负责该产品在全球范围内的所有职能。通常，总部首先确定企业的总体目标和发展战略，然后再由各产品部门据此制订各自的业务计划。这种组织结构适用于产品种类繁多、市场分布广泛、技术要求较高的国际企业。全球产品型组织结构如图 11-6 所示。

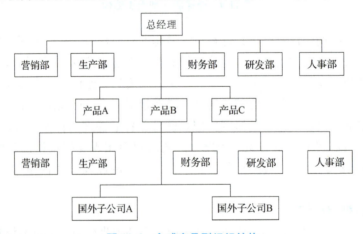

图 11-6 全球产品型组织结构

全球产品型组织结构的优点是：①灵活应变，当国外市场环境发生变化时，具有很大主动权的产品部经理可以及时调整营销策略，剔除滞销的老产品，增添新产品，而不会对企业的整体活动产生太大影响；②当涉足新的产品领域时，只要在组织结构中增加一个新的产品部即可；③按产品线设立直线部门，以便于部门经理争取最佳经济效益，优化投资结构，还便于总部领导对比评估各产品部门的贡献，以便为资源分配提供依据。这种组织结构的缺点是：①各产品部都拥有一套完整的职能机构，造成职能机构的重复设置，导致管理人员的增加和成本的增加；②由于各产品部的独立性高，企业资源难以共享，很容易因为新产品的开发而产生摩擦；③产品部往往更看重开发和占领那些近期产品增长前景良好的地区市场，而忽略对那些远期增长前景看好但近期表现平平的市场的开发，导致区域协调难度较大。

4. 全球混合型组织结构

全球混合型组织结构是按产品、地区、职能中的两个或三个因素混合设立部门，分别主持协调一部分世界范围的经营活动。每个部门由一名副总经理负责，他们各自分管一个方面，并直接向总经理报告。全球混合型组织结构如图11-7所示。

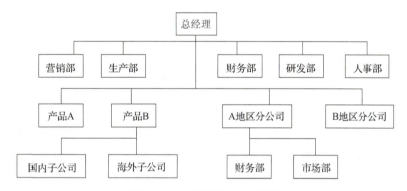

图 11-7　全球混合型组织结构

全球混合型组织结构弥补了单项组织结构中存在的不足，是一种综合型的组织结构。例如，美国的罗伊公司，其大部分产品的生产和经营由国际部控制，但化学塑料制品则另外设立全球性产品部。随着产品市场的多元化，混合型结构可能会越来越受到企业的重视，因为这种结构既弥补了按单一变量设计的组织结构的不足，又兼顾了不同经营活动的特点。

全球混合型组织结构有利于国际企业根据特殊需要，选择不同要素加以组合建立机构，并且还可以根据国际经营环境的变化和业务活动的发展，及时调整组织结构。但这种组织结构的缺点是不够规范，有的根据职能，有的可能根据产品组成开展国际营销的部门，千头万绪，容易造成管理上的混乱。各部门之间由于差异很大，不利于合作与协调，并且这种组织结构还使企业难以树立完整的形象。因此，它较适用于那些规模庞大、产品线众多，或从事不同行业时，由于不同业务而有不同的全球需求、供给和竞争形态的跨国公司。

5. 全球矩阵型组织结构

全球矩阵型组织结构是在企业产品线众多或者从事多种行业的情况下，跨国公司所选择采用的一种组织结构。由于不同业务和产品在全球有不同的需求、供给和竞争态势，这种组织结构能弥补按简单业务和产品设计组织结构的不足，便于当某些产品和业务具有全球竞争优势时，扩大销售量和增加公司利润。这种组织结构吸纳了地区组织结构和产品组织结构中的很多优点，特别适用于那些多元化经营程度高、产品范围和经营区域都高度多样化的大型跨国公司，如图 11-8 所示。

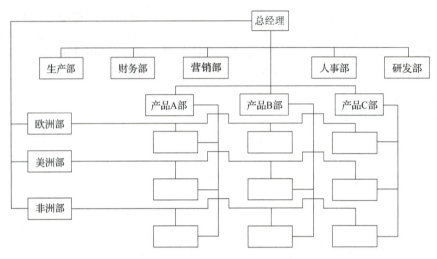

图 11-8　全球矩阵型组织结构

由于矩阵型组织结构是两种组织结构形式的混合，因此相对于其他基本组织形式而言复杂很多。在这种结构中，地区部和产品部均由总经理直接领导，而企业产品在某一特定地区的经营活动同时受该地区部和有关产品部的双重领导。矩阵型组织结构的优点是：有利于企业更好地综合分析和处理复杂多变的经营环境，不仅加强了公司总部对各区域经营活动的管理，也加强了企业内部部门间的协作，从而建立一种整体观念，以整体利益而不是部门利益为准则来做出决策。这一组织结构的缺点是：①组织结构较为复杂，基层部门要同时受到地区部和产品部的领导和监督，容易造成指挥混乱，在成本上也会增加额外的管理费用，从而降低效率；②产品部和地区部也有可能更多地从自身利益出发来考虑问题。

（四）网络组织结构

随着全球营销程度的不断加深，国际营销企业必须面对日趋激烈的市场竞争、日新月异的技术创新和纷繁复杂的环境变化。传统的以分工细致、权限明确为主要特点的金字塔型组织结构（或层级组织）因缺乏灵活性而难以适应环境的变化。进入 20 世纪 80 年代中期，许多国际营销企业以组织单纯化、单层化和联盟为目标，采取了网络组织结构，如图 11-9 所示。

在网络组织结构中，企业内部没有严格的层级结构，取而代之的是以联盟式分权经营的独立公司。企业内部各层次、各

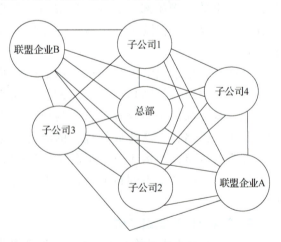

图 11-9　网络组织结构

单位之间联系灵活，企业整体以及整体的各个部分与外部建立了广泛的、多种形式的协作关系，从而为企业组织的动态发展和调整提供了较大的可能性，使企业能够更好地适应环境的

变化。网络组织结构实行内部分权化管理和外部广泛联盟，能够迅速适应多变的市场需要，组织内部存在有效的、非正式的内部沟通网络。网络组织结构可以实现大企业的规模经济、范围经济与小企业成长经济的优势互补，同时也可能存在因企业内部利益主体多元化而造成的内部竞争现象。

三、国际市场营销组织结构的动态变化

国际市场营销组织是在动态变化的国际市场环境中运行的，没有任何国际市场营销组织结构是一成不变的。企业组织结构变化最主要的表现是重组。在实践中，这往往是由四个因素引起的：销售增长、不良的财务状况、新产品的开发和外部环境的变化。

关注国际市场营销组织结构的变化，意味着对各种影响国际市场营销战略和国际市场营销组织结构调整或重新设计的各种因素进行严密的监控。具体来讲，就是识别某些有关国际市场营销组织结构欠佳的信号，并及时对国际市场营销组织结构进行调整或重新设计。

国际市场营销组织结构的调整改变了原有的状况及办事方式，因而往往会引发组织结构内某些人员的抵制。为了确保企业的各部门对国际市场营销有统一的认识，对企业的国际市场营销组织结构的调整应逐步推进，而不应采取激进的方式进行。企业在调整国际市场营销组织结构之前，应广泛地与各部门的人员进行沟通，以争取各部门的支持，并减少组织调整过程中可能引起的冲突和损失。

【资料阅读 11-1】 新型企业形态：全球公司

在全球化和信息技术双引擎的推动下，一种称为全球公司的企业形态已经初具雏形。全球公司具有如下特点：①具备全球市场影响力；②有可供支配的全球财务；③员工来自全球；④具有全球吸引力的产品；⑤拥有全球性的利益相关者。企业要成为真正的"全球公司"，必须具备足够的条件。

从组织结构来看，跨国公司采取的是轮辐式结构，即以总部为轮轴，以海外子公司为轮辐。在这种结构下，企业试图将其在母国公司的所有商业流程复制到每个海外子公司中。宝洁公司就颇具典型性。该公司曾表示，它实现全球化的做法就是将宝洁总部的复制品搬到世界各地，组建一批"小宝洁"。然而，在全球化时代，轮辐式结构对效率的制约日益突出，不少企业已经意识到，需要在全球范围内进行整合，根据优化配置的原则对组织结构进行调整，企业的结构因此变成了多点辐射的网络状结构。

跨国公司明显带有单一民族国家的特征，而全球公司却没有这一特征。全球公司的总部可能在美国，生产和采购中心可能在中国，客服中心可能在印度，研发中心可能在欧洲。通过前面的分析，可以得到一个初步的结论，即内部整合和外部竞合是全球公司的共性。通过加强内部的整合与协作，实现内部交易成本的最小化，这不仅是发展的需要，也是生存的需要。在一个门槛迅速降低的竞争平台上，企业之间是系统运营能力的对决，唯有获得系统整体优势的企业，方具备相对持久的竞争力。另一方面，全球化和技术发展也在很大程度上改变了企业的竞争规则。企业比任何时候都更需要清楚自身的能力，并灵活调整与其他企业之间的关系，因为除了纯粹的竞争或合作关系外，既竞争又合作的竞合关系正在变成常态。

全球公司并非没有风险。当企业内部以及企业与外部之间联系越来越紧密时，任何一个

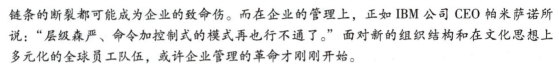

链条的断裂都可能成为企业的致命伤。而在企业的管理上，正如 IBM 公司 CEO 帕米萨诺所说："层级森严、命令加控制式的模式再也行不通了。"面对新的组织结构和在文化思想上多元化的全球员工队伍，或许企业管理的革命才刚刚开始。

（资料来源：龚伟同. 丰田汽车：全球公司时代的梦想和困惑［J］. 商务周刊，2007（24）.）

第三节　国际市场营销活动的执行

良好的营销战略计划不仅要有营销组织来保证其顺利实现，更重要的是营销人员要能有效地执行营销计划。如果执行不当，是不会取得成效的。

营销活动执行是将营销计划转化为行动和任务的部署过程，并保证这种任务的完成，以实现营销计划所制定的目标。

战略计划规定了营销活动是干什么的和为什么这样做的问题，而执行规定了什么人在什么地方、什么时候去做以及怎么做的问题。战略计划与执行是一个问题的两个阶段，二者密切相关。例如，最高管理层做出决策，要求对一个已处于衰退期的产品进行收割性的结束工作。这一决策转化为一系列具体的措施，如减少对该产品的营销费和预算，指示推销人员转移推销的重点，重新印制价格表并把该产品标价提高，广告代理商把精力转移到其他产品的宣传上，等等。此外，美国学者托马斯·波诺马也提出影响有效执行营销计划的四种技能：诊断营销问题的技能、查清问题所在层次的技能、执行营销计划的技能、评价执行结果的技能。

一、诊断营销问题的技能

当一个营销计划未能取得预期效果时，就需要找出其中存在的问题，究竟是战略计划欠佳使营销执行不能取得预期效果，还是执行不力的结果？如果是战略计划欠佳，就需调整计划；如果是执行不力，就需提高管理水平，调动人员积极性。

二、查清问题所在层次的技能

如果发现营销计划存在问题，还需进一步查清问题出现在哪一个层次或环节上。影响营销顺利进行的层次或环节很多，主要从三个层次或环节上找原因：一是基层。这一层承担着各项具体的营销任务，如推销、广告宣传、新产品开发、分销渠道开拓等。如果企业推销不力，广告宣传不到位，分销渠道选择不合理，就很难使营销计划顺利实现。二是营销规划层，即管理层。如果营销管理部门不能把营销计划具体化为一系列的规划，使各项工作，如定价、促销、分销、产品等相互配合、相得益彰，营销活动也不能达到预期效果。因为现代营销已进入整体营销阶段，单靠某一种营销手段就想取得理想效果几乎是不可能的。三是营销政策的制定、贯彻与执行。企业要想使营销活动顺利进行，必须制定一套科学合理的营销政策。例如：定价政策，包括分期付款、折扣；服务政策，包括售后三包、送货上门等；销售政策，包括赊销、预订、电话购物等；分配政策，包括奖金的发放、报酬形式等。制定营销政策的目的是让每个员工都了解企业的立场、营销哲学，作为自己工作的准则。因此，制定完营销政策，就要大力宣传营销政策，做到人人心中有数，并很好地贯彻执行这些营销政策。如果员工在与客户、经销商、供应商和其他人的交往之中，采用了企业的营销哲学，就可以减少矛盾，维护企业的形象，营销计划就能顺利进行；反之，营销计划执行就会受阻。波诺马认为，营销政策对有效执行营销计划影响最大。

三、执行营销计划的技能

有效地执行营销计划还需要一定的执行技能，包括分配、监控、组织和相互配合。

分配的技能是指营销经理根据营销规划，科学合理地分配人力、物力和财力，以确保将有限的资源分配到最能给企业带来效益的工作中去。

监控的技能是指建立一个对营销活动结果进行反馈的控制系统。控制的手段有年度计划控制、盈利率控制、战略控制（参见本章第四节）。

组织的技能是指如何使营销组织内的各部门、各环节及人与人之间相互配合，成为一个有效实现组织目标的有机整体。

相互配合的技能是指经理人员能借助其他力量来完成自己任务的能力。营销经理不仅能够动员企业自己的人员去有效地执行预期计划，而且要利用外部力量，如市场调研公司、广告代理公司、经销商、批发商、代理商等。当然，外部力量的目标并不与企业的目标完全一致，因此，借用外力的原则必须是互利互惠、共同发展，如此才能让外力为企业服务。

四、评价执行结果的技能

评价执行结果的技能是指国际营销经理能够从各项执行活动的结果中发现问题的能力。通常采用逐项分析法来评价一个企业的营销计划执行效果。一般通过以下问题进行评价：

（1）企业是否有优秀的营销领导和高素质的营销队伍？

（2）推销中的分配、定价、广告宣传、分销渠道是否在良好的管理之下？

（3）企业的营销规划是不是一个有机整体，并以整体的营销活动开展商品销售？

（4）营销管理部门与其他同营销有关的人员，如推销人员，与职能部门、顾客及商界的相互关系处理得是否恰当？

（5）管理部门分配营销任务的大小、时间、经费和人员是否恰当？

（6）管理部门是不是按营销政策来处理与顾客、供应商、经销商之间关系的？

如果对以上各题的回答全部是"是"，说明营销活动的执行是卓有成效的；反之，则是失败的。

第四节　国际市场营销控制

企业的跨国营销是一项复杂的工作，为了成功地开展营销业务，需要进行不间断的协调和有效的管理控制。通过审视的、有计划的协调和周密设计的控制体系，企业既可以使市场营销工作适合具体市场的特殊情况，又可以使规划、战略及营销方案在不同程度上实现标准化，使之适应全球市场的需要。

一、国际市场营销控制及其必要性

国际市场营销控制（Control of International Marketing）是指在动态变化的国际营销环境中，为保证既定营销目标的实现而进行的监督、检查和纠正偏差等管理活动的统称。国际市场营销控制是国际市场营销管理的关键职能。

国际市场营销控制与计划和组织是密不可分的，当企业制订了国际市场营销计划，并建立了与之相适应的组织形式后，协调和控制就成为实现市场营销目标的关键。

由于企业的组织形式不同，国际市场营销控制的主体可能会由国际企业中不同层次的营销管理人员来担当。如果企业采取高度分权的组织形式，则企业在国外公司的市场营销控制活动就主要由当地的营销经理进行；反之，如果企业建立了高度集权的组织结构，则总部会对在各国开展的市场营销活动进行直接控制，以保证企业统一营销策略的贯彻落实。

二、国际市场营销控制模式

在国际市场营销活动过程中，企业不仅需要适时调整其国际市场营销组织结构，而且需要根据组织结构的变化，相应地调整母公司对子公司的控制模式。国际市场营销控制模式主要包括三类：集权型控制模式、分权型控制模式、分权与集权相结合的控制模式。

（一）集权型控制模式

集权型控制模式是指公司总部对其国内与国外分部实行集中型控制。这是最为传统的跨国公司控制模式。集权型控制模式主要表现在海外业务规划和控制两个方面。其特征是：子公司的经营权掌握在母公司手中；子公司职员的工作业绩用母公司的标准来衡量；不管子公司能否消化，母公司都向子公司传达指令和信息；子公司虽然设在目标市场国，但母公司仍按自己的标准对子公司进行控制，而不考虑当地的具体情况；子公司的高级管理人员一般优先选用母公司的现有人员，子公司当地人才的发展机会较少；子公司的内当地雇员有自卑感，而母公司派往子公司的雇员有优越感。

集权型控制模式的优点是母公司便于发挥统一调配的作用，这也是这种模式能够存在的重要基础。但这种控制模式过分忽略子公司的社会人情及雇员利益，容易引起当地社会的不满，从而产生种种干扰，引发当地雇员的抵制行为和排外情绪，一旦矛盾尖锐，可能导致当地政府出面干涉。

（二）分权型控制模式

随着企业国际化进程的推进，集权型控制模式往往背离子公司的经营环境及发展战略的需要，产生了许多问题。经过多年的演变和发展，控制模式开始从集权型和以本民族为中心转向分权型和以多民族为中心。分权型控制模式得以产生的背景是：分布在世界各地的子公司同母公司在社会、政治、经济、文化等方面的环境差异和能力差异越来越明显，所以由母公司集权控制子公司的模式越来越难以继续。在这种情况下，分权型控制模式产生了。

分权型控制模式的主要特征包括：子公司的经营决策权掌握在子公司经理手中，母公司只负责子公司早期决策及关于高级管理人员深造的决策；子公司职员的工作业绩用子公司所在地的通用标准衡量；子公司的奖励水平与母公司不发生直接关系，各个子公司之间可以存在较大差异；母公司与子公司之间，以及子公司之间的信息交流很少；子公司中外籍员工和本地员工之间不存在等级观念。

总之，在分权型控制模式下，外国子公司实际上等于本地公司，因此，这种控制模式不会使子公司的雇员产生被压迫或不平等的感觉。但从母公司的立场来看，这种控制模式不能发挥统一调配资源的优势。在分权型控制模式中，各地子公司可以自谋发展机会，但也会相应失去集中利用国际市场和世界资源的机会，所以也有弊端。

（三）分权与集权相结合的控制模式

随着社会生产力的发展，国际上的经济合作更为广泛和深入，跨国公司的业务遍及全球，原来以母公司和本民族为中心的集权型控制模式和多中心的分权型控制模式均已不能满足实际需要，因而产生了一种新的控制模式，即分权与集权相结合的控制模式。

分权有利于更好地考虑世界各地的实际市场情况；集权可以从企业的整体利益出发开展工作，以满足企业的整体利益，当然也包括子公司的利益。分权与集权相结合的控制模式以全球为中心，既不偏爱本民族和母公司，也不偏爱其他民族和子公司。子公司根据企业的整体战略目标自己制订经营方针和经营计划。母公司有权对子公司进行监督，如果子公司不努力执行计划或偏离计划，母公司可采取纠正行动。为了便于母公司实行集权控制，子公司必须按期向母公司报告计划执行情况，而母公司也经常派人到子公司进行视察。将分权与集权相结合，实际上充分兼顾了企业的整体利益与目标市场国当地市场环境的特点。

分权与集权相结合控制模式的主要特征有：母公司把经营决策权按照实际需要授予子公司，子公司在决策时要考虑母公司提供的各种参数和标准；子公司员工及其工作业绩的衡量标准依据平均效率和客观情况而定，既不能太高，也不能太低，要符合各国的实际情况；子公司发放报酬应依照目标和任务的完成情况而定，既不能偏爱母公司的员工，也不能偏爱子公司的员工；意见和信息在母公司和子公司之间双向流动，母公司被视为企业经营集团的成员；子公司所在地的人才也能被派往其他国家子公司或母公司任职；所有子公司的员工虽然国籍不同，但彼此之间是平等的。

三、国际市场营销控制的程序和影响因素

（一）国际市场营销控制的程序

国际市场营销控制的程序主要包括以下步骤：设定控制目标、明确控制对象、选择控制方法、制定控制标准、衡量工作绩效、分析偏差成因和采取纠偏措施。国际市场营销控制是一个动态的运行过程，上述七个步骤按照顺序不断地重复进行，当然每次重复都在一个更高的层次上进行，都有更新的内容。

1. 设定控制目标

控制目标有两层含义：

（1）第一层含义是指控制本身的目标，即企业对经营活动进行控制的目的。控制本身的目标是保证企业制定的方针、政策得以贯彻、执行，促使企业经营有效运转。但是，不同的时期、面对不同的环境，控制本身目标的具体内容也会有所不同。例如，有时加强控制是为了促使企业提升等级，有时是为了克服某些方面的薄弱环节，有时则是为了应对面临的各种机会和挑战等。

（2）第二层含义是指被控制对象应实现的目标，即一定时期内企业经营应达到的目的。在此，控制目标指第二层含义。

控制的目标就是企业计划的目标。控制目标与计划目标的内容是一致的，但控制目标又具有两个特征：①控制目标必须是具体的、可操作的；②控制目标是比较详细的，不仅企业各个层次、各个部门（单位）的目标必须明确无误，而且应指明各项目标的种种细节。

2. 明确控制对象

一般来说，国际市场营销内容广泛，不可能对所有市场营销活动或市场营销的全过程进

行控制。控制应遵循重点原则和经济性原则。有效的控制应针对关键活动、关键环节或关键项目。在设定了控制目标之后，应根据上述原则明确控制对象，从而使国际市场营销控制更有效率。

较常见的国际市场营销控制对象有销售收入、销售成本、销售人员工作绩效、广告效果、新产品开发、顾客服务、中间商行为等。

3. 选择控制方法

国际市场营销控制的基本方法有两种：直接控制和间接控制。直接控制是指企业总部有关管理人员直接参与所属机构的经营管理。例如，总公司上层领导以股东身份直接参与国外子公司对外合同签订，直接主持制订子公司的经营计划等。间接控制是指企业总部有关管理人员通过各种杠杆机制干预调节下属机构的经营活动。间接控制包括下达各种指令性或指导性计划指标，制定和宣布一整套完善的规章制度，投入或撤回部分资金，制定并下达各项政策，组织企业竞赛等。另外，签订正式合同的方法有可能为控制国外营销机构提供一种有效而直接的控制机制。合同控制法常常是通过定额和许可证的方式实行控制的，它要求国际市场营销机构达到具体的绩效。但必须注意的是，合同条款不是在任何情况下都能强制执行的。

4. 制定控制标准

控制的衡量标准应满足以下要求：①控制的衡量标准要与目标的指标一致；②要数量化，金额、数量要明确，并要确定相应的等级范围；③要充分考虑国外子公司当地的经营环境，如不同的币种及其汇率，当地政府的税收、价格及金融等方面的政策；④要顾及某些抽象目标，如进入某一国家或地区市场对企业全球战略的意义。

5. 衡量工作绩效

（1）分配责任。实施国际市场营销计划的复杂性在于难以分配国外市场营销活动的具体责任，任何一个营销活动都可能需要多方人员的合作。母公司的各不同部门都必须密切关注其他部门正在进行的活动。

（2）指定责任人。控制系统的责任人基本分三个层次：公司总经理及中央各职能部门是最高控制者，这是第一层次；国际事业部或地区部或产品部的副总经理及各职能部门，既是总经理及中央各职能部门的被控制者，又是下属子公司的控制者，这是第二层次；子公司或其他下属机构的经理及其职能部门则是最下层被控制者，这是第三层次。企业要明确各层次的责任。

（3）衡量工作绩效。衡量工作绩效是指把实际工作绩效与控制标准进行比较，找出两者之间的差距，并据此对实际工作绩效做出评价。在国际市场营销中，公司总部对国外子公司经营状况的认定主要依赖定期报告制度，即总部要求子公司定期提交经营成果报告。除了报告制度外，公司总部的控制人员还应经常对子公司的市场营销工作进行实地考察，以了解各地分支机构的真实经营状况。

6. 分析偏差成因

如果对实际工作绩效与控制标准进行比较后，发现存在偏差，这时不管偏差是否超出了允许的范围，都要分析偏差产生的原因，包括分析正偏差的成因。因为正偏差的出现可能是市场营销环境发生了重大变化，也有可能隐藏在正偏差背后的是负面信息。例如，某企业发现其产品在某国外区域的销量突然快速增长，通过分析企业发现，当地经济形势好转、市场需求规模扩大是引起销量增长的主要原因，但在了解了竞争对手的销量情况后，发现竞争对手的销量增长比本企业还要高许多，反而说明本企业的市场营销工作还有不足或执行不力的地方。

在衡量工作绩效时，应严格依据既定标准，确认被控制单位的业绩是否达到了预期的目标。同时，还应充分考虑当地的经营环境。例如，当地汇率的变化、通货膨胀、经济不景气、政府政策变化等都会对企业的经营绩效产生重大影响。衡量要遵循实事求是的原则。衡量过程同时又是分析过程，尤其是被控制单位的工作未能达到既定目标时，必须分析其原因，并提出相应的改进措施。

7. 采取纠偏措施

纠正偏差、减少失误是控制的直接目的。在深入分析偏差成因的基础上，控制者要根据具体问题提出纠偏意见，并要求相关部门迅速采取措施，以保证计划的顺利完成。

需要注意的是，有时偏差过大，可能是由于原计划不合理。在这种情况下，应对原计划进行调整。但控制者不能以计划适应控制，任意地根据控制需要来修改计划。只有当事实表明计划标准确实定得过高或过低，或因为国际市场营销环境发生了重大变化，使原计划的实施前提不复存在时，才能对原计划进行修正。

国际市场营销控制是一个周而复始的循环过程。因此，纠偏既是上一个控制周期的终点，又是下一个控制周期的起点。

（二）影响国际市场营销控制的因素

国际市场营销控制的方法不是千篇一律的，不同的企业由于各自的条件和所处环境不同，所采取的国际市场营销控制手段也不完全相同，有时甚至可能截然相反。一般来说，影响国际市场营销控制的因素包括以下几个：

1. 国际市场营销控制方法

大多数国际化经营的企业都是先在国内市场上取得成功后，才开始开拓国际市场。在国际市场营销控制中，这些企业便继续沿用那些在国内市场营销中已被证明行之有效的控制方法。这种策略之所以可取，是因为国内市场营销控制方法已被实践证明行之有效，而且企业上上下下都已熟悉并习惯于这种传统的市场营销控制方法。企业的市场营销控制方法只有被全体员工所了解和接受，才能得到彻底实施，并发挥积极作用。事实上，现在许多国际企业已经在传统的国内市场营销控制方法的基础上建立了一整套标准化的控制制度，用以控制企业在全球范围内的经营和销售。国际企业的公司总部要求国外子公司定期提交标准格式的有关经营状况的报告。如果国外子公司的规模较小，则定期报告的内容可以简略，报告的周期可以缩短。这种标准化的报告控制制度有利于国际企业在全球范围内比较各个子公司的经营状况，也有利于人才和信息在全公司内的流动。

2. 交通和通信设施

影响国际市场营销控制的另一个主要因素是交通和通信设施的发展水平。一个多世纪以前，由于交通和通信设施很不发达，企业不得不采取高度分权化的管理。如今，交通和通信手段已经飞速发展，除了陆上交通和海上交通外，飞机已经成为世界上主要的远距离交通工具。这使得国际企业总部的管理人员能定期和国外子公司管理人员进行面对面的商谈。电话、电传、传真和电子邮件等电子通信手段使公司总部和国外子公司能保持不间断的沟通，发达的现代交通和通信设施使国际企业加强国际市场营销控制成为可能。

3. 母公司和子公司间的距离

在其他条件相同的情况下，母公司和子公司间的距离越远，母公司对子公司的控制程度就越弱，子公司享受的分权也就越大。这是因为遥远的距离不仅增加了差旅费和使用电话、电传及其他通信设备的费用，而且也可能延误决策的时间。因此，随着子公司与母公司距离的增加，母公司对子公司的授权范围也将增大。

4. 产品的性质

产品的性质直接影响国际市场营销控制的方法。技术复杂的产品由于在世界各地的用途很接近，所以可以由公司总部集中制定统一的控制标准和绩效评估方法。计算机和许多工业产品都属于对文化环境不敏感的产品，所以可以采取统一的国际市场营销控制方法。药品、服装和食品以及许多日用商品等是对文化环境敏感的产品，所以对这些产品的控制不能一刀切，而要根据具体情况做具体分析，采取分权型控制模式。

5. 环境差异

母公司和子公司所处的政治、经济、社会、文化、技术、法律等环境相差越大，母公司对子公司的授权范围就越大，子公司所受的控制也就越小。例如，由于加拿大和美国在政治、经济、社会、文化等方面很相似，所以许多美国跨国公司对设在加拿大的子公司进行高度集权化控制。许多国际企业为了加强对国外子公司的控制，采用了地区型的组织结构，成立若干个地区总部，使得各地区之间的差异较大，而每个地区内各国之间的差异较小。

6. 环境的稳定性

子公司所在国的环境（尤其是政治环境和经济环境）越不稳定，母公司对子公司的市场营销控制程度就越弱。当子公司所在国的环境动荡不定时，对母公司来说比较明智的办法是让处在第一线的子公司独立决策、自主经营。

7. 子公司的绩效

当国外子公司能圆满完成母公司制订的营销计划且绩效卓著时，母公司对其控制将放松，国外子公司的自主权加大；相反，当国外子公司完不成计划、屡遭败绩时，母公司对其控制将加强，国外子公司的自主权不可避免地要削弱。

8. 国际市场营销业务的比重

国际市场营销业务的比重越大，公司总部的职能管理人员就越多，对子公司的控制相应就越广泛；反之，国际市场营销业务的比重越小，公司总部所雇用的职能管理人员就越少，对子公司的市场营销控制也就越狭窄。大型的国际企业不仅在公司本部设置诸如营销、财务、生产、人事等职能部门，而且在地区总部、产品系列部和国家子公司一级设立职能部门。在这样的国际企业中，对国际市场营销的控制相当严格。

四、国际市场营销控制的内容和类型

(一) 国际市场营销控制的内容

1. 销售额控制

对销售额进行控制具有十分重要的意义。由于销售是企业经营活动的中心，销售额的大小反映了企业的经营发展规模，销售额的增长是企业经济效益提高的前提。因此，国际市场营销控制首先要对销售额进行控制。销售额控制主要是通过将每周、每月或每季度的销售数字汇总，与预期指标进行比较，以判断各种因素对销售量的影响。从销售差异分析中，可以找出造成差异的原因，以便对症下药。从各国市场的销售差异中，可以辨别出哪些市场对企业的发展有利。从各类产品的不同销售差异中，可以找出企业扩大生产能力的方向。销售额的大小取决于在市场营销方面的努力程度，因此，可以通过销售额的大小来确定营销开支和推销程度是否与潜在收益相称。有关销售额的详细报告应当列举大量采购数字和市场份额的信息，从而使管理部门在实施控制时，不仅能够促进本企业的销售，而且可以了解本企业相对于竞争对手所处的位置。如果市场份额下降，即使销售量增加，也说明企业的营销业绩不佳。

2. 价格控制

国际市场产品价格的控制标准较难确定，因此，应将注意力主要集中于控制不同国别市场和销售产品的盈利状况上，也可以为各子公司规定一个价格范围，要求各子公司根据这一标准来定价或变动价格。

3. 产品控制

产品控制至关重要，因为在竞争空前激烈的今天，产品质量的高低、款式是否新颖、售前售后服务是否周到等往往决定着企业的生死存亡。

国际企业的产品控制主要包括：①建立统一的产品质量标准，要求必须严格参照执行；②公司总部及地区总部或产品总部必须设立质量控制部门，定期或不定期地对国内外市场的产品进行质量检验；③监控经销商的服务质量，各特约经销商必须提供完善的售前售后服务，根据需要还可增设服务点；④各控制管理部门必须建立完善的信息反馈系统，及时了解消费者对产品的意见。

4. 促销控制

促销控制主要是控制人员推销的目标、广告目标及其他促销形式的目标，以确保各分公司的业务遵循企业统一的国际市场营销目标。

5. 分销渠道控制

分销渠道控制主要是对中间商在代理销售、供应订货、售后服务等功能的执行情况、渠道的销售额、售后服务的效率等方面进行控制。

6. 人员控制

国际市场营销中的人员控制是指对下属机构的经理人员进行控制。人员控制主要包括被聘任的经理人员必须经过严格的考核，必须定期对下属机构经理的工作进行考核检查并做出评价。对工作积极、业绩较好的经理人员应给予奖励；对工作不努力者应给予必要的批评与警告；对不称职者应及时撤换。

7. 投资控制

海外直接投资是跨国经营的基础和基本特征。由于海外投资前景具有很大的不确定性，风险很大，因而必须进行严格控制。一般而言，海外直接投资应采用直接控制的办法，即公司总部高层负责人应直接参与海外直接投资的项目选择、可行性研究和重要的项目谈判。投资项目必须经总经理审查方能执行。项目开始执行后，总公司的高层负责人必须密切关注其进展情况，并及时了解投资回收和投资报酬情况。

8. 利润控制

国际企业的利润控制有两个方面。首先要控制企业的盈利水平。为此，企业要分析各海外分公司的利润表，以便了解它们的成本支出和经营状况，以及当前的国外市场形势。其次，作为国际企业（主要是跨国经营企业），必须控制利润的来源国别，按照"责任中心"

管理制度的要求，各海外企业分别建立各种中心，如成本中心、销售中心、投资中心、利润中心等。为了保证企业利润总水平的提高，各中心必须各司其职，而不能从局部利益出发，片面追求自己的利润水平。当然，公司总部必须对各种中心规定不同的考核标准。

9. 销售能力控制

销售能力控制主要是指对不同产品、不同市场的销量，老客户与新客户的比例，新产品与老产品的比例及市场份额等进行控制。

（二）国际市场营销控制的类型

1. 按市场营销控制的先后次序分类

（1）运行条件控制。运行条件控制是指对国际市场营销活动得以正常运行的客观先决条件（如物质资源、资金、人力、信息等）加以检查和控制，使其始终处于最佳条件下，当条件发生变化时，应采取调整措施，以保证国际市场营销活动的顺利进行。

（2）运行状态控制。运行状态控制是指对整个国际市场营销活动的状态进行不断检查和监视，当运行状态偏离营销目标时，应及时加以调整，使营销活动始终朝着既定目标进行。

（3）运行结果控制。运行结果控制是指对国际企业每个运行阶段的运行结果和国际企业每个部门或下属企业的运行结果加以控制和检查，对不良的结果采取纠正措施，以保证整体阶段和整体企业营销目标的顺利实现。

国际企业在对市场营销活动进行控制时，并不是单纯采用上述某一种控制类型，而是同时采用三种控制。这是由三者之间密切联系而不是互相孤立的特点所决定的。

2. 按对国际市场营销的影响分类

（1）年度计划控制。一般将年度计划要达到的营销目标分解成季度和月度目标，然后按月、按季控制市场营销计划的运行情况，如果遇到偏离市场营销计划的情况，则应采取措施及时加以纠正。年度计划控制的内容主要包括以下几个方面：

1）销售分析。销售分析主要是分析造成本企业销售没有按计划完成的具体时间、具体原因和具体产品与地区。一般从三个方面进行分析：①对比分析，即分析实际销售额或销售量与销售计划的差距；②差距原因分析，即分析影响销售计划实现的各种因素；③销售分类分析，即分析是哪种产品和哪个地区没有实现销售计划。

2）市场占有率分析。市场占有率分析就是分析本企业在市场上竞争地位的变化，并找出原因，即了解和检查本企业在市场上的竞争能力有哪些变化，以及造成这种变化的原因。

3）销售费用率分析。销售费用是指发生在销售环节的费用，包括促销费用、市场营销调研费用和销售管理费用。销售费用率分析就是分析本企业发生在销售环节的费用与总销售额的比率是否处在合理范围内，检查其变化情况并找出原因，然后针对原因采取措施。

4）消费者态度分析。消费者态度分析是指从企业外部，即从消费者对本企业产品态度的变化上寻找影响市场营销计划完成的原因。这是因为消费者对本企业产品态度的变化往往是导致产品销售发生变化，乃至市场营销计划能否实现的直接原因之一。当国际企业通过分析发现消费者的态度发生了有利于企业的变化时，企业应及时加以引导，使其更有利于企业；当发现消费者的态度发生了不利于企业的变化时，则应及时采取措施加以改正或控制。

（2）盈利能力控制。盈利能力控制是指分析本企业的各类产品、各个销售地区、各种分销渠道的盈利实绩与市场营销计划的差别情况，从中发现盈利能力或盈利实绩下降的产品、地区和渠道，然后分析并找出原因，最后针对原因采取措施，以确保本企业盈利目标的实现。

（3）策略控制。策略控制是指经常不断地分析本企业的外部环境变化及其对本企业市场营销计划造成的影响，以便根据变化后的客观环境调整或修正本企业的营销目标和营销计划，或采取某些措施以适应变化后的客观环境，从而保证原营销目标或原营销计划的顺利实施。

【实例 11-1】　麦当劳公司的控制系统

麦当劳公司是全球知名的经营快餐的公司，维持产品质量和服务水平是其经营成功的关键。公司在采取特许连锁店经营战略开设分店和实现地域扩张的同时，特别注意对各连锁店的管理控制。为此，麦当劳公司制定了一套全面、周密的控制办法。

公司各分店都由当地人所有和经营管理，公司主要通过授予特许权的方式来开设连锁分店。其考虑之一就是使购买特许经营权的人在成为分店经理人员的同时也成为该分店的所有者，从而在直接分享利润的激励机制下把分店经营得更加出色。特许经营使麦当劳公司在独特的激励机制中形成了对其扩展业务的强有力控制。公司在出售其特许经营权时非常慎重，总是经过各方面的调查了解后，才挑选那些具有卓越经营管理才能的人作为店主，而且事后如果发现其能力不符合要求，则会撤回这一授权。

公司还通过详细的程序、规则和条例规定，使分布在世界各地的所有分店的经营者和员工都遵循一种标准化、规范化的作业。公司对制作汉堡包、炸土豆条、招待顾客和清理餐桌等工作都事先进行了翔实的动作研究，以确定各项工作的最佳开展方式，然后再编成书面规定，用以指导各分店管理人员和一般员工的行为。公司在芝加哥开办了专门的培训中心——汉堡包大学，要求所有的特许经营者在开业之前，都需要接受为期一个月的强化培训。回去之后，他们还被要求对所有工作人员进行培训，以确保公司的规章条例得到准确的理解和贯彻执行。

为了确保所有特许经营分店都能按照统一的要求开展活动，公司总部的管理人员还经常走访、巡视世界各地的经营店，进行直接的监督和控制。除此之外，麦当劳公司还定期对各分店的经营业绩进行考评。为此，各分店要及时提供有关营业额和经营成本、利润等方面的信息，这样总部管理人员就能把控各分店经营的状态和及时发现存在的问题，以便商讨和采取改进的对策。

麦当劳公司的另一个控制手段是在所有经营分店中塑造公司独特的组织文化，这就是人们熟知的"质量超群，服务优良，清洁卫生，货真价实"口号所体现的文化价值观。公司的共享价值观建设，不仅在世界各地分店的员工中进行，而且还将公司的一个主要利益团体——顾客也包括进这支建设队伍中。麦当劳的顾客虽然要求自我服务，但公司特别重视满足顾客的要求，如为孩子开设游戏场所、提供快乐餐厅和组织生日聚会等，以形成家庭式氛围，这样既吸引了孩子们，也提高了成年人对公司的忠诚度。

（资料来源：闫国庆．国际市场营销学 [M]．北京：清华大学出版社，2004.）

> ## 关　键　词

国际市场营销计划（International Marketing Planning）

国际市场营销组织（International Marketing Organization）

全球性组织结构（Global Organization）

国际市场营销控制（Control of International Marketing）

> **思考题**

1. 跨国公司国际营销组织结构的主要形式有哪些？各有哪些特征和优缺点？
2. 影响国际市场营销组织结构设计的因素有哪些？
3. 国际市场营销控制的主要内容包括哪几个方面？
4. 简述国际市场营销控制的类型。

> **案例分析讨论**

国际化战略：海尔与华为

海尔和华为都是国内国际化做得比较早且比较好的企业。海尔在2005年对外就传播"1000亿，世界的海尔"。其当时全球销售额是1000亿元人民币，海外销售大约为100亿元人民币，占整体销售额的10%左右。华为的海外销售额在2005年达47.5亿美元，占同期全球销售额82亿美元的58%。其产品已销售至全球80多个国家和地区。

判断一个企业是否国际化，有一个很简单的标准：其海外销售额占全球销售额1/3以上，才可以称得上是国际化企业。从这个角度评价，华为已经是真正的国际化企业。华为已把国内销售总部降格为与海外其他八个地区总部平行的中国地区部，可见国际市场对其重要性。而海尔的国内销售仍占大头，海外销售的话语权还不大，是一个还在国际化征途上的企业。

一、国际化战略的路径选择

海尔"先难后易"的国际化战略就是先打开发达国家市场、后进入发展中国家市场的战略。按海尔的说法，到消费者最讲究、最挑剔的市场，到强者如林的成熟市场摔打历练，才能迅速成长，占领制高点；然后，居高临下，再进入其他市场。海尔先后在美国和意大利等地建立了工厂。海尔虽然在美国有所收获，但在欧洲和日本等国家市场的表现却不尽如人意。华为国际化采取的是务实的"先易后难"战略，其国际化战略是"农村包围城市"的海外翻版。华为的国内市场也是通过先做县城、再做城市的"农村包围城市"战略创建起来的。这种"先易后难"的战略与其说是华为的主动战略选择，不如说在某种程度上也是一种不得已而为之的战略。因为华为当时不管在产品、技术、人才、综合实力等方面都与强大的国外竞争对手差距悬殊，所以先去亚洲、非洲、拉丁美洲市场发展，选择的是侧面迂回战略。

二、国际化人才战略

企业要国际化，必须有开拓国际市场的国际化人才。海尔在国际化人才战略上基本上是"拿来主义"，这集中体现在海尔的"三融一创"上，即融资、融智、融文化来创立品牌，其国内市场人员和国外人员基本上是不流动的。海尔的国外销售管理模式基本是区域代理制，在当地独资或合资的销售公司中，雇用的绝大部分是当地的职业经理人。海尔负责国外销售的人员大部分以商务出差的形式去管理国外市场，常驻国外的人员很少，基本是依靠当地的职业经理人来经营和管理的。这就是"三融"中"融智"的具体体现。海尔奉行的是依靠当地人才的国际化人才战略。而华为的人才战略走的是和很多跨国公司相同的路径：先从国内大批地向国外输出人才开拓国际市场。华为几乎将其所有高层管理者都派驻到国外去

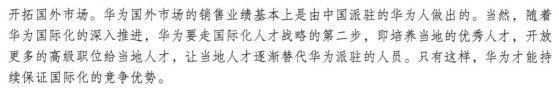

开拓国外市场。华为国外市场的销售业绩基本上是由中国派驻的华为人做出的。当然，随着华为国际化的深入推进，华为要走国际化人才战略的第二步，即培养当地的优秀人才，开放更多的高级职位给当地人才，让当地人才逐渐替代华为派驻的人员。只有这样，华为才能持续保证国际化的竞争优势。

三、国际化文化战略

海尔的企业文化和华为的企业文化在中国企业里都是独树一帜、很有特色的。海尔文化的精髓是它的执行力文化，对市场、对用户需求都要"迅速反应、马上行动"，讲究下级对上级的绝对服从，上级对下级的绝对权威。这种文化对海尔在国内市场的成功立下了汗马功劳。华为的"狼性文化"对华为在国内市场上的成功也起了至关重要的作用。狼有三种特性：一是灵敏的嗅觉；二是机敏的反应；三是发现猎物集体攻击。华为人发挥他们的"土狼精神"，对市场猎物有灵敏的嗅觉，为获取猎物团结合作。不管是海尔的执行力文化，还是华为的"狼性文化"，都面临着在国际化阶段如何在国外推广和落地的问题。因为这些文化都是在中国市场和企业发展的特殊土壤里培育起来的，不是"放之四海而皆准"的。海尔和华为都要向它们优秀的跨国公司同行学习如何尽快地凝练和总结出能保证企业可持续发展、保证企业基业长青以及能在全球推广的核心文化理念，如企业的愿景、企业的价值观、企业的使命等。因为只有具备优秀的文化理念的企业，才能在国际化的征途上如虎添翼、战无不胜。

海尔国际化的本质是创全球知名品牌，本质上就是要做一个具有国际美誉度的全球知名品牌。

华为国际化的优势是：产品性价比高，交付快；坚持客户导向，按客户的需求提供产品和服务；华为的狼性文化强调团结、奉献、学习、创新、获益和公平，更强调积极进取，绩效导向。

（资料来源：

[1] 韩锋. 国际化战略：海尔 PK 华为 [J]. 中国乡镇企业，2008（3）：63.

[2] 海尔国际化战略的分析比较 [Z]. 360 文库，2019-11.）

讨论题：

1. 简述海尔与华为的国际化战略。

2. 海尔与华为的国际化战略能给我国其他国际化企业带来什么启示？

国际市场网络营销

1. 国际市场网络营销的概念、特点及功能
2. 国际市场网络营销的微观环境和宏观环境
3. 国际市场网络营销的产品策略
4. 国际市场网络营销的价格策略
5. 国际市场网络营销的渠道策略
6. 国际市场网络营销的促销策略

导入案例

天猫国际布局"买全球"和"卖全球"计划

2017年，天猫国际已经成为阿里巴巴全球化新零售的主阵地，覆盖63个国家和地区、14500个品牌、3700个品类，开设了17个国家和地区馆，致力于成为1亿"新中产"的信赖之选，让中国用户"买全球"。同时，天猫国际携天猫淘宝商家出海，12亿件商品，覆盖全球200个以上国家和地区，做海外华人、部分国家和地区用户的首选购物平台。2017年，阿里天猫国际加速全球化进程，服务全球20亿名消费者。

从2009年，阿里巴巴公司开始将"双十一"打造成购物狂欢节。零售业网站"连锁店时代"（Chain Store Age）报道称，在为期一个月的活动中，阿里巴巴为中国国内外数亿名消费者提供了优质的产品和快捷可靠的服务。美国CNBC网站的报道则将中国的天猫购物节"双十一"与美国的购物狂欢节"黑色星期五"做了比较。2017年11月11日当天，阿里巴巴全球总成交额突破1682亿元人民币，超过了美国"黑色星期五"和"网络星期一"销售额的总和。

2021年，在为期11天的购物节期间，商品成交总额达到了5403亿元人民币（约合845.4亿美元）。超过2.9万个海外商家通过天猫全球购参与了购物节，推出了超过130万种新产品，其中有2800家海外品牌是首次参加该活动。

阿里巴巴集团副总裁杨光表示："双十一"全球购物狂欢节实现了稳健的高质量增长，反映了中国消费经济的活力。利用"双十一"的影响力，将其作为履行自身社会责任的平

台。今年的购物节是一个十分有意义的里程碑，也是公司打造可持续发展未来承诺的一部分。"

2021 年，参加了"双十一"全球购物狂欢节的品牌达到了创纪录的 29 万个，其中 65% 都是中小企业、工业产业带制造商和新品牌。欠发达地区农业产业带实现了强劲的销售业绩，这些地区的农产品成交总额同比增长了 20%。

（资料来源：根据天猫国际布局等资料整理，2022-03.）

第一节　国际市场网络营销概述

一、国际市场网络营销的概念与内涵

（一）网络营销与国际市场网络营销的概念

网络营销是 20 世纪 90 年代才发展起来的一门新兴学科。随着互联网的飞速普及以及技术的不断成熟，越来越多的企业开始利用网络对产品和服务进行推广、销售，并开始在国际市场营销中应用。

1. 网络营销的概念

网络营销（On-line Marketing 或 E-Marketing）是随着互联网的发展而产生的，它是以国际互联网为基础，利用数字化的信息和网络媒体的交互性来辅助营销目标实现的一种新型市场营销方式。简单地说，网络营销就是以互联网为主要手段进行的，为达到一定营销目的的营销活动。

（1）广义的网络营销。从广义上来说，网络营销就是以互联网为主要手段［包括 Internet（企业内部网）、EDI（行业系统专线网）及 Internet（国际互联网）］开展的营销活动。

（2）狭义的网络营销。从狭义上来说，网络营销是指组织或个人基于开放、便捷的互联网，对产品、服务进行的一系列经营活动，从而实现满足组织或个人需求目标的全过程。

（3）整合网络营销。2002 年，网络营销的实践者敖春华提出了整合网络营销的概念：网络营销是企业整体营销战略的一个组成部分，是为实现企业总体经营目标所进行的，以互联网为基本手段，营造网上经营环境的各种活动。这个定义的核心是网上经营环境，这里可以理解为整合营销所提出的一个创造品牌价值的过程，整合各种有效的网络营销手段，为企业创造更好的市场营销环境。

可见，网络营销是企业实现营销目标的手段或方式，而不是目的，只是借助了互联网这个工具。而互联网的全球性又决定了网络营销在国际市场营销中必占有一席之地。因此，在国际市场范围内，网络营销受到越来越多企业的青睐，在国际市场营销中的应用也越来越广泛，表现出了极强的生命力。随着互联网和电子商务的不断完善和发展，网络营销成为国际市场营销发展的主流。

2. 国际市场网络营销的概念

对国际市场网络营销（International E-Marketing）概念的解释有很多。例如，国际市场网络营销是以互联网为基本手段，努力营造网上经营环境的各种活动；又如，国际市场网络营销是企业整体营销战略的组成部分，是建立在互联网基础之上、借助互联网手段实现一定目标的营销手段；再如，国际市场网络营销是指利用互联网技术，最大限度地满足国际市场目标客户的需求，以达到开拓市场、增加盈利目的的营销活动过程。国际市场网络营销可以简单地理解为在全球范围内，借助互联网技术，为实现企业的市场营销目标而开展的一切网上营销活动。

（二）国际市场网络营销的内涵

（1）国际市场网络营销是为实现网上交易与交换而进行的活动过程，其目的涉及多个方面，如提升产品品牌价值、加强与目标市场客户沟通与交流、对外发布有关信息等。国际市场网络营销与网上销售不同，网上销售是网络营销的方式之一。

（2）国际市场网络营销不仅仅局限于网上活动，也不是简单地建立企业网站或者利用网络做广告宣传。一份完整而完善的网络营销方案，需要借助网络的功能作用进行宣传和推广，但也必须利用传统营销手段和方式进行网下推广和实施。

（3）国际市场网络营销与国际电子商务是一对联系紧密又有明显区别的概念。其中，国际市场网络营销是企业为实现整体经营目标而采用的手段和方式，目的是通过网络拓展国际市场并获得更多客户。而国际电子商务则是指跨国经营企业将国际贸易所涉及的商务活动电子化。

二、国际市场网络营销的特点

与传统的国际市场营销方式相比，国际市场网络营销有其自身的特点。

1. 时空性

网络的无国界性和无限时性，使得网络营销打破了传统营销必须到达营销地、根据当地时间开展营销活动的限制，减少了跨国营销在地域和时差上的障碍。企业营销人员在本国即可开展全球网上营销活动。

2. 互动性

由于地域、时差、通信等方面的限制，国际市场上企业和消费者之间不能进行充分的互动沟通。而在网络环境下，企业可以通过网上调查、在线讨论、电子邮件和展示商品信息等方式，在全球范围内使消费者参与到产品的设计、包装、定价、服务及改进等全过程中，可以实现双向互动沟通。这不仅提高了消费者的参与性，企业也能够及时得到市场反馈信息，从而提高市场营销策略的针对性，减少失误。

网上定制产品便是双向沟通的良好结果。世界上越来越多的企业开始采用定制生产，如戴尔、海尔、Smart 汽车等。

3. 个性化

网络营销是一种以消费者为导向、强调个性化的营销方式，更能体现消费者的中心地位。消费者拥有更大的选择自由，他们可以根据自己的个性特点和需求在全球范围内选择所需商品。网上购物日渐成为个性化的时尚追求，网上购物人数不断增长，在线购物发展潜力巨大。

4. 高效性

一方面，网络营销直接面向消费者，减少了国际市场营销中市场准入、中间商选择、存货管理等一系列中间环节，缩短了供应链，提高了经营效率；另一方面，企业提供大量信息

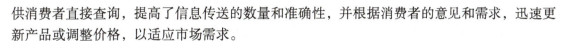

供消费者直接查询，提高了信息传送的数量和准确性，并根据消费者的意见和需求，迅速更新产品或调整价格，以适应市场需求。

5. 经济性

网络简化了信息传播的过程，网站和网页分别成为市场营销的场所和界面。一方面，可以节省大量的店面资金和人工成本，减少库存产品的资金占用，降低在整个产品供应链上的费用；另一方面，可以减少由于迂回交换造成的损耗。

国外一份权威调查显示，企业在获得同等收益的情况下，对网络营销工具的投入是传统营销工具投入的1/10，而信息到达速度却是传统营销工具的5~8倍。可见，互联网是信息时代开展国际市场营销最有效、最经济的营销手段。

三、国际市场网络营销功能

国际市场网络营销具有多种功能，使它在营销手段和方法多元化方面发挥出巨大作用。

1. 信息功能

信息功能包括信息发布功能和信息搜索功能。信息发布功能是网络营销的基本职能。无论哪一种营销方式，都要将一定的信息传递给目标人群。网络营销强大的信息发布功能是任何一种传统营销方式都无法比拟的。网上发布信息传播速度快、扩散范围广、沟通效果好、延伸能力强。而且网络直接将信息传播给浏览者，省去了很多传统信息传播的中间环节，降低了信息传播的错误率，并且网络营销的互动性使得对信息的跟踪沟通更便利。

在网上搜索信息是收集二手资料的有效途径之一。对于国际市场来说，由于地域、文化、价值观等差异，实地收集大量二手资料比较困难，而互联网则提供了一个能够大量收集国际市场二手资料的很好平台。一方面，解决了地域的不便性；另一方面，更新速度快，避免了报纸、杂志等出版物传递信息的相对滞后性。通过搜索引擎输入关键字，可以达到有目的性和针对性的多语言收集。除了可以收集到官方提供的各种资料外，还有私人网站提供的各种资料，可以了解各界人士的不同观念和意见。当然，在互联网上收集的二手资料和其他方式收集的二手资料一样，在使用前必须加以验证，以确认其真实性和准确性。

2. 网站推广

网站推广是网络营销的基本职能之一。网站推广不等于网址推广，网址推广是网站推广的方法之一。因为大量用户不是通过记住网址而进入网站的，而是通过搜索关键词进入网站中的内容，然后点击网站其他相关内容而进入首页的。

网站推广是一个系统工程，而不仅仅是一些网站推广方法的简单复制和应用。网站推广并不是为了让用户记住网址，而是为了获得更多的潜在用户，直到达到增加企业收益的最终目的。网站结构设计、网站功能、网站内容、网站服务、搜索引擎优化、网络广告、民族文化、风俗习惯等都是影响网站推广的主要因素。网站推广必须以网站的内在因素和外部环境相结合为基础，制定有针对性的、有效可行的网站推广策略，并对各个阶段的每一环节进行有效控制和管理。

3. 品牌功能

网络营销和传统营销同样追求品牌价值。树立良好的企业网络品牌和网络形象是网络营销的主要任务之一。网络品牌是对传统品牌价值的扩展和延伸，是利用互联网和一系列推广措施建立的网上企业形象标志，是企业的无形资产。

网络品牌的国际化和井喷式传播使得网络营销在国际市场营销中发挥了重要作用。

4. 渠道功能

一方面，在传统营销渠道中，中间商占有重要地位。而网络营销渠道简化了大量中间商环节，丰富了直接营销渠道，增强了网络的虚拟性。网络营销渠道主要分为两大类：一是通过互联网实现从生产者到消费者的直接营销渠道（简称网上直销）；二是专业的电子中间商机构提供的网络间接营销渠道。另一方面，国际市场的各种贸易壁垒、地区封锁和交通、信息、沟通等多种障碍一直是国际市场营销的难题。网络给企业提供了一种开拓国际市场的新的营销渠道，减少了国际市场进入过程中的障碍。

5. 客户管理

企业和客户之间的良好关系是网络营销取得成效的必要条件，是企业重要的战略资源。企业可以通过发送电子邮件、聊天室、在线咨询、在线订单等对客户进行跟踪管理，收集资料，再通过对客户信息进行整理分类、统计分析，建立详细的客户信息数据库。这将是企业巨大的无形财富。

6. 网上调查

一手资料对于任何企业都具有重要的价值。由于地域差异、人员素质、资金等多种因素的制约，一般企业很难进行国际市场调研。互联网普及后，传统企业可以通过网上问卷、在线论坛、电子邮件、友情链接等方式实现网上调查。网上调查不仅节省了大量的人力、物力，而且可以在线生成网上市场调研的分析报告、趋势分析图表和综合调查报告。网上调查效率高、成本低、节奏快、范围大，为广大企业提供了一种对市场的快速反应渠道，为企业的科学决策奠定了坚实的基础。

当然，网上调查也存在一些不足，如客户信息的真实性、目标客户的局限性、重复递交问卷等。随着互联网技术的进一步发展，这些问题有望逐步得以解决。

7. 网上促销

销售量或访问量始终是衡量网络营销效果的重要标准。在进行网络营销时，对网上营销活动的整体策划中，网上促销是极为重要的一项内容。网上促销的价值不仅体现在网上销售上，还体现在网下销售上。

8. 网上服务

通过互联网可以实现网上浏览、网上咨询、网上订购、网上确认、网上支付等功能，以及与之相配套的物流服务，大大提高了交易的速度及订单的准确性。

此外，还可以通过电子邮件、在线咨询等，结合客户信息数据库，为不同客户提供有针对性的特色服务。

【实例12-1】 海尔 COSMOPlat 工业互联网平台

海尔 COSMOPlat 是以用户为中心的大规模定制供应链平台，包括用户交互定制、精准营销、开放设计、模块化采购、智能生产、智慧物流、智慧服务七大核心模块，可利用互联聚合的各类资源持续迭代升级，并结合运营各方面数据，提供智能制造解决方案服务、大数据应用服务、协同共享集约服务、知识智慧化服务四大业务能力。平台已聚集 3.3 亿用户、390 多万家生态资源，连接各类设备智能终端 2600 多万台，为 4.2 万家企业提供了数据和增值服务。

在 COSMPlat 系统的后端，则是制造平台"海达源"。它是全球家电行业第一个模块商服务平台和聚合平台，以开放、零距离、公开透明、用户评价为四大特征，并通过自注册、自抢单、自交互、自交易、自交付、自优化的"六自"流程支持模块商参与设计的落地。

海尔物流已经搭建起以 TMS、WMS、OMS、BMS 信息化系统为基础，以司机手机端、用户手机端、微信端、400 客服电话为辅助的承载订单量达 2 亿单/年的全流程可视化智慧物流信息化平台。日日顺以提供"最后一公里"到家服务的车小微为触点，与用户零距离接触，满足用户的不同需求。

海尔将供应链的全流程体系前连引领战略，后连个性化定制，整合全球一流的研发资源网、供应商资源网、用户资源网，打造精准、高效、满负荷下的大规模定制体系，颠覆"为库存生产"为"为用户生产"，正在逐步形成高精度下高效率的智慧供应链生态系统，将用户、研发资源、供应商整合到一个共创共赢供应链生态圈中，提升了市场竞争力。国际三大标准组织 IEEE、ISO、IEC 先后批准由海尔牵头主导制定大规模定制等国际标准。2018 年 9 月，海尔依托 COSMOPlat 打造的中央空调互联工厂从全球 1000 多家企业中胜出，入选 2018 年世界经济论坛发布的首批世界"灯塔工厂"，使"中国智造"成为国际标杆。

（资料来源：海尔 COSMOPlat：以用户为中心的大规模定制供应链平台的创新实践与工作启示［EB］. 青岛政务网，2019-07.）

四、国际市场网络营销的条件和工具

网络营销随着互联网和计算机的发明、发展而兴起，其技术特征不仅体现在网络营销的硬件（如网站建立、物流设施配备等）方面，也体现在软件上，如营销技术方面的促销方法、调查手段等。

（一）国际市场网络营销的条件

1. 文化知识

文化在网络营销中不能被忽视。例如，网站的主色调，在中国红色代表喜庆，在美国红色和爱情有关，而在西班牙也许会和社会关系联系在一起。美国人一般很直接、坦率；而日本人则很委婉，例如在描述产品时，不宜使用"不能放置在潮湿环境中"的表达，而应说"放置在干燥环境中会更好"。大多数欧洲人不大喜欢花哨的网站，网站的向导功能对他们来说也许更重要。另外，与宗教有关的图示、标志等最好不要出现在企业网站上。

2. 语言沟通技巧

（1）网站语言。据统计，目前 78% 的网站所使用的语言是英文，但 35% 的互联网用户看不懂英文电子邮件信息。在法国、西班牙、意大利，只有不到 3% 的人掌握英语。最好的解决办法是将网站翻译成目标市场的语言。例如，戴尔公司的网站使用了 12 种语言；Smart 汽车公司根据大洲分类，为不同国家设计不同的网站。

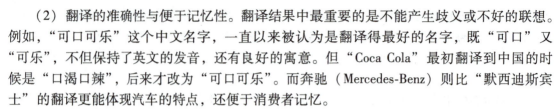

（2）翻译的准确性与便于记忆性。翻译结果中最重要的是不能产生歧义或不好的联想。例如，"可口可乐"这个中文名字，一直以来被认为是翻译得最好的名字，既"可口"又"可乐"，不但保持了英文的发音，还有良好的寓意。但"Coca Cola"最初翻译到中国的时候是"口渴口辣"，后来才改为"可口可乐"。而奔驰（Mercedes-Benz）则比"默西迪斯宾士"的翻译更能体现汽车的特点，还便于消费者记忆。

3. 实地接触场所

网络毕竟是一个虚拟的空间，存在极大的非确定性和非真实性，因此，实地接触是极有必要的。在有些国家，消费者对能否退换货特别关注，有能力的企业有必要建立供消费者选择和退换货的场所。

4. 合适的产品

网络的发展使消费者面临的选择越来越多，有竞争力的产品是交易的基础。这里所谓的产品竞争力，是指产品的独特卖点，如低廉的价格、优秀的品质、特殊的性能等。国际市场比国内市场大得多，需求差异也大得多，在竞争加剧的同时，也为企业提供了更多的创新空间。发掘这样的市场是企业开展国际网络营销的最重要的工作。

（二）国际市场网络营销工具

搜索引擎是目前国际市场网络营销最常用的工具之一，但并不是唯一的工具。网络营销工具多种多样，并且还在不断创新。熟悉并有效地运用这些工具，能够帮助国际市场网络营销者获得事半功倍的效果。

1. 搜索引擎

搜索引擎（Search Engine）是开展网络营销最有效的工具。它是人们查阅资料、发现新网站的基本方法，越来越被人们所青睐。在国际市场开展网络营销，对搜索引擎的选择应是全球性的。搜索引擎排名是影响营销效果的重要因素，适当地购买引擎排名是必要的。一般情况下，当输入企业名称的关键词时，排在第一位的应是企业网站，然后才是其他关于该企业的各种评论。

2. 网站

在互联网空间里，网站是一个企业的窗口。其作用包括两个方面：一方面，树立企业网络形象，完成网上业务；另一方面，给予消费者信任和依靠。企业网站上除了网上业务外，一般还有大量关于企业发展过程及事件的信息记载，有的还有其他媒体，如报刊、电视、广播等关于本企业或本行业的转载信息或评论。当浏览者面对舆论的各种评论而产生怀疑时，企业网站的信息可以作为判断的依据。

3. 交换链接

交换链接（Link Exchange）也称友情链接，是内容相似、相关或互补的网站之间的一种合作形式，即分别在自己的网站上设置对方网站为超级链接，使用户可以在一个网站内登录其他链接网站，从而达到互相推广的目的。交换链接的作用主要表现在以下几个方面：获得直接的访问量、增加用户浏览时的印象、在搜索引擎排名中增加优势、增加网站的可信度、获得合作伙伴的认可以及为用户提供延伸服务。

4. 网络广告

网络广告（Network Advertisements）是指在互联网上发布、传播的广告，是广告业务在网络环境下的新拓展，也是网络营销中最先被开发的营销技术。在互联网上发布国际性的网

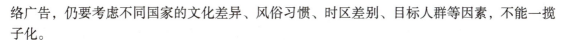

络广告，仍要考虑不同国家的文化差异、风俗习惯、时区差别、目标人群等因素，不能一揽子化。

5. 电子邮件

开展电子邮件营销的前提是拥有客户或潜在客户的电子邮件地址。企业可以根据自己的客户建立或通过正常渠道购买他人的邮件列表，此后便可以定期对这些邮件发送产品、促销和广告等信息。由于每个邮件组中的客户都是按某一主题编排的，因此，邮件组可以为企业提供精确细分的目标市场。企业有比较准确的客户定位，有目的性地发布信息，能够增强与客户之间的关系，提高客户的品牌忠诚度。

6. 网上商店

网上商店除了通过网络直接销售产品这一基本功能之外，还是一种有效的网络营销手段。从企业整体营销策略和客户的角度考虑，网上商店的作用主要表现在两个方面：一是网上商店为企业扩展网上销售渠道提供了便利条件；二是建立在知名电子商务平台上的网上商店增加了客户的信任度，从功能上来说，对不具备电子商务功能的企业网站也是一种有效的补充，对提升企业形象并直接增加销售具有良好效果，尤其是将企业网站与网上商店相结合，效果更为明显。目前，网上商店跨国界销售还存在障碍和困难。即使是在国际市场上快速扩张且非常成功的零售巨头沃尔玛，也没有跨国发展其已经在国内广泛开展的网上销售。

7. 桌面工具

桌面工具是指非浏览器的桌面应用工具，如媒体播放器 Windows Media Player、RealPlayer、聊天工具以及文件共享设置等。桌面营销的优势在于便捷性，不需要页面下载，能够获得较高客户忠诚度，在目标客户定位方面比网站略胜一筹。

第二节　国际市场网络营销环境分析

随着现代科学技术和通信技术的发展，互联网全面进入人们的生活，这就为企业创造了一个全新的营销信息环境——网络营销环境（E-Marketing Environment）。网络营销环境是指对企业的生存和发展产生影响的各种外部条件，即与企业网络营销活动有关联的因素的集合。国际市场网络营销环境是指对企业跨国网络营销活动产生直接或间接影响的各种内部和外部因素的集合。企业网络营销活动能否取得预期的经济效益，关键在于所制定的网络营销目标和各项策略能否正确反映不断变化的外部环境所施加给企业的影响，以及企业是否调动了内部的各种因素来迎接外部环境对企业网络营销提出的各种挑战，并进一步研究企业网络营销的目标策略在实施后对社会及公众的影响。

一、企业网络营销的微观环境

（一）客户资源的分析

在网络营销中，互联网所连接的客户在收入水平、受教育程度、消费品位和购物标准等方面都有鲜明的个性化特征。对网络营销客户特征的描述有助于企业选定目标市场，制定与之相适应的市场营销战略与营销管理模式，以满足目标市场特定客户群的异质性需求，从而形成并巩固企业的客户网络。消费者网上购物的特征体现在以下几个方面：

1. 网络消费购买具有层次性

网络消费本身是一种高级的消费形式，就其消费内容来说，仍然有一个由低级走向高级的发展层次。在网络消费的开始阶段，消费者侧重于精神产品的消费，如通过网络书店购书，通过网络光盘商店购买光碟；而到了网络消费的成熟阶段，消费者完全掌握了网络消费规律和操作，并且对网购有了一定的信任感之后，才会从侧重于从精神消费品的购买转向日用消费品的购买，甚至购买大件家用电器、品牌服装、奢侈品等。

2. 网络消费购买具有明显的差异性

不同的网络消费者因所处的时代、环境不同而产生不同的需求；因国别不同、民族不同、信仰不同、生活习惯不同，在同一个需求层次上的需求也会有明显差异。这种差异远远大于实体商务活动的差异。所以，从事网络营销的商家想要取得成功，必须对从产品的构思、设计、制造到产品的包装、运输、销售整个过程，认真思考这种差异，针对不同消费者的特点，采取有针对性的措施。

3. 网络消费购买具有交叉性

在网络消费中，各个层次的消费不是相互排斥的，而是具有紧密的联系，需求之间存在一定的交叉现象。网络商店几乎可以囊括所有的商品，人们可以在较短的时间里浏览较多的商品，因此产生交叉购买需求。

4. 网络消费购买具有可诱导性

网络消费者中大部分是具有超前意识的年轻人，他们对新事物反应灵敏，接受速度很快。从事网络营销的商家应当充分发挥自身的优势，采用多种促销方法，启发、刺激网络消费者的新需求，唤起他们的购买兴趣，诱导网络消费者将潜在需求转变为现实需求。

（二）企业资源的分析

作为一种信息沟通的工具，互联网使企业更加便利地进行信息的交流和利用，而不受经济规模的制约，也更有利于企业了解竞争对手和获得客户的需求信息。

1. 企业自身因素

在传统的企业营销环境条件下，企业需要开展大规模的促销活动宣传产品，派出大批营销人员从事推销和提供咨询服务活动，以便占领市场，提高销售量。互联网的发展为企业，尤其是中小企业提供了更大的营销空间。在网络环境下，企业将产品品牌、规格、型号、性能和用途的介绍、包装式样及价格目录制成图文并茂的网页，放到互联网服务器上，便能覆盖世界任何一个国家和地区，使各国的营销企业和消费者可以随时查询企业信息，从而扩大产品的对外宣传力度。因此，网络营销需要企业有较高的互联网技术，制作高水平的宣传网页，设计有效的沟通方式，以及提供适时的信息服务。

2. 竞争者因素

网络环境同时也改变了企业竞争的格局。在国际市场上，企业不仅面临着与有着本土优势的国内大企业、跨国公司的竞争，而且面临着与数量众多的中小企业的竞争。因此，企业必须全面分析同行业竞争者的技术水平、产品品种、品牌形象、价格策略、分销能力、促销手段和竞争战略，确立自身的市场竞争优势，以吸引更多的目标客户。

二、企业网络营销的宏观环境

企业网络营销的宏观环境是指影响企业进行网络营销活动的一个国家或地区的政治、法律、人口、经济、社会文化、科学技术等宏观因素。宏观环境因素对企业的长期发展具有很大影响。因此，企业要重视分析和研究国家政治体制、政治稳定性、国际关系、法制体系等政治法律环境；分析和研究经济体制、经济增长、经济周期与发展阶段、经济政策体系及收入水平、市场价格、利率、汇率、税收等经济环境；分析和研究不同国家、地区、民族之间的人文与社会环境；分析和研究企业在网络营销活动中运用的产品开发、生产、管理技术和信息技术及网络消费者的教育水平等科技与教育因素；分析和研究自然资源现状、新资源的开发和应用及发展趋势等自然环境因素；分析和研究人口的规模、人口结构、人口组成、家庭类型及变化等人口因素。

1. 政治法律环境

进入 21 世纪，各国政府都非常重视与网络相关的行政立法工作，相继建立了以网络刑事法律、行政法规、部门规章为主体的涵盖网络运行监管、网络经济、域名注册、信息安全、营业场所管理等方面比较完备的网络法律体系，对非法侵入计算机信息系统、破坏计算机信息系统、利用计算机实施犯罪等行为进行规范。例如，联合国国际贸易法委员会制定的《电子商务示范法》、美国的《反域名抢注消费者保护法》和《通信法》、德国的《多媒体法》、澳大利亚的《电子交易法》、世界知识产权组织制定的《统一域名争议解决办法程序规则》和《统一域名争议解决政策》、欧盟的《电子商务统一法规》、中国的《维护互联网安全的决定》和《计算机信息网络国际联网管理暂行规定》等。由于世界各国的网络行政法律制度与网络刑事制度发展不平衡，对运用互联网络开展市场营销活动的企业和网络消费者的权益缺乏足够的支持和保护，跨国网络营销企业需要根据不同的法律环境状况，确定其营销目标。

随着消费者保护的发展，世界各国消费者的维权意识越来越强。对网络营销活动可能给消费者带来的不利影响，各国消费者利益保护团体深感忧虑，来自世界 100 多个国家和地区的消费者团体组成的联盟呼吁尽快制定保护消费者的国际电子商务指导方针，以解决电子商务中的权限、隐私和执行等一系列复杂问题。

2. 经济环境

企业网络营销的经济环境是指企业在网络营销过程中所面临的各种经济条件、经济特征、经济联系等宏观因素，主要包括一个国家和地区的居民收入水平、人口状况、经济制度、市场结构、金融市场结构与金融制度等，是企业网络营销决策过程中重要的影响因素。收入水平可以用国民生产总值、国民收入、个人收入、个人可支配收入、家庭收入等不同指标来表示，它决定和影响着网络营销目标市场的规模、市场潜力及市场购买力。在网络营销活动中，实现营销活动的高效率运行需要有效的支付手段，各种网络电子支付方式有赖于一个国家或地区的金融体制的开放及金融市场结构的多元化，从而使远距离购买与支付成为可能。此外，开展网络营销活动还需要有完善的设施、先进的技术和高效率的物流系统，这是及时、准确交付货物的保证。企业在国际目标市场上是否开展网络营销活动，以及在多大程度上开展网络营销活动，主要取决于目标市场国家和地区的经济环境，因为它决定了消费者的消费模式、购买行为、购买力水平和支付方式，从而决定了企业的营销模式和营销策略。

3. 科技环境

国际互联网是在网络技术、信息技术等高新技术发展的基础上发展起来的，现代通信技术使互联网形成一种辐射面广、交互性强的新型媒体。网络营销则是以互联网为媒体，以新的方式、方法和理念实施营销活动，能更有效地促成个人和组织交易活动的实现。因此，科学技术的发展是网络营销迅速发展的前提和基础。

网络技术的开发需要投入巨大的资金，网络技术开发的前景无限，网络营销的发展是21世纪企业营销的发展趋势。企业的生产能力、销售能力、服务能力和管理能力的提高都依赖于网络设备和网络技术的开发与应用。科学技术既为企业网络营销提供了科学的理论和方法，又为其提供了物质手段。

网络技术的迅速发展迎来了信息网络时代，消费者和经营者时刻都在面临着信息和科学技术快速发展的冲击。消费者承受着迎面而来的各种信息，面对着成千上万新品种、新款式、新功能、新材料的商品推向市场，既增加了对商品的选择性，也增加了选择的难度；同时，科技的发展给企业带来了发展的机会，也伴随着风险和隐患。企业经营者面临着如何选择信息和市场机会以做出正确经营决策的问题。利用新技术发展的成果为消费者提供方便并降低购买成本，是企业吸引消费者、占领市场的前提。

网络技术的发展对人们的生活方式、消费模式和消费需求结构产生了深刻的影响。一种新技术的应用可能会导致新产业部门和新市场的出现，使市场上产品和服务的品种不断增加，消费范围不断扩大，消费结构不断调整变化。因此，企业在制定网络营销策略时，必须注意科技环境的变化，选择适合企业发展的营销机会，避免科技发展给企业造成的损害。

4. 人口环境

网络营销市场是由接受互联网信息服务、通过互联网购买产品和服务、以电子货币为支付手段、具有购买力和购买意向的消费者构成的。分析网络营销市场的人口环境，主要研究人口的年龄结构、职业、行业分布、地理分布、人口密度、流动性、出生率等特征。人口的多少直接决定了市场的潜在容量，企业应密切注意国际目标市场上的人口特性及其发展动向，不失时机地抓住市场机会，及时、果断地调整自身的网络营销战略和策略。

工业发达国家人口流动的规律是先由农村向城市集聚，随着前工业化时代的结束，再由城市向小城镇或农村回流。发展中国家人口流动的特点是：农村人口大量流入城市或工矿地区；欠发达地区人口迁往经济开放的发达地区；经商、学习、观光、旅游使人口流动加速。人口流动增加了部分地区的基本需求量，并使消费结构发生了一定的变化，从而为企业带来了较大的市场份额和市场机会；同时，流动人口收入的增加以及消费观念和消费模式的转变，也为网络营销活动的开展提供了前所未有的机遇。

5. 社会文化环境

社会文化环境（如一个国家或地区的民族特征、文化传统、价值观、宗教信仰、教育水平、社会结构和风俗习惯等）会对网络消费观念、网络消费模式、网络购买行为和对互联网的接受程度产生深刻的影响，从而影响企业网络营销的活动方式和营销策略。各国的教育状况、对计算机知识的普及程度和互联网的应用范围也会对企业网络营销产生多方面的影响。受教育人口的增加为企业网络营销提供了人才资源的支持；同时，消费者对产品的鉴别能力增强、消费个性突出，也符合网络营销个性化的营销特征。

第三节　国际市场网络营销策略

一、国际市场网络营销的产品策略

（一）国际市场网络营销产品的概念

准备通过互联网把产品打入国际市场的生产企业通常最为关心的问题是：到底什么样的产品才适合通过网络走向世界？是否所有的产品都可以利用网络营销这种方式？产品作为连接企业利益与消费者利益的桥梁，包括有形物体、服务、人员、地点、组织和构思，显然不是全部可以利用网络营销这种方式。一般而言，适合在互联网上销售的产品通常具有以下特性：

（1）产品特点。产品是否具有高技术，是否无形产品，是否适合通过网络传送。

（2）产品质量。由于网络购买者在购买前无法试用或只能通过网络来试用产品，所以对产品的质量尤为重视。

（3）产品式样。通过国际互联网对全世界不同国家和地区进行销售的产品，需要符合某一国家或地区的风俗习惯、宗教信仰和教育水平。

（4）产品品牌。在国际市场网络营销中，生产商与经销商的品牌同样重要，要在网络海量的信息中引起浏览者的注意，必须拥有明确、醒目的品牌。

（5）产品包装。作为通过国际互联网经营的产品，其包装必须适合网络营销的要求。如通过网络传送的软件、游戏、信息等无形产品，可以没有任何包装；而其他的实体性产品，则应采用适合专业递送的包装。

（6）产品的目标市场。所面对的市场是以网络用户为主要目标市场的产品，覆盖广大地理范围的产品更适合利用网络进行国际营销。

（7）产品的经营成本。通过国际互联网进行销售的成本低于其他渠道成本的产品，适合利用网络进行国际营销。

（二）国际市场网络营销产品的组合策略

1. 国际市场的两种消费倾向

目前，国际市场上主要有两种消费倾向：

（1）全球化、标准化。随着通信全球化、标准化技术的进步和全球经济一体化进程的加速，全球消费者的需求有一种趋同化的倾向。

（2）多样化、个性化。随着经济的发展和人们生活水平的提高，消费需求的多样化、个性化倾向也日趋明显。消费的个性化、多样化并不排斥消费需求的全球化、标准化，也不与之矛盾，而是相辅相成的，共同构成世界市场的整体。

国际互联网几乎覆盖全球的每一个角落，同时又具有一对一交互式沟通的优势，是迎合消费者全球化、标准化和多样化、个性化需求的最佳渠道。

2. 国际网络营销中的产品组合策略

（1）全球专业型产品组合削减策略。这种策略侧重于对某个特定细分市场进行世界性竞争，以迎合消费全球化、标准化的趋势。企业利用国际互联网四通八达的特点，几乎可以把触角伸到世界的每一个角落，开发整个特定细分市场的每一个部分。采用全球专业型策略，能够充分利用全球竞争的益处，使产品的成本下降，提高企业的全球形象和地位。在实施过程中，这种策略在产品组合中通过产品线削减来实现，即企业根据自身的管理资源、技术资源和原材料资源，削减原产品线中利润水平不高的产品，只生产和销售单一或少数几个有关的品种。

（2）全球多元化产品组合扩展策略。这种策略侧重于对某个消费领域多个细分市场或多个消费领域的细分市场进行世界性竞争，以迎合消费多样化、个性化的趋势。经营企业利用国际互联网一对一交互式沟通的优势，可以把握消费倾向，设计生产出满足不同层次和类型消费者的产品，从而获得较高的销售额和利润，以降低竞争风险。这种策略通过产品组合的扩展来实现，即企业在资金实力、管理资源和技术实力雄厚的基础上，多元化地进入不同行业，或从现有产品转移到主要的基本需求以及与该需求相关联的系列产品开发经营上。

二、国际市场网络营销的价格策略

随着国际市场竞争的加剧，企业利用价格作为一种竞争武器已逐渐成为习惯。国际市场网络营销中的产品定价，要在普通产品定价的基础上，对国际市场环境变数和网络变数加以综合考虑。国际网络营销定价关系到产品在网络市场上的销路和竞争地位、市场占有率等一系列指标。企业在制定国际网络营销策略时，必须审慎地制定产品的价格。

（一）国际网络营销的定价目标

定价目标是影响企业定价行为的一个极其重要的主观因素。有什么样的定价目标，就有与之相适应的定价行为。企业的定价目标应与企业的总目标相一致，并为总目标服务。

现代企业越来越多地把维持或扩大市场份额作为制定价格的首要目标。企业在国际市场上市场份额（即市场占有率）的大小及其变化趋势，是企业国际营销状况和产品竞争状况的一种反映。离开市场状况单纯地看销售额或利润是毫无意义的，必须在市场环境中对整个竞争状况加以综合考虑，也就是以市场占有率作为考察指标，才能较为全面地反映企业在国际市场上的地位。

维持或扩大市场份额是企业获得最大利润和销售额指标的根本所在。由于规模经济的作用，市场占有率较大的企业往往在成本上具有较大的优势，所以盈利能力也比同行业的其他企业强。

同样，市场占有率的扩大也就意味着企业从其他企业那里夺取了客户或者开发了潜在客户，销售额不断扩大，获利也会增加。反映市场竞争的最为显著的指标就是市场占有率。

（二）定价策略

由于国际市场网络营销采取的媒介不同，其定价策略也与通常的国际市场营销定价策略有所不同。

1. 价格制定策略

企业在制定价格时，可以考虑两种策略：统一定价策略和差别定价策略。统一定价策略是指企业在相同的条件下，对所有客户一视同仁，采用统一价格，绝不讨价还价。企业通过国际互联网对产品进行统一的全球定价，可以使企业的产品在全世界范围内树立一致的形象，从而在最短的时间内在全球客户心目中占据一定的位置。

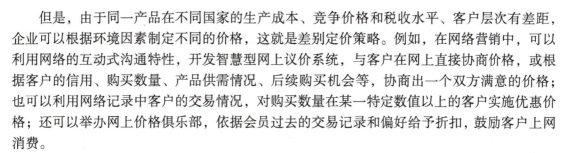

但是，由于同一产品在不同国家的生产成本、竞争价格和税收水平、客户层次有差距，企业可以根据环境因素制定不同的价格，这就是差别定价策略。例如，在网络营销中，可以利用网络的互动式沟通特性，开发智慧型网上议价系统，与客户在网上直接协商价格，或根据客户的信用、购买数量、产品供需情况、后续购买机会等，协商出一个双方满意的价格；也可以利用网络记录中客户的交易情况，对购买数量在某一特定数值以上的客户实施优惠价格；还可以举办网上价格俱乐部，依据会员过去的交易记录和偏好给予折扣，鼓励客户上网消费。

2. 价格调整策略

由于网络交易的特殊性，产品价格的变动以及供需变化情况可以在网络上及时地反映出来。这就为企业在经营产品时调整价格提供了极为有利的条件。在价格制定以后，一旦市场发生较大的变化，产品价格也可以随之进行调整。一般这种调整可以分为主动调价和被动调价。

（1）主动调价。当企业在市场竞争中对商品供求关系已经有了比较准确的预测，在竞争时为了先发制人，可以主动调整价格，包括主动调低价格和主动调高价格。企业为了刺激需求、进一步扩展市场或收复失去的市场，可以主动调低价格，但此时一定要密切关注竞争者和同行的反应；企业为了应对通货膨胀造成的出口成本的提高，或为了挽回部分损失、保持或增加利润，可以主动调高价格，但此时也要取得中间商的理解，并密切关注消费者的反应，以防止因提价而失掉部分原有市场。

（2）被动调价。当企业不得不对竞争者的价格调整做出反应时，可以进行被动调价，包括被动调低价格和被动调高价格两种。企业在被动调价以前必须进行调查，了解竞争者调价的目的，同行有何反应，竞争者调价对本企业有何影响，本企业采取被动调价后竞争者和同行又会做何反应等。只有在充分分析和研究的基础上，才能做出调价反应，而不宜仓促采取对策。另外，在定价的过程中，企业应做到有一套应对竞争者价格竞争的一揽子方案，以便及时选择措施。

三、国际市场网络营销的渠道策略

（一）影响渠道选择的因素

选择合适的网络营销渠道，可以从六个方面来考虑，即费用、资本、控制、市场区域、特征和连续性。

1. 费用（Cost）

开发网络渠道的费用可以分为资本投资和维持成本两大类。

资本投资即投资费用，是开发网络渠道的基本费用，包括设计制作网页、在 ISP（网络服务供应商）的开户费用等。

维持成本是指维护渠道的成本，包括 ISP/ICP（网络信息供应商）的服务费用、网页的更新费用以及网络营销人员的开支等。选择不同的 ISP/ICP，其收费标准不同，但其信息的传送速度也不同。一般来说，收费越高，其信息的传送速度就越快。

2. 资本（Capital）

如果企业的资本雄厚，可以在互联网上开设自己独立的网站，使用较宽的带宽，以方便消费者浏览。

3. 控制（Control）

网络营销方式的出现，使企业更加有力地控制销售渠道成为可能。通过瞬间传递信息的互联网和经过特别设计的软件，企业可以对产品的价格、销售量、销售日期、付款方式以及付款日期等有更加清楚的把握。

4. 市场区域（Confine）

充分的市场区域可以保证企业在各个市场上获得最大可能的销售额，确保合理的市场占有率，取得满意的市场渗入。虽然通过互联网可以无孔不入地进入世界的每一个角落，但并不能据此认为在互联网上就不需要市场区划。面对不同民族、不同语言、不同风俗习惯、不同宗教信仰的世界各地的客户，设计符合不同地域特点的网页是必不可少的。例如，对中东国家可以采用相似的页面设计，而对欧美国家也可以采取近似的页面设计。

5. 特征（Character）

选择经销渠道体系，既要适合企业的特点，又要适合企业所面对的市场。一些经营知识含量高、信息化程度高的产品的企业，较适合在网上从事经营活动。同样，由于网络贸易可以迅速对竞争者的行为做出反应，也较适合一些易腐烂变质商品的营销。

6. 连续性（Continuous）

经销渠道往往会面临持久性的问题，由于网络技术的更新或竞争等原因而导致的退出，会大大影响网络渠道的畅通以及生存。假如企业被迫更改网址，当传统的客户习惯性地键入网址后，却惊奇地发现这个网站已不复存在，这显然足以打击任何一个忠诚客户的忠诚度。因此，选择信誉卓著、实力雄厚的ISP是非常重要的。

为了确定一个全面的网络分销渠道，渠道的六个"C"必须相互配合、相互平衡、相互协调，全面组成一个经济、有效的销售机构。一定要在企业的分销渠道长期方针的指引下来实现上述要求，而且这个长期方针要适合企业的长期规划。

（二）国际网络营销的分销渠道决策

仅从销售渠道层次的角度来看，网络营销的渠道则退化为网络这个单一的层次，因而在渠道管理上就出现了传统渠道策略所没有遇到的新问题，具体体现为以下方面：

（1）客户订货方式及订单管理。订单管理是销售渠道策略中最重要的问题，由订单可以生成客户数据库，用来作为多项营销决策分析及效果评估的基础。

（2）运货及送货。这涉及网络营销渠道与传统运货方式相配合的问题。

（3）与传统营销渠道的结合。可以利用网络营销将消费者引到传统渠道中购物，这要研究两类渠道的匹配问题。

（4）网上付款安全问题。对于在网络上直接使用电子货币支付的，如何保证付款安全是网络营销中最困难的问题之一。

四、国际市场网络营销的促销策略

国际市场网络营销采取的促销方式与传统的国际市场营销促销方式的最大区别在于利用的媒体不同。国际网络促销组合主要由网络广告、网络销售促进和网络公共关系三种方式组成。

（一）网络广告策略

1. 网络广告的特点

（1）选择性。它具有类似报纸分类广告的性质，上网者可以自由查询，既可以只浏览标题，也可以详细阅读全文还可以自由选择广告的种类。这样接受广告的主动权掌握在上网者手中，既节省了阅读的时间，又增加了阅读的有效性。

（2）交互性。网络广告是互动的，它利用先进的虚拟现实界面设计来达到身临其境的效果，给人带来一种全新的感官体验。

（3）广泛性。网络广告的广泛性表现在传播范围广、内容丰富、形式多样、风格各异，可以超越时空的限制。

（4）时效性。网络广告能够按需要及时变更内容、形式、时效性等，几乎可以达到经营决策变化和广告变化相一致。

（5）易统计性。网络广告可以容易地统计出每则广告被访问的次数、频率，以及访问者访问的时间、地理分布等，从而有助于广告主和广告公司评价广告效果，进而审定其广告策略是否适当。

（6）经济性。网络广告的媒体租用费和制作费虽然较高，但相对于传统媒体或人均广告费，在经济上仍是合算的。

【资料阅读 12-1】　DT 时代[⊖]，所有广告都会走向移动终端

在我国，传统的零售格局正在被打破，越来越多的品牌开始把电商纳入核心业务，成为重要的营销渠道。而电商平台除了销售产品的功能，它们的媒体属性也日渐鲜明。阿里巴巴2/3 的收益来自为商家提供搜索和流量广告。"在技术和商业模式的驱动之下，媒体的定义和范围有了全新的拓展，传统媒体、数字媒体和电商平台都要作为重要的媒体平台来考量。"群邑中国首席执行官指出，"媒体的数字化、移动化以及品牌的电商化已经成为必然趋势。"

媒体形式的变化孕育了另一座富矿——大数据。数据 1.0 是商业智能（BI）的时代，企业自己收集内部数据进行分析，以此来提升业绩，客户关系管理（CRM）系统就是这个时代的产物。数据 2.0 则是大数据时代，需要借助外部数据来创造价值，同时也用自己的数据给外部客户创造价值。因此，在未来，媒体之间需要融合，建立一个跨媒体的平台，让数据无缝衔接，品牌主才能实现精准投放，提高投资回报。程序化购买媒体方式的出现正是多媒体融合趋势之下，由 IT 时代向 DT 时代发展的技术产物，也将重塑整个广告行业。

程序化购买是由数据和技术驱动的自动化数字广告购买方案。传统的人力购买广告需要预先制定预算，而后媒体排期，广告投放相对固定。而程序化购买，广告主可以随时进行购买，立即投放，投放形式、投放时间、预算分配更加灵活，减少了人力谈判成本。如果说广告投放的效果一是找对人，二是选对位置，三是用对创意，那么程序化购买在前两者上将有很大的效率提升，达到锁定目标受众，智能投放，提升投放的效果。

在程序化购买快速发展的态势下，广告主有哪些趋势需要把握呢？

趋势一：消费者将更加主动地控制广告。展示广告正在减少，自动弹出广告会被关闭。

趋势二：程序化的电视广告在上升。数字终端上播放的电视占到 60%，消费者会和内容进行互动，此举重新定义了电视广告。

趋势三：所有的广告都会走向移动终端。例如，Facebook 85% 的流量是通过移动终端来

⊖　DT 时代：它是以服务大众、激发生产力为主的技术。"DT"是数据处理技术（Data Tecnology）的英文缩写。

实现的，有约 1/3 的人只通过手机终端上 Facebook，这个趋势和电视未来所面对的趋势是一致的。这些年轻人希望与广告内容进行互动，与朋友进行互动，并且主要是通过移动终端来进行的。

趋势四：在正确的时间把正确的内容呈现在正确的人面前。这通过大数据挖掘技术是可以实现的，但前提是传播的内容要有创意，技术手段用来进一步提升到达率。

在这些趋势之下，品牌主又有哪些良方来应对呢？

法则一：协同数字平台和传统平台。

从广告的到达率来说，我国幅员辽阔，电视仍然是到达大量消费者的最好手段。研究机构凯度（Kantar）针对洗衣液品类的调研显示，电视和数字广告的结合能带来更优的，甚至是超越预期的投资回报。那些同时看过电视广告和数字广告（不管是在计算机终端还是其他终端）的人，相对来说购买率比其他媒体组合要高得多。

法则二：网络世界里不是只有年轻人。

"90 后""00 后"的消费者是在数字媒体中成长起来的一代。年轻消费者在计算机、手机、平板电脑方面的使用率非常高。但是，在我国的大中城市里，中老年的消费家庭使用电子设备的比例也不低，其中计算机占 64%、手机占 43%、平板电脑占 39%。所以，如果只是把重点放在年轻的家庭上而忽视中老年家庭，会使整个营销计划有所缺失。

法则三：数字营销无处不在。

几年前讲一个品牌的营销法则时，重要的是创意、文案和到达，但在数字媒体世界里，这一切都显得模糊了。例如，一个奶制品的品牌原先赞助的是综艺节目，但与此同时，品牌方在网络视频、社会新闻传播、微博话题、微信公众号以及小游戏都加以投入，这些渠道起到的作用不同，但是融合后的作用超越了仅仅赞助综艺节目所起到的作用。

这就告诉人们，虽然数字媒体的作用会发生在购买上，可以直接点击购买链接，但是在研究消费者行为时，也要关注购买前的传播环节，这是整个营销环节中不可或缺的部分。

法则四：优化最佳曝光频次。

品牌方在投资时，最为犹豫的是最佳曝光频次是多少。集合世界主要国家所做的研究，一般来说最佳曝光频次是 3~4 次。一旦消费者看到同一广告 3~4 次，销售指数会有一个明显的提升。如果小于这一数字，广告的影响效果有限；但是消费者看多了以后，对销售也不会带来太大的帮助。因此，可以借助技术手段有效地控制消费者看到广告的频次。这在传统的电视媒体时代很难做到。

法则五：合理有效地运用不同广告内容。

过去几年，植入广告增长很快，品牌与节目内容有着充分的联系，消费者可能一看到某节目就会想起某品牌。因此，能够有效地运用不同的广告内容，对品牌的传播效果或销售提升有着事半功倍的效果。

以效果为导向的精准营销是品牌主追求的目标。单一渠道、单一策略将不再有效，而是需要跨媒体、跨终端，整合搜索、移动、社交、视频等各个不同的平台建立复合式的营销战略，并借助强大的系统平台数据的工具来推动广告主和用户之间最佳的沟通体验。

最后，还需要提醒的是：

（1）品牌主需要更加关注消费者，针对目标客户播放正确的广告。

（2）不要只是在展示广告上下功夫，还应该在视频和移动终端平台上下功夫。

（3）千万不要忘记做更好的内容创意，用数据和技术去启动一些更具创意的广告信息的发送。

（4）技术发展使营销世界日益复杂，进入每个领域都需要很专业的技能。品牌需要的是优秀的合作伙伴，知道如何获取和管理运用各个领域的技能。

（资料来源：钱丽娜. DT 时代，所有广告都会走向移动终端［J］. 商学院，2016（1）. 有改动）

2. 网络广告策略

在国际互联网上，信息的传递方式发生了改变，信息由推动变为拉进，这不同于传统的广告策略。国际互联网内的企业广告信息被存放在企业的站点上，以便于用户主动挑选站点。因此，国际互联网的广告策略首先是吸引网络用户访问企业站点，其次是吸引网络用户回访。

（1）吸引网络用户访问企业站点。在使用国际互联网进行促销时，企业首先要使用户知道自己站点的存在，这样才能吸引访客。但是，国际互联网内的大量网站有时使信息查询变得困难而混乱。因此，必须采取必要的策略来吸引访客。目前，企业吸引访客有五种选择：标题广告、商业中心、搜索引擎、传统媒体和口碑。它们既能单独使用，也可以结合使用。

1）标题广告。标题广告是放置在流行站点上的有关企业信息的标题。当国际互联网用户在浏览流行站点时，如果对该标题感兴趣，就会使用鼠标点击该标题来查看更详细的信息。通过这一点击过程，用户通常被带到发布该广告信息的企业站点内。例如，某航空公司将企业的广告放置在所有在国际互联网上建有搜索结果的站点页面上，当用户键入"Airline"关键词查找信息时，站点上的航空公司就会都显示出来，而某航空公司的标题广告会出现在最上面。

2）商业中心。国际互联网上的商业中心包括数百个甚至更多的网上商店。由于其供货方式的多样性，这种商业中心可以吸引大量访客，他们在这里可以同时选购多种产品和服务。它比较适合消费品生产企业的站点广告。

3）搜索引擎。搜索引擎是指在国际互联网上帮助用户依据分类或关键词快速查找信息的工具。它由一些专业计算机网络公司建立，并以站点的形式向用户提供信息查找服务。

4）传统媒体。要想使人们知道站点的存在，还必须利用传统媒体来进行宣传。企业站点的地址应该融入从商业名片到电视广告等的一切宣传媒体中。这会强化站点的形象，并使人容易记起企业站点地址。例如，IBM 公司在各种广告（包括印刷广告和电视广告）中均强调宣传公司的站点地址。

5）口碑。开放的社区、高度的自我参与加上分享信息的兴趣，使得国际互联网成为一个口碑载体、交流信息的广阔场所，用户甚至可以在国际互联网上建立自己的热门站点地址簿，通过超级链接通往既有趣又有价值的广告站点。用户的超级链接越多，企业的广告被击中的可能性就越大。国际互联网用户经常是观念领导者，并勇于采用新产品和服务。企业应瞄准这些市场，其意义不可低估。

（2）吸引网络客户回访。站点只有产生回访才能最终成功，而吸引客户回访比吸引他们初次访问难得多。为了与客户建立长期良好的网上关系，企业必须让他们有回访的理由。这就要求企业对客户的需求有深入的了解，能够为客户提供有价值的东西。目前，企业增加客户回访的策略主要有：

1）站点更新策略，即企业站点必须时常更新。例如，美国 CNN 每 10min 更新一次它的站点，这是吸引回头客的一个好办法。

2）定期更新自己的产品信息和消息、新闻、快讯这样的一般内容，或鼓励客户登记自己的电子邮件地址，以便站点信息更新时能及时通知他们。

【实例 12-2】　故宫博物院的网络营销

故宫博物院网络营销的成功不是偶然，而是懂得借助互联网东风、前卫营销理念的结果。

一、顺应娱乐需要，用"搞怪"逆袭"古板"

在快餐文化时代，各种网络词语快速更新，已成了当代年轻人的流行语。故宫营销恰好抓住这一时代元素，以"搞怪"的方式颠覆故宫古板严肃的印象。如极具趣味性的朝珠耳机、彩绘陶人俑晴雨伞、"朕就是这样的汉子"折扇，都深得年轻人追捧。捕捉时代营销脉络，结合当下流行元素，将实用性与趣味性相结合，实在是值得借鉴的高超营销手法。

二、借助自媒体优势，铸就超流量 IP

于故宫而言，其成功之处不仅在于其以"接地气"的时尚全新形象走进新一代年轻人的视野，更大的成功在于铸就了超流量 IP，引领时尚潮流，呈现"故宫出品皆流行"的态势。而成就如此强大 IP 的利器就是对当下"双微一抖"及多种社交软件的运用，这些新媒介均成为故宫的主要营销"战场"。新媒介强大的信息传播能力，使故宫新营销思路得到更快、更开放传播，同时精准匹配潜在用户群体，从而实现了故宫衍生品销售额突破 15 亿元的超高营销纪录。

三、紧抓实下热点，做强微博营销

继故宫"搞怪"的 IP 形象深入人心之后，故宫更是多重招数做强微博营销，在功能区增设品牌横幅广告和多幅个性化头图，增加故宫官方微博的辨识度，增强与粉丝之间的联结。同时，紧抓实下新闻热点，结合故宫文化，不断更新搞笑图片或软文，并增加与粉丝的互动，频上热搜，扩展粉丝群体。至此，故宫网络营销越做越强。

（资料来源：根据网络相关资料整理，2022-08.）

（二）网络销售促进

销售促进主要是用来短期性地刺激销售。互联网作为新兴的网上市场，网上的交易额不断上涨。网络销售促进就是在网上市场利用销售促进工具，刺激客户对产品的购买和消费使用。互联网作为交互的沟通渠道和媒体，它具有传统渠道所没有的优势，在刺激产品销售的同时，还可以与客户建立互动关系，了解客户的需求和对产品的评价。一般而言，网络销售促进主要有以下几种形式：

1. 有奖促销

人们总是喜欢免费的东西，如果在站点上开展有奖竞赛或者抽奖活动，将会产生很大的访问流量。还有的站点为进行推广，采取有奖参与的方式，只要访问该站点或点击广告，就可以获得一定的现金。企业在开展网上有奖促销时，要注意促销对象是否适合在网上销售和推广。对于一些目前不适合网上销售的产品，虽然通过有奖促销可以吸引大量客户访问网站，但可能只产生很少的购买量，达不到网络促销的效果。在进行有奖促销时，提供的奖品要能吸引促销目标市场消费者的注意。在利用互联网进行有奖促销时，要注意充分利用互联网的交互功能，掌握参与促销活动群体的特征、消费习惯以及对产品的评价，这样在进行网络促销的同时，也完成了一次很好的购买行为调查。而且，完成这些调查也是非常容易的，例如，记录访问者的访问时间、关心的产品特性等，必要时还可以设计一些简单的问卷让参与活动的用户填写。

2. 拍卖促销

拍卖促销就是对产品不限制价格，在网上拍卖。网上拍卖市场是新兴的市场，由于快捷方便，吸引了大量用户参与网上拍卖活动。我国的许多电子商务公司也纷纷提供拍卖服务。

3. 免费促销

互联网的开放和自由，使得一些易于通过互联网传输的产品非常适合在网上进行促销。例如，许多软件厂商大力吸引客户购买软件产品，允许客户通过互联网下载产品，在试用一段时间后再决定是否购买。

另一种形式是免费资源促销（Free Resources for Marketing），其主要目的是推广网站。免费资源促销可以称得上是互联网上最有效的促销方式之一。免费资源促销就是通过为访问者无偿提供其感兴趣的各类资源，以吸引访问者访问，提高站点流量，并从中获取收益。目前，利用提供免费资源获取收益比较成功的站点很多。例如，提供搜索引擎服务的百度，提供网上实时新闻信息的新浪等。这类站点通过免费资源的吸引力扩大站点的吸引力，使其站点具有传统媒体的作用，并通过发布网上广告来获得盈利。

【资料阅读 12-2】　"互联网+"汽车服务产业

"互联网+"这个概念在近几年一直是热点，它已经"渗入"各行各业，当然也包括汽车行业。汽车产业原有的各项环节，涉及研发、零部件、整车、销售、后市场、用车、再流通、报废拆解等，全产业链都因"互联网+"概念而发生了巨大变化。

随着互联网和大数据等技术的概念广泛应用，车企的变革悄然开始。许多车企逐渐利用这些技术和概念来了解客户的需求，调配生产车型，加强生产物流管理，以便更加高效地生产，节约成本，增加自己的竞争力。

与此同时，互联网企业如谷歌、腾讯等借此机会纷纷涉足汽车制造领域，打造智能汽车。这些互联网企业有些利用自己的先进技术直接制造智能汽车，如已经亮相的谷歌无人驾驶汽车，有些则专注汽车智能软件的开发，更多的是与车企合作，发挥各自优势，如上汽与阿里联手打造互联网汽车、乐视与北汽合作制造超级汽车。

除了产业链外，汽车营销也深受互联网的影响。传统的汽车销售模式是车企—大区经销商—4S 店。如今，主流车企基本都已在电商平台上开设了专卖店，这也开启了汽车电商的新模式。

汽车营销也在"互联网+"的冲击下有所变革。比如，对广告的投入比例越来越注重新媒体、各种社交应用软件，如微博、微信朋友圈、车企公众号。

在计算机、互联网、GPS、移动通信等技术快速发展的当下，汽车实现了人机交互系统，可以人车对话，驾驶员通过该系统了解车辆当前的状态信息、路况信息、定速巡航设置等。该系统通过一个按键即可联系客服中心，全程语音帮助驾乘人员解决问题，实现目的地推送、紧急救助协助、被盗车辆定位等。同时，现在有很多车企都已迈入研究无人驾驶的行列。

"互联网+"在汽车行业的快速落地，为改造汽车产业链、改善有效供给、提高供给质量、创造新供给发挥了不可估量的推动作用。

（资料来源：根据网络相关资料整理，2022-06.）

（三）网络公共关系

公共关系是一种重要的促销工具，它通过与企业利益相关者（包括供应商、客户、雇员、股东、社会团体等）建立良好的合作关系，为企业的经营管理营造良好的环境。网络公共关系与传统公共关系功能类似，只不过借助互联网作为媒介和沟通渠道。网络公共关系相较传统公共关系更具优势，所以它越来越受到企业的决策层重视。一般来说，网络公共关系有以下目标：

（1）通过与网上新闻媒体建立良好的合作关系，将企业有价值的信息通过网上媒体发布和宣传，以引起消费者的关注；同时，通过网上新闻媒体，树立企业良好的社会形象。

（2）通过互联网宣传和推广产品。

（3）通过互联网建立良好的沟通渠道，包括对内沟通和对外沟通，让与企业利益相关者能充分了解企业，以巩固与老客户的关系，同时与新客户建立联系。

▶ 关 键 词

网络营销（E-Marketing）

国际市场网络营销（International E-Marketing）

交换链接（Link Exchange）

网络营销环境（E-Marketing Environment）

免费资源促销（Free Resources for Marketing）

搜索引擎（Search Engine）

网络广告（Network Advertisements）

▶ 思 考 题

1. 简述国际市场网络营销的特点与功能。

2. 简要分析国际市场网络营销面临的环境。

3. 在国际市场开展网络营销应具备哪些要素和条件？

4. 国际市场网络营销产品决策包括哪些内容？

5. 你对网上销售渠道的前景如何评价？

▶ 案例分析讨论

"三只松鼠"的新型营销模式

"三只松鼠"是安徽三只松鼠电子商务有限公司的食品品牌，成立于2012年，主推天然、新鲜以及非过度加工食品。"三只松鼠"仅仅上线65天，其销售在天猫坚果类目中跃居第一名、花茶类目中跃居前十名。它作为休闲零食行业的领先者，在众多零食品牌中脱颖而出，成为许多主播寻求合作的品牌。那么，究竟是什么样的营销模式造就了如此好的成绩呢？

一、"明星+影视 IP+主播"助推企业直播带货

直播的迅速发展催生了"明星+主播"的带货模式，即充分利用明星和主播的人气与热度带来大量流量，增加产品的销量。这一模式一经推出就大获成功，各直播平台、企业、主播纷纷利用这一模式助力带货。

在这种背景下，"三只松鼠"自然也不例外。"三只松鼠"积极与人气主播进行合作——直播带货，获得了良好的销售成绩。然而，随着这一模式的普遍应用，其竞争优势也逐渐缩小，"三只松鼠"不断寻求创新，又推出了"明星+影视 IP+主播"的模式，利用明星、影视及主播的热度狠狠地红了一把。例如，在 2020 年春节期间，三只松鼠抓住影视剧《庆余年》大火的余热，趁热打铁邀请《庆余年》中的演员与主播联合带货。"明星+主播"共同带货，再加热门影视 IP 加持，自然为"三只松鼠"的直播带来了更多流量。在直播中，更是将王启年在剧中吝啬、爱妻女的形象应用到带货过程中，大大增强了带货的趣味性和有效性，引得许多观众纷纷驻足直播间。

二、多领域创新增强营销有效性

除直播模式的创新外，"三只松鼠"还着力于人设 IP 的打造，品牌 Logo 中的三只松鼠分别代表不同性格的人设，并编制与社会热点、日常生活息息相关的短视频，在抖音平台取得了良好的效果。"三只松鼠"还将企业的人设应用到经营的各个方面，如"三只松鼠"内部员工包括品牌创始人都有自己相对应的鼠名，在面对消费者提问时，三只松鼠的客服会称呼消费者为"主人"，在线上聊天沟通时也打破了僵硬死板的聊天风格，以平视的态度与消费者沟通交流。

这些方式为"三只松鼠"塑造了亲民、友好、贴心的松鼠形象，将品牌 IP 嵌入生活的各个方面，也成功拉近了企业与消费者之间的距离。此外，零食行业的一个显著特点就是客单价比较低，"三只松鼠"也不例外。为提高客单价，"三只松鼠"不断创新，开展新玩法，通过零食大礼包、凑单满减、任选专区、拼团等方式增加产品销量，提高客单价。

"三只松鼠"一直以来还与几大电商巨头如天猫、京东等建立了良好的合作关系，各个渠道创新合作布局电商市场，打造品牌竞争力。在产品创新方面，"三只松鼠"也毫不懈怠，如白桃味脆冬枣、益生菌每日坚果等产品的推出受到了许多消费者的喜爱与肯定，成功成为企业的爆款商品。

三、场景+物流提升消费者体验

一直以来，"三只松鼠"的消费者以年轻人和中年人为主，其产品是人们休闲娱乐时的零食选择。为拓宽用户范围，扩大产品覆盖面，满足不同层次消费者的需求，"三只松鼠"于 2020 年 4 月创立了"小鹿蓝蓝"等新品牌，产品范围覆盖婴童食品、速食用品、宠物食品、喜礼等，拓展了企业的业务范围和消费者群体，给予消费者更加丰富的场景体验。

"三只松鼠"清楚地知道，产品推广、销售、配送及售后各个环节对于消费者都同等重要。因此，除产品创新外，"三只松鼠"还从物流方面着手，在同行业竞争对手都选择自建食品仓储和物流配送的情况下，没有盲目跟风，而是与京东物流开展供应链领域的合作。"三只松鼠"通过对仓储分布、库存管理、路线制定等方面的改进，力求产品能够更快更好地送达消费者，进而提升消费者的体验感。

四、总结

"三只松鼠"的发展充分体现了热度、创新和体验的重要作用。在热度方面，"三只松鼠"充分利用影视IP的热度，推出了"明星+影视IP+主播"的模式，借助影视剧的粉丝效应赢得了一波关注；在创新方面，"三只松鼠"从品牌IP着手，创新品牌Logo与人设，并积极将人设应用到与消费者的交流之中，通过各个渠道在消费者心中嵌入了松鼠的可爱形象，并且不断通过产品创新、营销创新给予消费者更多的惊喜感，让人眼前一亮；在体验方面，"三只松鼠"为实现消费者群体的广泛覆盖，创立多个品牌，实现了营销范围的扩张，并与京东达成战略合作，给予消费者最好的物流体验，以最快的速度实现产品到家。这些正是三只松鼠成功营销的秘诀，值得许多企业借鉴。

（资料来源：根据"三只松鼠的新型营销模式，零食行业领先者的成功并非偶然"网络资料整理，2021-10.）

讨论题：

1. 收集资料，了解"三只松鼠"的发展历程。

2. 结合案例，分析"三只松鼠"从哪些方面体现了热度、创新和体验的重要作用。

参 考 文 献

[1] KEEGAN W J. 全球营销管理：第 7 版 [M]. 段志蓉，钱珺，等译. 北京：清华大学出版社，2004.

[2] 凯特奥拉，吉利，格雷厄姆. 国际营销：第 14 版 [M]. 崔新建，译. 北京：中国人民大学出版社，2009.

[3] 贝内特，布莱斯. 国际营销：第 3 版 [M]. 刘勃，译. 北京：华夏出版社，2005.

[4] 奥尔巴姆，杜尔，斯特兰斯科夫. 国际营销和出口管理：第 5 版 [M]. 张新生，吴侨玲，译. 北京：中国人民大学出版社，2007.

[5] 基坎，格林. 全球营销原理 [M]. 傅慧芬，郭晓凌，戚永翎，等译. 北京：中国人民大学出版社，2002.

[6] 贾殷. 国际市场营销：第 6 版 [M]. 吕一林，雷丽华，译. 北京：中国人民大学出版社，2004.

[7] 科特勒，凯勒. 营销管理：第 12 版 [M]. 梅清豪，译. 上海：上海人民出版社，2006.

[8] 昆奇，多兰，科斯尼克. 市场营销管理：教程和案例 [M]. 吕一林，等译. 北京：北京大学出版社，2000.

[9] 特普斯特拉，萨拉特. 国际营销：第 8 版 [M]. 郭国庆，等译. 北京：中国人民大学出版社，2006.

[10] 凯特奥拉，格雷厄姆. 国际市场营销学：原书第 12 版 [M]. 周祖城，赵银德，张璘，译. 北京：机械工业出版社，2005.

[11] 罗森布洛姆. 营销渠道：管理的视野　第 7 版 [M]. 宋华，等译. 北京：中国人民大学出版社，2006.

[12] 伯格，卡茨. 广告原理：选择、挑战与变革 [M]. 邓炘炘，等译. 北京：世界知识出版社，2006.

[13] 贝尔奇 G E，贝尔奇 M A. 广告与促销：整合营销传播视角：第 6 版 [M]. 张红霞，庞隽，译. 北京：中国人民大学出版社，2006.

[14] 马克斯. 人员推销：第六版 [M]. 郭毅，江林，徐蔚琴，等译. 北京：中国人民大学出版社，2002.

[15] 威兹，卡斯伯里，坦纳. 销售与顾客关系管理：第六版 [M]. 胥悦红，等译. 北京：人民邮电出版社，2008.

[16] 津科特，朗凯恩. 国际市场营销学：第 8 版 [M]. 曾伏娥，刘颖斐，译. 北京：电子工业出版社，2007.

[17] 王海忠. 全球营销：规则、指南、案例 [M]. 北京：企业管理出版社，2002.

[18] 万成林，佟家栋. 国际市场营销理论与实务 [M]. 天津：天津大学出版社，1995.

[19] 朱雪芹. 国际市场营销理论与技巧 [M]. 2 版. 呼和浩特：内蒙古大学出版社，2005.

[20] 李永平. 国际市场营销管理 [M]. 北京：中国人民大学出版社，2004.

[21] 吴晓云. 国际市场营销学教程 [M]. 天津：天津大学出版社，2004.

[22] 甘碧群. 国际市场营销学 [M]. 4 版. 北京：高等教育出版社，2021.

[23] 徐子健，朱明侠. 国际营销学 [M]. 2 版. 北京：对外经济贸易大学出版社，2007.

[24] 彭瑶，周玉泉. 国际市场营销 [M]. 北京：中国轻工业出版社，2019.

[25] 陈信康，邓永成. 国际市场营销教程 [M]. 上海：上海财经大学出版社，1999.

[26] 庞鸿藻. 国际市场营销 [M]. 北京：对外经济贸易大学出版社，2006.

[27] 闫国庆. 国际市场营销学 [M]. 4 版. 北京：清华大学出版社，2021.

[28] 郭国庆. 国际营销学 [M]. 2 版. 北京：中国人民大学出版社，2014.

[29] 杜学森，苗玉树. 国际市场营销 [M]. 北京：对外经济贸易大学出版社，2008.

[30] 刘志超. 国际市场营销 [M]. 广州：华南理工大学出版社，2003.

[31] 李威，王大超. 国际市场营销学 [M]. 4 版. 北京：机械工业出版社，2020.

[32] 王纪忠，方真. 国际市场营销 [M]. 北京：清华大学出版社，2004.

[33] 姚小远. 国际市场营销理论与实务 [M]. 上海：立信会计出版社，2007.

[34] 朱金生，张梅霞. 国际市场营销学 [M]. 武汉：华中科技大学出版社，2008.

[35] 王晓东. 国际市场营销 [M]. 5 版. 北京：中国人民大学出版社，2019.

[36] 张静中，曾峰，高洁. 国际市场营销学 [M]. 北京：清华大学出版社，2007.

［37］吴晓云. 全球营销管理［M］. 北京：高等教育出版社，2008.

［38］寇小萱，王永萍. 国际市场营销学［M］. 2版. 北京：首都经济贸易大学出版社，2005.

［39］孙国辉，崔新健. 国际市场营销［M］. 2版. 北京：中国人民大学出版社，2012.

［40］杨晓燕. 国际市场营销教程［M］. 北京：中国对外经济贸易出版社，2003.

［41］涂永式，江若尘，李颖灏. 国际市场营销［M］. 北京：科学出版社，2010.

［42］陈启杰. 现代国际市场营销学［M］. 上海：上海财经大学出版社，2008.

［43］吴宪和. 分销渠道管理［M］. 上海：上海财经大学出版社，2008.

［44］王晓东，赵忠秀. 国际物流与商务［M］. 北京：清华大学出版社，2008.

［45］彭建仿. 分销渠道管理学［M］. 广州：中山大学出版社，2009.

［46］王涛生，黄志红，瞿林，等. 国际市场营销学［M］. 长沙：国防科技大学出版社，2005.

［47］方虹. 国际市场营销［M］. 北京：机械工业出版社，2009.

［48］刘爱珍. 国际市场营销学［M］. 北京：首都经济贸易大学出版社，2008.

［49］韩宗英. 国际市场营销［M］. 北京：化学工业出版社，2008.

［50］汤定娜. 国际市场营销学［M］. 2版. 北京：高等教育出版社，2015.

［51］崔新建. 国际市场营销［M］. 北京：高等教育出版社，2008.

［52］卢泰宏，杨晓燕. 促销基础案例［M］. 北京：清华大学出版社，2007.

［53］朱海松. 国际4A广告公司品牌策划方法［M］. 北京：中国市场出版社，2009.

［54］刘松萍. 会展营销与策划［M］. 北京：首都经济贸易大学出版社，2009.

［55］刘大可. 会展营销教程［M］. 北京：高等教育出版社，2006.

［56］朱明侠，薛书武，戚永翎. 国际市场营销［M］. 北京：对外经济贸易大学出版社，2007.

［57］刘文纲. 国际营销管理［M］. 北京：经济科学出版社，2006.

［58］蔡新春，何永祺. 国际市场营销学［M］. 2版. 广州：暨南大学出版社，2004.

［59］逯宇铎. 国际市场营销学［M］. 2版. 北京：机械工业出版社，2009.

［60］范应仁. 国际市场营销学［M］. 北京：北京大学出版社，2008.

［61］GABRIELSEN T S, ROTH S. Delegated bargaining in distribution channels［J］. Australasian marketing journal, 2009（3）：133-141.

［62］NEVINS L, MONEY R B. Performance implications of distributor effectiveness, trust, and culture in import channels of distribution［J］. Industrial marketing management, 2008（1）：46-58.

［63］VERNON R. International investment and international trade in the product cycle［J］. Quarterly journal of economics, 1966. 80（2）：190-207.

［64］MEHTA R, PIA P, JOLANTA M, et al. Strategic alliances in international distribution channels［J］. Journal of business research, 2006, 59（10-11）：1094-1104.

［65］WILKINSON T, BROUTHERS L E. Trade promotion and SME export performance［J］. International business review, 2006（3）：233-252.

［66］YOUNG R B, JAVALGI R G. International marketing research：a global project management perspective［J］. Business horizons, 2004（2）：113-122.

［67］门海艳，王莲芬. 网络促销组合策略的优劣分析［J］. 企业改革与管理，2006（7）：34.

［68］王海忠. “全球”本地化：国际营销之谜［J］. 国际贸易问题，2001（8）：31-33；41.

［69］胡左浩. 国际营销的两个流派：标准化观点对适应性观点［J］. 南开管理评论，2002（5）：29-35.

［70］晏国祥. 国际营销标准化与本土化研究述评［J］. 商业经济文荟，2005（6）：48-51.

［71］王海忠. 国际营销为何流行标准化［J］. 中外管理，2001（4）：37-38.

［72］席元凯，吴旻. 基于多Agent的供应链风险管理［J］. 物流科技，2009（3）：107-109.

［73］龚伟同. 丰田：全球公司时代的梦想和困惑 ［J］. 商务周刊，2007（24）：32-34.

［74］倪以理，王颐. 中国金融机构的全球投资战略 ［J］. 麦肯锡季刊，2008（6）.

［75］唐任伍，王宏新. 国际产品生命周期与企业跨国经营：兼评弗农国际产品生命周期理论 ［J］. 经济管理，2002（23）：49-52.

［76］张宝贵. 华为国际目标市场选择战略 ［J］. 商，2013（13）：69.

［77］屈丽丽，芮益芳. 用大数据卖车：易车网的"读心术" ［J］. 商学院，2015（5）：86-89.

［78］孙敏. 从通用电气收购阿尔斯通事件看美国法律的长臂管辖 ［J］. 中国审判，2019（2）：86-89.